U0648290

职业教育大客车驾驶专业规划教材

大客车构造

交通运输部运输服务司　组织编写

张则雷　主　编

人民交通出版社股份有限公司

China Communications Press Co.,Ltd.

内 容 提 要

本书为职业教育大客车驾驶专业规划教材之一,根据交通运输部办公厅、教育部办公厅、公安部办公厅、人力资源社会保障部办公厅联合下发的《关于开展大客车驾驶人职业教育试点工作的通知》(厅运字〔2014〕100 号)编写而成。本书主要内容包括:认识大客车、大客车发动机总体构造、发动机机械系统、柴油机燃料供给系统、发动机燃气动力系统、发动机润滑系统、发动机冷却系统、发动机排气净化与控制、大客车传动系统、大客车行驶系统、大客车转向系统、大客车制动系统、大客车混合动力系统、纯电动大客车动力系统和大客车车身共十五章。

本书可作为大客车驾驶专业的核心教材,也可作为道路客运驾驶人素质提升的培训用书和参考用书。

图书在版编目(CIP)数据

大客车构造 / 张则雷主编. —北京:人民交通出版社股份有限公司, 2017.8
职业教育大客车驾驶专业规划教材
ISBN 978-7-114-14010-5

Ⅰ.①大… Ⅱ.①张… Ⅲ.①公共汽车—构造—技工学校—教材 Ⅳ.①U469.130.3

中国版本图书馆 CIP 数据核字(2017)第 169323 号

职业教育大客车驾驶专业规划教材
书　　名:大客车构造
著 作 者:张则雷
责任编辑:郭　跃
出版发行:人民交通出版社股份有限公司
地　　址:(100011)北京市朝阳区安定门外外馆斜街 3 号
网　　址:http://www.ccpress.com.cn
销售电话:(010)59757973
总 经 销:人民交通出版社股份有限公司发行部
经　　销:各地新华书店
印　　刷:北京虎彩文化传播有限公司
开　　本:787×1092　1/16
印　　张:17
字　　数:376 千
版　　次:2017 年 8 月　第 1 版
印　　次:2023 年 7 月　第 4 次印刷
书　　号:ISBN 978-7-114-14010-5
定　　价:39.00 元
(有印刷、装订质量问题的图书由本公司负责调换)

职业教育大客车驾驶专业规划教材

编写委员会

（按姓氏笔画排列）

王　杨　　乔士俊　　祁晓峰　　李　斌

李　勤　　吴晓斌　　张开云　　张则霈

周　铭　　徐新春　　翁志新　　郭　跃

凌　晨　　蒋志伟　　解　云　　戴良鸿

前　言
FOREWORD

为进一步贯彻落实《国务院关于加强道路交通安全工作的意见》(国发〔2012〕30号)的有关要求,"将大客车驾驶人培养纳入国家职业教育体系,努力解决高素质客运驾驶人短缺问题",经交通运输部、教育部、公安部和人力资源社会保障部共同研究,于2014年07月29日发文《关于开展大客车驾驶人职业教育试点工作的通知》(厅运字〔2014〕100号),决定在江苏、安徽、云南三省各选取一至两所具备资质的职业技术学院、高级技工学校,开展大客车驾驶人职业教育试点工作。为了认真落实通知精神,提升大客车驾驶人职业教育的办学水平,人民交通出版社受交通运输部委托,特组织试点院校编写职业教育大客车驾驶专业规划教材,以供本专业教学使用。

本套教材总结了全国交通高级技工学校、技师学院多年的专业教学经验,结合道路客运企业对大客车驾驶人的特殊要求,注重以学生就业为导向,以培养能力为本位,教材内容符合大客车驾驶专业教学改革精神,适应道路客运企业对大客车驾驶技能型紧缺人才的要求。本套教材中部分教材内容是在江苏汽车技师学院《大客车驾驶专业教学标准和课程标准》研究课题的课程体系框架下确定的。本套教材具有以下特色:

1. 按照交通行业职业技能规范和国家职业资格标准构建课程体系和教材体系。本套教材遵循大客车驾驶学制培养的具体要求,为贯彻国家职业资格标准,保证提高大客车驾驶专业学生的技术素质和服务质量奠定了良好的基础。

2. 本套教材注重实用性,体现先进性,保证科学性,突出实践性,贯穿可操作性,反映了汽车工业的新知识、新技术、新工艺和新标准,其工艺过程尽可能与当前生产情景一致。

3. 本套教材体现了汽车驾驶高级工应知应会的知识技能要求,更注重了汽车驾驶传统经验与现代大客车技术的有机结合。

4. 本套教材文字简洁,通俗易懂,以图代文,图文并茂,形象直观,形式生动,容易培养学生的学习兴趣,提高学习效果。

《大客车构造》为本套教材之一,主要内容包括:认识大客车、大客车发动机总体构造、发动机机械系统、柴油机燃料供给系统、发动机燃气动力系统、发动机润滑系统、发动机冷却系统、发动机排气净化与控制、大客车传动系统、大客车行驶系统、大客车转向系统、大客车制动系统、大客车混合动力系统、纯电动大客车动力系统和大客车车身共十五章。

本书由江苏汽车技师学院张则雷担任主编，负责统稿。第一、二、三章由江苏汽车技师学院张则雷编写，第四章由江苏汽车技师学院孙长录编写，第五、八章由浙江交通技师学院邵小进编写，第六、七章由江苏汽车技师学院韩亚芹编写，第九章由江苏汽车技师学院尹力编写，第十、十一章由江苏汽车技师学院吴立安编写，第十二、十五章由江苏汽车技师学院李长灏编写，第十三、十四章由杭州技师学院张登裕编写。

限于编者水平，加之大客车驾驶专业在全国已停办数年，书中难免有不当之处，敬请广大院校师生提出意见和建议，以便再版时完善。

编写委员会
2017 年 3 月

目 录

CONTENTS

第一章　认识大客车

章节描述

　　通过大客车分类知识、总体结构和基本工作原理、主要技术性能的评价及与驾驶人实际操作紧密联系的主要操纵机件的功能和使用要求等章节的学习,从总体上对大客车的性能特点、工作原理、结构组成和操纵基本要求形成初步的认知。在学习本章之前,学生对乘用车的品牌和性能已有一定认识,教师可以利用网络的优势和大客车实物教具,激发学生学习兴趣,引导学生积极进行探究性学习,教师应成为知识的传播者、问题情境的创设者、尝试点拨的引导者和知识反馈的调整者。

学习目标

　　1.知识目标

　　熟知汽车类型和编号规则,掌握汽车的总体构造和各部分功能,熟悉大客车主要技术性能指标。

　　2.技能目标

　　能识别不同类型的大客车,会阅读车辆使用说明书并掌握相关信息,能识别并会运用大客车主要的操纵装置,会识别车辆各仪表的图形,判断其工作状态是否正常。

　　3.情感目标

　　培养踏实、一丝不苟的学习态度和工作作风,发扬团队合作精神。

建议课时

　　4 课时。

学习内容

　　第一节　大客车类型、编号与 VIN
　　第二节　大客车的主要技术性能参数
　　第三节　大客车总体结构和功能概述
　　第四节　使用说明书阅读与主要操纵装置识别

学习要求

　　1.熟悉大客车类型和编号规则;
　　2.知道大客车的总体结构和常用术语;
　　3.能识别大客车类型,知道大客车各部位置;
　　4.会评价大客车技术性能;
　　5.初步学会大客车主要操纵机件的使用。

第一节　大客车类型、编号与 VIN

一、大客车的类型

1. 客车分类

客车分类按照《汽车和挂车类型的术语和定义》（GB/T 3730.1—2001）中的内容，如图 1-1 所示。

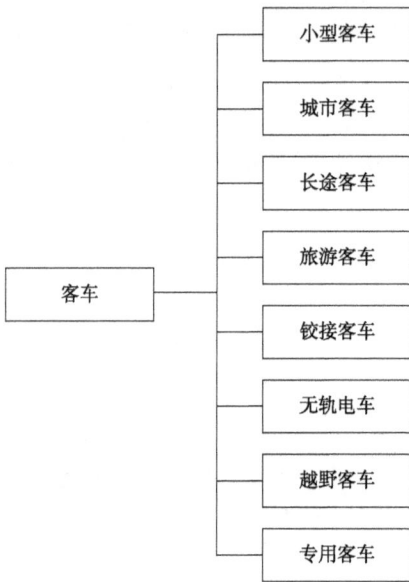

图 1-1　客车的分类

2. 按动力类型分类

按动力类型分类，大客车可分为燃油型、燃气型、纯电动型和混合动力型。其中燃油汽车是以汽油、柴油、煤油等燃油作为燃料，通过在发动机中燃烧释放出能量来产生动力，并由变速器实现驱动控制，以汽油车、柴油车为主。燃气汽车是指以液化石油气（简称 LPG）和压缩天然气（简称 CNG）作为燃料的汽车。纯电动汽车是采用蓄电池作能源，由电动机来驱动并配以调速器进行速度控制的汽车。混合动力汽车是在纯电动汽车上加装一台发动机，其目的是减少汽车的污染，提高纯电动汽车的行驶里程。

3. 按车身类型分类

按车身类型分类，可分为承载式车身、半承载式车身和非承载式车身。承载式车身：无独立车架的整体车身结构形式。半承载式车身：车身与车架刚性连接，车身部分承载的结构形式。非承载式车身：悬置于车架上的车身结构形式。

4. 按营运客车类型分类

按《营运客车类型划分及等级评定》（JT/T 325—2013）标准，营运客车分为客车及乘用车两类，按车身长度分为特大型、大型客车、中型客车和小型客车四种，见表 1-1，图 1-2。乘用车不分类型。

营运客车按类型划分（单位：m）　　　　　　　表 1-1

类型	特大型①、②	大型	中型	小型
车长 L	$13.7 \geqslant L > 12$	$12 \geqslant L > 9$	$9 \geqslant L > 6$	$6 \geqslant L > 3.5$

注：①三轴客车。

②包括双层客车。

5. 按照发动机位置和驱动方式分类

按照发动机位置和驱动方式分，大客车可分为发动机后置、后轮驱动（RR），发动机中置、后轮驱动（MR），发动机前置、后轮驱动（FR）和发动机前置、前轮驱动等（FF）。

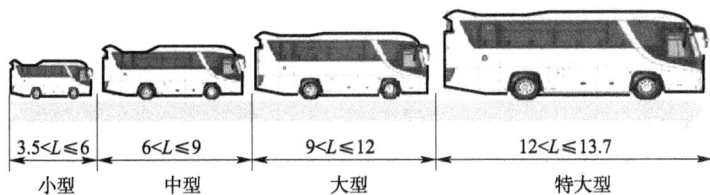

图 1-2 营运客车按类型分类(单位:m)

6. 按营运客车等级评定分类

按营运客车等级评定分类,大客车又可分为普通级、中级、高一级、高二级和高三级等不同等级。见表1-2。

营运客车按等级分类 表 1-2

类型	客车								乘用车			
	特大型 大型					中型 小型						
等级	高三级	高二级	高一级	中级	普通级	高二级	高一级	中级	普通级	高二级	高一级	中级	普通级

知识拓展

公路客车与公交客车的区别(表1-3)。

公路客车与公交客车的区别 表 1-3

项 目	公交客车	公路客车
功能	单一(城市内,站点到站点固定线路的旅客运输)	包含细分分类:营运客运、旅游、团体等领域的旅客和行李运输(前者线路相对固定,后两者往往无固定线路)
行驶路况	单一(城市路况)	复杂(从高速公路到一般公路到恶劣路况,从平原公路到山区公路到高原公路,都有可能)
行驶特点	经常停车、起步,刹车频繁	较少停车、起步
最高车速	一般 <100km/h	一般 ≥100km/h
常用行驶车速	一般 40~50km/h	一般 100~120km/h
单日行驶里程	一般 200~400km	有短途、中途、长途之分,长途公路客车一般≥800km
乘客装载能力	超载能力较强	严格限定乘员数和座位数
行李装载能力	一般没有专门的行李舱	有专门放置行李的行李舱
乘客门踏步	级数较少,一般最多两级	级数较多,单层客车一般 3~5 级

二、汽车的编号规则

我国于 1988 年颁布了《汽车产品型号编制规则》(GB 9417—1988)(该标准已作废,可作为历史资料参考)。该标准规定:汽车产品型号由生产企业名称代号、车辆类别代号、主要特征参数代号和产品序号等部分组成,如图 1-3 所示。

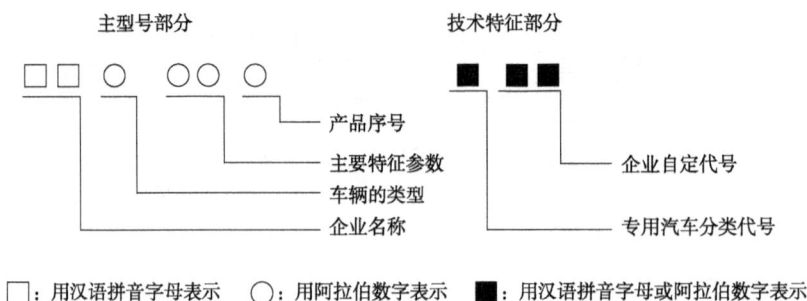

图1-3　汽车的编号规则

1. 主型号部分

1）企业名称代号

用企业名称或所在地名称的两个或三个汉语拼音字母表示,如:CA 表示一汽解放;ZK 表示郑州客车(宇通);XMQ 表示厦门金龙(大金龙);KLQ 表示苏州金龙;GDW,表示桂林大宇等。

2）车辆类型、主要特征和产品序号代号

首位数字以 1~9 表示车辆类型;1~7 分别为载货汽车、越野汽车、自卸汽车、牵引汽车、专用汽车、客车和乘用车,9 表示半挂车及专用半挂车。

中间两位数字表示汽车的总质量、长度或排量等主要参数特征;对客车而言,数字表示车辆长度(m);对乘用车而言,数字表示发动机排量(L);除此以外,其他车辆均以数字表示汽车的总质量(t);当小于 10t 时前面以 0 占位,当总质量在 100t 以上时,允许用三位数字表示。

末位数字从 0 开始编号,表示产品的生产序号。

2. 技术特征部分

技术特征部分共分两部分。前部分为专用汽车结构特征代号,以一位数字表示,见表1-4,用汉语拼音字母表示车辆结构和用途特征。

国产汽车专用汽车结构特征代号　　　　　　　　　　　表 1-4

厢式	罐式	专用自卸	特种结构	起重举升	仓栅式
X	G	Z	T	J	C

后部分为企业自定代号,表示不同的驾驶室类型、轴距和发动机。可用汉语拼音字母和阿拉伯数字表示,位数也由企业自定。

3. 应用举例

ZK6122HQ9:ZK 表示郑州客车(宇通),6 表示大客车,12 表示车长 12m,2 表示为第三代产品,HQ9 为企业自定代号。

三、车辆识别代号(VIN)

1. 车辆识别代号(VIN)的定义

VIN 是英文(Veterinary Information Network)的缩写,译为车辆识别代号。VIN 由 17 位字符(包括英文字母和数字)组成,俗称十七位码。是制造厂为了识别而给一辆车指定的一组字码。该号码的生成有着特定的规律,一一对应于每一辆车,并能保证50年内在全世界范围内不重复出现。因此又有人将其称为"汽车身份证"。

我国2004年10月1日起实施《道路车辆 车辆识别代号(VIN)》(GB 16735—2004)。该标准参照了ISO 3779:1983《道路车辆 车辆识别代号(VIN)内容与构成》(英文版)。标准规定了车辆识别代号的内容与构成,以便在世界范围内建立一个统一的道路车辆识别代号体系。该标准同时还给出了车辆识别代号在车辆上的位置与固定要求。

2. 车辆识别代号的作用

(1)汽车管理。用于汽车登记和信息化管理,如处理交通事故、保险理赔、查获被盗车辆、报案等。

(2)汽车检测。用于汽车的年检和安全性能的检测。

(3)汽车维修。用于汽车的故障诊断、汽车配件的经营管理和订购。

(4)车辆保险。用于汽车的保险登记、理赔信息的查询。

(5)二手车交易。用于查询该车的历史信息。

(6)汽车召回。查询汽车的生产年代、车型及生产数量。

3. VIN在车上标注的位置

一般车辆的VIN位于仪表板与前风窗玻璃左下角的交界处、发动机前横梁上、车架上、行李舱内、悬架支架上、纵梁上、翼子板内侧等,有的直接标注在车辆铭牌上。

汽车铭牌——置于车辆前部易于观察之处,通常打开发动机舱盖便可以看到,客车铭牌置于车内前乘客门的上方。铭牌上标明厂牌、型号、发动机功率、总质量、载质量或载客人数、出厂编号、出厂年、月、日及厂名等信息。

4. 车辆识别代号的基本内容

车辆识别代号应由三个部分组成:第一部分,世界制造厂识别代号(WMI);第二部分,车辆说明部分(VDS);第三部分,车辆指示部分(VIS),如图1-4所示。

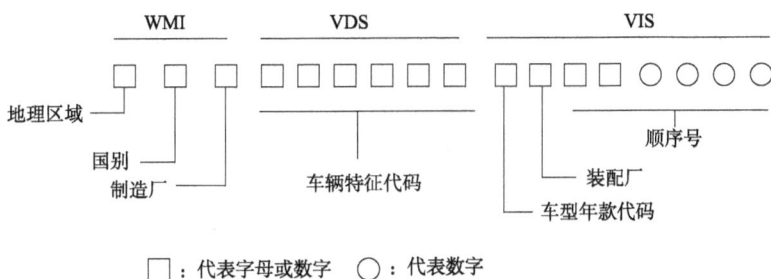

图1-4 车辆识别代号的组成

5. 车辆识别代号(VIN)的含义

在车辆识别代号中仅能采用0~9阿拉伯数字和大写的罗马字母(字母I、O及Q不能使用)表示。

(1)第1~3位(WMI——世界制造厂识别代码):表示制造厂、品牌和类型。用来标识车辆制造厂的唯一性。通常占VIN代码的前三位。

(2)第4~9位(VDS——车辆说明部分):说明车辆的一般特性,制造厂不用其中的一位或几位字符,就在该位置填入选定的字母或数字占位,其代号顺序由制造厂确定。

(3)第 10 ~ 17 位(VIS——车辆指示部分):制造厂为了区别不同车辆而指定的一级字符,其最后四位应是数字。

6. 车辆识别代号(VIN)各位说明

(1)第一部分(第 1 ~ 3 位)——世界制造厂识别代号(WMI)。必须经过申请、批准和备案后方能使用。通过世界制造厂识别代号三位数字的组合能够确定车辆生产厂家的信息。

(2)第二部分(第 4 ~ 9 位)——车辆特征代码(VDS)。此部分应能识别车辆的一般特性,其代号顺序由制造厂决定。车辆特征代码由 6 位字码组成,通过其组合可以识别车辆的一般特性,但其代号顺序由制造厂确定,不同的制造厂有不同的含义,主要表示车辆特性。

(3)第三部分(第 10 ~ 17 位)——车辆指示部分。这部分是 VIN 代码的最后部分,是制造厂为区别不同车辆而指定的一组字码。

具体内容详见《道路车辆 车辆识别代号(VIN)》(GB 16735—2004)。

7. 客车识别代号示例

某车 17 位码如下:L E 4 E J 6 8 W A V 5 7 0 0 3 2 1。现分析上述代码所包含信息如下,供参考。

第 1 位:生产国家代码,该车为 L,说明是国产汽车。第 2 位:汽车制造商代码,E 指的是北京吉普汽车公司。第 3 位:汽车类型代码,这里的 4 指的是 BJ2021 车型。第 4 位:厂定最大总质量分级代码,E 是指 1360 ~ 1814kg。第 5 位:车型种类代码,J 指 4×4 左置转向盘。第 6 位:装配类型代码,6 为中档型。第 7 位:车身类型代码,8 指的是 4 门金属硬顶。第 8 位:发动机类型代码,W 指的是 2.5L 四缸化油器式汽油机。第 9 位:工厂检验代码,该车的 A 指的是四缸长轴距切诺基。第 10 位:年款代码,对照上表可知,V 是指 1997 年生产的。第 11 位:装配厂代码,5 是指北京吉普总装厂。第 12 位至第 17 位:生产的顺序代码,对于北京吉普来说,第 12 位是日历年的末位数字,所以该车是 1997 年生产的第 321 辆该型号车。

想一想练一练

1. 汽车如何分类?试述营运客车的分类标准。

2. 汽车的编号规则如何?

3. 17 位车辆识别代码一般标注在什么位置?它由哪几部分组成?这几部分分别表示什么?

第二节 大客车的主要技术性能参数

为了说明大客车的主要技术性能,经常用下列参数表示:大客车的主要尺寸参数、大客车的质量参数和大客车的主要性能指标。

一、大客车的主要尺寸参数

大客车主要尺寸参数包括车长、车宽、车高、轴距、轮距、前悬、后悬、接近角、离去角、最小离地间隙等,见表1-5。

大客车的主要尺寸参数 表1-5

车长	车辆的前后最外突出部分的垂直距离。车长也称汽车总长,取决于汽车的用途、道路条件、吨位或载客数
车宽	车身两侧平面突出的部位(除后视镜、转向指示灯、防滑链、轮胎与地面接触部分的变形以外)之间的距离。按我国现行有关规定,公路车辆极限总宽不得大于2.55m
车高	车辆在没有装载的情况下,支撑平面与最高突出部位之间的距离。按我国有关规定,公路车辆的总高不得大于4m
轴距	车辆同一侧面相邻两个车轮中心线间的距离
轮距	同一车轴上两轮之间的中心距离。轮距分前轮距和后轮距。轮距越宽,汽车的稳定性能就越好
前悬	前悬是指汽车前轮中心与车辆前端的水平距离。前悬不宜过长,否则汽车接近角过小,上坡时容易发生触头现象,影响汽车的通过性能
后悬	指后轮中心与车辆后端的水平距离。后悬不宜过长,否则汽车下坡时容易刮地,影响通过性,转弯也不灵活
接近角	车辆空载时,前轮轮胎前外缘与车辆前下端构成的平面与地面平面之间的最大夹角
离去角	车辆空载时,后轮轮胎后外缘与车辆后下端构成的平面与地面平面之间的最大夹角
最小离地间隙	指汽车底盘最低点离地面的高度。对于大部分汽车来说,最小离地间隙大多是后桥壳最低点离地面的高度

二、大客车的质量参数

大客车质量参数主要有整备质量、最大装载质量、最大总质量和最大轴载质量等,见表1-6。

大客车的质量参数 表1-6

整备质量(kg)	整车装备齐全,加足燃油、润滑油和工作液(如制动液、冷却液),并带齐随车工具、备胎及其他规定应带的备品,但未载人、载货时的总质量
载质量	货车在硬质、良好路面上行驶时所允许的最大额定装载质量,也称载质量。客车载质量一般以乘坐人数表示,其额定载客人数即车上额定的座位数
总质量	汽车在满载时的总质量,即汽车自重、额定载重之和
整备轴载质量(前/后)(kg)	在整备质量情况下,前、后轴的载质量
允许轴载质量(前/后)(kg)	在最大总质量情况下,前、后轴的载质量

三、大客车的主要性能指标

大客车主要性能指标包括客观方面和主观方面两部分。

1. 客观方面性能指标

客观方面性能指标主要为动力性能、经济性能、排放性能、制动性能、操纵稳定性、通过性能、平顺性能(乘坐舒适性)、安全性、可靠性和载客量和行李舱容积等。

1)动力性能指标

(1)最高车速(km/h):汽车在平直良好的道路上行驶所能达到的最大车速。

(2)加速时间(s):汽车加速到一定车速所需要的时间。

(3)最大爬坡度(%):汽车满载时最大爬坡能力,常用一挡最大爬坡度和直接挡最大爬坡度表示。

2)经济性能指标

(1)百公里燃料消耗量(L/100km):在良好水平硬路面上以一定的载荷(轿车半载、客货车满载)及最高挡等速行驶(一定的行驶工况)时的百公里燃料消耗量。

(2)定量燃油下汽车行驶里程(km/L):在一定的行驶工况下,一定量的燃油行驶的最大量程。美国常用该指标评价。

3)排放性能指标

(1)排放标准:汽车排放标准分为欧洲、美国、日本标准体系。欧洲标准测试要求相对而言比较宽泛,欧Ⅰ、欧Ⅱ、欧Ⅲ、欧Ⅳ、欧Ⅴ、欧Ⅵ标准分别从1992年、1996年、2000年、2005年、2009年、2016年实施,是发展中国家大都沿用的汽车尾气排放体系。

我国汽车排放标准基本参照的是欧洲标准体系,1999年国Ⅰ、2002年国Ⅱ、2005年国Ⅲ、2008年国Ⅳ、2012年前后国Ⅴ标准。

(2)排放物:CO_2(二氧化碳)——完全燃烧后的产物;CO(一氧化碳)——不完全燃烧的产物;HC(碳氢化合物)——未燃烧的汽油;NO_x(氮氧化物)——高温下空气中氮气与氧气化合产生的化合物;PM(微粒,炭烟)。

4)制动性能指标

(1)制动效能:在良好路面上,汽车以一定初速制动到停车的能力,以制动距离、制动减速度评价。

(2)制动效能稳定性:指制动效能保持的能力,希望在各种使用条件下制动效能的变化小且稳定。制动效能的稳定性包括制动效能的恒定性和抗热衰退性能。

(3)制动方向稳定性:汽车在制动过程中维持直线行驶的能力或按预定弯道行驶的能力。汽车制动稳定性包括制动效能的稳定性和制动方向的稳定性。

5)操纵稳定性指标

汽车能抵抗干扰而保持稳定行驶的性能。主要有转向灵敏度、转向轻便性、最小转弯半径、回正性、直线行驶能力、转向可靠性等。

6)通过性指标

在一定车载质量下,汽车能以足够高的平均车速通过各种坏路及无路地带和克服各种障碍的能力。主要有最小离地间隙、接近角、离去角、最小转弯直径和内轮差、转弯通道圆、附着质量、附着系数及车辆接地比压。

7)平顺性能(乘坐舒适性)指标

是保持汽车在行驶过程中,乘员所处的振动环境具有一定的舒适度的性能。这与汽车的底盘参数、车身几何参数,以及汽车的动力性、操控性等有密切关系。

8)安全性指标

(1)主动安全性:是指汽车本身防止或减少道路交通事故发生的性能。主要有 ABS、EBD、ESP(VDC)、TCS 等。

(2)被动安全性:是指汽车发生事故后,汽车本身减轻人员伤亡或减少货物受损的性能。主要有安全气囊、安全带、防撞钢梁等。

(3)信息安全:广角后视镜、防眩目后视镜、高位制动灯。

(4)其他安全:车身防盗、发动机防盗、音响防盗。

9)可靠性的评价指标

汽车在规定的条件下,规定的里程内,完成其规定功能的能力。主要有平均首次故障里程、平均故障间隔里程、当量故障率等。

10)载客量和行李舱容积

客运车:最大座位数,等级座位数,行李装载能力;旅游车:旅行团游客数量;团体车:员工数量;公交车:座位数与站立人数总和,或载质量和站立面积。

2. 主观方面性能指标

主观方面为车辆外观、制造工艺、售后服务、使用成本和品牌价值。

想一想 练一练

大客车的主要技术性能参数有哪些?会对其性能指标进行评价。

第三节 大客车总体结构和功能概述

一、大客车的总体结构

各类汽车的基本组成是相同的,均由发动机、底盘、车身和电气设备四大部分组成,如图1-5所示。

二、大客车主要组成部分的功能和构成

1. 发动机

发动机是汽车的动力装置(动力源),其功能是将燃料的化学能转化为热能,再将热能转化为机械动力,从发动机的曲轴向外输出功率,并通过底盘的传动系统驱动汽车行驶。

2. 底盘

底盘是汽车的基础,接受发动机产生的动力,使汽车得以正常行驶。由传动系统、行驶系统、转向系统和制动系统四大部分构成。

3. 车身

车身安装在底盘的车架上,用以乘坐驾驶人、旅客或装载货物。客车和乘用车一般采用整体封闭式车身。

a)发动机

b)底盘

c)车身

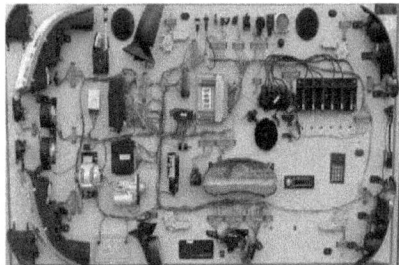
d)电气设备

图1-5 大客车的总体结构

4. 电气设备

现代汽车电气设备由电源、用电器和配电装置三大部分组成。电源部分包括蓄电池、发电机和调节器。用电设备部分包括起动系统、点火系统、照明设备、信号装置、仪表及报警装置、汽车电子控制系统和辅助电器等。配电装置包括中央接线盒、电路开关、保护装置、插接件和导线。

大客车总体构造如何?各总成的安装位置如何?

第四节　使用说明书阅读与主要操纵装置识别

汽车使用说明书和汽车产品维修手册都是由汽车企业编制,服务于用户的技术文件。使用说明书一般直接面向用户,为用户提供一些诸如了解产品并正确使用、操作、维护车辆等方面知识和指引,同时对安全事项、质量保证等进行必要说明。

一、汽车使用说明书内容

作为汽车产品的重要组成部分之一,汽车产品使用说明书虽然只是一本随车手册,但却提供了结构参数、技术特征、技术参数、标牌、标识、安全装置及汽车正确使用、维护、常见故障等大量与驾车相关的信息和知识。在我国,对产品使用说明书方面的要求,是以国家强制性标准进行规定的,2012 版《机动车安全运行技术条件》(GB7258—2012)新增了关于机动车产品使用说明书的规定。其内容主要有:

(1)汽车产品的标识及其位置说明。如制造铭牌、VTN、商标、车型标牌、车名标牌、底盘编号、发动机编号等。

(2)汽车产品所具有的配备、装置及其功能和使用、操纵方法的说明等。

(3)安全警告。

(4)汽车产品使用须知。如新车磨合、正确的行驶方法和要求、简单故障处理方法等。

(5)汽车产品维护的相关规定、维护周期和维护作业内容及技术要求。

(6)汽车产品的主要数据和规格。如质量参数、尺寸参数、性能参数、操纵机构的调整参数、燃油种类和品号及容量、润滑油脂种类和品号及容量、轮胎规格和气压、灯具规格等。

(7)汽车生产企业对产品质量的承诺和质保说明。

(8)汽车生产企业的详细信息。如企业名称、地址、邮政编码、技术咨询电话、质量投诉电话、汽车维修服务网点等。

二、使用说明书的阅读方法

使用说明书是汽车企业为消费者提供服务的重要说明文件,作为使用者,应该重点阅读和学习与日常使用有关的内容,以便于高效、安全地使用好车辆。下面简要说明其阅读重点。

(1)首先应认真阅读使用说明书目录,了解说明书的主要结构内容。

(2)对照说明书"0 车辆标识"部分说明和车辆,核对车辆的商标、型号、铭牌、VIN、发动机铭牌、发动机钢印及底盘铭牌。

(3)对照车辆,按说明书"1 操作"部分的指引,对所具有的配备、装置及其功能逐一认识,必要时认真多次操作相关设备或装置,特别对安全部件、可能引起安全的隐患部件其功能和使用应重点关注。

(4)对照"2 驾驶"部分,重点关注驾驶前的各项检查及调整要求、新车磨合及磨合后的要求,一般了解驾驶中的特殊要求。

(5)对于"3 维护"部分,重点阅读维护周期和日常维护的有关项目及要求、特殊维护项目及要求、主要总成或装置的维护注意事项;对首次维护、一级维护、二级维护和主要总成或装置的维护项目和要求在使用阶段无须认真阅读,有可能的话可浏览一遍即可。

(6)对"4 自己动手"部分,应认真阅读,有条件的可实际演练一遍。

(7)对说明书"5 安全"部分,需认真阅读并牢记安全部件的位置、操作程序和操作要求,能操作的部分尽量操作一次。

(8)了解客车常见故障的现象、判断要领、检修口位置和排除方法。

(9)其他部分内容可暂不阅读或粗略浏览,尤其是对有关的技术数据,只要知道在什么部位可以查找到即可。

三、驾驶室操纵装置识别

在驾驶室,主要的操纵装置为转向盘、变速器操纵杆、加速踏板、制动踏板、离合器踏板、驻车制动手柄和各种控制开关或按钮,如图1-6所示。

四、指示仪表的识别

驾驶室仪表板上有转速表、车速表、里程表、电压表、机油表、冷却液温度表、燃油表和气压表等众多的指示仪表,还有表示汽车各种状态信息的指示灯,如图1-7所示。部分主要仪表指示灯符号含义举例,见表1-7。

图1-6 大客车驾驶室(操纵装置)

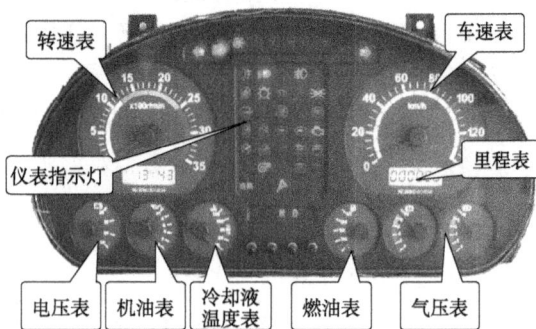

图1-7 大客车驾驶操作台指示仪表

部分主要仪表指示灯符号含义示例 　　　　　　　　表1-7

序号	图　标	指示灯名称	指示灯含义
1	STOP	故障警告灯	该灯亮表示车有故障,应立即就近安全停车维修
2	⬅或➡	转向指示灯	当转向操纵手柄放置左转或右转位置时,该灯亮
3	≡▶或≡▷	远/近光灯	前照灯处于远光或近光时,该灯亮
4	⫧D	雾灯	该灯亮时,表示雾灯打开
5	⫶OC⫶	示廓指示灯	示廓灯点亮时,指示车辆轮廓位置
6	LOW BATTARY	电池亏电报警灯	当电池电压低于24V时,该灯点亮
7	(!)	低气压报警灯	当制动系的气压低于正常制动气压时,该灯点亮
8	(I)	缓速器工作指示灯	缓速器工作时,该灯亮
9	(ABS)	ABS报警灯	ABS有故障时,该灯点亮
10	(P)	驻车制动指示灯	该灯亮时表示驻车制动器处于制动状态

续上表

序号	图 标	指示灯名称	指示灯含义
11		排气制动指示灯	该灯亮时表示排气制动系统工作
12		乘客门未关指示灯	乘客门打开或未关时,该指示灯点亮
13		后舱门未关指示灯	后舱门打开或未关时,该指示灯点亮
14		安全门指示灯	当安全门打开时,该指示灯点亮
15		倒车指示灯	当车辆倒车时,该指示灯点亮
16		发动机状态工作指示灯	绿色灯亮,表示发动机正进气预热;白色、黄色和红色时,表示需维护或有故障需修理
17		安全带指示灯	该灯亮时,表示驾驶人未系安全带

五、认识驾驶室各控制开关

驾驶室各控制开关如图 1-8 所示。

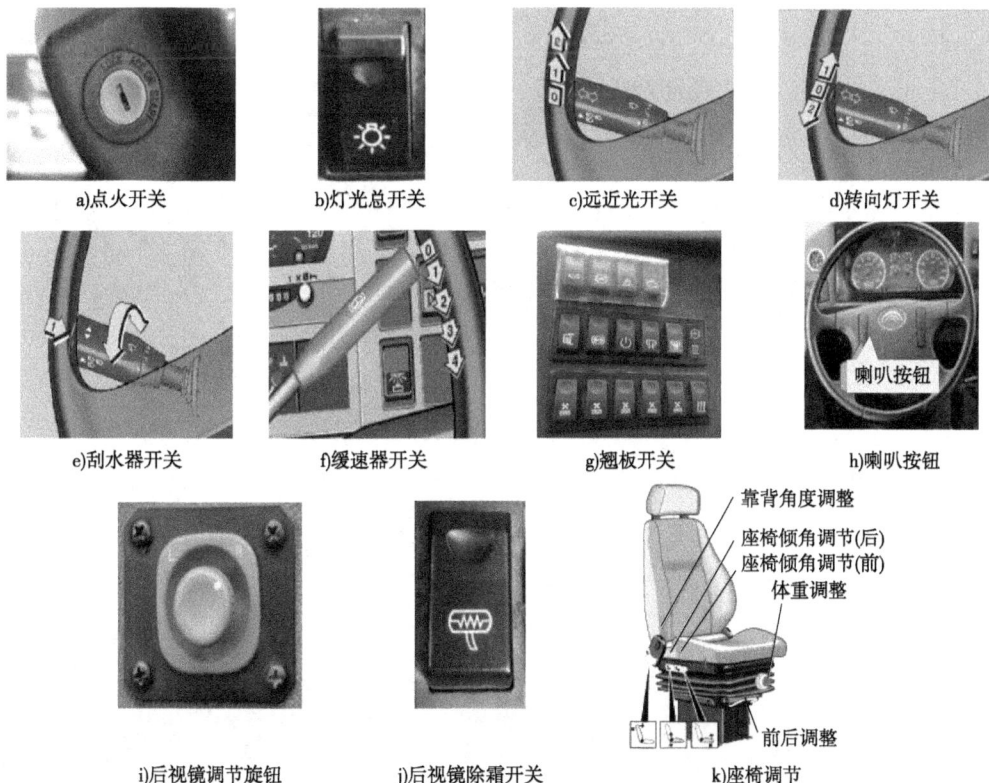

a)点火开关   b)灯光总开关   c)远近光开关   d)转向灯开关

e)刮水器开关   f)缓速器开关   g)翘板开关   h)喇叭按钮

i)后视镜调节旋钮   j)后视镜除霜开关   k)座椅调节

靠背角度调整
座椅倾角调节(后)
座椅倾角调节(前)
体重调整
前后调整

图 1-8

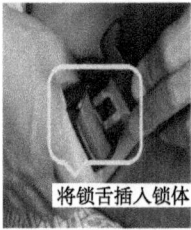
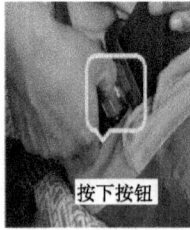

将锁舌插入锁体　　按下按钮

l)安全带锁止装置

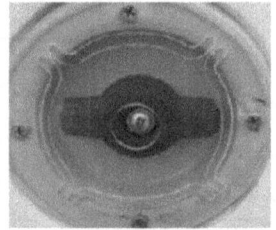

m)乘客门应急开关

图1-8　驾驶室各控制开关

六、认识附件操纵装置

附件操纵装置如图1-9所示。

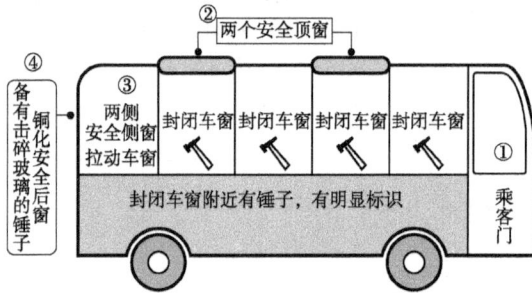

a)应急出口车窗

b)车窗安全锤

c)自动灭火装置及按钮

图1-9　附件操纵装置

想一想练一练

能根据说明书,就车指出大客车主要操纵机件的位置,说出其作用,并进行正确操作。

第二章　大客车发动机总体构造

章节描述

本章通过对大客车发动机分类知识、总体结构和基本工作原理、发动机常用术语等几节的学习,从总体上对大客车发动机的性能特点、工作原理、结构组成和类型形成初步的认知。在学习本章之前,学生已对大客车的品牌、类型和性能具有一定认识,教师可以充分利用大客车发动机实物教具和多媒体课件、图片,系统展现发动机的总体结构、类型和工作基本过程,实现各节的学习任务。

学习目标

1.知识目标

知道大客车发动机的作用和类型,熟悉常用术语;知道发动机总体结构与型号编制规则。

2.技能目标

能识别不同类型的大客车发动机,会根据发动机型号理解发动机的基本信息,会描述发动机的工作原理。

3.情感目标

培养主动学习、深入探究的学习态度和严谨务实的工作作风。

建议课时

4课时。

学习内容

第一节　汽车发动机的类型与常用术语
第二节　汽车发动机的工作原理
第三节　汽车发动机总体构造与型号

学习要求

1.知道汽车发动机的类型,熟悉常用术语;
2.能叙述汽车发动机的工作原理;
3.知道汽车发动机总体结构与型号编制规则。

第一节　汽车发动机的类型与常用术语

发动机是汽车的动力装置,又称动力源,其性能的优劣直接影响整车性能。发动机的类型很多,结构各异,以适应不同车型的需要。作为商用车的大客车所配用的发动机与一般的乘用车从类型、尺寸、动力要求等方面有明显的不同,但就其总体结构和工作原理是基本一致的。客车上除了应用发动机作为动力源外,很多车型采用动力电池作为动力源通过电动机驱动车辆或两种形式组合驱动车辆,这部分内容将在第十三章和第十四章中介绍。

一、发动机的作用和类型

1. 发动机的作用

发动机是汽车的动力源,是一种能够把其他形式的能转化为机械能的机器。

2. 发动机的类型

汽车用发动机有热力机、电力机、风力机和原子能发动机等,其中客车上大多为热力机中的内燃机。汽车发动机可以根据不同的特征来分类。

1)按使用的能源不同分类

按使用的能源不同,有内燃机、外燃机、电动机等。其中内燃机根据燃料不同还可以进一步分类;外燃机在最初发明的汽车中使用较多,如斯特林发动机、蒸汽机等;电动机是将普通电能、光能储存为人造电力能源再转换成机械能的动力设备。

2)按使用的燃料不同分类

按使用的燃料不同,有汽油发动机、柴油发动机、气体燃料发动机(如 CNG 发动机、LPG 发动机等)、双燃料发动机等,如图 2-1 所示。

a)汽油发动机　　　　b)柴油发动机　　　　c)CNG发动机

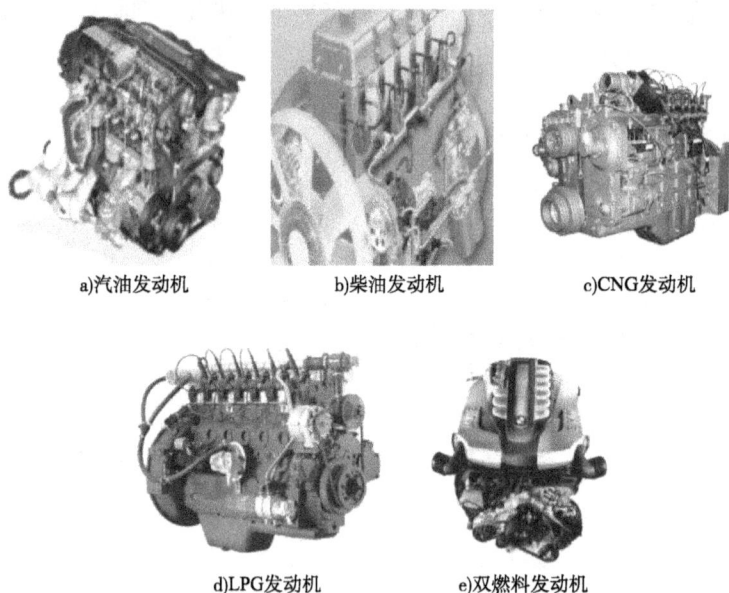

d)LPG发动机　　　　e)双燃料发动机

图 2-1　发动机按能源分类

3)按活塞的动力方式分类

按活塞的动力方式不同,有往复活塞式与转子活塞式两种。前者活塞在汽缸内作往复直线运动,后者活塞在汽缸内作旋转运动,如图 2-2 所示。

4）按活塞行程分类

按发动机在一个工作循环中活塞的工作行程不同,汽车发动机可分为四冲程发动机与二冲程发动机。如图2-3所示。

5）按发动机的汽缸数目分类

按发动机汽缸体汽缸数目的不同,发动机又可分为单缸发动机和多缸发动机,如图2-4所示。

6）按汽缸排列方式分类

按发动机汽缸的布置方式,汽车发动机又分为五种常见类型,分别是直列、斜置、对置、V形和ω形,如图2-5所示。

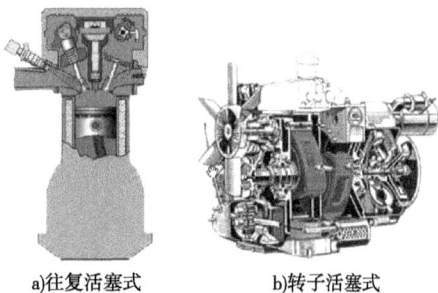

a)往复活塞式   b)转子活塞式

图2-2　按照活塞的动力方式分类

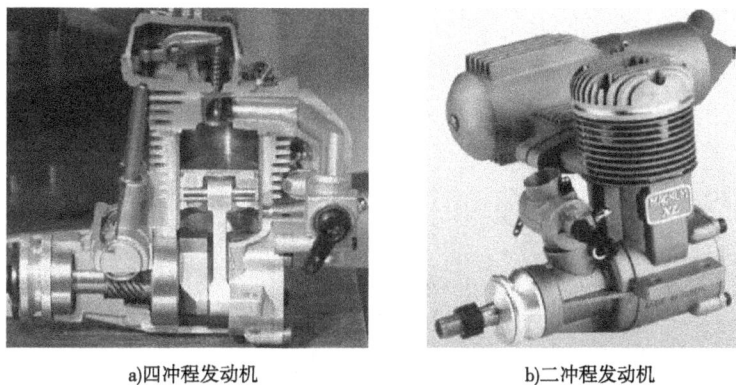

a)四冲程发动机　　　　　　b)二冲程发动机

图2-3　发动机按活塞行程分类

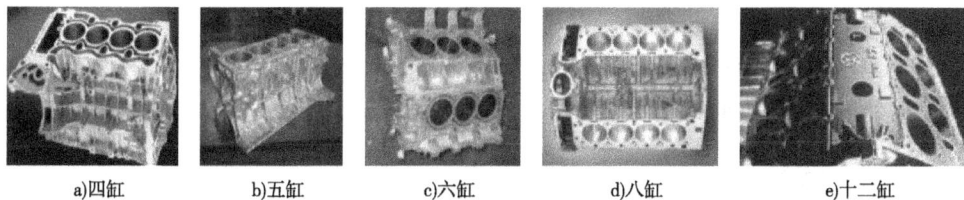

a)四缸　　b)五缸　　c)六缸　　d)八缸　　e)十二缸

图2-4　发动机按汽缸数目分类

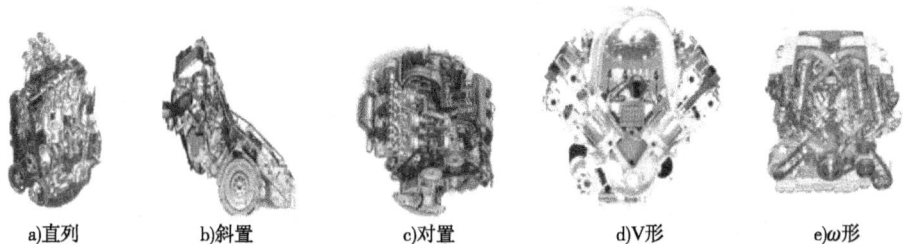

a)直列　　b)斜置　　c)对置　　d)V形　　e)ω形

图2-5　发动机按汽缸排列方式分类

7）按进气系统是否采用增压方式分类

按进气系统是否采用增压方式,分为自然吸气式发动机和强制进气发动机两种。汽油机常采用自然吸气式;柴油机为了提高功率大多采用增压式的,如图2-6所示。

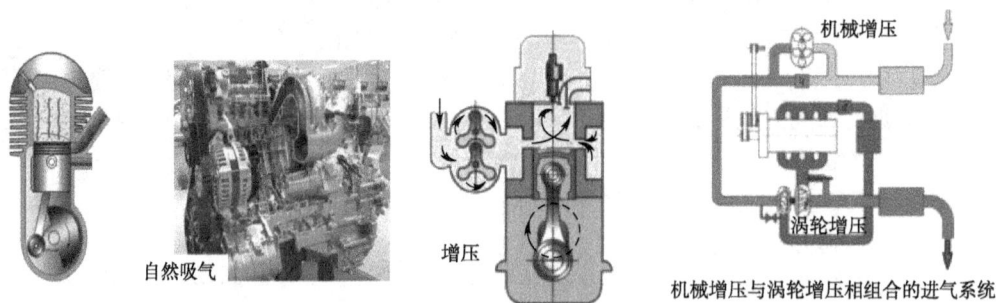

自然吸气　　　　增压　　　机械增压与涡轮增压相组合的进气系统

图2-6　发动机按吸气方式分类

8)按照冷却方式分类

按发动机冷却方式的不同,汽车发动机还可分为水冷式发动机和风冷式发动机,如图2-7所示。

目前,应用最广、数量最多的汽车发动机为水冷、四冲程往复活塞式发动机。其中汽油机用于乘用车和轻型客货车上,而大客车和中、重型货车发动机多为柴油机。清洁能源发动机如CNG发动机、LPG发动机,混合动力及插电式混合动力发动机越来越广泛用于大客车上。

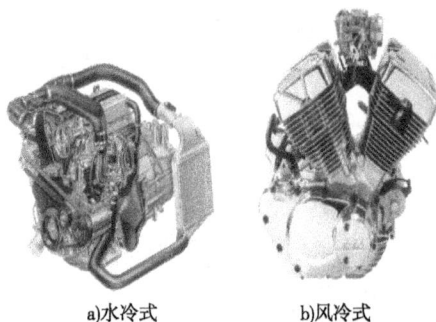

a)水冷式　　b)风冷式

图2-7　发动机按冷却方式分类

二、发动机的常用术语

1.单缸发动机的基本结构

往复活塞式发动机的基本结构如图2-8所示。它主要由汽缸、汽缸体、活塞、连杆、曲轴、进气门、排气门、凸轮轴等零件组成。

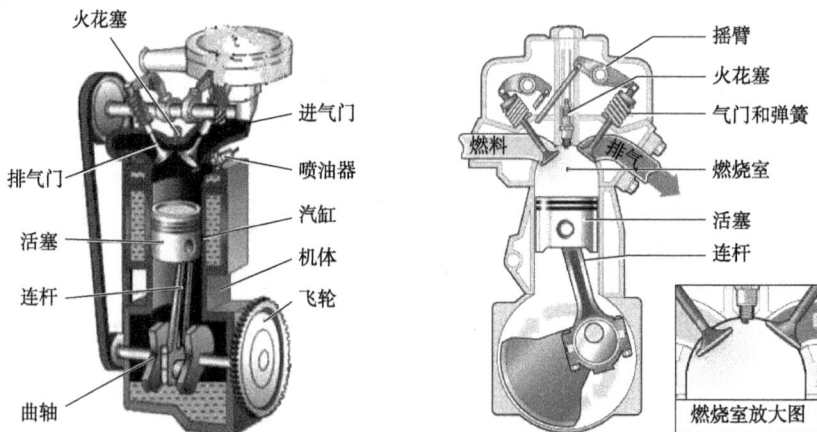

图2-8　单缸四行程汽油机机构示意图

汽缸制在汽缸体内,呈圆筒形状,是往复活塞式发动机的工作腔。活塞在汽缸内作往复直线运动。活塞通过活塞销与连杆的一端铰接,连杆的另一端则与曲轴相连,曲轴的两端则通过轴承支撑在曲轴箱上。因此,当活塞在汽缸内作往复运动时,连杆便推动曲轴旋转,或者相反。活塞在汽缸内作往复直线运动过程中,工作腔的容积大小不断地发生变化。

汽缸上部装有汽缸盖,使活塞顶部与汽缸盖之间构成一个封闭的空间。汽缸盖上装有进气门和排气门,进、排气门是头朝下尾朝上倒挂在汽缸顶端的。通过进、排气门的开闭实现向汽缸内充气和向汽缸外排气。进、排气门的开闭由凸轮轴控制。凸轮轴由曲轴通过齿形带(或齿轮或链条)驱动。

2. 发动机的常用专业术语

如图 2-9 所示,发动机的常用专业术语主要有上止点、下止点、活塞行程、曲柄半径、汽缸工作容积、发动机工作容积、发动机排量、燃烧室容积、汽缸总容积、压缩比、工作循环等。

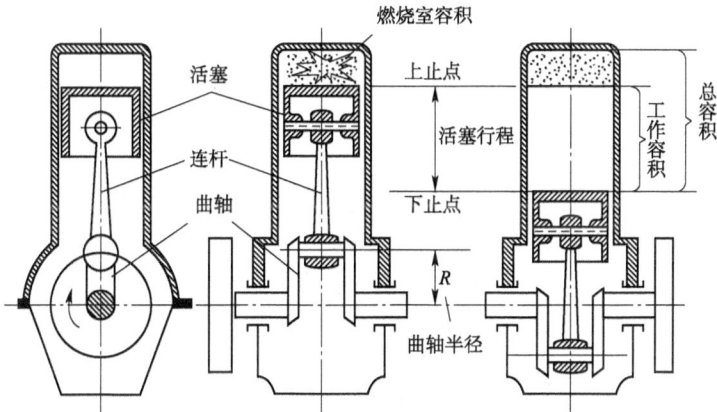

图 2-9 发动机的常用专业术语

(1)上止点。活塞在汽缸里作往复直线运动时,当活塞向上运动到最高位置,即活塞顶部距离曲轴旋转中心最远的极限位置,称为上止点。

(2)下止点。活塞在汽缸里作往复直线运动时,当活塞向下运动到最低位置,即活塞顶部距离曲轴旋转中心最近的极限位置,称为下止点。

(3)活塞行程 S。发动机工作时活塞在汽缸中往复运动,从汽缸的一端到另一端的距离,即上、下止点间的距离 S 称活塞行程。

(4)曲柄半径 R。曲轴旋转中心到曲柄销中心之间的距离称为曲柄半径,一般用 R 表示。通常活塞行程为曲柄半径的两倍,即 $S = 2R$。

(5)汽缸工作容积 V_h。汽缸工作容积是指活塞从一个止点移动到另一个止点所让出的空间容积,也称汽缸排量。即

$$V_h = \frac{\pi D^2}{4 \times 10^6} S \quad (L)$$

式中: D——汽缸直径,mm;

　　S——活塞行程,mm。

(6)发动机工作容积 V_L。发动机工作容积是指各汽缸工作容积的总和,也称发动机排量。

(7)燃烧室容积 V_c。燃烧室容积是指活塞在上止点时,活塞顶上面的空间容积。

(8)汽缸总容积 V_a。汽缸总容积是指活塞在下止点时,活塞顶以上的空间容积。

(9)压缩比 ε。汽缸总容积与燃烧室容积之比称为压缩比。即:

$$\varepsilon = \frac{V_a}{V_c} = \frac{V_h + V_c}{V_c} = 1 + \frac{V_h}{V_c}$$

压缩比表示活塞由下止点运动到上止点时,汽缸内气体被压缩的程度。压缩比越大,压缩终了时汽缸内的压力和温度就越高。目前,一般车用汽油机的压缩比为 6 ~ 12,柴油机压缩比一般为 16 ~ 22。

(10)工作循环。在发动机汽缸内进行的每一次将燃料燃烧的热能转变成机械能的一系列连续过程(进气、压缩、做功、排气)称发动机的一个工作循环。

想一想练一练

1.汽车发动机有哪些类型?说出发动机的常用术语及含义。

2.什么是汽车发动机的排量?为什么柴油发动机的压缩比相对汽油机而言比较大?

第二节　汽车发动机的工作原理

按使用的能源不同,发动机分为内燃机、外燃机、电动机三种。其中,外燃机是燃料不作为工作介质的热机,电动汽车是利用蓄电池作为储能动力源,而内燃机是将液体或气体燃料与空气混合后,直接输入汽缸内部的高压燃烧室燃烧爆发产生动力。由于燃料燃烧是在发动机内部进行,而且燃烧气体同时也是工作介质,所以我们称之为内燃机。内燃机比外燃机的效率高,比燃气轮机的价格便宜,比电动汽车容易添加燃料,这些优点使得大部分现代汽车都使用内燃机,而且尤以往复活塞式内燃机的应用最为广泛,下面以往复活塞式内燃机为例,介绍发动机的工作原理。

一、四冲程柴油机工作原理

在发动机一个工作循环中,曲轴旋转两圈,活塞上下往复运动四个行程,即进气、压缩、做功和排气四个行程而完成一次做功过程的发动机,称为四冲程发动机。由于使用的燃料不同,四冲程发动机又可分为四冲程汽油发动机和四冲程柴油发动机两种,其工作原理也有一定的区别。

大客车上基本使用柴油发动机,下面主要介绍柴油发动机的工作原理,图 2-10 所示为单缸四冲程柴油机工作原理示意图。

1. 进气行程

曲轴旋转通过连杆带动活塞由上止点向下止点运行,此时进气门打开,排气门关闭。由于活塞上方空间容积不断扩大,汽缸内压力降至大气压力以下,新鲜空气经进气门不断被吸入汽缸。进气终了时汽缸压力为 0.085~0.095MPa,同时受上一循环残存废气的影响,温度为 323~373K(50~100℃)。

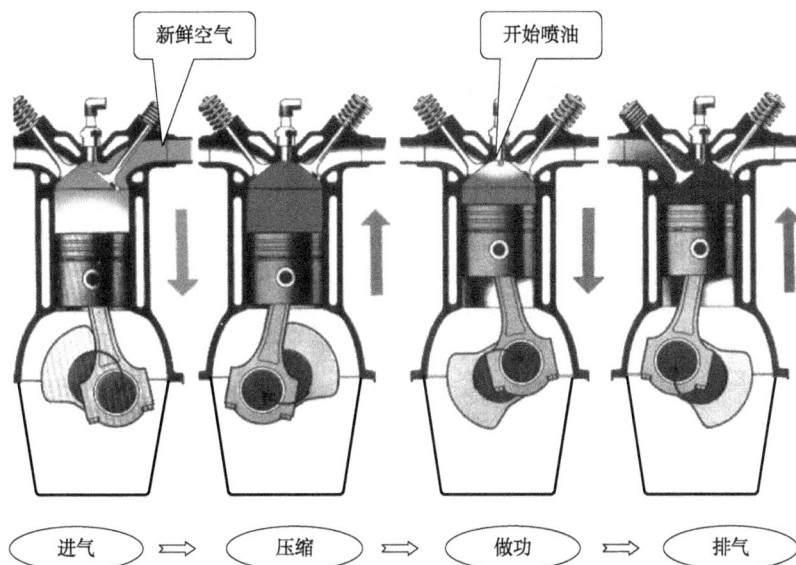

图 2-10　单缸四冲程柴油发动机工作原理

2. 压缩行程

活塞到达下止点后,随着曲轴的继续旋转,活塞由下止点向上止点运动,此时进、排气门均关闭。由于汽缸容积不断减小,空气受压缩后温度、压力随之升高,压力可达 3~5MPa,温度可达 773~973K(500~700℃),为柴油的燃烧准备了充分条件。

3. 做功行程

当压缩行程接近终了,喷油器将柴油以雾状喷入汽缸,并迅速与空气混合,形成可燃混合气。柴油在汽缸高温作用下着火燃烧(自燃,燃点温度理论值为 220℃),汽缸内的温度和压力迅速上升,温度可达 1973~2273K(1700~2000℃),压力可达 8~10MPa。此时由于进、排气门仍处于关闭状态,高压气体将活塞从上止点推向下止点,并通过连杆推动曲轴旋转做功。随着活塞下移,汽缸容积不断增大,气体压力和温度也逐渐降低,这一过程实现了化学能变热能、热能变机械能的两次能量转换。

4. 排气行程

做功行程至下止点后,随着曲轴的继续旋转,活塞由下止点向上止点运动,此时排气门打开。进气门关闭,废气在自身压力和活塞推力的作用下排出汽缸。排气终了废气的温度为 703~903K(430~630℃),压力为 0.105~0.12MPa。

柴油机经历了进气、压缩、做功、排气四个过程,完成了一个工作循环。由于曲轴端装有飞轮,依靠飞轮旋转的惯性使曲轴继续旋转,由做功行程向其余三个行程提供能量,如此周而复始,使柴油机得以连续运转。

二、四冲程发动机工作循环的特点

由上述四冲程柴油机的工作原理可知,四冲程发动机工作循环具有以下特点:

(1)四冲程发动机均经历进气、压缩、做功、排气四个过程完成一次动力输出（做功），这样周而复始，连续不断的过程称为一个工作循环。

(2)在四个行程中，只有做功行程产生动力，其余三个行程则是为做功行程作准备的辅助行程，都要消耗能量。发动机起动时必须借助外力带动曲轴旋转。

(3)发动机每完成一个工作循环曲轴转2圈（720°），活塞在上、下止点间移动4次，每一行程曲轴旋转半圈（180°），进、排气门各开启1次；

(4)柴油机的混合气是压燃的，汽油机混合气是利用电火花点燃的。

知识拓展

汽油机和柴油机（四冲程）不同点见表2-1。

汽油机、柴油机工作原理上的不同点   表2-1

序号	项　目	汽　油　机	柴　油　机
1	结构	汽缸顶部有火花塞	汽缸顶部有喷油嘴
2	燃料	汽油，燃点510~530℃	柴油，燃点300~380℃
3	进气	吸入的是汽油和空气的混合物	吸入的是纯空气
4	压缩比、着火方式	压缩比一般≤10,火花塞点燃	压缩比大，一般为16~22,压燃式
5	转矩、热效率	转矩低，35%较低	因为低速的特点转矩更高，45%较高
6	优点	体积小、质量小、工作噪声小、起动性好，最大功率时的转速高、工作稳定、价格便宜、制造和维修费用低	热效率高、经济性好、可靠性强。在相同功率的情况下，柴油机比汽油机的转矩大
7	缺点	燃油消耗率高、经济性差	转速低、质量大、制造和维修费用高
8	污染、应用	污染大，多用于中小型客车	污染小，多用于大中型客、货车

想一想练一练

1.请叙述四冲程柴油发动机的工作原理。

2.四冲程发动机工作循环有什么特点？

第三节　汽车发动机总体构造与型号

发动机是一部由许多机构和系统组成的复杂的机器，具体结构形式很多。为了进一步熟悉发动机的结构组成和工作情况、使用特点，本节重点研究其总体构造和型号分类。

一、汽车发动机的总体构造

尽管发动机结构形式多种多样，就四冲程往复活塞式发动机而言，由于基本原理相同，所以其基本结构也大体相同。传统汽油机通常由两大机构、五大系统组成;柴油机由两大机构、四大系统组成。

两大机构是指曲柄连杆机构和配气机构,通常也可称为发动机的机械系统。五大系统是指燃料供给系统、冷却系统、润滑系统、点火系统(柴油机无此系统)和起动系统,如图2-11所示。

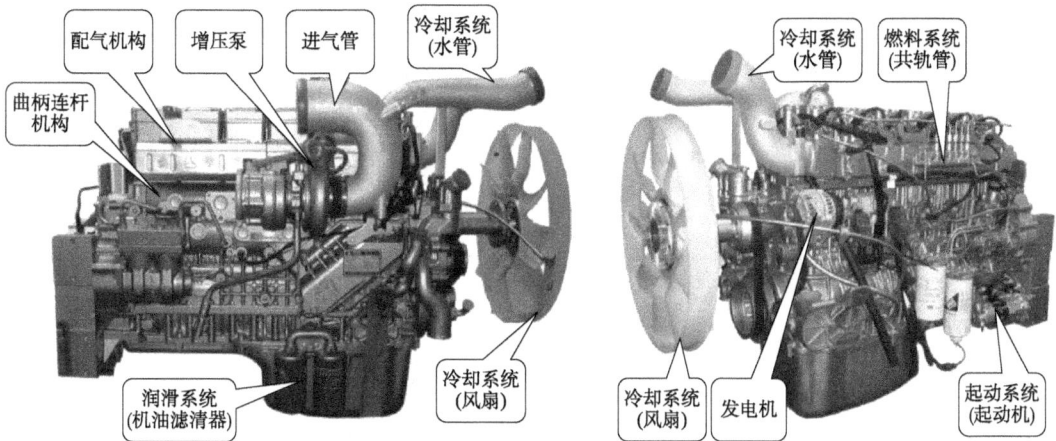

图 2-11　发动机的总体构造

1. 两大机构(机械系统)

1)曲柄连杆机构

曲柄连杆机构主要功用是将燃料燃烧产生的热能,实现热功转换;再通过活塞的往复运动转变成曲轴的旋转运动,实现运动的转换,从而对外输出动力。

曲柄连杆机构主要由机体组、活塞连杆组和曲轴飞轮组组成,如图2-12、图2-13所示。

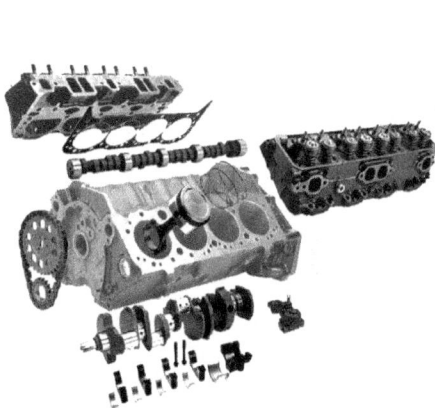

图 2-12　两大机构组合状态图

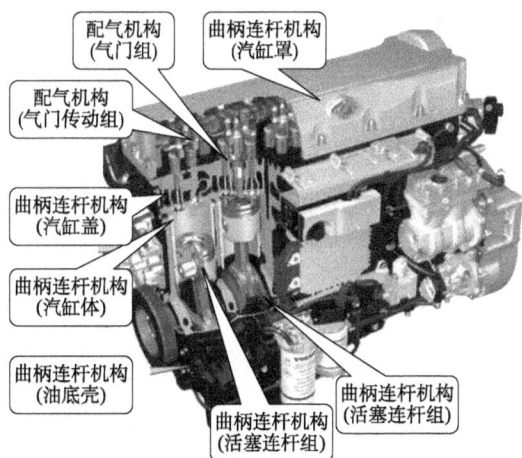

图 2-13　两大机构装合位置图

机体组由汽缸盖、汽缸体、汽缸垫、油底壳等组成。活塞连杆组主要由活塞、活塞环、活塞销、连杆等组成。曲轴飞轮组主要由曲轴、飞轮等组成,如图2-14所示。

a)机体组   b)活塞连杆组

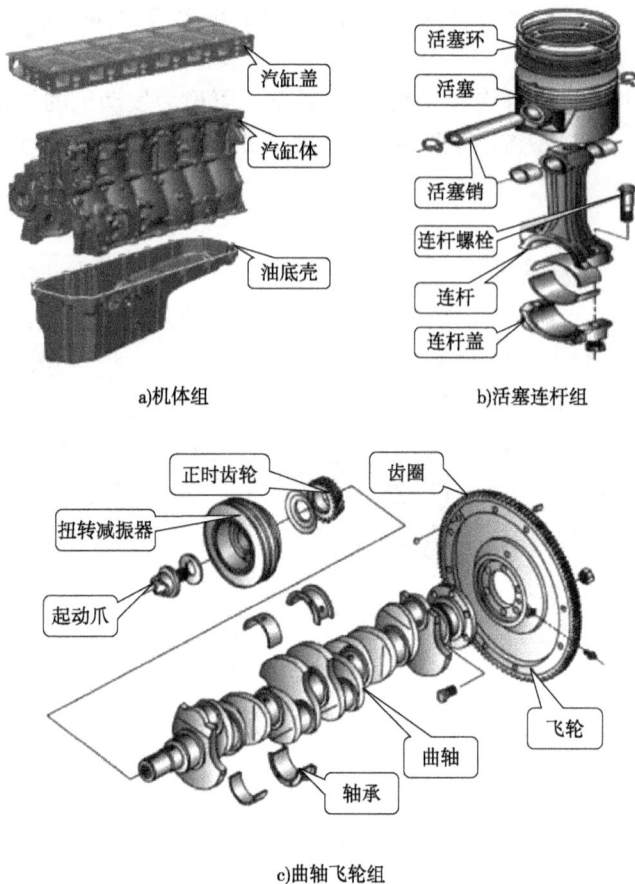

c)曲轴飞轮组

图 2-14 曲柄连杆机构

2）配气机构

配气机构的功用是根据发动机的工作需要,适时地打开进气门或排气门,使可燃混合气及时进入汽缸并在燃烧后及时将废气从汽缸中排出;在发动机不需要进气或排气时,利用气门将进气通道或排气通道关闭,以保持汽缸密封。配气机构包括气门组和气门传动组,如图 2-15所示。

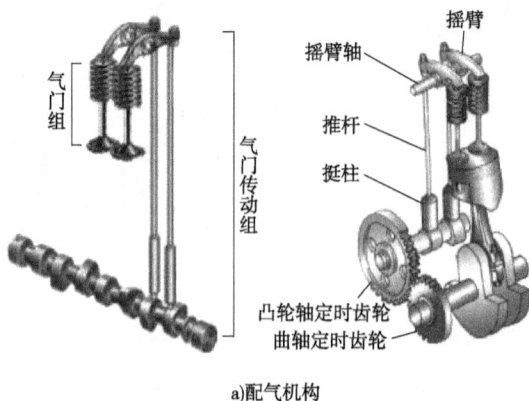

a)配气机构

图 2-15

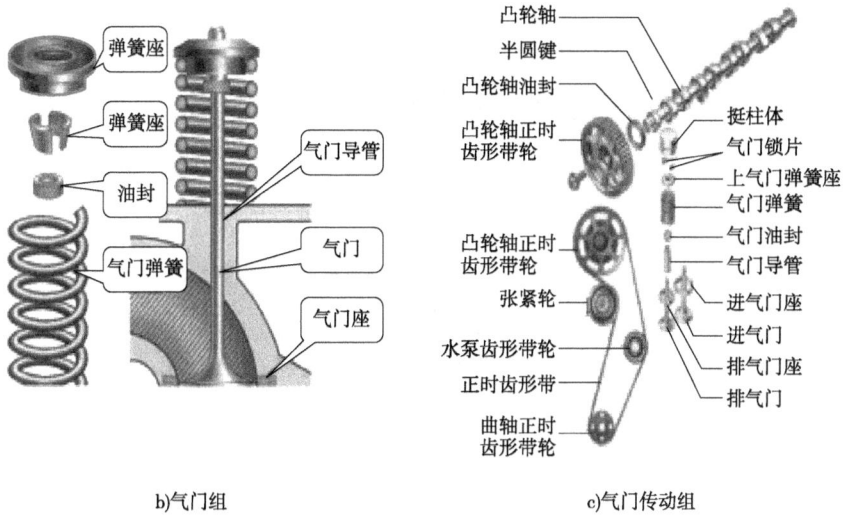

b)气门组　　　　　　　　　　　c)气门传动组

图 2-15　配气机构

气门组由气门、气门座、气门导管、气门弹簧等组成;气门传动组由凸轮轴、正时齿轮、气门挺杆、气门推杆等组成。

2. 五个系统

1)燃料供给系统

燃料供给系统功用是向汽缸内供给并控制已配制好的可燃混合气(汽油机)或将燃油和空气按一定的要求分别送入汽缸(柴油机)使之形成良好的可燃混合气,并通过可燃混合气的浓度和数量的多少,调节发动机输出功率和转速,最后将燃烧后的废气排出汽缸。

传统的柴油机燃油供给系统由柴油箱、喷油泵、低压油管、柴油滤清器、喷油器、调速器、高压油管以及回油管组成。共轨柴油机由柴油箱、柴油滤清器、高压油泵、高压油轨、喷油器、空气滤清器和进排气歧管等组成,如图 2-16 所示。

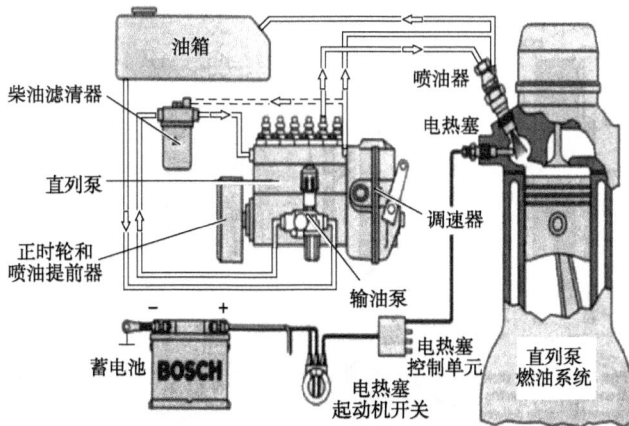

a)传统的直列泵柴油机燃料供给系统

图　2-16

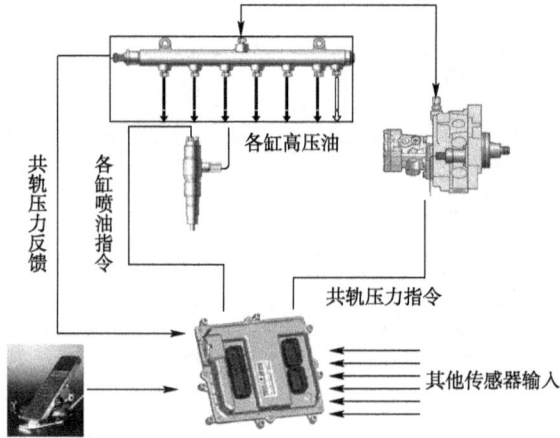

b)共轨柴油机燃料供给系统

图 2-16　发动机燃料供给系统

2）冷却系统

冷却系统功用是利用冷却介质冷却高温零件，并通过散热器将热量散发到大气中去，以保证发动机在最适宜的温度范围内工作。

冷却系统有水冷和风冷两种，汽车上一般都采用水冷式。由水泵、散热器（水箱）、风扇、节温器、水套等组成，如图 2-17 所示。

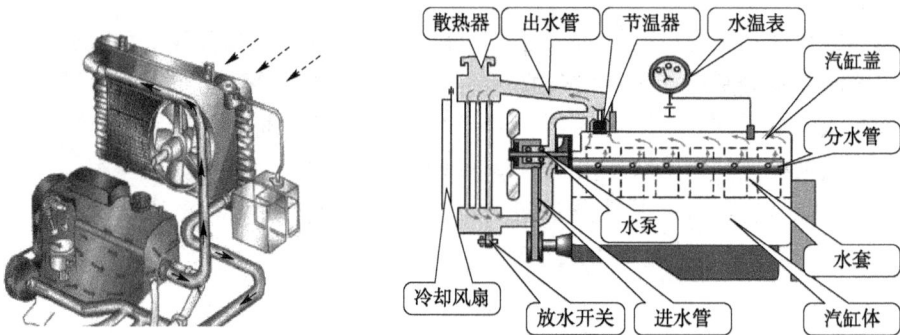

图 2-17　发动机水冷却系统

3）润滑系统

润滑系统功用是将清洁的润滑油分送至各个摩擦表面，以减小摩擦力，减缓机件磨损，并清洗、冷却摩擦表面，从而延长发动机使用寿命。

润滑系统一般由机油泵、集滤器、滤清器、油道、油底壳、调压阀和安全阀等组成。

4）点火系统

点火系统是将汽车电源供给的低压电转变为高压电（15000～30000V），并按照发动机的做功顺序与点火时间的要求，适时、准确地配送给各缸的火花塞，在其间隙处产生电火花，点燃汽缸内的可燃混合气。

大客车上大多使用柴油发动机，柴油的自燃温度低，柴油是通过压燃的方式燃烧，因此，柴油机没有点火系统。

5）起动系统

发动机必须依靠外力带动曲轴旋转后，才能进入正常工作状态，通常把汽车发动机在外力作用下，开始转动到怠速运转的全过程，称为发动机的起动。

起动系统的作用是通过起动机将蓄电池的电能转换成机械能，起动发动机运转。

二、国产内燃机型号组成

为了便于内燃机的生产管理和使用，国家标准《内燃机产品名称和型号编制规则》（GB/T 725—2008）中对内燃机的型号组成作了统一规定。内燃机型号依次包括下列四部分，表示方法见图2-18。

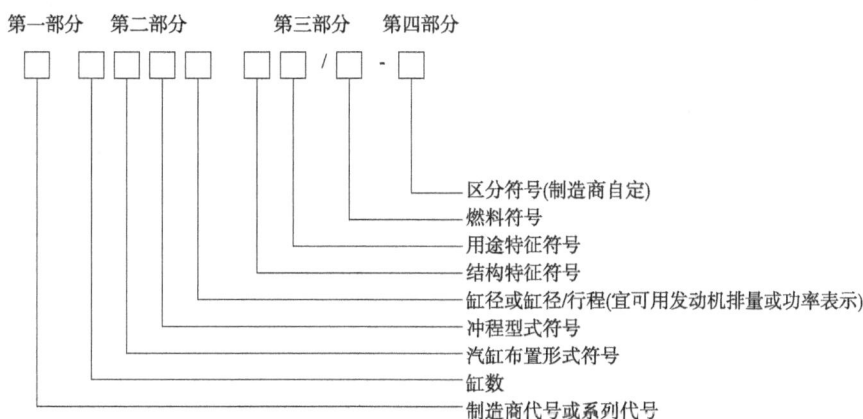

图2-18　内燃机型号组成

第一部分：由制造商代号或系列符号组成。本部分代号由制造商根据需要选择相应1～3位字母表示。

第二部分：由汽缸数、汽缸布置类型符号、冲程类型符号、缸径符号组成。

①汽缸数用1～2位数字表示；

②汽缸布置类型符号按规定；

③冲程类型为四冲程时符号省略，二冲程用E表示；

④缸径符号一般用缸径或缸径/行程数字表示，宜可用发动机排量或功率数表示。其单位由制造商自定。

第三部分：由结构特征符号、用途特征符号组成。

第四部分：区分符号。同系列产品需要区分时，允许制造商选用适当符号表示。第三部分与第四部分可用"－"分隔。

想一想练一练

1.汽车发动机由哪些部分组成？各部分的主要作用是什么？

2.汽车发动机的型号编制规则是什么？试举1～2例说明。

第三章 发动机机械系统

一部发动机能否发动,其基本条件是有火(能着火)、有油(有适宜的可燃混合气)、缸压正常(机械系统良好)、点火正时(或喷油正时)。发动机机械系统是一个保证压缩终了时汽缸内压缩压力达到正常值,并能实现能量转换和运动转换的系统。本章主要介绍四冲程发动机机械部分的曲柄连杆机构、配气机构两大部分。通过学习,系统掌握发动机机械系统两大组成部分的作用、基本构造和各组成零件的结构特点,熟知各机构的作用和组成,对正确使用好汽车发动机奠定扎实基础。在学习本章之前,学生已对大客车的总体结构具有一定认识,教师可以充分利用大客车发动机实物教具和多媒体课件、图片,系统展现发动机的机械系统两大机械的基本组成、类型和工作过程,实现本章学习任务。

学习目标

1. 知识目标

知道大客车发动机机械系统的两大组成部分、功用及各自组成。

2. 技能目标

能描述各组零件的构造特点及相互连接关系;理解配气相位概念及运用。

3. 情感目标

培养踏实、一丝不苟的学习态度和工作作风,发扬团队合作精神。

建议课时

12 课时。

学习内容

第一节 认识曲柄连杆机构

第二节 认识配气机构

学习要求

1. 知道曲柄连杆机构的功用和组成;

2. 能描述曲柄连杆机构三个零件组的构造;

3. 知道配气机构的功用和组成;

4. 能描述配气机构两个零件组的构造;

5. 理解配气相位,会运用配气相位调整气门间隙。

第一节 认识曲柄连杆机构

一、曲柄连杆机构概述

曲柄连杆机构是往复活塞式发动机将热能转换为机械能的主要机构,是发动机实现工作循环、完成能量转换的主要运动部件,如图3-1所示。

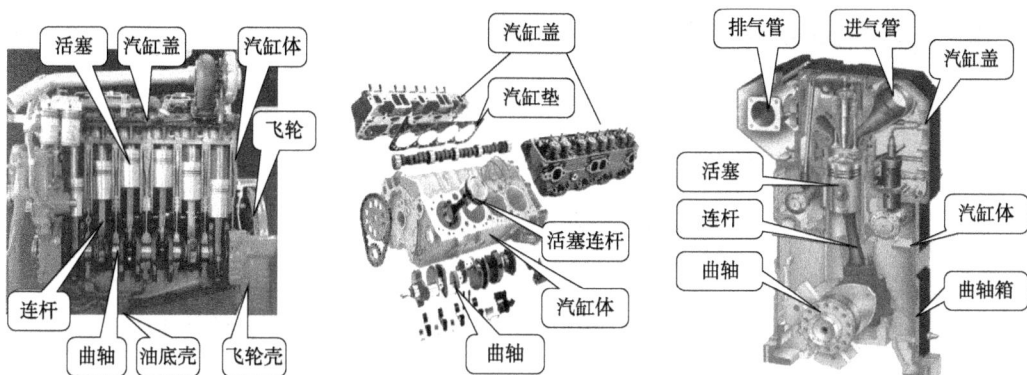

图3-1 曲柄连杆机构

(一)曲柄连杆机构的功用

曲柄连杆机构的功用是将燃料燃烧时产生的热能转变为活塞往复运动的机械能,再通过连杆、曲轴,将活塞的往复运动变为曲轴的旋转运动而对外输出转矩。简言之,是实现能量转换和运动转换。

(二)曲柄连杆机构的组成

曲柄连杆机构由机体组、活塞连杆组、曲轴飞轮组三部分组成。

(1)机体组:汽缸盖、汽缸垫、汽缸体、汽缸套、曲轴箱及油底壳。

(2)活塞连杆组:活塞、活塞环、活塞销、连杆。

(3)曲轴飞轮组:曲轴、飞轮、扭转减振器、平衡轴。

(三)曲柄连杆机构的工作条件

由发动机的工作过程可知,在发动机做功时,汽缸内最高温度可达2230℃以上,最高压力可达5~10MPa。现代汽车发动机最高转速可达4000~6000r/min,则活塞每秒要移动100~200个行程。可见,曲柄连杆机构的工作条件的特点是高温、高压、高速和化学腐蚀。

二、机体组

机体组是发动机的骨架,是发动机各机构和各系统的安装基础。机体组由汽缸盖、汽缸垫、汽缸体、曲轴箱、油底壳等组成,如图3-2、图3-3所示。

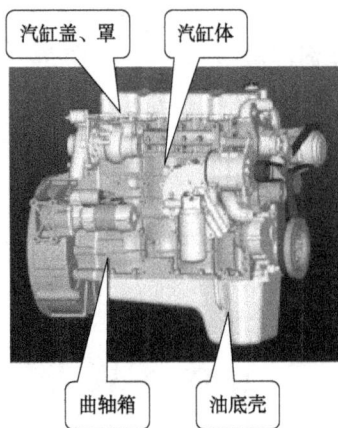

图 3-2 装配后机体组

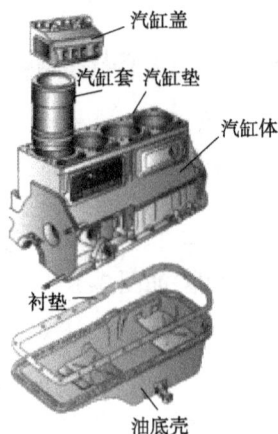

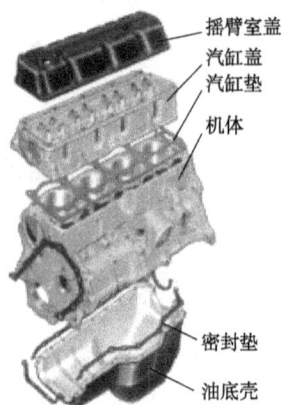

图 3-3 机体组主要零部件

(一)汽缸盖

1.汽缸盖的功用

(1)封闭汽缸,构成燃烧室。封闭缸顶部,并与处于上止点时的活塞顶部和汽缸壁共同构成燃烧室。

(2)某些零件的装配机体。发动机的冷却系统、润滑系统、进排气管、点火系统及配气机构等部分零部件通过汽缸盖安装在发动机上。冷却液部分通道和进、排气通道则直接构建在气缸盖上。

2.汽缸盖的结构

汽缸盖的下部用于密封汽缸和构成燃烧室,两侧用于进、排歧管的安装,中部用于气门组件的安装,上部空间用于安装凸轮轴;汽缸盖上还加工有安装火花塞(汽油机)或喷油器(柴油机)的座孔。水冷发动机汽缸盖内部制有冷却系统的水套。汽缸盖有整体式、分块式、单体式等形式,如图3-4所示。

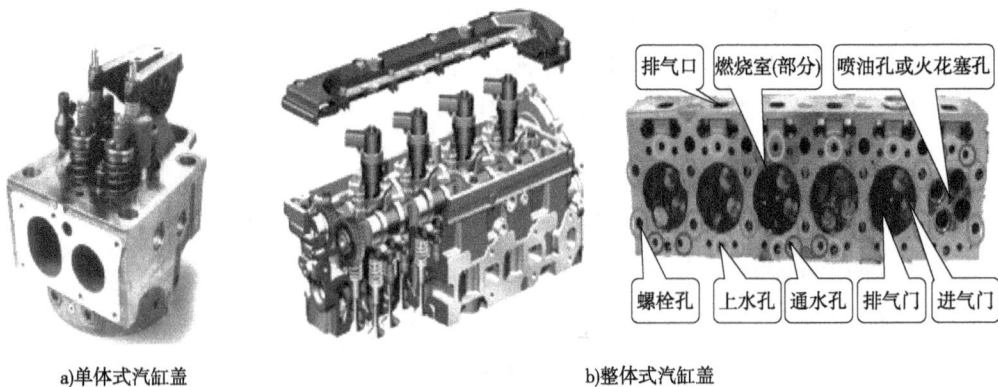

a)单体式汽缸盖   b)整体式汽缸盖

图 3-4 汽缸盖结构

3.发动机燃烧室

1)燃烧室的概念

活塞在上止点时,燃烧室凹坑、汽缸壁和活塞顶组成的密闭空间称为燃烧室,它是燃料燃烧的场所。

2)燃烧室的类型及结构特点

柴油机燃烧室的主要形式有两种:直接喷射式(统一式)和间接喷射式(分隔式)。其中直接喷射式燃烧室又有浅盆形、深坑形(ω形)和球形三类,分隔式燃烧室又有涡流室燃烧室和预燃室燃烧室两种,其结构特点见表3-1。

柴油机燃烧室形状及结构特点　　　　　　　　　　　　　　　表3-1

特点形式	直接喷射式(统一式)			间接喷射式(分隔式)	
	浅盆形	深坑形	球形油膜	涡流室	预燃室
燃烧室形状					
形状特点	简单	一般	一般	复杂	复杂
混合气形成	空间雾化	空间雾化	油膜蒸发	空间雾化	空间雾化
空气运动	无涡流	进气涡流强	涡流最强	压缩涡流	燃烧涡流
燃料雾化	高	较高	一般	较低	低
喷油嘴	多孔6~12	多孔4~6	单或双孔	轴针式	轴针式
针阀开启压力	20~40	18~25	18~19	10~15	8~13
损失	小	较小	较小	大	最大
起动性	易	较易	难	难	最难
燃烧噪声	高	高	较低	较低	最低
转速(r/min)	<1500	<4000	<2500	<5000	<3500
缸径(mm)	>200	<150	90~130	<100	160~200

(二)汽缸垫

汽缸垫安装在汽缸盖和汽缸体之间,它是发动机最重要的一种垫片。

1. 功用与要求

汽缸垫的功用是保证汽缸盖和汽缸体间的密封,防止漏水、漏气与漏油。汽缸垫受汽缸盖紧固螺栓拧紧力的压缩。

2. 类型

汽缸衬垫可分为金属—石棉衬垫、金属—复合材料衬垫和全金属衬垫等多种,如图3-5所示。

3. 结构

金属—石棉垫结构。石棉中间掺入铜屑或钢丝,以加强导热;石棉外包铜皮和钢皮,且在缸口、水孔、油道口周围用金属包边予以加强,以防被高温燃气烧坏。

金属—复合材料垫结构。用编织的钢丝网或有孔钢板为骨架,外覆石棉及橡胶黏结剂压制而成,表面涂以石墨粉等润滑剂,只在汽缸口、油道口和水孔处用金属包边。

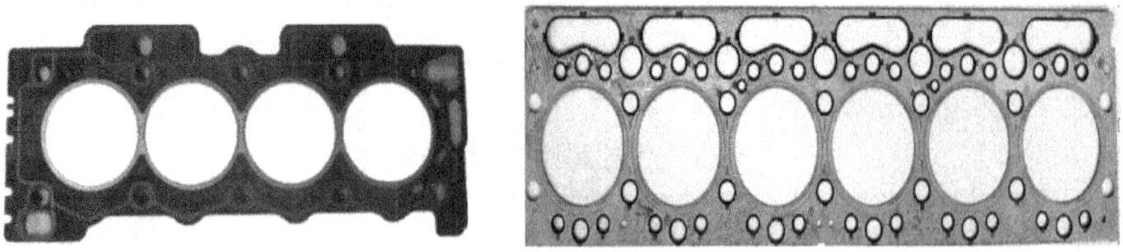

图 3-5 汽缸盖类型

全金属衬垫。一些强化发动机采用纯金属汽缸垫,它由单层或多层金属片(铜、铝或低碳钢)制成。为了确保密封,在缸口、水孔、油道口处冲有弹性凸筋。

4. 汽缸垫的安装

汽缸垫安装时,应注意其安装方向。

(1)安装汽缸垫时,把有标记("OBEN",德文"顶部";"TOP",英文"顶部"等)的一面朝向汽缸盖。

(2)汽缸垫有卷边的一面应朝向易修正的接触面或硬平面。如汽缸盖和汽缸体同为铸铁时,卷边应朝向易修正的汽缸盖;而汽缸盖为铝合金,汽缸体为铸铁时,卷边应朝向气缸体。

(3)汽缸盖螺栓拧紧力矩应符合规定。

(三)汽缸体与曲轴箱

1. 汽缸体的结构与功用

(1)功用。汽缸体是发动机各个机构和系统的装配基础,是其他零件和附件的支承骨架。

(2)结构。水冷发动机的汽缸体和上曲轴箱常铸成一体,称汽缸体—曲轴箱,也可称为汽缸体。汽缸体一般用灰铸铁铸成,汽缸体上部的圆柱形空腔称汽缸,下半部为支承曲轴的曲轴箱,其内腔为曲轴运动的空间。在汽缸体内部铸有许多加强筋、冷却水套和润滑油道等,如图 3-6 ~ 图 3-8 所示。

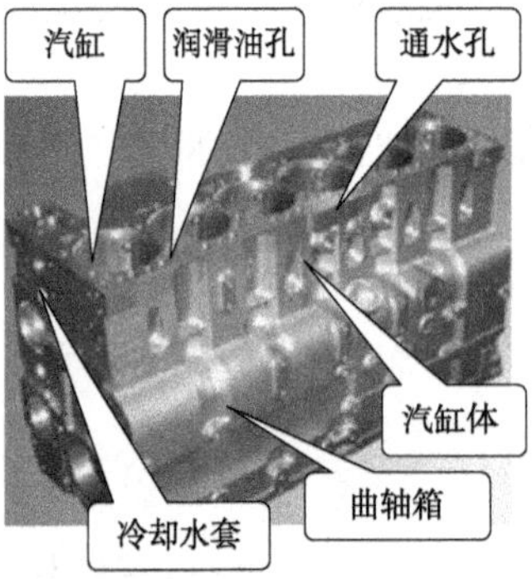

图 3-6 六缸汽缸体

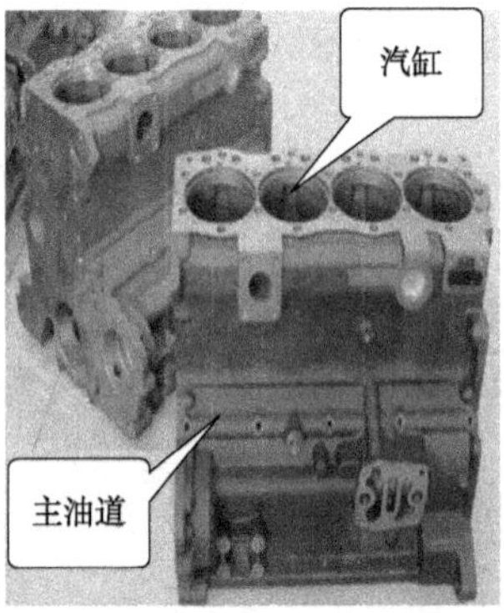

图 3-7 四缸汽缸体

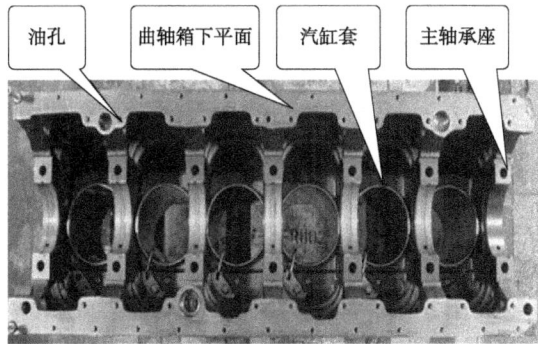

图 3-8 曲轴箱底部

（3）工作条件和性能要求。汽缸体的工作条件十分恶劣，它要承受燃烧过程中压力和温度的急剧变化以及活塞运动的强烈摩擦。因此，它应具有以下性能：

①有足够的强度和刚度，变形小，保证各运动零件位置正确，运转正常，振动噪声小。

②有良好的冷却性能，在缸筒的四周有冷却水套，以便让冷却液带走热量。

③耐磨，以保证汽缸体有足够的使用寿命。

2. 汽缸体的材料

汽缸体和上曲轴箱多采用优质灰铸铁制造。为了提高汽缸的耐磨性，有时在铸铁中加少量合金元素，如镍、钼、铬、磷等，也有的强化柴油机采用了球墨铸铁。有些发动机为了减轻质量、加强散热而采用铝合金汽缸体（一般用于汽油机中）。

3. 汽缸与汽缸套

汽缸是引导活塞作上下往复运动的薄壁圆筒。为了节约优质材料，降低成本，目前广泛采用汽缸体内镶入汽缸套的办法，即汽缸套用耐磨性好的优质合金铸铁或合金钢来制造，而汽缸体则用价格较低的普通

铸铁或质量轻的铝合金制造。这样，汽缸就分为汽缸套式和无汽缸套式两种类型，如图 3-9 所示。

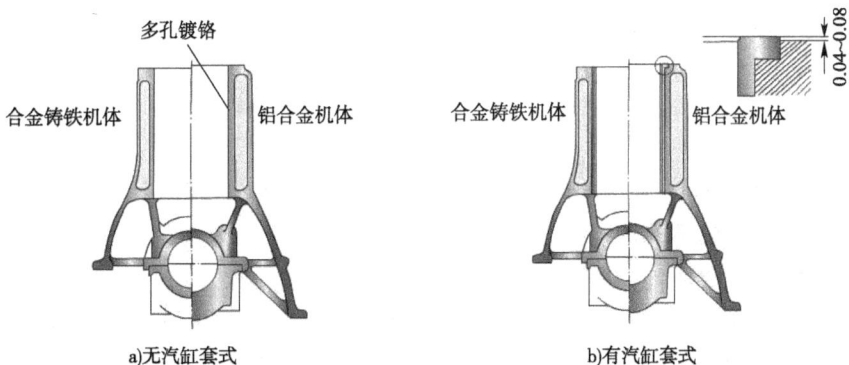

图 3-9 汽缸及汽缸套

按汽缸套是否与冷却液直接接触，可分为干式汽缸套和湿式汽缸套两种，如图 3-10、图 3-11 所示。

1）干式汽缸套

不直接与冷却液接触的汽缸套称为干式汽缸套,如图 3-10 所示。

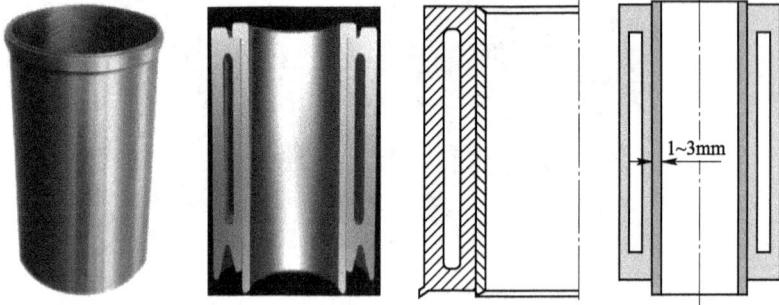

图 3-10　干式汽缸套

为保证散热效果和汽缸套的定位,汽缸套的外表面与汽缸体的汽缸套孔内表面必须精加工,且一般采用过盈配合,壁厚仅为 1～3mm 的干式汽缸套是被压装到汽缸孔中的。

干式汽缸套的优点是不会引起漏水、漏气现象,汽缸体结构刚度大、缸心距小,整体结构紧凑。

2）湿式汽缸套

直接与冷却液接触的汽缸套称为湿式汽缸套,如图 3-11 所示。其壁厚达 5～9mm,以微小的装配间隙放入汽缸中。通常其上部凸缘的下平面 C 为轴向定位,以外圆柱表面为径向定位。为防止漏水,缸套下部设 1～2 个耐油耐热橡胶密封圈。大多数湿式汽缸套装入后,其顶面一般高出汽缸体 0.05～0.15mm。这样在紧固汽缸盖螺栓时,可将汽缸垫压得更严实,以保证汽缸的密封性,防止漏水、漏气。

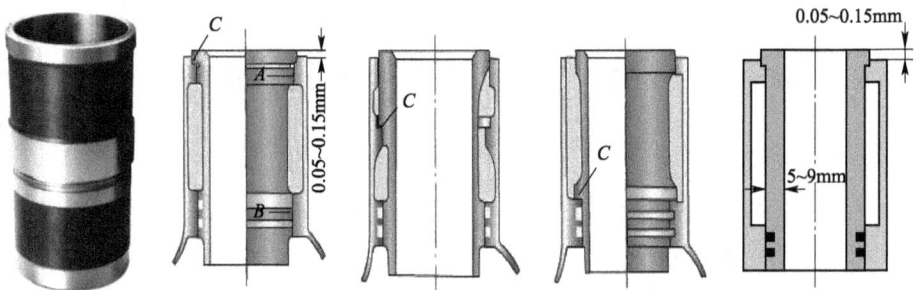

图 3-11　湿式汽缸套

湿式汽缸套的优点是汽缸体铸造方便,又便于维修,且散热效果好。缺点是降低了汽缸体的刚度,易出现漏水、漏气现象。它主要用于高负荷的柴油机和铝合金汽缸体发动机。

4. 汽缸的排列形式

多缸发动机汽缸的排列形式通常有直列、V 形和水平对置式 3 种,如图 3-12 所示。

直列式发动机的各个汽缸排成一列,且多为垂直布置,如图 3-13 所示。

V 形发动机汽缸排成左右两列,如图 3-14 所示,且两列汽缸中心线的夹角 $\gamma < 180°$。一般 6 缸以上发动机多汽缸采用 V 形排列,V 形排列缩短了发动机的长度和高度,结构紧凑,刚度大。一些制造厂也设计了一种特殊类型的 V 形结构,称作 W 形发动机,它与 V 形相比,

每一侧的汽缸数增加了一倍,这种发动机结构非常紧凑,较小的结构却有较大的动力,负荷重的 10 缸或 12 缸发动机采用 ω 形结构。

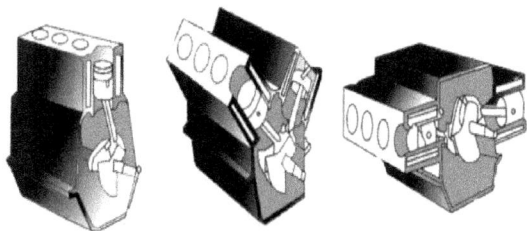

图 3-12　多缸发动机汽缸的排列形式图　　　　图 3-13　直列式汽缸排列示意图

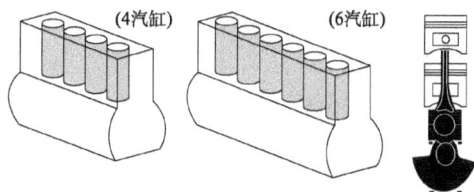

当 V 形发动机左右两列汽缸中心线夹角变为 180° 时,就成为水平对置汽缸式发动机,如图 3-15 所示。

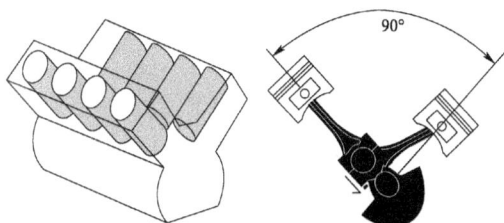

图 3-14　V 形发动机汽缸排列形式　　　　图 3-15　水平对置发动机汽缸排列形式

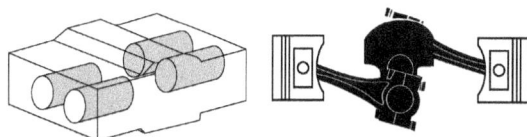

5. 汽缸体(曲轴箱)的结构形式

汽缸体(曲轴箱)的结构形式如图 3-16 所示,分为一般式、龙门式、隧道式 3 种。

汽缸体的下平面与曲轴轴线在同一平面内的称为一般式汽缸体如图 3-16a)所示。其特点是制造方便,但刚度小,且前后端呈半圆形,与油底壳接合面的密封较困难。多用于中小型发动机。

汽缸体下平面移至曲轴轴线以下的称为龙门式汽缸体,如图 3-16b)、图 3-17 所示。其特点是结构刚度较大,且油底壳前后端为一平面,其密封简单可靠,维修方便,被广泛采用。

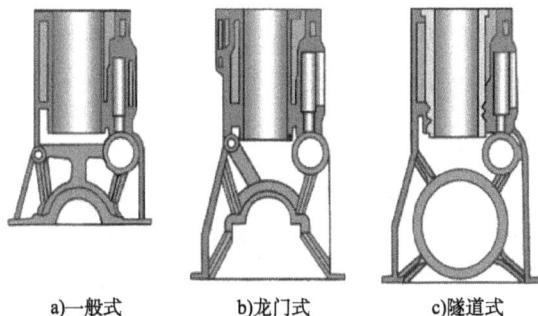

a)一般式　　　b)龙门式　　　c)隧道式

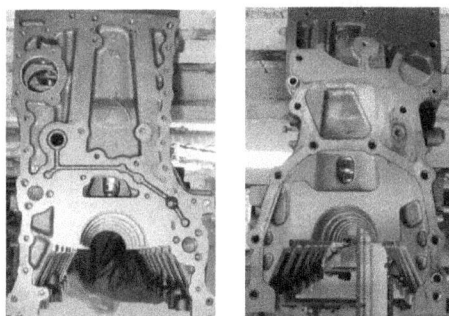

图 3-16　汽缸体(曲轴箱)的结构形式　　　　图 3-17　龙门式汽缸体

主轴承座孔为整体式结构的称为隧道式汽缸体,如图 3-16c)所示。其特点是结构刚度最大,多用于机械负荷较大的、主轴承采用滚动轴承的发动机中。如 6135Q 型柴油机即采用隧道式汽缸体。

（四）油底壳

1.功用

油底壳的主要功用是贮存和冷却机油并封闭曲轴箱。

2.材料

油底壳用薄钢板冲压或用铝铸制而成。

3.结构图

油底壳中部做得较深为保证发动机纵向倾斜时机油泵仍能吸到机油。壳内设有机油防激挡板,用以减轻汽车颠簸时油面的震荡。底部设放油螺塞,有的放油螺塞带磁性,可以吸引机油中的铁屑,如图3-18所示。

油底壳在安装时须更换密封垫,同时涂抹密封胶。

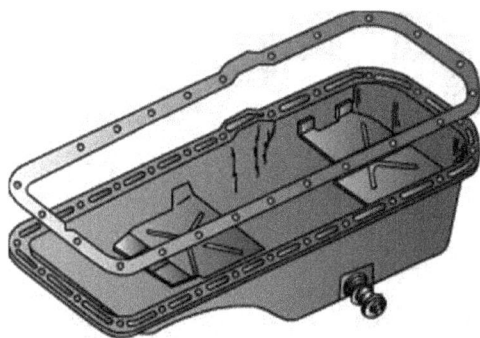

图3-18 油底壳结构

（五）发动机的支撑

发动机一般通过机体和飞轮壳或变速器壳上的支承支撑在车架上。其弹性支撑零件(如橡胶垫)固定在车架或车身底板上,其支撑方式按支撑点的多少分为三点支撑和四点支撑两类,如图3-19所示。

三点支撑时,前端两点通过曲轴箱支撑在车架上,后端一点通过变速器壳体支撑在车架上。四点支撑时,前端两点与前一种相似,后端两点通过飞轮壳支撑在车架上。各支撑垫形状如图3-20所示。

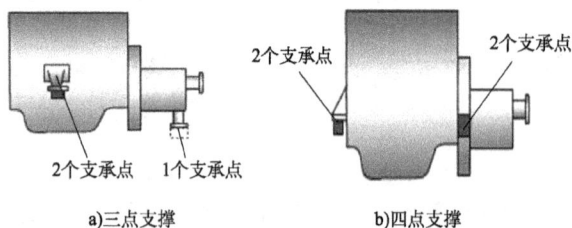

a)三点支撑　b)四点支撑

图3-19 发动机支撑方式

图3-20 汽车发动机常见的支撑垫

三、活塞连杆组

活塞连杆组主要由活塞、活塞环、活塞销和连杆等运动件组成,如图 3-21 所示。

图 3-21　活塞连杆组件

(一)活塞

1. 功用

活塞的功用是与汽缸盖、汽缸壁等共同组成燃烧室,并承受汽缸中气体压力,通过活塞销将作用力传给连杆,以推动曲轴旋转。

2. 材料

大型活塞的活塞头部用耐热铸钢、耐磨合金钢,裙部用铸铁或合金铸铁。中、高速柴油机活塞材料为铸铁、铝合金、铸钢。

3. 要求

活塞的工作条件极其恶劣,它不仅受到高温、高压的燃气作用,而且受到往复运动所产生的巨大惯性力和交变载荷的作用,所以要求活塞的材料保证质量尽可能轻、导热性好、膨胀变形小和强度高。

4. 活塞的结构

活塞的基本结构由活塞顶部、头部和裙部三大部分组成,如图 3-22 所示。顶部:构成燃烧室,承受气体压力。头部:又称防漏部分,用于安装活塞环,制作较厚。裙部:导向,传力。承受侧压力销座孔处制有加强筋。

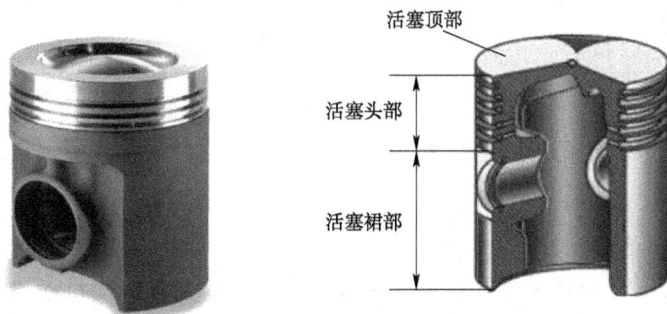

图 3-22　活塞的结构

1）活塞顶部

活塞顶部是燃烧室的组成部分,主要作用承受气体压力。

其形状取决于燃烧室的形式。一般常见的汽油机活塞顶部形状有平顶、凸顶、凹顶、成型顶等结构形式。柴油机活塞顶部形状有半球顶、浅盆顶、深坑(ω)顶、U形顶等结构形式,如图3-23所示。

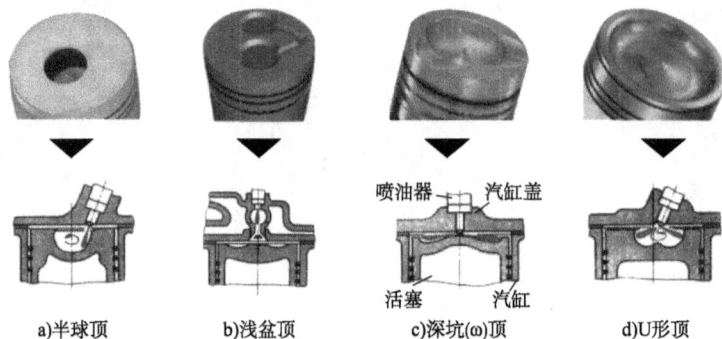

图3-23　柴油机活塞顶部形状

a)半球顶　　b)浅盆顶　　c)深坑(ω)顶　　d)U形顶

2）活塞头部

活塞头部又称活塞环槽部、防漏部分。是指活塞环槽及以上的部分,用来安装活塞环,它是活塞的防漏部分,两环槽之间部分结构称环岸,如图3-24所示。

环槽的数量一般有2~3道,上面的2~3道用来安装气环,最下面的1~2道用来安装油环。油环槽底面圆周上钻有许多与活塞内腔相通的泄油孔或泄油槽,以便油环从缸壁上刮下来的多余机油,由此经活塞内壁流回油底壳。

3）活塞裙部

活塞裙部一般是指油环槽以下的部分,如图3-24所示。其功用是为活塞在汽缸内作往复运动导向,并承受侧压力。因而裙部要有一定的长度,保证可靠的导向;又要有足够的面积,以防活塞对汽缸壁单位面积压力过大,破坏润滑油膜,加大磨损,如图3-25所示。

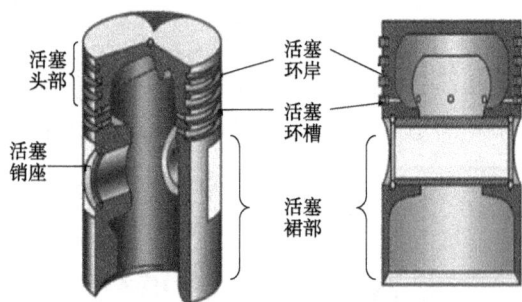

图3-24　活塞头部

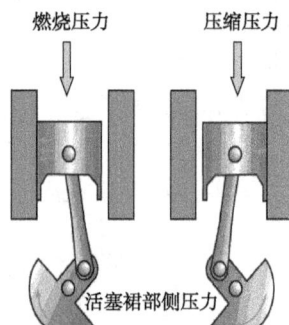

图3-25　活塞裙部侧压力

4）活塞销座

在活塞裙部的上部制有活塞销座,如图3-24所示。活塞销座为厚壁圆筒结构,用来安装活塞销,是活塞与连杆的连接部分。为了限制活塞销在座孔中的轴向窜动,座孔外端面处加工有卡簧槽,以安装卡簧。

5.活塞的冷却

高强化发动机尤其是活塞顶上有燃烧室凹坑的柴油机,为了减轻活塞顶部和头部的热负荷而采用油冷活赛。

（二）活塞环

1.活塞环的类型、功用及工作条件

1）类型、功用

活塞环按功用不同分为气环和油环两种,两者配合使用,如图3-26所示。

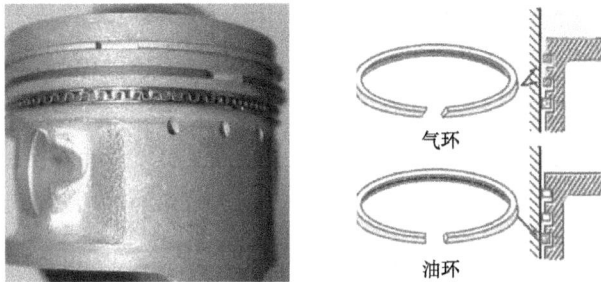

图3-26　安装后的活塞环

气环的功用主要是保证密封和传热。

油环的作用主要是刮油、布油。此外,油环也起到密封的辅助作用。

2）工作条件

活塞环工作时受到汽缸中高温、高压燃气的作用,并在润滑不良的条件下在汽缸内高速滑动。活塞环的磨损是活塞环损伤的最主要形式。

3）活塞环材料

目前广泛应用的活塞环材料有优质灰铸铁、球墨铸铁、合金铸铁和钢带等。

2.活塞环结构

1）气环

（1）气环的结构。

气环为一带有切口的弹性片状圆环,如图3-27a)所示。在自由状态下,气环的外径略大于汽缸的直径。当环装入汽缸后,产生弹力使环紧压在汽缸壁上,其切口处具有一定的端隙。汽油机气环一般为2道,柴油机气环一般为3道。随着发动机转速的不断提高,活塞环的数量在不断减少。气环各部位名称如图3-27b)所示。

（2）气环的密封原理。

活塞环在自由状态下不是正圆形,其外廓尺寸比汽缸直径大。当活塞环装入汽缸后,在其自身的弹力作用下环的外圆面与汽缸壁贴紧形成第一密封面,环的下侧面与环槽的下侧面贴紧形成第二密封面。通过开口漏入径向间隙中的高压气体使得环的外圆面与汽缸壁更加贴紧。这时漏气的唯一通道就是活塞环的开口端隙。

如果几道活塞环的开口相互错开,那么就形成了迷宫式漏气通道,最后漏入曲轴箱内的气体就很少了,一般仅为进气量的0.2%~1.0%,如图3-28、图3-29所示。

a)气环

b)气环各部位的名称

图 3-27　气环

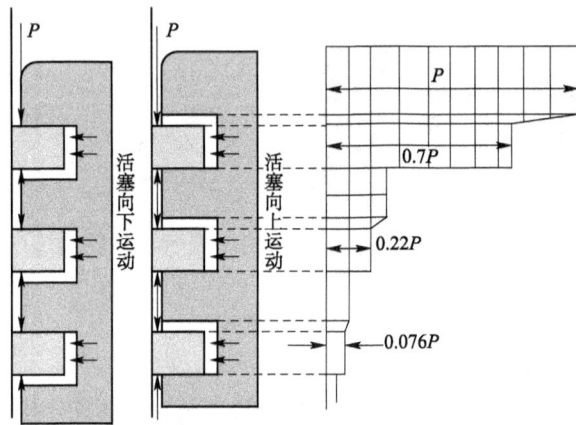

图 3-28　气环的密封原理

（3）气环的开口形状。

开口形状对漏气量有一定影响。直开口工艺性好,但密封性差;阶梯形开口密封性好,工艺性差;斜开口的密封性和工艺性介于前两种开口之间,斜角一般为 30°或 45°,如图 3-30所示。

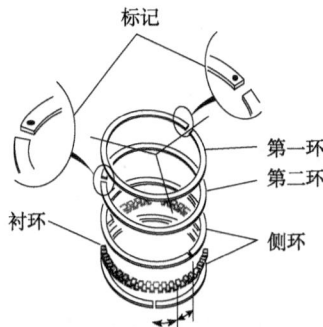

图 3-29　端口错开安装

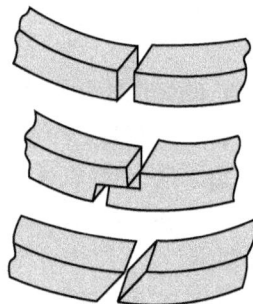

图 3-30　气环的开口形状

（4）气环的断面形状(气环的种类)。

气环的断面形状多种多样。常见的气环断面形状如图 3-31 所示。

2）油环

油环按结构分为整体式和组合式两种。图 3-32 所示整体式油环其外圆柱面的中部切有一道凹槽,凹槽底部开有若干个回油孔或窄槽,有的在其背面加装弹性衬垫,既可保证对汽缸壁的弹力,又可有较好的柔性,延长其使用寿命。图 3-33 所示组合式油环由刮油钢片和衬簧组成。

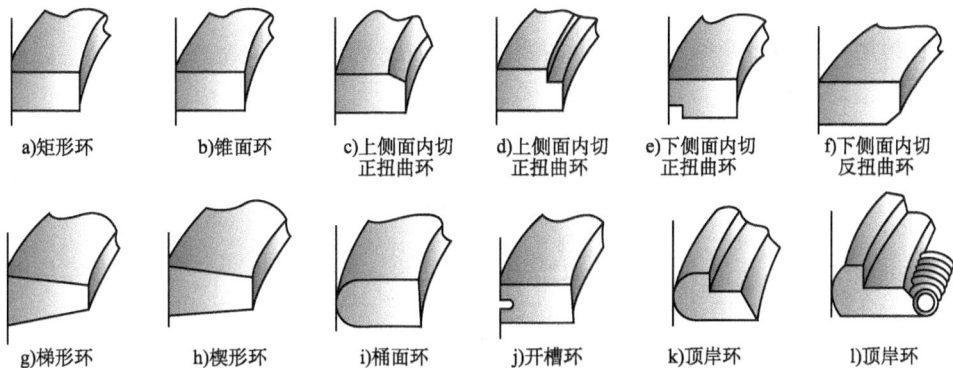

| a)矩形环 | b)锥面环 | c)上侧面内切正扭曲环 | d)上侧面内切正扭曲环 | e)下侧面内切正扭曲环 | f)下侧面内切反扭曲环 |

| g)梯形环 | h)楔形环 | i)桶面环 | j)开槽环 | k)顶岸环 | l)顶岸环 |

图 3-31 气环的断面形状

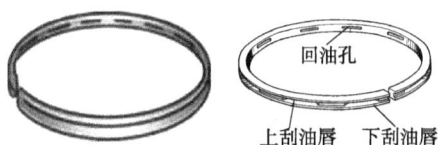

图 3-32 整体式油环

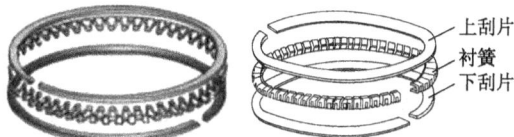

图 3-33 组合式油环

3. 活塞环安装的"三隙"

发动机工作时,活塞、活塞环等都会发生热膨胀。因此,活塞环在安装时应留有端隙、侧隙、背隙三处间隙,以防止活塞环卡死在环槽和汽缸中,确保其密封性能,见表 3-2。

活塞环的"三隙"   表 3-2

	端隙	侧隙	背隙
定义	是指活塞环置于汽缸内时在开口处呈现的间隙,见下图	是指活塞环高度方向与环槽之间的间隙,见下图	是指活塞环随活塞装入汽缸后,环的背面(即内圆柱面)与环槽底部之间的间隙,见下图
位置	活塞环端隙	活塞环侧隙和背隙	

活塞环的端隙又称开口间隙,一般为 0.25 ~ 0.50mm。第一道环因工作温度高,故其端隙比其余几道环大。活塞环的侧隙又称边隙,第一道环因工作温度高,取值 0.04 ~ 0.10mm;其他气环一般为 0.03 ~ 0.07mm。普通油环的侧隙较小,一般为 0.025 ~ 0.07mm;组合式油

环没有侧隙。背隙一般为 0 ~ 0.40mm。普通油环的背隙比较大。

（三）活塞销

1. 活塞销的功用

活塞销用来连接活塞和连杆,并将活塞承受的力传给连杆或相反。

2. 活塞销的结构

活塞销的结构形状很简单,基本上是一个厚壁空心圆柱。其内孔形状有圆柱形、两段截锥形和组合形,如图 3-34 所示。

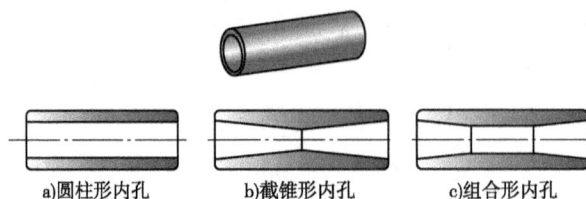

a)圆柱形内孔   b)截锥形内孔   c)组合形内孔

图 3-34 活塞销

（四）连杆

连杆组包括连杆体、连杆盖、连杆螺栓和连杆轴承等零件。习惯上常常把连杆体、连杆盖和连杆螺栓合起来称作连杆,有时也称连杆体为连杆。

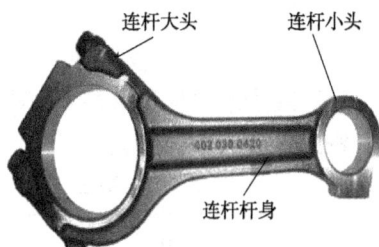

图 3-35 连杆结构

1. 连杆组的功用

连杆组的功用是将活塞承受的力传给曲轴,并将活塞的往复运动转变为曲轴的旋转运动。连杆小头与活塞销连接,同活塞一起作往复运动;连杆大头与曲柄销连接,同曲轴一起作旋转运动,因此在发动机工作时连杆作复杂的平面运动。

2. 连杆构造

连杆由小头、杆身和大头构成,如图 3-35 所示。

1）连杆小头

连杆小头的结构形状取决于活塞销的尺寸及其与连杆小头的连接方式,如图 3-36 所示。

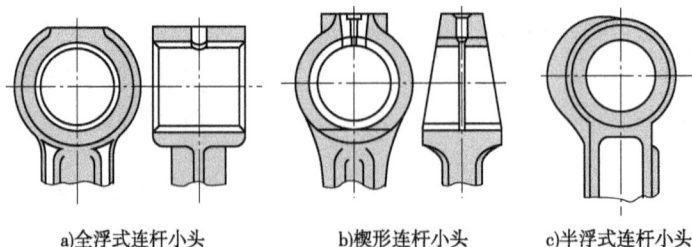

a)全浮式连杆小头   b)楔形连杆小头   c)半浮式连杆小头

图 3-36 连杆小头的结构

在汽车发动机中连杆小头与活塞销的连接方式有两种,即全浮式和半浮式,如图 3-37

所示。

全浮式活塞销工作时,在连杆小头孔和活塞销孔中转动,可以保证活塞销沿圆周磨损均匀。为防止活塞销两端刮伤汽缸壁,在活塞销孔外侧装置活塞销挡圈。半浮式活塞销是用螺栓将活塞销夹紧在连杆小头孔内,活塞销只在活塞销孔内转动,在小头孔内不转动。小头孔不装衬套,销孔中也不装活塞销挡圈。

连杆小头孔内装有减摩的连杆衬套,一般为青铜衬套或铁基粉末冶金衬套。连杆衬套和活塞销之间存在运动,必须润滑,其润滑方式有两种:一种是在连杆小头和衬套上开集油孔或集油槽,靠收集曲轴旋转时飞溅起来的机油来润滑;另一种是在连杆杆身内钻润滑油道,通过连杆轴颈的油道得到有压力的润滑油进行润滑。

2)杆身

杆身断面为工字形,刚度大、质量轻、适于模锻。工字形断面的 $Y-Y$ 轴在连杆运动平面内,如图 3-38 所示。有的连杆在杆身内加工有油道,用来润滑小头衬套或冷却活塞。如果是后者,须在小头顶部加工出喷油孔。

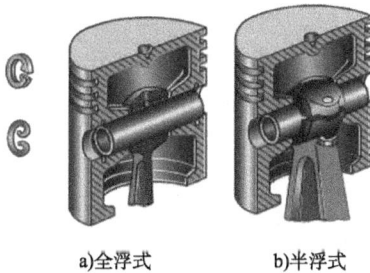

图 3-37 活塞销的安装方式

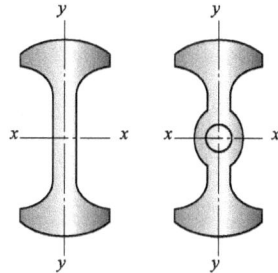

a)全浮式 b)半浮式

图 3-38 杆身的工字形断面

3)连杆大头

连杆大头除应具有足够的刚度外,还应外形尺寸小,质量轻,拆卸发动机时能从汽缸上端取出。连杆大头是剖分的,连杆盖用螺栓或螺柱紧固,如图 3-39 所示。为使结合面在任何转速下都能紧密结合,连杆螺栓的拧紧力矩必须足够大。连杆大头与连杆盖按剖切面方向的不同可分为平切口和斜切口两种。结合面与连杆轴线垂直的为平切口连杆,而结合面与连杆轴线成 30°~60° 夹角的为斜切口连杆。汽油机均采用平切口连杆。柴油机连杆既有平切口的也有斜切口的,如图 3-40 所示。

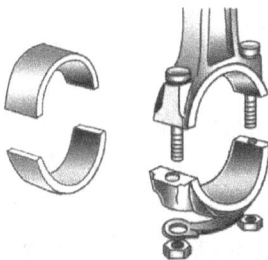

图 3-39 连杆大头

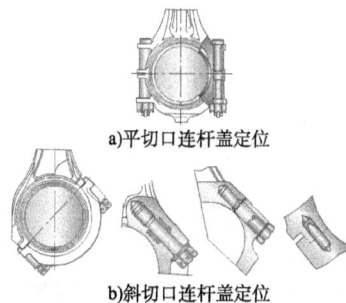

a)平切口连杆盖定位
b)斜切口连杆盖定位

图 3-40 连杆盖的定位方式

连杆大头与曲轴连接,大头内孔装有剖分成两半的薄壁滑动轴承,称为连杆轴瓦。轴瓦在自由状态下的曲率半径略大于孔座的半径,且轴瓦的背面应具有较高的表面粗糙度,以保证轴瓦装入座孔后,靠自身产生的张紧力紧贴座孔。为了防止工作中轴瓦在座孔内发生转动或轴向移动,分别在轴瓦的剖分面和座孔的结合端制有定位唇和定位槽,以确保装配中准确定位。如图 3-41 所示。

4)连杆螺栓

连杆螺栓用来将连杆体与连杆盖紧固在一起,必须按标准力矩拧紧,如图 3-42 所示。

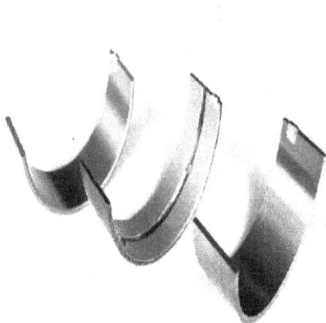

图 3-41　连杆轴瓦的结构　　　　图 3-42　连杆螺栓

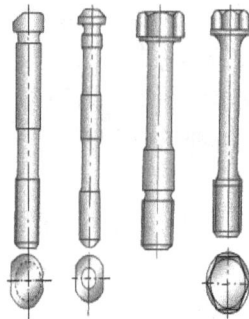

工作时连杆螺栓承受交变载荷,因此,在结构上应尽量增大连杆螺栓的弹性,而在加工方面要精细加工过渡圆角,消除应力集中,以提高其抗疲劳强度。

四、曲轴飞轮组

曲轴飞轮组主要由曲轴和飞轮以及相关零件和附件组成。其零件和附件的种类和数量取决于发动机的结构和性能要求。

(一)曲轴

1. 曲轴的功用

曲轴的功用是把活塞、连杆传来的气体力转变为转矩,用以驱动汽车的传动系统和发动机的配气机构以及其他辅助装置。

2. 曲轴材料

曲轴一般由 45、40Cr、35Mn2 等中碳钢和中碳合金钢模锻而成,轴颈表面经高频淬火或氮化处理,最后进行精加工,现代汽车发动机广泛采用球墨铸铁曲轴。

3. 曲轴结构

曲轴一般由若干个单元曲拐构成。一个曲柄销,左右两个曲柄臂和左右两个主轴颈构成一个单元曲拐。将若干个单元曲拐按照一定的相位连接起来再加上曲轴前、后端便构成一根曲轴。多数发动机的曲轴,在其曲柄臂上装有平衡重。

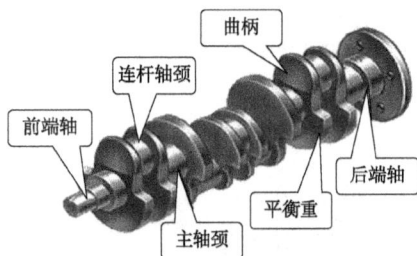

按单元曲拐连接方法的不同,曲轴分为整体式和组合式两类。各个曲拐锻造或铸造成一个整体的曲轴称为整体式曲轴;由各个曲拐组合装配而成的曲轴称为组合式曲轴。整体式曲轴的基本组成包括前端轴、主轴颈、连杆轴颈、曲柄、平衡重、后端凸缘等,如图 3-43 所示。

图 3-43　整体式曲轴

1）主轴颈

主轴颈是曲轴的支撑部分。整个曲轴通过主轴颈安装在汽缸体主轴承座孔中的滑动轴承（主轴承）上，用主轴承盖定位，主轴承盖通过螺栓拧在汽缸体上。

一般发动机曲轴两端的主轴颈以及有些曲轴的中间主轴颈较长，使其接触面积大些，可均衡各主轴颈的磨损。

2）连杆轴颈

连杆轴颈又称曲柄销，与连杆大头装配在一起。在直列式发动机上，连杆轴颈数与汽缸数相同。在V形发动机上，采用1个连杆轴颈上安装2个连杆，故连杆轴颈数为汽缸数的50%。连杆轴颈一般制成实心，有时为减轻质量，也采用空心轴方式。

曲轴上钻有贯穿主轴颈、曲柄和连杆轴颈的油道，如图3-44所示，以使汽缸体上的主油道内的润滑油能够润滑主轴颈和连杆轴颈。

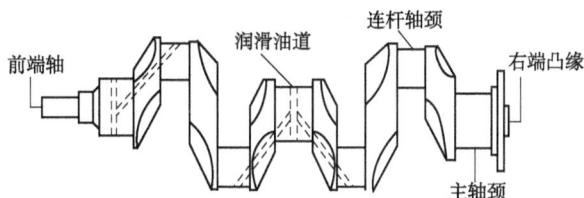

图3-44　曲轴上的润滑油道

3）曲柄和平衡重

（1）曲柄。曲柄是连接主轴颈和连杆轴颈的部分，如图3-43所示。其长度取决于活塞行程。

（2）平衡重。曲轴平衡重用来平衡旋转惯性力及其力矩，以减轻主轴承负荷、发动机振动和噪声。平衡重可以与曲轴制成一体，也可单独制成，再用螺钉固定于曲柄上。

4）前端轴和后端轴

（1）前端轴。曲轴前端通常制有键槽和螺纹，用来安装正时齿轮、皮带轮、起动爪及扭转减振器等，以驱动配气机构及水泵、风扇、发电机等附属装置工作。

（2）后端轴。曲轴后端一般设有挡油凸缘、回油螺纹和后端凸缘。挡油凸缘和回油螺纹，用来防止机油向后渗漏。后端凸缘，用以安装飞轮。不少曲轴后端没有凸缘，飞轮用螺栓紧固于曲轴后端面。

4. 曲轴前后端的密封与轴向定位

1）曲轴前后端的密封

曲轴的前后端均伸出曲轴箱，为了防止润滑油沿轴颈外漏，在曲轴的前后端均设有防漏装置。常见的防漏装置有：挡油盘、密封填料、回油螺纹、自紧油封等。一般发动机都采用两种以上防漏装置组成复合式防漏结构。曲轴前、后端的密封如图3-45所示。

2）曲轴的轴向定位

发动机工作时，曲轴经常受到离合器施加于飞轮的轴向力作用而有轴向窜动的趋势。曲轴窜动将破坏曲柄连杆机构各零件的正确相对位置，故必须对曲轴进行轴向定位。为了使曲轴在受热膨胀时可以自由伸长，曲轴上只能有一处设置轴向定位装置。该装置可设在曲轴的前端、中间或后端。

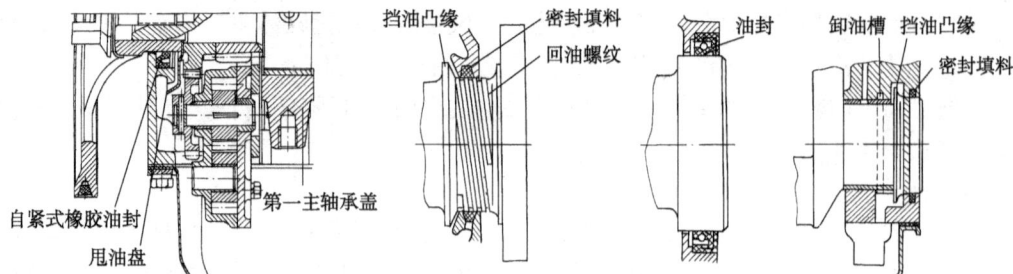

图 3-45　曲轴前、后端密封

5. 曲拐布置与多缸发动机的工作顺序

曲轴各曲拐的相对位置或曲拐布置取决于发动机的汽缸数、汽缸的排列形式和发动机的工作顺序。当汽缸数和汽缸的排列形式确定之后,曲拐布置就只取决于发动机的工作顺序。合理的曲拐布置能保证发动机良好的平衡性和输出转矩均匀。在选择发动机工作顺序时,应注意以下几点:

(1)在一个工作循环内,每个汽缸均应做一次功,且各汽缸做功间隔角(以曲轴转角表示)力求均匀,使发动机运转平稳。四冲程发动机的做功间隔角为 $720°/i$(i 为汽缸数),即曲轴每转 $720°/i$ 时,就有一只汽缸做功。

(2)连续做功的两个汽缸应尽量远些,以减轻主轴承的载荷,同时避免在进气行程中发生抢气现象。

(3)V 型发动机左右两列汽缸应交替做功。

下面介绍四冲程直列六缸发动机的工作顺序(发火顺序)及其曲拐布置形式。

这种发动机的做功间隔角为 $720°/6 = 120°$。6 个曲拐布置在互成 $120°$ 的 3 个平面内,如图 3-46 所示,平衡性好。

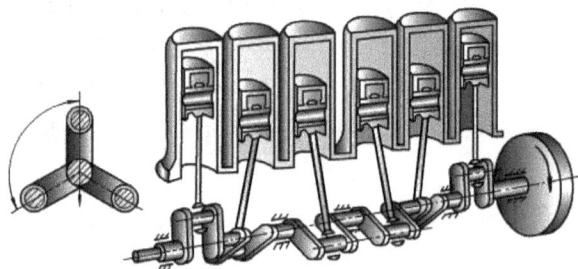

图 3-46　直列六缸曲拐布置

工作顺序也有两种可能:$1-5-3-6-2-4$ 和 $1-4-2-6-3-5$。国产汽车发动机全部采用 $1-5-3-6-2-4$,其工作循环见表 3-3。

(二)曲轴主轴承

曲轴主轴承的结构:曲轴主轴承俗称大瓦,基本结构与连杆轴承相同,主要不同点是:主轴承开有周向油槽和主油孔,如图 3-47 所示。

四冲程直列六缸发动机工作循环表（工作顺序 1 - 5 - 3 - 6 - 2 - 4）　　表3-3

曲轴转角(°)		第一缸	第二缸	第三缸	第四缸	第五缸	第六缸
0～180	0～60			进气	做功	压缩	
	60～120	做功	排气				进气
	120～180			压缩	排气		
180～360	180～240		进气			做功	压缩
	240～300	排气					
	300～360			做功	进气		
360～540	360～420		压缩			排气	做功
	420～480	进气					
	480～540			排气	压缩		
540～720	540～600		做功			进气	排气
	600～660	压缩					
	660～720		排气	进气	做功	压缩	

（三）曲轴扭转减振器

1. 曲轴扭转减振器的类型

发动机常用的扭转减振器有橡胶扭转减振器、硅油扭转减振器和硅油—橡胶扭转减振器，如图3-48所示。

2. 扭转减振器作用

扭转减振器的作用是吸收曲轴扭转振动的能量，消减扭转振动，避免发生共振。

许多曲轴扭转减振器上还有不连续的钢片，以产生曲轴转速监测信号，用于发动机的计算机控制系统。

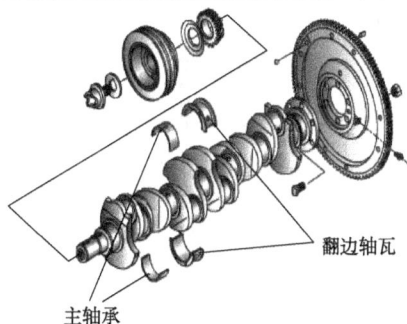

图 3-47　曲轴主轴承结构及安装位置

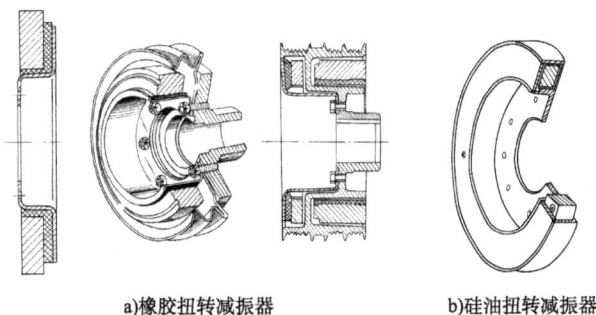

（翻边轴瓦　主轴承）

a)橡胶扭转减振器　　b)硅油扭转减振器

图 3-48　扭转减振器结构

（四）飞 轮

1. 飞轮的功用

飞轮是转动惯量很大的盘形零件，其作用如同一个能量存储器。主要功用是将发动机做功行程中曲轴得到的能量的一部分储存起来,用以克服进气、压缩和排气三个辅助行程的阻力,使发动机运转平稳;能提高发动机短时间的超负荷工作能力,使汽车容易起步,便于发动机起动;除此之外,飞轮还有下列功用:飞轮是摩擦式离合器的主动件;在飞轮轮缘上镶嵌有供起动发动机用的飞轮齿圈;在飞轮上还刻有上止点记号,用来校准点火正时或喷油正时以及调整气门间隙。

2. 飞轮的结构

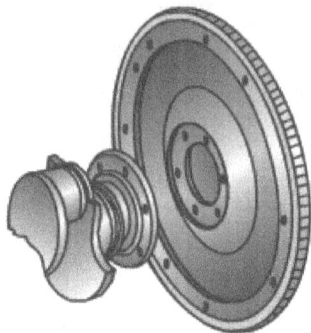

图3-49 飞轮的结构

飞轮是一个用铸铁制成的圆盘,用螺栓固定于曲轴后端凸缘或后端面上。飞轮外缘一边镶有起动齿圈,如图3-49所示,以便发动机起动时,与起动机齿轮啮合,带动曲轴旋转。齿圈与飞轮是很紧密的过盈配合,是将齿圈加热后装上去的。

飞轮上通常刻有表示第一缸活塞在上止点位置的标记。有的飞轮上还刻有点火提前角标记(汽油机)或供油提前角标记(柴油机),以便调整和检验点火正时、供油提前角和气门间隙。有的汽油发动机飞轮上装有传感装置,以传出有关信息。

想一想练一练

1. 曲柄连杆机构的功用和组成是什么?
2. 曲柄连杆机构三组零件的构造与装配要求是什么?

第二节 认识配气机构

一、配气机构概述

(一)配气机构的功用

配气机构是控制发动机进气和排气的装置。其功用是根据发动机的工作顺序和各缸工作循环的要求,定时开启和关闭进、排气门,使新鲜可燃混合气(汽油机)或空气(柴油机)准时进入汽缸,废气得以及时排出汽缸。

(二)配气机构的组成

配气机构由气门组和气门传动组组成。
(1)气门组:气门、气门座圈、气门导管、气门弹簧、气门弹簧座和气门锁夹(片)等。
(2)气门传动组:凸轮轴、挺柱(推杆)、摇臂、摇臂轴、摇臂轴座和气门间隙调整螺钉等。

(三)配气机构的工作原理

发动机工作时,曲轴通过传动机构(正时齿轮、链条、链轮或皮带)驱动凸轮轴旋转。当凸轮的上升段顶起挺柱时,(经推杆和气门间隙调整螺钉)推动摇臂绕摇臂轴摆动,压缩气门弹簧使气门开启。当凸轮的下降段与挺柱接触时,气门在气门弹簧力的作用下逐渐关闭。

四冲程发动机每完成一个工作循环,每个汽缸进、排气一次。这时曲轴转两周,而凸轮轴只旋转一周,所以曲轴与凸轮轴的转速比或传动比为2:1。

(四)配气机构的分类

1. 按凸轮轴的位置分类

配气机构按凸轮轴的位置分为凸轮轴下置式、凸轮轴中置式和凸轮轴上置式,如图 3-50 所示。

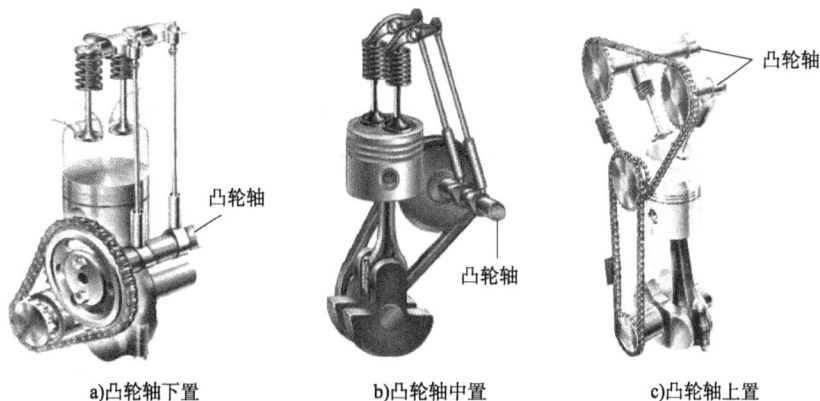

a)凸轮轴下置   b)凸轮轴中置   c)凸轮轴上置

图 3-50   凸轮轴的布置方式

2. 按凸轮轴的传动方式分类

配气机构按凸轮轴的传动方式分为齿轮传动式、链传动式和齿形带传动式,如图 3-51 所示。

a)齿轮传动   b)链传动   c)齿形带传动

图 3-51   凸轮轴的传动方式

无论是齿轮传动,还是齿形带传动或是链传动,在主动轮和从动轮上都有正时记号,安装时须按要求对准,以确保配气正时。

3. 按每个汽缸的气门数量分类

配气机构按每个汽缸气门数量分为双气门式和多气门式两种,如图 3-52 所示。

二、气门组

气门组包括气门、气门座、气门导管、气门弹簧、气门锁片和油封等,如图 3-53 所示。其功用是保证实现气门对汽缸的可靠密封。

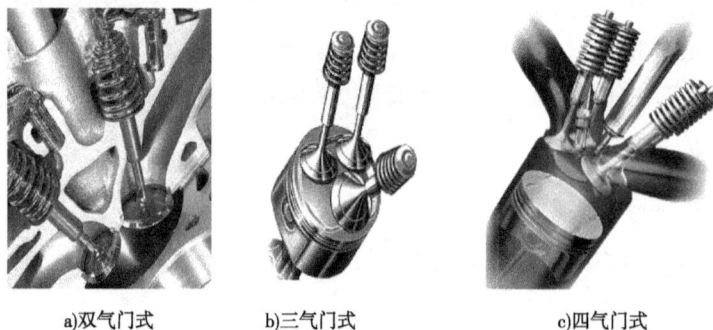

a)双气门式   b)三气门式   c)四气门式

图 3-52 双气门和多气门式结构

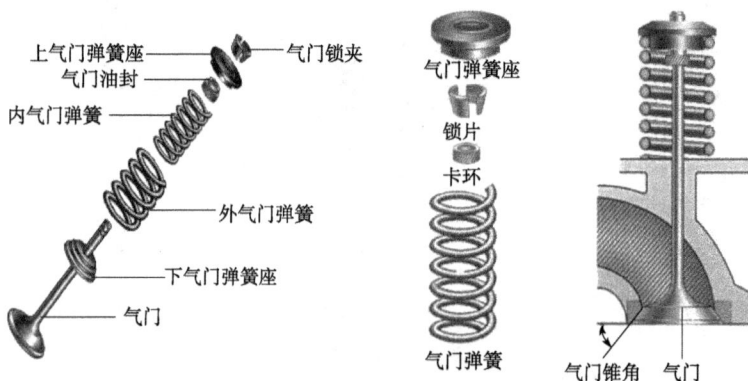

图 3-53 气门组零件及安装状态

(一) 气门

1. 气门的功用

气门的功用是封闭或打开进、排气通道。

2. 气门的类型与材料

气门分为进气门和排气门两种。进气门一般用中碳合金钢制造,如铬钢、铬钼钢和镍铬钢等。排气门则采用耐热合金钢制造,如硅铬钢、硅铬钼钢、硅铬锰钢等。

3. 气门的构造

进、排气门结构相似,都是由头部和杆部两部分组成,如图 3-54 所示。

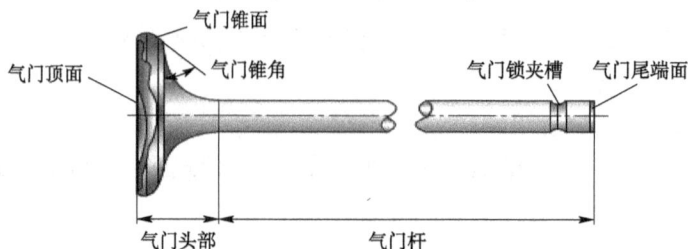

图 3-54 气门结构

1）气门头部

气门头部又由主要由气门顶部和气门锥面两部分构成。

（1）气门顶部形状。主要有平顶、球面顶（凸顶）和喇叭形顶（凹顶）3 种，见表 3-4。

气门顶部形状及特点   表 3-4

气门顶形状		结构特点与应用场合
平顶式		结构简单,制造方便,吸热面积小,质量也较小,进、排气门都可采用（目前应用最广泛）
凸顶式（球面顶）		适用于排气门,因为其强度高,排气阻力小,废气的清除效果好,但球形的受热面积大,质量和惯性力大,加工较复杂
凹顶式（喇叭顶）		凹顶头部与杆部的过渡部分具有一定的流线型,进气阻力小,但其顶部受热面积大,故适用于进气门,而不宜用于排气门

（2）气门头部直径。通常进气门头部直径大于排气门头部直径。有时为了加工简单，进排气门直径制成一样大。由于进排气门工作条件不同，所用材料不同，为了避免搞错，进排气门上刻有记号。

（3）气门密封锥面。气门与气门座或气门座圈之间靠锥面密封。气门锥面与气门顶面之间的夹角称为气门锥角。进、排气门的气门锥角一般均为 45°，只有少数发动机的进气门锥角为 30°，如图 3-55 所示。

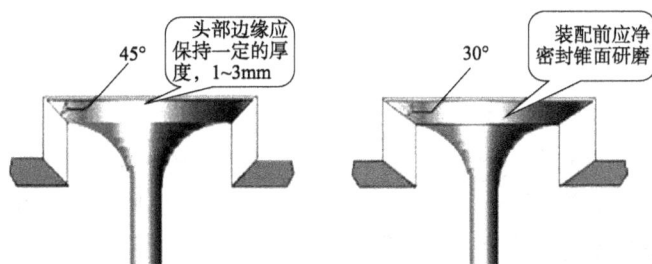

图 3-55 气门锥角

气门头部接受的热量一部分经气门座圈传给汽缸盖；另一部分则通过气门杆和气门导管也传给汽缸盖，最终都被汽缸盖水套中的冷却液带走。为了增强传热，气门与气门座圈的密封锥面必须严密贴合。为此，两者要配对研磨，研磨之后不能互换。

2）气门杆部

（1）气门杆的作用与结构。气门杆与气门导管配合，为气门运动导向和传热。气门杆部由杆身、尾部结构和尾端面构成。

气门杆身为圆柱形,有较高的加工精度和较小的表面粗糙度值,与气门导管保持较小的配合间隙,以减小磨损,并起到良好的导向和散热作用。

气门杆的尾部用来固定气门弹簧座,其结构随气门弹簧座的固定方式不同而异。常用的固定方式有锥形锁片(块)式和锁销式两种,如图3-56所示。锥形锁片式在气门杆尾部开有不同形状的尾槽,将分成两半的锥形锁片卡住锥形内面的弹簧座。锁销式则在气门杆尾部制有径向孔用来安装锁销。

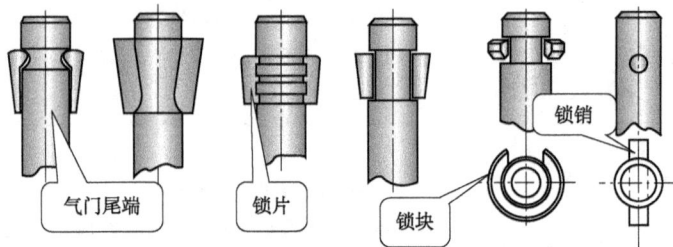

图3-56 气门杆尾端结构

(2)气门油封。适量的机油进入气门导管与气门之间的间隙,对于气门杆的润滑是必要的。但如果进入的机油过多,将会在汽缸内造成积炭和在气门上产生沉积物,机油消耗增加。

(二)气门座与气门座圈

汽缸盖上与气门锥面相贴合的部位称气门座。

1.气门座的功用

气门座与气门头部密封锥面配合对汽缸起密封作用,同时将气门头部的热量传出。

2.气门座的形式

为延长汽缸盖的使用寿命,铝汽缸盖和大多数铸铁汽缸盖均镶嵌由合金铸铁或粉末冶金或奥氏体钢制成的气门座圈。也有一些铸铁汽缸盖不镶气门座圈,直接在汽缸盖上加工出气门座。

3.气门座的锥角

气门座的锥角由3部分组成,其中45°(或30°)的锥面与气门密封锥面贴合。为保证有一定的座合压力,使密封可靠,同时又有一定的散热面积,要求结合面的宽度 b 为1～3mm;15°和75°锥角是用来修正工作锥面的宽度和上、下位置的,以使其达到线接触的要求,加强密封性能,如图3-57所示。在安装气门前,还应采用与气门配对研磨的方法,以保证贴合得更紧密、可靠。

(三)气门导管

1.气门导管的功用

气门导管的主要功用是为气门运动导向,以保证气门上下运动时不发生径向摆动,准确落座,同时起导热作用。

2.气门导管的结构

气门导管的结构如图3-58所示。气门导管外圆与汽缸盖承孔为过盈配合,内孔与气门杆相配合。为了防止气门导管在使用过程中松脱,有的发动机对气门导管用卡环定位。气门杆与导管孔的配合间隙必须适当,一般为 $0.05 \sim 0.12$ mm。间隙过大,导向不好,散热不良;间隙过小,热状态下可能卡死。

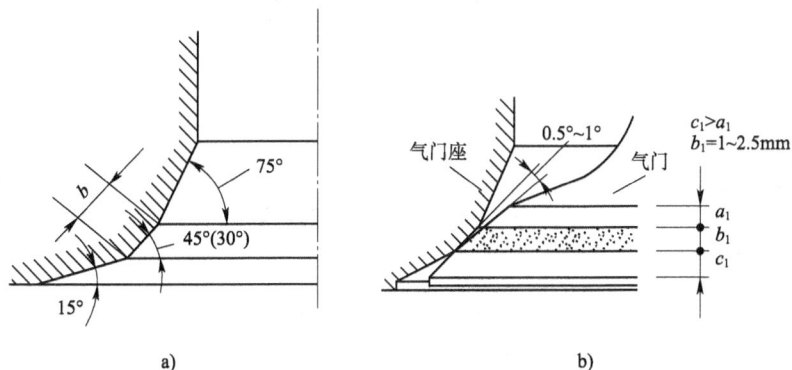

图 3-57　气门座密封锥角

(四)气门弹簧

1.气门弹簧的功用

气门弹簧的功用是保证气门关闭时能紧密地与气门座或气门座圈贴合,并克服在气门开启时配气机构产生的惯性力,使传动件始终受凸轮控制而不相互脱离。

2.气门弹簧的结构形式

气门弹簧一般为等螺距圆柱形螺旋弹簧。当气门弹簧的工作频率与其固有的振动频率相等或为整数倍时,气门弹簧就会发生共振。共振时将使配气定时遭到破坏,使气门发生反跳和冲击,甚至使弹簧折断。为防止共振的发生,可采取双气门弹簧、变螺距气门弹簧、锥形气门弹簧等结构措施,如图 3-59 所示。

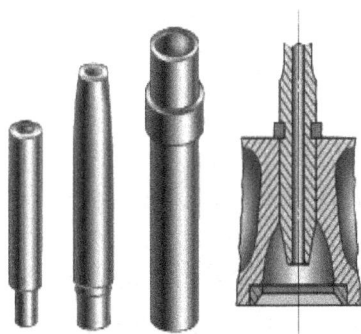

图 3-58　气门导管

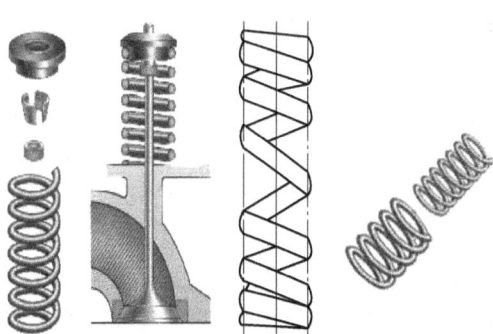

图 3-59　气门弹簧的结构形式

3.气门旋转机构

当气门工作时,如能产生缓慢的旋转运动,可使气门头部周向温度分布比较均匀,从而减小气门头部的热变形。同时,气门旋转时,在密封锥面上产生轻微的摩擦力,能够清除锥面上的沉积物。

三、气门传动组

气门传动组的主要机件有凸轮轴及其驱动装置、挺柱、推杆、摇臂及摇臂轴等。其功用是使进、排气门按配气相位规定的时刻开闭,且保证有足够的升程。

(一)凸轮轴

1. 凸轮轴的功用

驱动并控制各缸气门的开启和关闭,使其符合发动机的工作顺序、配气相位及气门开度的变化规律等要求。下置凸轮轴式发动机还用它来驱动汽油泵、机油泵和分电器等。

2. 凸轮轴的结构

凸轮轴主要由杆身、支承轴颈和凸轮等部分组成,如图3-60所示。

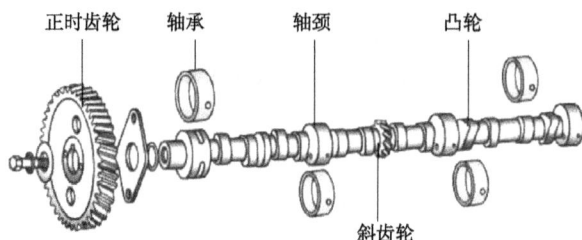

图3-60 凸轮轴的结构

凸轮轴是通过凸轮轴轴颈支承在凸轮轴轴承孔内的,因此,凸轮轴轴颈数目的多少是影响凸轮轴支承刚度的重要因素。如果凸轮轴刚度不足,工作时将发生弯曲变形,这会影响配气定时。

1)凸轮

凸轮是凸轮轴的主要工作部分。进、排气门开启和关闭的时刻、持续时间以及开闭的速度等分别由凸轮轴上的进、排气凸轮控制。

转速较低的发动机,其凸轮轮廓由几段圆弧组成,这种凸轮称为圆弧凸轮。高转速发动机则采用函数凸轮,其轮廓由某种函数曲线构成。如图3-61所示。O点为凸轮轴回转中心,凸轮轮廓上的AB段和DE段为缓冲段,BCD段为工作段。挺柱在A点开始升起,在E点停止运动,凸轮转到AB段内某一点处,气门间隙消除,气门开始开启。此后随着凸轮继续转动,气门逐渐开大,至C点气门开度达到最大。再后气门逐渐关闭,在DE段内某一点处气门完全关闭,接着气门间隙恢复。气门最迟在B点开始开启,最早在D点完全关闭。

凸轮轴上各同名凸轮(各进气凸轮或各排气凸轮)的相对角位置与凸轮轴旋转方向、发动机工作顺序及汽缸数或做功间隔角有关,如图3-62所示。如果从发动机风扇端看凸轮轴逆时针方向旋转,则工作顺序为1-3-4-2的四缸发动机其做功间隔角为720°/4=180°曲轴转角,相当于90°凸轮轴转角,即各同名凸轮间的夹角为90°。对于工作顺序为1-5-3-6-2-4的六缸发动机,其同名凸轮间的夹角为60°。同一汽缸的进、排气凸轮的相对角位置即异名凸轮相对角位置,决定于配气定时及凸轮轴旋转方向。

2)轴颈与轴承

凸轮轴轴颈用来支承凸轮轴。凸轮轴有全支承和非全支承两种。全支承凸轮轴每个汽缸两端都有一个轴颈,而非全支承则是每隔两个汽缸设置一个轴颈。

凸轮轴颈的润滑采用压力润滑,汽缸体或汽缸盖上钻有油道与轴承相通。凸轮与挺柱间采用飞溅润滑。

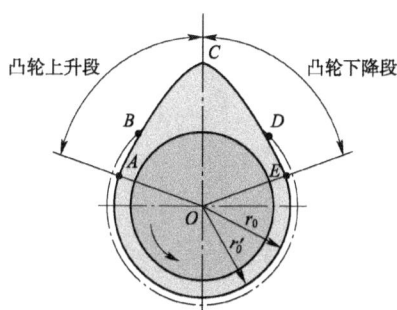

图 3-61 凸轮轮廓

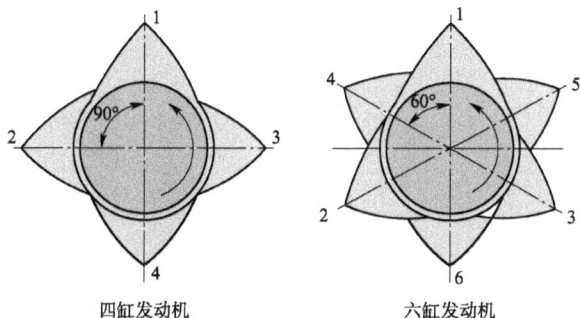

图 3-62 同名凸轮的相对角位置

四缸发动机   六缸发动机

3. 凸轮轴的驱动

凸轮轴是由曲轴通过传动装置来驱动的。由于四冲程发动机每完成一个工作循环,曲轴转两圈,而各缸只进、排气一次,也即凸轮轴只需转一圈,所以曲轴与凸轮轴的传动比为2:1。凸轮轴的传动装置由齿轮式、链条式和齿形带式 3 种。

4. 凸轮轴的轴向定位

为限制凸轮轴在工作中产生的轴向移动或承受螺旋齿轮传动时产生的轴向力,凸轮轴需要轴向定位。

凸轮轴轴向移动量过大,对于由螺旋齿轮传动的凸轮轴,会影响配气定时。上置式凸轮轴通常利用凸轮轴承盖的两个端面和凸轮轴轴颈两侧的凸肩进行轴向定位。中、下置式凸轮轴的轴向定位通常采用推力板。推力板用螺栓固定在机体前端面上。第三种轴向定位的方法是推力螺钉定位。

(二)挺柱

1. 挺柱的功用、材料及分类

挺柱是凸轮的从动件,其功用是将来自凸轮的运动和作用力传给推杆或气门,同时还承受凸轮所施加的侧向力,并将其传给机体或汽缸盖。制造挺柱的材料有碳钢、合金钢、镍铬合金铸铁和冷激合金铸铁等。挺柱可分为机械挺柱和液压挺柱两大类,每一类中又有平面挺柱和滚子挺柱等多种结构形式。

2. 挺柱的结构形式

挺柱有机械挺柱和液压挺柱两种。客车上主要是作用机械挺柱。

机械挺柱主要有菌形、筒形和滚轮式 3 种,如图 3-63 所示。通常把挺柱底部工作面设计为球面,并且将凸轮制成锥形,使两者的接触点偏离挺柱轴线。工作中,当挺柱被凸轮顶起时,接触点间的摩擦力使挺柱绕自身轴线旋转,以实现均匀磨损。挺柱可直接安装在汽缸体一侧的导向孔中,或安装在可拆卸的挺柱架中。

(三)推杆

推杆处于挺柱和摇臂之间,其功用是将挺柱传来的运动和作用力传给摇臂,如图 3-64

所示。在凸轮轴下置式的配气机构中,推杆是一个细长杆件,加上传递的力很大,所以极易弯曲。因此,要求推杆有较好的纵向稳定性和较大的刚度。推杆一般用冷拔无缝钢管制造,两端焊上球头和球座。也可以用中碳钢制成实心推杆,这时两端的球头或球座与推杆锻成一个整体。

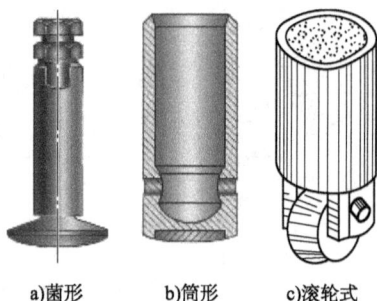

a)菌形　　b)筒形　　c)滚轮式

图 3-63　机械挺柱　　　　图 3-64　推杆

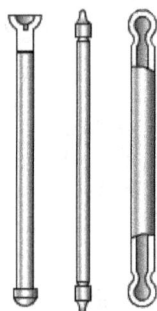

(四)摇臂组件

摇臂组件主要由摇臂、摇臂轴、摇臂轴支座、气门间隙调整螺钉等零件组成,如图 3-65 所示。

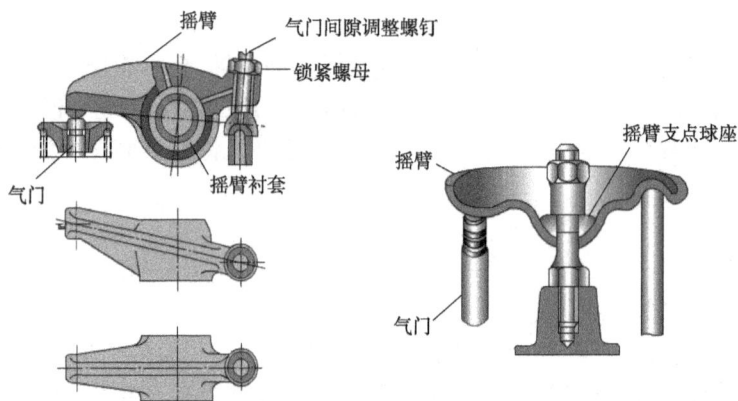

图 3-65　摇臂组件

摇臂的功用是将凸轮或推杆传来的力改变方向后传给气门,使其开启。摇臂装在摇臂轴上,它是一个两臂不等长的双臂杠杆,长臂一端用来推动气门。

四、配气相位(配气定时)

1.配气相位的含义

以曲轴转角表示的进、排气门开闭时刻及其开启的持续时间称作配气相位或配气定时。

在介绍四冲程发动机工作原理时,把进、排气过程都看作是在活塞的一个行程内即曲轴转动 180°内完成的,即进、排气门的开关时刻正好在活塞的上、下止点处。但实际情况并非如此,由于现代汽车发动机的转速都很高,为了保证汽缸进气充分、排气彻底,气门实际开启和关闭时刻并不正好在活塞的上、下止点,而是适当的提前和延迟,如图 3-66 所示。

2. 进气门的配气相位

进气门在进气行程上止点之前开启谓之早开。从进气门开到上止点曲轴所转过的角度称作进气提前角,记作 α。进气门在进气行程下止点之后关闭谓之晚关。从进气行程下止点到进气门关闭曲轴转过的角度称作进气迟后角,记作 β。整个进气过程持续的时间或进气持续角为 $180° + \alpha + \beta$ 曲轴转角,如图 3-67 所示。一般 $\alpha = 0° \sim 30°$、$\beta = 30° \sim 80°$ 曲轴转角。

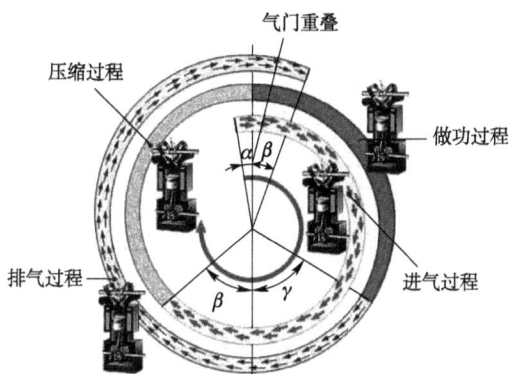

图 3-66　配气相位图

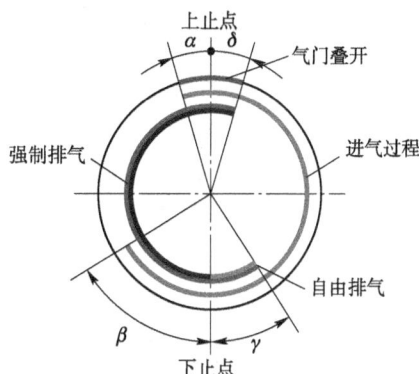

图 3-67　气门重叠角

进气门早开,使得活塞到达上止点开始向下止点运动时,进气门已有一定开度,使新鲜气体顺利进入汽缸。进气门迟关可充分利用气流的惯性和缸内外的压力差继续进气。加上进气门早开和迟关增加了进气时间。可见,进气门早开、迟关能增加汽缸的充气量。

3. 排气门的配气相位

排气门在做功行程下止点之前开启,谓之排气门早开。从排气门开启到下止点曲轴转过的角度称作排气提前角,记作 γ。排气门在排气行程上止点之后关闭,谓之排气门晚关。从上止点到排气门关闭曲轴转过的角度称作排气迟后角,记作 δ。排气过程持续时间或排气持续角为 $180° + \gamma + \delta$ 曲轴转角,如图 3-67 所示。一般 $\gamma = 40° \sim 80°$、$\delta = 0° \sim 30°$ 曲轴转角。

排气门早开,使废气能利用自身压力迅速自由排出汽缸,减小排气行程活塞上行的阻力,可缩短废气在汽缸内的停留时间,防止发动机过热。排气门迟关,可利用废气压力和废气流的惯性继续排气。加上排气门早开和迟关延长了排气时间。所以,排气门早开、迟关可以使汽缸内的废气排除得更为干净。

4. 气门重叠角

由于进气门早开和排气门晚关,出现了在上止点附近的一段时间内进气门和排气门同时开启的现象,这种现象称为气门重叠。对应的曲轴转角($\alpha + \delta$)称为气门重叠角,如图 3-67 所示。

五、气门间隙

(一)气门间隙的含义

发动机在冷态下,当气门处于关闭状态时,气门与传动件之间的间隙称为气门间隙。

发动机工作时,气门将因温度升高而膨胀,如果气门及其传动件之间,在冷态时无间隙或间隙过小,则在热态时,气门及其传动件的受热膨胀势必引起气门关闭不严,造成发动机在压缩和做功行程中漏气,而使功率下降,严重时甚至不易起动。为了消除这种现象,通常在发动机冷态装配(气门完全关闭)时,在气门与其传动机构中,留有适当的间隙,以补偿气门受热后的膨胀量,这一间隙通常称为气门间隙,如图3-68所示。

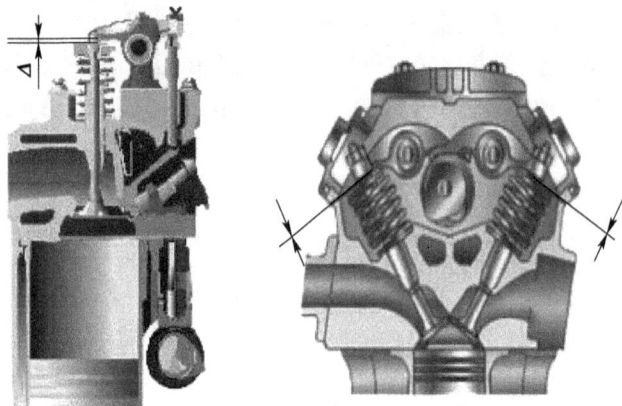

图3-68　气门间隙

气门间隙的数值:一般进气门的间隙为0.25~0.30mm,排气门的间隙为0.30~0.35mm。

对采用液压挺柱的发动机(一般为轿车),由于挺柱的长度能自动变化,随时补偿气门的热膨胀量,故不需要预留气门间隙。

(二)气门间隙过大、过小的危害

气门间隙的大小,对发动机的工作和性能影响很大。如果气门间隙过小,发动机在热态下可能因气门关闭不严而发生漏气,导致功率下降,甚至气门烧坏。如果气门间隙过大,则使传动零件之间以及气门和气门座之间产生撞击响声,并加速磨损。同时,也会使气门开启的持续时间减少,汽缸的充气以及排气情况变坏。

(三)气门间隙的调整

1. 调整的必要性

发动机气门摇臂与气门之间经长久动作和磨耗,间隙会越来越大,影响了配气定时,造成发动机工作状况变差,动力性能降低,所以必须及时对气门间隙进行调整。

2. 调整步骤

1)拆下汽缸盖罩

拆下汽缸盖罩的固定螺钉,小心取下汽缸盖罩,取下导流液,注意不要损坏汽缸盖罩耐油橡胶衬垫。用抹布擦净气门及摇臂轴上的油污,以方便气门调整作业。

2)找到一缸上止点

用手柄转动曲轴或撬动飞轮,使一缸处于上止点位置。

一缸的气门应都处于关闭的状态。如果一缸的气门不全是关闭状态,说明一缸活塞在排气上止点位置,应再转动曲轴360°,使一缸处于压缩上止点位置。

3)确定各缸处于压缩上止点的方法

根据发动机构造原理可知,各缸处于压缩上止点时,各缸的气门均处于关闭状态。因此,可以 打开分电器盖并确定各缸高压分线的位置,摇转曲轴,当分火头指向汽缸分线位置时,触点张开的瞬间位置或者根据飞轮上的标记,则汽缸处于压缩行程的上止点位置。这样便可以比较准确的确定各缸压缩上止点的位置,方便地调整气门。

4)测量气门间隙

选出符合规格的塞尺插入气门杆与气门摇臂(或凸轮)之间,稍微拉动塞尺,如有轻微的阻力,表示间隙正确。

为了确定间隙是否正常,可以找出比规定值大一号的塞尺(例如规定值为 0.20mm 时,用 0.25mm)插入气门间隙,此时,塞尺应无法插入,再用小一号的塞尺,应可以顺利插入气门间隙中,如果符合上述要求,气门间隙正常。

如果上述中任何一项不符合要求,表示气门间隙不正常,必须进行调整。

5)调整气门间隙

首先松开气门调整螺钉的固定螺母,把规定厚度的塞尺插入气门间隙处,一手抽拉塞尺,一手转动调整螺钉,直到塞尺稍微受到阻力为止。

调整妥当之后,塞尺插到气门间隙中央,调整螺钉保持不动,拧紧固定螺母锁紧调整螺钉。锁好螺钉后,再用塞尺重新测量气门间隙,因为可能在锁紧时无意转动了调整螺钉,使气门间隙改变。如果气门间隙改变,应重新调整到正确为止。

6)装复检查

在每次调整完成后,都应对所调气门的间隙进行复检,并再次检查所有固定螺栓是否锁紧。

装复其他配件,起动发动机进行检验,查看是否有气门响声或运转不平稳的现象。如果有气门响声或运转不平稳现象,说明气门间隙需要再调整。初次调整气门,容易出现上述现象,因此,在每次调整时,必须认真操作,避免返工。

3. 调整方法

1)逐缸调整法

由于发动机气门排列顺序不尽相同,因此,记忆进、排气门的顺序比较困难。也可按发动机的点火顺序逐缸调整气门间隙。为了能准确调整气门间隙,可用我们前面介绍的方法,逐缸调整气门间隙。

2)两次调整法

根据配气机构构造原理可知,进、排气门排列有一定的规律。按点火顺序和进、排气门排列顺序,使一缸位于压缩上止点,可以检查调整一半数量的气门间隙;然后转动曲轴一周,使四缸位于压缩上止点位置,再调整剩余的气门间隙。

(1)摇转曲轴使第 1 缸活塞处于压缩行程上止点位置(即气门处于完全关闭状态,第一次调整)。

①取出 1 缸火花塞,用棉纱塞紧。

②摇转曲轴。

③棉纱"砰"的一声从 1 缸火花塞孔蹦出。

④核对上止点记号。此时 1 缸活塞处于压缩行程上止点位置即气门处于完全关闭状态。

(2)根据发动机工作循环次序和配气相位推算可调气门,并对各个可调气门进行调整。

在此结合六缸发动机工作循环图编制一口诀以利记忆:

一缸均可调(释:即第1缸进排气门全部可以调整);对缸不可调(释:即第6缸进排气门全部不能调整);上可调排(释:即第5、3缸排气门可以调整);下可调进(释:即第2、4缸进气门全部可以调整)。

(3)第一次调整完毕后,再用塞尺复查一次,合格后将曲轴旋转一圈(360°),使第六缸活塞处于压缩行程上止点位置,再调其余各气门(第二次调整)。

调整完成后,对所调气门的间隙进行复检,并再次检查所有固定螺栓是否拧紧。

想一想练一练

1.曲柄连杆机构的功用和组成是什么?

2.试描述曲柄连杆机构三个零件组的构造。

3.配气机构的功用和组成是什么?

4.试描述配气机构两个零件组的构造和安装要求。

5.什么是配气相位?如何运用配气相位调整气门间隙?

第四章　柴油机燃料供给系统

章节描述

　　柴油机具有效率高、经济性好、功率强大等特点,在交通运输和工程车辆领域有着广泛的应用。然而,噪声大、NO_x 和颗粒物排放高等也一直困扰着柴油机的应用,随着国家相关法规对机动车排放限制的不断严格,柴油车的排放要达到这个标准,必须采用技术先进的柴油发动机,电控柴油喷射(EFI)发动机已经成为发展趋势。本章主要介绍了传统柴油机燃料供给系统的组成、特点,电控柴油喷射系统控制方式,可燃混合气的形成与燃烧,共轨柴油电控喷射系统组成,以及各传感器、执行器的工作原理。

学习目标

1. 知识目标

知道共轨柴油电控喷射系统功用、优点、结构、组成以及各传感器、执行器的工作原理。

2. 技能目标

能对共轨柴油电控喷射系统部分零部件进行简单的维护。

3. 情感目标

培养踏实、一丝不苟的学习态度和工作作风,发扬团队合作精神。

建议课时

8 课时。

学习内容

第一节　柴油机燃料供给系统概述
第二节　可燃混合气的形成与燃烧过程
第三节　共轨柴油电控喷射系统组成及工作原理
第四节　空气供给系统
第五节　燃油供给系统
第六节　电子控制系统

学习要求

1. 知道柴油机燃料供给系的概述;

2. 说出柴油的特性、牌号与选用;

3. 理解可燃混合气形成方式与燃烧过程;

4. 能认识共轨柴油电控喷射系统组成,能描述其工作过程;

5.知道空气供给系统、燃油供给系统、电子控制系统构造,认识各组成部件结构,理解其工作原理。

第一节　柴油机燃料供给系统概述

柴油发动机是燃烧柴油获取动力的发动机。它是由德国发明家鲁道夫·狄塞尔(Rudolf Diesel)于1892年发明的,为了纪念这位发明家,柴油发动机也称为狄塞尔发动机(Diesel engine)。

柴油发动机的优点是动力性、经济性好。柴油发动机的工作过程与汽油发动机有许多相同的地方,每个工作循环也经历进气、压缩、做功、排气四个行程。但由于柴油机用的燃料是柴油,其黏度比汽油大,不易蒸发,而其自燃温度却较汽油低,因此,可燃混合气的形成及点火方式都与汽油机不同。目前柴油发动机被广泛应用于客车、货车上。

一、传统柴油机燃料供给系统

(一)柴油机的特点

(1)压缩比大(15~22),热效率高(30%~40%),经济性好,无点火系统。
(2)混合气的形成、点火和燃烧方式不同于汽油机。
(3)柴油机的CO和HC排放低,NO_x较多,大负荷易产生炭烟。
(4)柴油机结构复杂、质量大、材料好、加工精度高,制造成本较高。
(5)柴油机的排气噪声大,废气中含SO_2多。

(二)柴油机燃料供给系统的功用

功用:完成燃料的储存、滤清和输送工作,按柴油机各种不同工况的要求,定时、定量、定压并以一定的喷雾质量喷入燃烧室,使其与空气迅速而良好地混合和燃烧,最后使废气排入大气。

(三)柴油机燃料供给系统的组成

柴油机燃料供给系统由燃油供给系统、空气供给系统、混合气形成装置及废气排出装置四部分组成,如图4-1所示。
(1)燃油供给系统:由油箱、输油泵、低压油管、滤清器、喷油泵、高压油管、喷油器及回油管等组成。
(2)空气供给系统:由空气滤清器、进气管等组成,有的还有增压器。
(3)混合气形成装置:形成于燃烧室。
(4)废气排出装置:由排气管及排气消声器组成。

(四)柴油机燃油供给路线

柴油机燃油供给路线如图4-2所示。

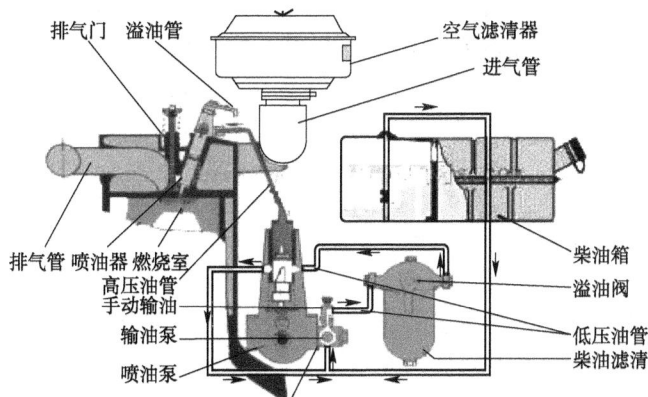

图 4-1　传统柴油机燃料供给系统

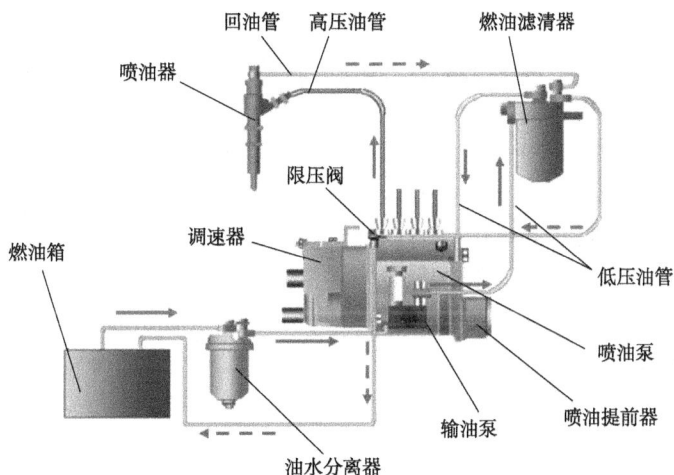

图 4-2　柴油机燃油供给路线

（1）低压油路。从油箱到喷油泵入口，油压一般为 0.15 ~ 0.3MPa。

（2）高压油路。从喷油泵到喷油器，油压在 10MPa 以上。

（3）多余的燃油回流。输油泵的供油量比喷油泵的最大喷油量大 3 ~ 4 倍，大量多余的燃油经喷油泵进油室的一端限压阀和回油管流回输油泵的进口或直接流回柴油箱。

二、共轨技术

在汽车柴油机中，高速运转使柴油喷油过程的时间只有千分之几秒，在喷油过程中高压油管各处的压力是随时间和位置的不同而变化的。由于柴油的不可压缩性和高压油管中柴油的压力波动，使实际的喷油状态与喷油泵所规定的柱塞供油规律有较大的差异。如高压油管内的压力，达到令喷油器的针阀开启的压力，将已经关闭的针阀又重新打开产生二次喷油现象，由于二次喷油不可能完全燃烧，于是增加了烟度和碳氢化合物（HC）的排放量，油耗增加。为了解决柴油机这个燃油压力变化的缺陷，现代柴油机采用了一种称为"共轨"的技术。共轨技术是指高压油泵、燃油压力传感器和 ECU 组成的闭环系统中，将供油压力的产生和喷射过程彼此完全分开的一种供油方式，由高压油泵把高压燃油输送到公共供油管，通过对公共供油管内的油压实现精确控制,使高压油管压力大小与发动机的转速无关,可以大幅度减小柴油机供油压力随发动机转速的变化,因此,也就减少了传统柴油机的缺陷。ECU控制喷油器的喷油量,喷油量大小取决于公共供油管压力和电磁阀开启时间。

拓展知识

一、柴油的特性

柴油最重要的性能是着火性和流动性。

1.着火性

高速柴油机要求柴油喷入燃烧室后迅速与空气形成均匀的混合气,并立即自动着火燃烧,因此,要求燃料易于自燃。从燃料开始喷入汽缸到开始着火的间隔时间称为滞燃期或着火落后期。燃料自燃点低,则滞燃期短,即着火性能好。一般以十六烷值作为评价柴油自燃性的指标。

2.流动性

凝点是评定柴油流动性的重要指标,它表示燃料不经加热而能输送的最低温度。柴油的凝点是指油品在规定条件下冷却至丧失流动性时的最高温度。柴油中正烷烃含量多且沸点高时,凝点也高。一般选用柴油要求凝点低于环境温度3~5℃。

二、柴油的牌号

柴油是应用于压燃式发动机(即柴油发动机)的专用燃料。柴油的外观为水白色、浅黄色的液体。柴油又分为普通柴油与重柴油两种。普通柴油是用于1000r/min以上的高速柴油机中的燃料,重柴油是用于1000r/min以下的中低速柴油机中的燃料。一般加油站所销售的柴油均为普通柴油。普通柴油产品目前执行的标准为《普通柴油》(GB 252—2015)标准,该标准中普通柴油的牌号分为10号、5号、0号、-10号、-20号、-35号、-50号,普通柴油的牌号划分依据是柴油的凝固点。

冷凝点是衡量普通柴油低温性能的重要指标,能够反映柴油低温实际使用性能,最接近柴油的实际最低使用温度。在选用柴油牌号时,应同时兼顾当地气温和柴油牌号对应的冷凝点。

三、柴油牌号的选用

柴油标号的依据是柴油的凝固点。选用不同标号的柴油应主要根据使用时的气温决定。

一般来讲,5号柴油适合于气温在8℃以上时使用;0号柴油适用于气温在4~8℃时使用;-10号柴油适用于气温在4~-5℃时使用;-20号柴油适用于气温在-5~-14℃时使用;-35号柴油适用于气温在-14~-29℃时使用;-50号柴油适用于气温在-29~-44℃或者低于该温度时使用。

想一想练一练

1.柴油发动机也称为_____发动机。

2.传统柴油发动机燃料供给系有何特点?

3.说出传统柴油发动机燃料供给系统的功用、组成。

4.什么是柴油机共轨技术?

5.柴油的特性有_____和_____两种。

6.柴油的牌号有_____、_____、_____、_____、_____、_____等六种。

7.如何选用柴油?

第二节　可燃混合气的形成与燃烧过程

一、可燃混合气的浓度及要求

(一)可燃混合气浓度的概念

1.过量空气系数 α

将1kg燃料完全燃烧实际进入汽缸的空气量 L 与理论上需要进入汽缸的空气量 L_0 之比称为过量空气系数,用 α 来表示。即

$$\alpha = \frac{L}{L_0}$$

$\alpha = 1$ 时,称为标准混合气; $\alpha < 1$ 时称为浓混合气; $\alpha > 1$ 时称为稀混合气。

2.空燃比 A/F

可燃混合气中空气质量与燃油质量之比为空燃比,记作 A/F 。按照化学反应方程式的当量关系,可求出1kg燃油完全燃烧所需空气质量即化学计量空气质量约为14.7kg。显然: $A/F = 14.7$ 的可燃混合气为理论混合气; $A/F < 14.7$ 的为浓混合气; $A/F > 14.7$ 的为稀混合气。

(二)车用柴油机对可燃混合气的要求

(1)混合空间小、时间短。可燃混合气是在燃烧室内形成的,一边喷油,一边燃烧。

(2)混合气不均匀,燃烧室内 α 值变化范围很大。

高速柴油机的过量空气系数(α)一般在 $1.15 \sim 2.2$ 范围内变化。大负荷时喷油量多、 α 值小、混合气浓;怠速时喷油量少、 α 值大、混合气稀, α 值可达 $4 \sim 6$ 。

二、柴油机可燃混合气的形成

1.可燃混合气形成特点

柴油黏度大且不容易蒸发,所以柴油机是采用内部混合的方式形成可燃混合气,借助喷油设备(喷油泵、喷油器),将燃油在接近压缩终了的时刻喷入汽缸。与汽油机相比,柴油机混合气形成时间短,直接喷入汽缸的柴油很难与空气进行良好混合,所以形成的混合气不均匀。混合气形成与燃烧是重叠进行的。柴油喷入汽缸后由于缸内温度远高于柴油的自燃温度,所以在喷油器喷油结束之前,形成边喷油、边雾化、边混合、边燃烧的特点。

2.混合气形成方式

为了保证柴油机良好的性能,在极短的时间形成良好混合气,使燃烧在上止点附近迅速完成,必须采取适当的措施来保证及时形成可以迅速燃烧的混合气。混合气的形成方式可

分为空间雾化混合和油膜蒸发混合两种。

1）空间雾化混合

空间雾化混合的特点是喷油器将柴油以一定压力、一定射程和一定雾化质量喷向燃烧室的整个空间，在整个燃烧室形成油雾，并从高温空气中吸热、蒸发、扩散，与高温高压空气混合形成可燃混合气，如图4-3所示。

2）油膜蒸发混合

油膜蒸发混合是将大部分燃油喷射到燃烧室壁面上，形成一层油膜，油膜在强烈的空气涡流作用下，受热汽化蒸发并与空气混合形成较均匀的可燃混合气，如图4-4所示。车用柴油机工作时，两种混合方式兼而有之，通常以空间雾化混合方式为主要形式。

三、柴油机的燃烧过程

由于柴油机的燃烧过程与混合气形成同时进行，所以柴油机燃烧过程比汽油更复杂。燃烧过程一般是在压缩行程上止点附近的几十度曲轴转角内完成，以扩散燃烧为主，混合气边蒸发、边混合、边燃烧。柴油机的燃烧过程通常分为着火延迟期、速燃期、缓燃期和补燃期四个阶段，如图4-5所示。

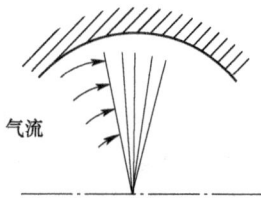

图4-3 空间雾化混合

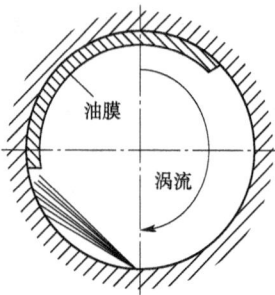

图4-4 油膜蒸发混合

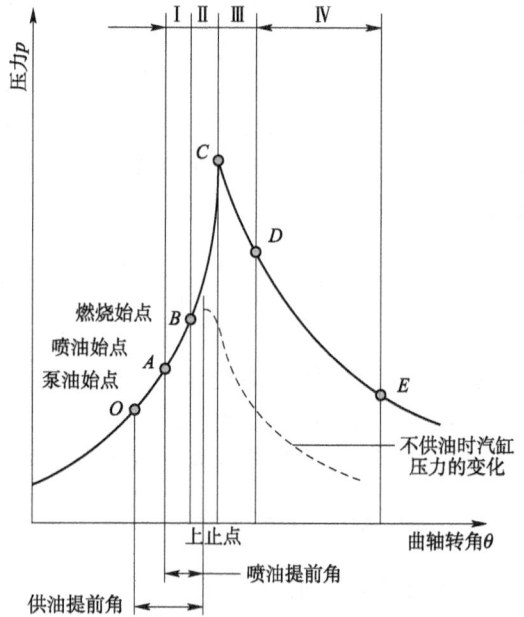

图4-5 柴油机燃烧过程

Ⅰ-滞燃期；Ⅱ-速燃期；Ⅲ-缓燃期；Ⅳ-补燃期

1. 着火延迟期（AB段）

从喷油开始（A点）到压力开始急剧升高时（B点）为止，这一段时间称为着火延迟期或滞燃期。

2. 速燃期（BC段）

速燃期是指从燃烧始点B到汽缸内的最大压力点C之间所对应的曲轴转角。

3. 缓燃期

从压力急剧升高的终点(C点)起到压力开始急剧下降的D点为止,称为缓燃期。

4. 补燃期

从缓燃期的终点(D点),到燃料基本完全燃烧时(E点)为止称为补燃期。

想一想练一练

1. 说出空燃比的概念。

2. 柴油机可燃混合气是如何形成的?

3. 柴油机可燃混合气形成的方式有_____和_____两种。

4. 柴油机燃烧过程分为_____、_____、_____和_____等四个阶段。

第三节 共轨柴油电控喷射系统组成及工作原理

一、柴油机电控燃油喷射系统的优点

(1)发动机采用共轨系统后可在全部的工作范围内均可以实现高压喷射,喷射压力最高可达200MPa。

(2)燃油喷射压力完全独立于发动机转速,在低速低负荷工况下同样可以实现高压喷射,改善了发动机低速低负荷时的性能。

(3)系统通过对燃油喷射速率的控制,可以实现预喷射或多次预喷射,调节喷油速率形状,实现理想的喷油规律,对降低油耗和整机的噪声改善排放都有好处。

(4)自由调节喷油定时和喷油量,可进一步提高发动机性能。

(5)具有良好的喷射特性,可以优化燃烧过程,使发动机油耗、噪声、烟度和排放等性能指标得到明显改善,同时有利于改进发动机的转矩特性,实现低速时的大转矩。

二、共轨柴油电控喷射系统组成

柴油机电控燃油喷射系统除了控制喷油量外,对喷油正时和喷油压力都有很高的要求,各种柴油电控系统的区别在于控制功能、传感器的数量和类型、执行元件的类型、ECU控制软件、主要电控元件的结构原理和安装位置,基本组成与其他电子控制系统一致,由传感器、ECU和执行元件三部分组成。也可由共轨柴油机结构分为空气供给系统、燃油供给系统和电子控制系统三部分,如图4-6、图4-7所示。

图4-6 高压共轨电控柴油发动机

三、共轨式电控燃油喷射系统的工作原理

高压共轨电控柴油喷射系统是指由高压油泵、共轨压力传感器和ECU组成的闭环系统中,将喷射压力的产生和喷射过程彼此完全分开的一种供油方式,由高压油泵把高压燃油输

送到高压共轨管,通过对高压共轨管内的油压实现精确控制,使高压油管压力大小与发动机的转速无关,可以大幅度减小柴油机供油压力随发动机转速的变化,因此,也就减少了传统柴油机的缺陷。ECU 控制喷油器的喷油量,喷油量大小取决于高压共轨管压力和喷油器电磁阀开启时间的长短。

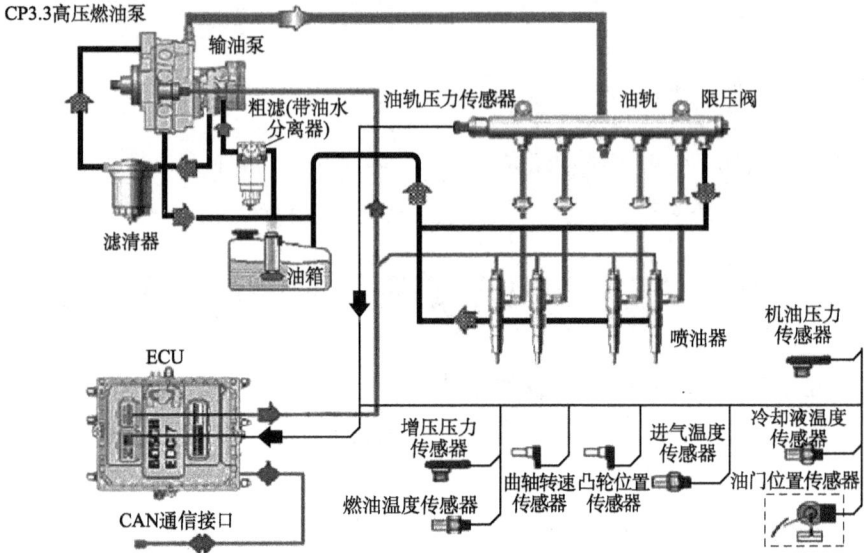

图 4-7　高压共轨电控柴油喷射系统组成

输油泵将燃油泵入高压油泵,高压油泵将燃油加压送入高压油轨,高压油轨中的压力由电控单元根据油轨压力传感器测量进行调节,高压油轨内的燃油经过高压油管,根据柴油机的运行状态,由电控单元从预设的 MAP 图中确定合适的喷油定时、喷油持续期,由喷油器将燃油喷入汽缸。

四、共轨式电控燃油喷射系统的控制方式

为了达到所设定的排放目标,共轨柴油机采用了对喷油量的控制、喷油压力控制、喷油速率控制、喷油时间控制等控制方式。

1. 喷油量控制

(1)基本喷油量控制:由发动机转速和加速踏板位置决定。

(2)怠速喷油量控制:发动机输出转矩主要是克服本身的摩擦维持平衡,使发动机在怠速稳定运转。

(3)起动喷油量:由基本喷油量和冷却液温度决定的补偿喷油量来共同决定。

(4)不均匀喷油量补偿控制:发动机工作时,各缸喷油量不均匀会引起燃烧压力不均匀,各缸混合气燃烧的差异引起转速的不均匀,曲轴旋转速度变化引起的振动。为了减少转速波动,必须调节各缸喷油量,使每一个汽缸所需的燃油量精确,必须进行不均匀油量补偿,ECU 检测各缸每次做功行程时候的转速波动,再与其他所有汽缸的平均转速相比较,分别向各缸补偿相应的喷油量。

2. 喷油时间控制

为实现最佳燃烧,ECU 根据发动机运行工况和外部环境经常调节喷油时间。

3.喷油压力控制

在共轨系统中,ECU 根据共轨压力传感器,计算出实际喷油压力,并将其值与目标值相比,然后发出指令控制高压油泵,升高或降低压力,实现闭环控制,完成最佳燃油压力控制。

4.喷油速率控制

喷油规律是影响排放的主要因素,理想的规律是喷油初期要求缓慢,速率不能太高,目的是减少滞燃期内可燃混合气量,降低初期燃烧速率。

想一想练一练

1. 柴油机电控燃油喷射系统有何优点?

2. 柴油机电控燃油喷射系统由_____、_____和_____组成。

3. 说出柴油机电控燃油喷射系统的工作原理。

4. 共轨式电控燃油喷射系统的控制方式有哪些?

第四节 空气供给系统

一、空气供给系统的功用

空气供给系统的功用是测量和控制柴油机在发动机内燃烧时所需要的进气量。

二、空气供给系统的组成

空气供给系统由空气滤清器、空气流量计(进气压力传感器)、中冷器、进气管道、增压压力控制装置等组成。

(一)空气滤清器

空气滤清器的功用是滤去进入汽缸空气中的尘土,保证发动机有足够的清洁空气与燃油混合,产生燃烧,发动机每燃烧 1kg 柴油需要 14.7kg 空气,如果不滤掉进入空气中的尘土,将大大增加汽缸、活塞、活塞环的磨损,如果不用空气滤清器,上述机件的磨损率要提高 3~9 倍。对空气滤清器的要求是:滤清能力强,对空气的阻力小,结构简单、使用、维护方便,如图 4-8 所示。

图 4-8 空气滤清器

(二)空气流量计

1.空气流量计的功用

测量进入发动机的空气流量,将此信号输送给 ECU,ECU 根据此信号决定将要喷射的油量。

2.安装位置

空气流量计安装在进气管道中。

3.空气流量计的结构与工作原理

热膜式空气流量计由用铅片制成的热膜电阻、空气补偿电阻、精密金属膜电阻和电子回路等组成。如图4-9所示。热膜、空气补偿电阻及其他精密电阻用厚膜工艺固定在以陶瓷为基片的树脂膜上。在空气通路中放置一发热体,由于热量被空气吸收,发热体本身会变冷,热膜的电阻值会变小。发热体周围通过的空气流量越多,被带走的热量也越多。热膜式空气流量计就是利用发热体与空气之间的这种热传递现象进行空气流量测量的。

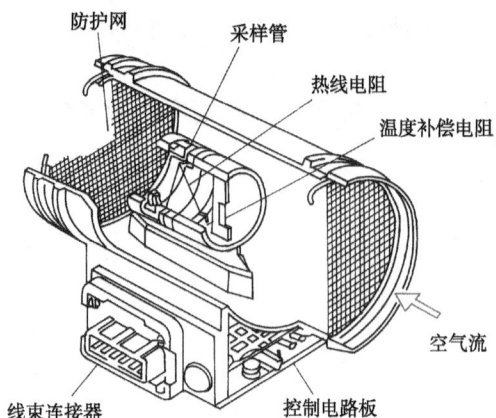

图4-9 热膜式空气流量计

量,用来控制空燃比。

(三)进气压力传感器

(1)功用:根据柴油发动机所吸入的空气量,用来控制空燃比。

(2)结构:半导体压敏电阻式压力传感器。采用负温度系数的热敏电阻,使用范围为 −30 ~ 150℃。

(3)安装位置:安装于进气管上,如图4-10所示。

(4)工作原理:把压力信号转化为电压信号,压力增大,电压增大,两者之间为线性关系,然后送给ECU,由其进行相关比较、运算后控制执行器的动作。

图4-10 进气压力传感器

(四)中冷器

1.中冷器的功用

是用来降低发动机的进气温度。

2.中冷器的结构

中冷器一般由铝合金材料制成。按照冷却介质的不同,常见的中冷器可以分为风冷式和水冷式两种。

1)风冷式

利用外界空气对通过中冷器的空气进行冷却。优点是整个冷却系统的组成部件少,结构比水冷式中冷器相对简单。缺点是冷却效率比水冷式中冷器低,一般需要较长的连接管路,空气通过阻力较大。风冷式中冷器因其结构简单和制造成本低而得到了广泛应用,如图4-11所示。

2)水冷式

利用循环冷却水对通过中冷器的空气进行冷却。优点是冷却效率较高,而且安装位置比较灵活,无须使用很长的连接管路,使得整个进气管路更加顺畅。缺点是需要一个与发动机冷却系统相对独立的循环水系统与之配合,因此整个系统的组成部件较多,制造成本较高,而且结构复杂。水冷式中冷器的应用比较少,一般用在发动机中置或后置的车辆上,以及大排量发动机上。

(五)涡轮增压器

1. 涡轮增压器的功用

涡轮增压的主要功用就是提高发动机进气量,从而提高发动机的功率和转矩,使汽车更有动力。

发动机装上涡轮增压器后,其最大功率与未装增压器的时候相比可以增加40%甚至更高,如图4-12所示。

图4-11 风冷式中冷器的结构图

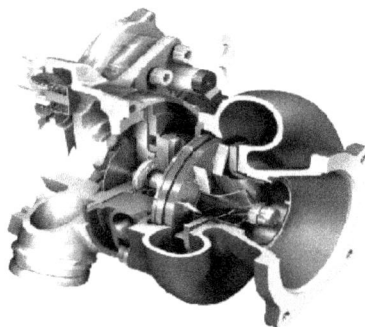

图4-12 涡轮增压器

2. 涡轮增压器的工作原理

涡轮增压装置其实就是一种空气压缩机,通过压缩空气来增加发动机的进气量,一般来说,涡轮增压都是利用发动机排出的废气惯性冲力来推动涡轮室内的涡轮,涡轮带动同轴的叶轮,叶轮压缩输送由空气滤清器管道来的空气,使之增压之后进入汽缸。当发动机转速增快,废气的排出速度与涡轮转速也同步增快,叶轮又压缩更多的空气进入汽缸,空气的压力和密度增大可以使更多的燃料充分燃烧,相应的增加燃料量和调整发动机的转速,实现增加发动机的输出功率,如图4-13所示。

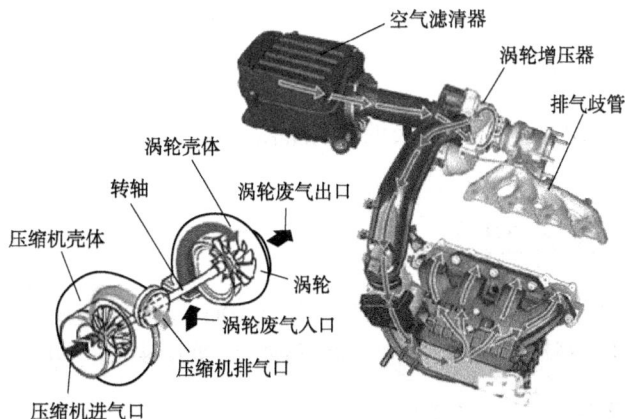

图4-13 涡轮增压器安装位置

3. 增压压力控制装置

控制单元根据进气压力传感器、进气温度传感器和海拔传感器等信号确定增压压力控制电信号,传给增压压力控制阀。增压压力控制阀把电信号转化成真空度信号,传给废气涡轮增压器上的增压压力调节阀,控制增压压力沿理想的特性曲线运行,如图4-14所示。

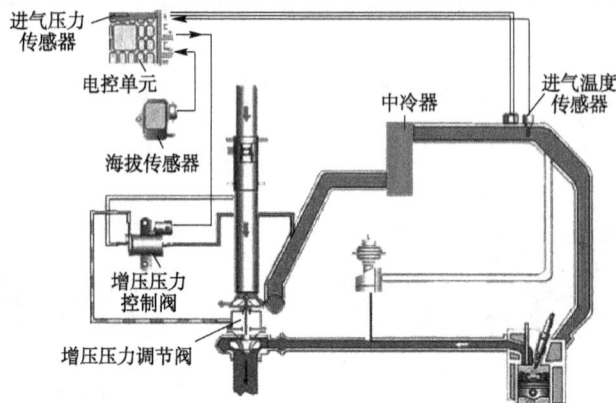

图4-14 增压压力控制系统

想一想练一练

1. 空气供给系统的功用与组成是什么?
2. 空气滤清器的功用是什么?
3. 空气滤清器使用中的注意事项有哪些?
4. 说出热膜式空气流量计的功用与工作原理。
5. 说出进气压力传感器的功用与工作原理。
6. 说出中冷器的功用与分类。

第五节　燃油供给系统

一、燃油供给系统的功用

燃油供给系统的功用是提供共轨柴油喷射所需的压力燃油,并在ECU的控制下将燃油喷入燃烧室。

二、燃油供给系统的组成

燃油供给系统由低压油路(油箱、柴油滤清器、输油泵)和高压油路(高压油泵、高压油管、高压共轨管、流量限制器、限压阀和喷油器)等组成,如图4-15所示。

三、燃油供给系统的工作原理

输油泵从油箱中泵出燃油,经柴油滤清器到高压油泵,燃油加压后送到高压共轨管,由限压阀调整压力,使高压共轨管中的压力保持不变,ECU控制喷油器电磁阀的开启,将柴油喷入燃烧室。

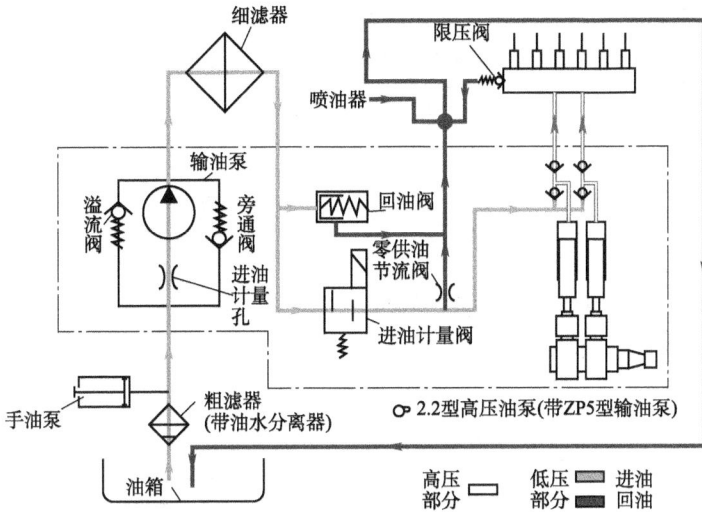

图4-15 柴油机供油油路示意图

(一)低压油路部分

共轨喷油系统的低压供油部分包括油箱(带有滤网)、输油泵、燃油滤清器及低压油管。分为进油油路和回油油路,如图4-16所示。

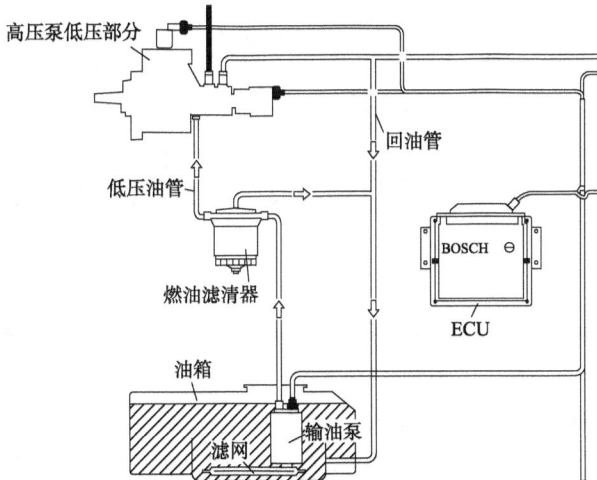

图4-16 低压油路

进油油路:输油泵将柴油从油箱中泵出经过柴油粗滤器过滤后,再经过柴油细滤器过滤,此时油路分成两部分,一部分经过进油计量阀计量后送至高压油泵柱塞腔,另一部分送至回油阀,回油阀与进油计量阀并联,以保证进油计量阀的输入端压力恒定。

1. 油箱

燃油箱必须抗腐蚀,能承受2倍的实际工作油压,并在不低于0.03MPa压力的情况下仍保持密封。

2. 柴油滤清器

燃油中的杂质可能使泵油元件、出油阀和喷油嘴损坏,因此,使用满足喷油系统要求的柴油滤清器是保证柴油机正常工作和延长使用寿命的前提条件,如图 4-17、图 4-18 所示。当柴油滤清器存水超过一定量时,该装置的报警灯就会闪亮。

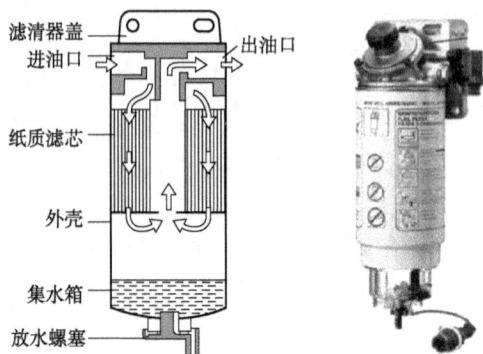

图 4-17　柴油滤清器

图 4-18　粗滤器、细滤器安装位置

3. 输油泵

输油泵的功用是将燃油从油箱吸出,过滤后将燃油提供给进油计量阀,计量后再送至高压油泵柱塞腔。

输油泵集成在高压油泵上,位于高压油泵的后端。输油泵的一级主动齿轮通过半圆键与高压油泵的凸轮轴相连接,并用螺钉紧固,如图 4-19 所示。二级从动齿轮也是外齿轮,如图 4-20 所示。通过采用二级传动,输油量可以有很大的提高。

输油泵壳体集成了溢流阀和旁通阀总成,溢流阀总成由钢球、弹簧及紧固螺钉组成,旁通阀总成由柱塞、弹簧及紧固螺钉组成,如图 4-21 所示。

当输油泵的燃油输出端压力过大时,溢流阀打开,使燃油压端与燃油吸入端短接,从而防止由于压力过高而造成燃油细滤器破裂,如图 4-22 所示。旁通阀的主要功用是当用手油泵泵油时,旁通阀打开,向柱塞腔提供燃油通道,发动机正常工作时,旁通阀关闭。

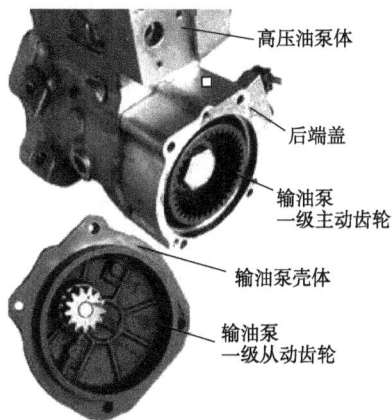

图 4-19　输油泵一级传动

图 4-20　输油泵二级传动

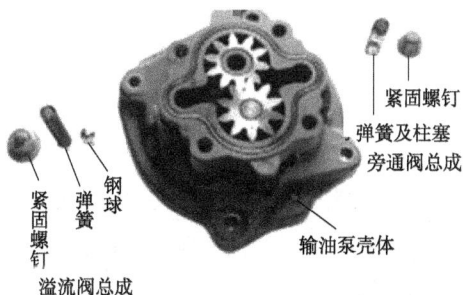

图 4-21　溢流阀、旁通阀总成

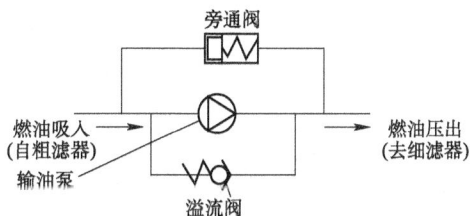

图 4-22　溢流阀、旁通阀示意图

输油泵后端盖上有输油泵进油口(来自燃油粗滤器)和输油泵出油口(到燃油细滤器),并有向上的安装标记,如图 4-23 所示。原因在于进油节流孔直径较小,而出油口直径大。输油泵总成用 4 个螺钉固定在高压油泵壳体后端。

4.进油计量阀

进油计量阀用 3 个螺钉安装在高压油泵的进油位置,用于调整进入柱塞的燃油供给量,从而调节共轨燃油压力值。ECU 根据加速踏板位置传感器、增压压力及温度传感器、凸轮轴位置传感器、曲轴位置传感器等信号,确定高压共轨内的燃油压力,并通过占空比信号调节进油计量阀,实现对共轨压力的控制。共轨压力传感器实时监测共

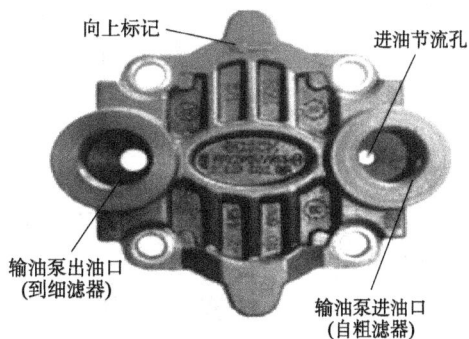

图 4-23　输油泵后端盖

轨内燃油压力,并将信号提供给发动机控制单元,发动机控制单元再对进油计量阀实施反馈控制,最终实现对共轨燃油压力的闭环控制。

回油油路:多余的燃油从高压油泵柱塞腔流至回油阀,经回油管流回油箱。

5.回油阀

回油阀通过螺纹安装在高压油泵的回油位置,回油阀与进油计量阀的油路并联,其功用

是确保进油计量阀入口处的燃油压力保持恒定,这也是保证共轨系统正常工作的先决条件。

回油阀上共有3个孔,如图4-24、图4-25所示。其中,进油孔的燃油来自输油泵加压后且经过细滤器过滤后的燃油,当进油压力超过设定值时,燃油压力克服回油阀内的弹簧弹力,回油孔打开,将燃油经回油管流回油箱。

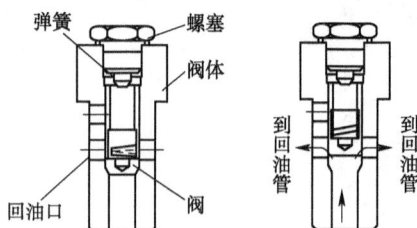

图4-24　回油阀　　　　　　　　　　图4-25　回油阀工作原理示意图

(二)高压油路部分

共轨喷油系统的高压供油部分包括:高压共轨管、油量限制器、限压阀、共轨压力传感器、燃油计量控制阀、高压油管、高压油泵和喷油器,如图4-26、图4-27所示。

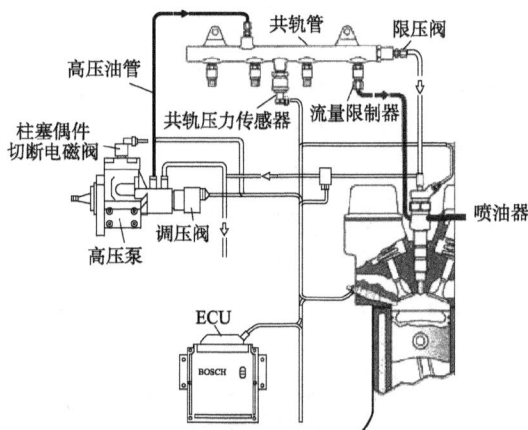

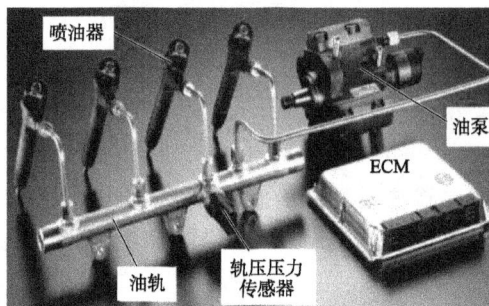

图4-26　高压油路　　　　　　　　　　图4-27　高压油路实物图

1. 高压共轨管

(1)功用:共轨管将高压油泵提供的高压燃油经稳压、滤波后,分配到各喷油器中,起蓄压器的作用。

(2)结构:由六个流量限制器,一个燃油压力传感器与一个燃油压力限制器组成,如图4-28所示。

图4-28　高压共轨管

（3）安装位置：利用两螺栓固定在机体上。

2.油量限制器（液流缓冲器）

（1）功用：油量限制器和高压油管相连，将高压燃油送入喷油器中。

（2）安装位置：安装于共轨管上，如图4-29所示。

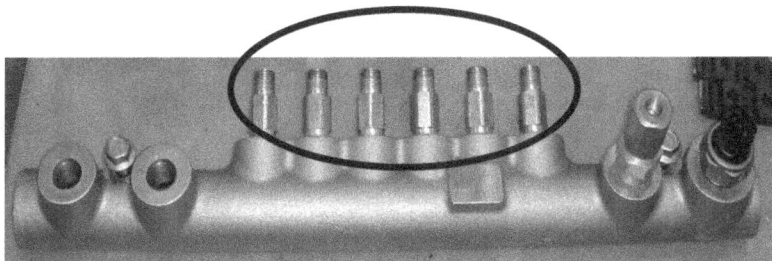

图4-29　油量限制器

（3）工作原理：油量限制器有一金属外壳，外壳有外螺纹，以便拧在共轨管上，另一端的外螺纹用来拧入喷油器的进油管，外壳两端有孔，以便与共轨或喷油器进油管建立液压联系。油量限制器内部有一个活塞，一根弹簧，将此活塞向共轨方向压紧，活塞对外壳壁部密封，活塞上的纵向孔连接进油孔和出油孔，纵向孔直径在末端是缩小的，这种缩小的作用就像流量精确规定的节流孔效果一样。平常状态下，从共轨管出来的燃油通过活塞推动钢球，但不会密封出油通道，燃油可正常到达喷油器，如图4-30所示。

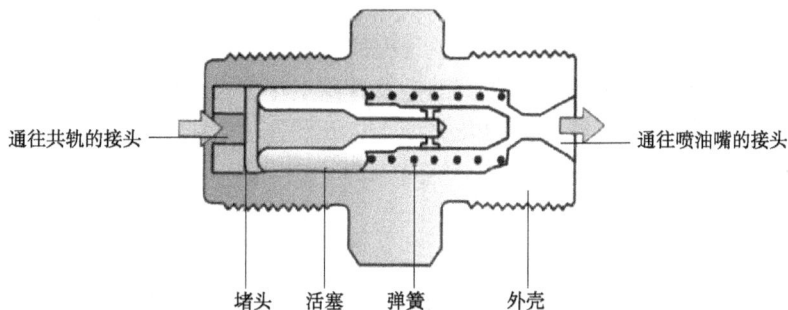

通往共轨的接头　　　　　　　　　　　　　　通往喷油嘴的接头

堵头　　活塞　　弹簧　　外壳

图4-30　油量限制器工作原理图

3.限压阀（高压溢流阀）

（1）功用：用于保证共轨管内的压力恒定。

（2）安装位置：安装于回油管路内，如图4-31所示。

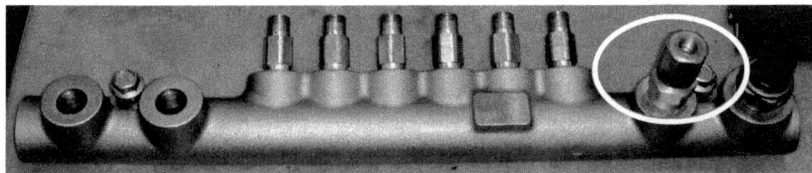

图4-31　限压阀

（3）工作原理：当共轨管内的压力一旦超出设定压力，则从此阀处泄掉一部分油到回油管内，从而保证共轨管内压力的恒定，如图4-32所示。

4. 共轨压力传感器

(1)功用:测定共轨管中燃油的实时压力,并向ECU提供相应的电压信号。

(2)安装位置:共轨管上。

(3)结构:压阻式高压传感器,最高频率在1kHz,测量范围在0~200MPa,如图4-33所示。

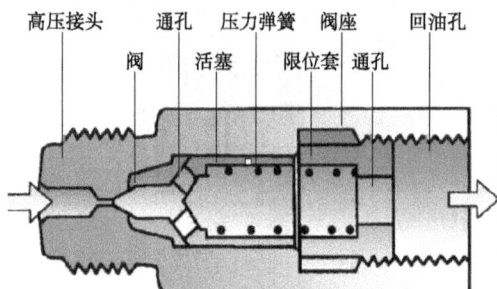

图4-32　限压阀示意图

图4-33　共轨压力传感器

(4)工作原理:当由共轨燃油压力引起膜片形状发生变化(150MPa时约为1mm)时,其上的电阻值会随之变化,并用5V供电的电阻电桥产生电压变化。根据燃油压力的不同,电压在0~70mV之间变化,并由求值电路放大到0.5~4.5V。

5. 燃油计量控制阀

(1)功用:调整、控制从高压油泵到共轨管内的燃油量,从而调整共轨管内的燃油压力。

(2)工作原理:点火开关打开,控制阀继电器开始工作。当控制阀开关处于关闭状态,阀杆下降,活塞下移,吸入燃油;当控制阀开关处于打开状态,线圈通电,阀杆上升,活塞上移,推动燃油打开止回阀进入共轨管。控制阀通电和断电时刻就决定了高压油泵向共轨管内的供油量,如图4-34所示。

6. 高压油管

高压油管是连接共轨管和喷油器的通道,应有足够的燃油流量,减小燃油流动时的压降,并使高压管路系统中的压力波动较小,能承受高压燃油的冲击作用,如图4-35所示。

图4-34　燃油计量控制阀

图4-35　高压油管

7. 高压油泵

1）功用

高压油泵位于低压部分和高压部分之间,功用是在共轨管中持续产生符合系统压力要求的高压燃油。

2）结构

高压油泵以齿轮、链条或齿形带连接在柴油机上,最高转速为 3000r/min,依靠机油润滑。因为安装空间大小的不同,调压阀通常直接装在高压油泵旁或固定在共轨管上,如图 4-36 所示。

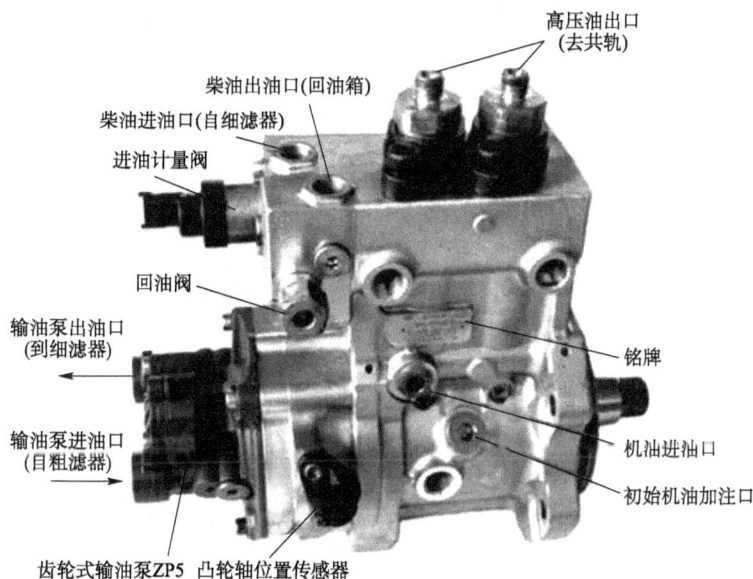

图 4-36　CPN2.2 高压油泵

潍柴 WP10.336 柴油机采用了 CPN2.2 高压油泵,最高压力可达 160MPa。CPN2.2 高压油泵为双缸直列柱塞式。

CPN2.2 高压油泵主要由壳体、前后端盖、凸轮轴、2 个滚轮总成及 2 个供油单元构成,同时还集成了齿轮式输油泵、进油计量阀、凸轮轴位置传感器等。

（1）壳体。

壳体是高压油泵的基础件,由铝合金铸造而成。其内部包含燃油的进油、回油油道以及机油的润滑油道。两个垂直空腔安装供油单元及滚轮总成,下部空腔安装凸轮轴及前、后端盖。壳体正面部分有一块铭牌,其上有一组十位数的编码,用于购买配件时使用,如图 4-37 所示。

（2）前、后端盖。

前端盖由钢制材料制成,其内部安装了滑动轴承,用于支撑高压油泵凸轮轴前端;其外侧内端面安装了油封、内侧外端面安装了 O 形圈用于机油的密封。前端盖用 4 个螺钉固定在高压油泵壳体的前端面,如图 4-38 所示。

后端盖由铸铁材料制成,其内部安装了滑动轴承,用于支撑高压油泵凸轮轴后端,其内侧外端面安装了 O 形圈用于机油的密封,后端盖上有凸轮轴位置传感器的安装孔。后端盖内侧与高压油泵壳体相连接,外侧与输油泵壳体连接,如图4-39所示。

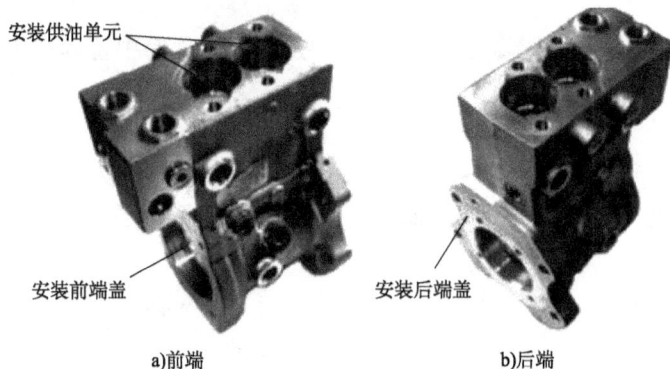

a)前端　　　　　　　　　　b)后端

图4-37　高压油泵壳体

a)内侧　　　　b)外侧

图4-38　前端盖

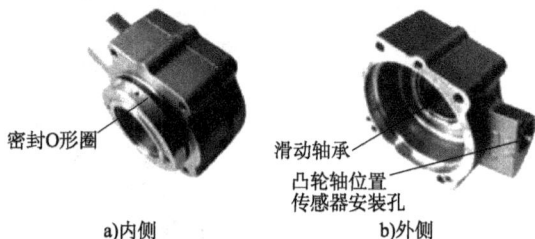

a)内侧　　　　b)外侧

图4-39　后端盖

（3）凸轮轴。

凸轮轴采用钢制材料制成,轴上有两个凸轮,每个凸轮有3个相同的轮廓型线,共计有6个相同的轮廓型线在圆周方向呈60°间隔角均布,如图4-40所示。凸轮轴每转动一圈,驱动柱塞进油、出油各6次,6个相同的轮廓型线在圆周方向上呈60°均布,可以使高压油泵向共轨管的供油更均匀。

（4）滚轮总成。

共有两组滚轮总成,每个滚轮总成由滚轮体、渗碳滚轮销、滚轮（大、小滚轮各1个）等组成,如图4-41所示。滚轮由凸轮轴的凸轮驱动,在柱塞弹簧的弹力作用下,使滚轮与凸轮轴的凸轮始终保持接触状态,滚轮体上端驱动柱塞。

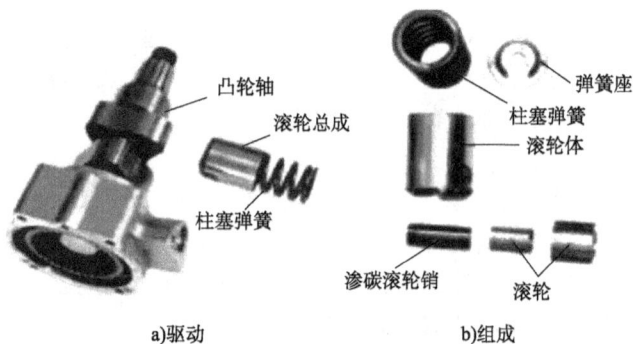

a)驱动　　　　　　　b)组成

图4-40　6个相同的轮廓型线　　　　图4-41　滚轮总成
　　　　呈60°夹角均布

（5）供油单元。

共有两组供油单元,每组供油单元由柱塞、柱塞套、进油阀总成、出油阀总成及出油阀座等组成,如图4-42、图4-43所示。进、出油阀总成安装在柱塞套与出油阀座之间的空腔内,每组供油单元用两个螺钉固定在高压油泵的壳体上。

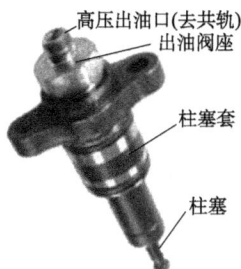

图4-42 供油单元

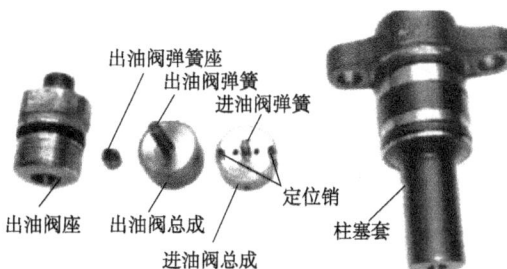

图4-43 供油单元的组成

①柱塞。为了提高柱塞的耐磨性,其外表面采用渗碳处理,表面呈黑色。柱塞上端的外圆柱面与柱塞套精密配合,柱塞下端卡在弹簧座槽中,并在柱塞弹簧的作用下与滚轮体可靠接触,如图4-44、图4-45所示。

图4-44 供油单元与滚轮总成

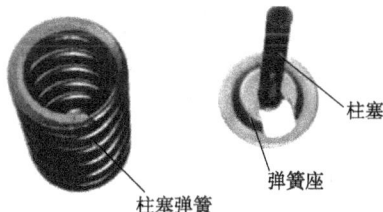

图4-45 柱塞与柱塞弹簧

②柱塞套。柱塞套的2个O形圈之间的外圆柱面上,有两个小孔:A孔和B孔。A孔为泄油孔,与柱塞套下半部分内腔的环槽相通,其功用是将柱塞与柱塞套之间泄漏的燃油返回到进油端。B孔为进油孔,进油计量阀计量后的燃油通过高压油泵壳体内部油道送至B孔,经B孔及其内部的进油阀进入柱塞腔。柱塞套内部空腔安装进、出油阀总成,并由出油阀座紧固,如图4-46所示。

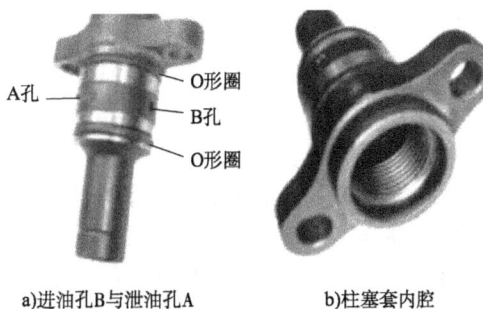

a)进油孔B与泄油孔A

b)柱塞套内腔

图4-46 柱塞套

③进油阀总成。进油阀总成由进油阀、进油阀体、进油阀弹簧等组成。进油阀体的外圆柱面上有进油孔,与柱塞套进油孔B相通。进油阀体垂直方向上有2个油孔与柱塞腔相通,进油阀体上端面有2个定位销安装孔,通过定位销与出油阀总成连接并定位。在发动机不工作时,进油阀在进油阀弹簧的作用下保持关闭,如图4-47所示。

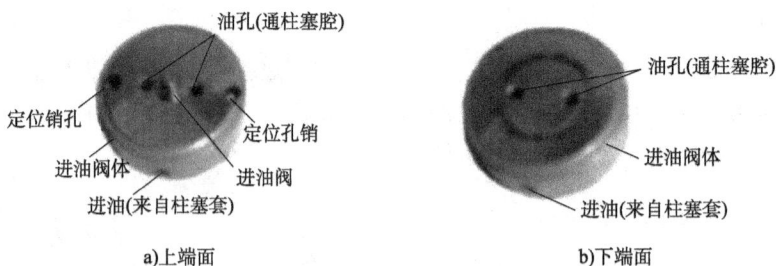

a)上端面   b)下端面

图 4-47　进油阀总成

(6)燃油吸入和加压过程。

凸轮轴的转动是通过滚轮总成使柱塞上下运动,完成燃油的吸入和加压过程。

当柴油机带动高压油泵凸轮轴转动时,随着凸轮的下降,滚轮总成及柱塞也向下运动,柱塞上端的燃油压力减小,经过进油计量阀计量后的燃油经过高压油泵内部油道,通过柱塞套的 B 孔、进油阀的进油孔,克服进油阀弹簧向下的弹力,使进油阀抬起并打开,燃油进入柱塞腔,完成燃油的吸入过程,如图 4-48 所示。

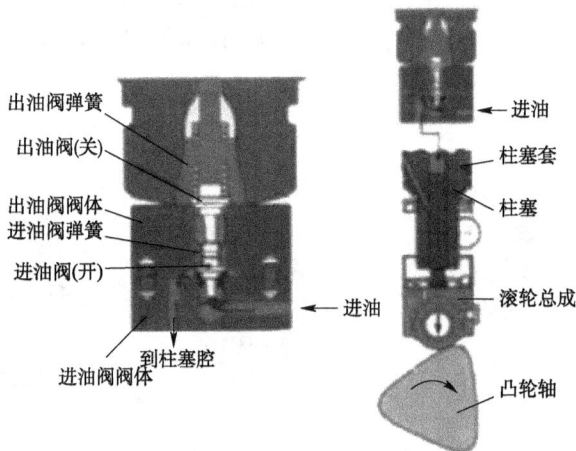

图 4-48　燃油吸入过程

当凸轮轴转动时,随着凸轮的上升,驱动滚轮总成及柱塞向上运动,柱塞上端的燃油压力增大,使进油阀首先关闭,随着柱塞继续上移,燃油压力不断提高,当压力超过出油阀弹簧弹力时,出油阀打开,加压后的燃油被送到共轨管,完成燃油的加压过程。

3)工作原理

燃油通过输油泵加压经滤清器送往安全阀,通过安全阀上的节流孔将燃油压到高压油泵中。带偏心凸轮的驱动轴或弹簧根据凸轮形状相位的变化而将泵柱塞推上或压下。如果供油压力超过了安全阀的开启压力($0.05 \sim 0.15\text{MPa}$),则输油泵可通过高压油泵的进油阀将燃油压入柱塞腔(吸油行程)。

如图 4-49 所示,当柱塞达到下止点后而上行时,则进油阀被关闭,柱塞腔内的燃油被压缩,只要达到共轨压力就立即打开排油阀,被压缩的燃油进入高压油路。到上止点前,柱塞一直泵送燃油(供油行程)。达到上止点后,压力下降,排油阀关闭。柱塞向下运动时,剩下的燃油降压,直到柱塞腔中的压力低于输油泵的供油压力时,吸油阀再次被打开,重复进入下一工作循环。

8.喷油器

（1）功用:根据 ECU 发出的控制信号,通过控制电磁阀的开启和关闭,将高压共轨管中的燃油以最佳的喷油定时、喷油量和喷油率喷入柴油机的燃烧室。

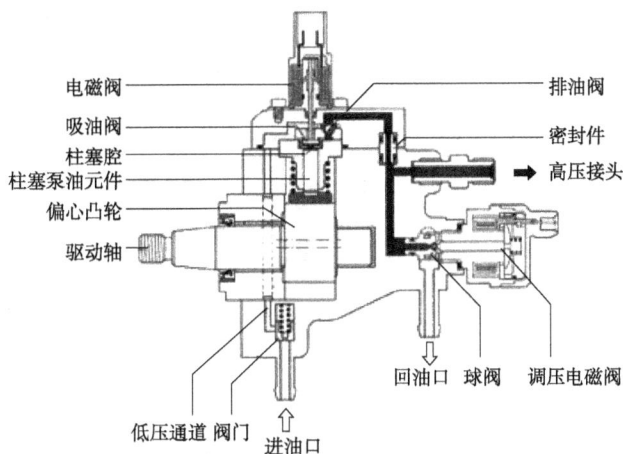

图 4-49　高压油泵纵剖面示意图

（2）安装方式:喷油器安装在汽缸盖内,如图 4-50 所示。

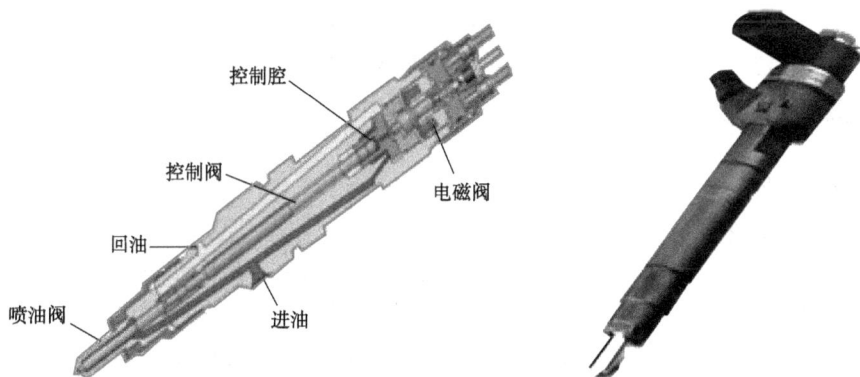

图 4-50　喷油器

（3）工作原理:燃油从高压接头经进油通道送往喷油器,并经过进油节流孔进入阀控制室,而阀控制室经由电磁阀控制的回油节流孔与回油孔相通。

想一想练一练

1.说出燃油供给系统的功用与组成。

2.说出电动输油泵的工作原理。

3.说出共轨压力传感器的功用与工作原理。

4.说出高压泵的功用与工作原理。

5.说出电控喷油器的功用与工作原理。

第六节 电子控制系统

电子控制系统由 ECU、传感器、执行器等组成。电子控制系统的功能是 ECU 根据各种传感器的输入信号,经过比较计算处理后得出最佳喷油时间和喷油量,向喷油器控制阀(电磁阀)发出开启或关闭指令,从而精确控制柴油发动机的工作过程,如图 4-51 所示。

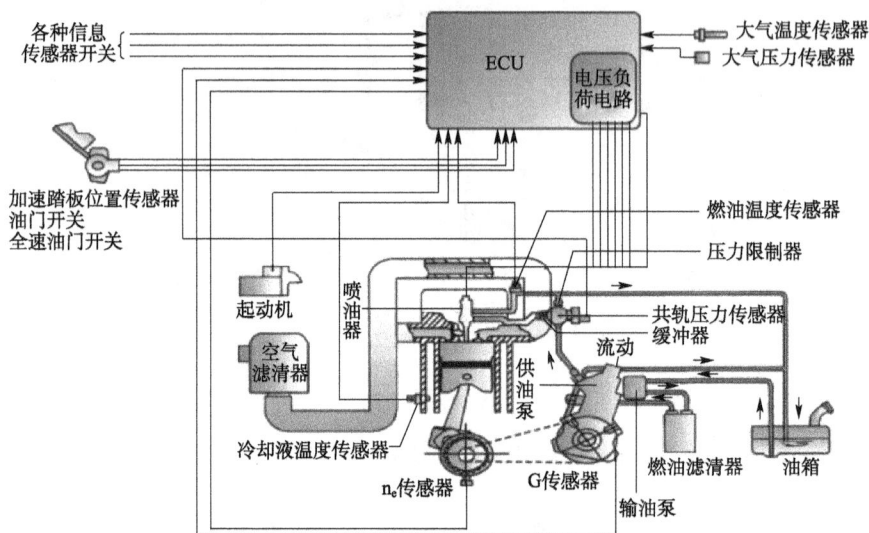

图 4-51 柴油机电控共轨燃油系统

一、冷却液温度传感器

(1)功用:主要用于修正燃油喷射量。

(2)安装位置:安装在机体上。

(3)结构:负温度系数的热敏电阻,其使用范围为 $-40 \sim 130℃$,如图 4-52 所示。

(4)工作原理:把温度信号转化为电压信号,温度升高,电压减小,两者之间为反比非线性关系,然后送给 ECU,由其进行相关比较,运算后控制执行器的动作。

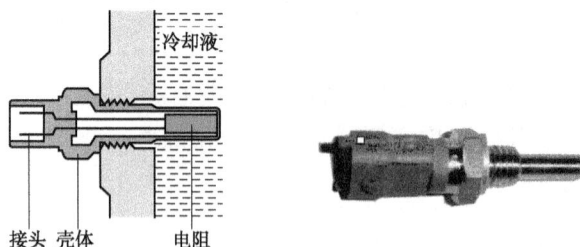

图 4-52 冷却液温度传感器

二、电子加速踏板传感器

(1)功用:主要通过了解驾驶人的愿望进而了解发动机的负荷状况。

(2)安装位置:安装于驾驶室内,如图 4-53 所示。

(3)工作原理:把发动机的负荷信号转变为电信号,负荷越高,电压越大,然后把此信息传递给 ECU 由其进行相关比较和计算后,发出指令控制相关的执行器。

三、进气温度传感器

(1)功用:主要用于测量进气管中的进气温度,从而进一步精确控制燃油喷射量。

(2)安装位置:安装于进气歧管上。

(3)结构:负温度系数的热敏电阻,其使用范围为 -30 ~150℃。

图 4-53 电子加速踏板传感器

(4)工作原理:把温度信号转化为电压信号,温度升高,电压减小,两者之间为反比非线性关系,然后送给 ECU,由其进行相关比较、运算后控制执行器的动作。

四、凸轮轴位置传感器

(1)功用。

①判;②瞬态转速计算;③喷油时刻计算;④喷油脉宽(喷油量)计算。

(2)安装位置:在发动机前方,如图 4-54 所示。

感应铁

图 4-54 凸轮轴位置传感器

(3)结构与工作原理:凸轮轴位置传感器利用霍尔效应来确定凸轮轴的位置,在凸轮轴上设置一个铁磁材料制成的齿,它随同凸轮轴转动。当该齿经过凸轮轴位置传感器中流过电流的霍尔效应半导体薄片时,传感器的磁场将霍尔效应半导体薄片中的电流偏转到与电流方向垂直,从而短时内形成一个电压信号(霍尔电压),此信号告知 ECU,此时第一缸正好处于压缩行程上止点。

五、曲轴转速传感器

(1)功用:曲轴转速传感器用来采集柴油机转速信号以便 ECU 计算循环供油量,还可提供曲轴位置信号以便 ECU 对喷油正时作出准确控制。

(2)安装位置:飞轮壳上或高压油泵上,如图 4-55 所示。

(3)结构形式:磁脉冲式。

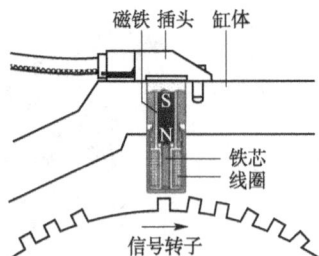

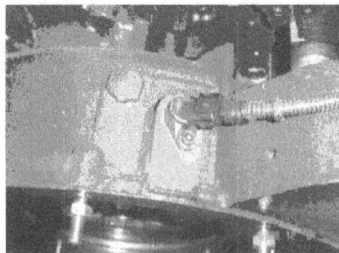

图 4-55　曲轴转速传感器

（4）工作原理：把采集到的信号分别转化为电脉冲信号并送到 ECU 供其进行数据处理。

六、燃油含水率传感器

（1）功用：用来检测燃油中含水量，及时报警。

（2）安装位置：燃油含水率传感器安装在油水分离器下方，如图 4-56 所示。

（3）工作原理：当燃油中的水分在油水分离器内到达传感器两电极的高度时，利用水的可导电性将两电极短路，此时水位报警灯点亮，提示驾驶人放水。

七、电子控制单元（ECU）

电子控制单元（Electronic Control Unit）是整个柴油机电控系统的"计算机与控制中心"，它是电控系统的"大脑"，是这个电控系统的核心。它承担整个电控系统的信号采集与处理、数据运算与分析、控制策略的实现、控制指令的产生、数据的通信与交换等功能。

电子控制单元是一个单片机，它是将中央处理器（CPU）、程序存储器（ROM）、数据存储器（RAM）、定时器/计数器，以及输入/输出（I/O）接口电路等主要计算机部件，集成在一块电路芯片上所形成的芯片机的微型计算机，称为单片微型计算机，如图 4-57 所示。

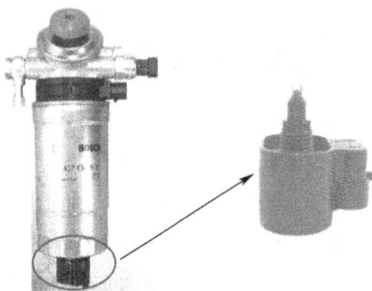

图 4-56　燃油含水率传感器图

图 4-57　柴油机电控单元

想一想练一练

说出冷却液温度传感器、电子加速踏板传感器、进气温度传感器、凸轮轴位置传感器、曲轴转速传感器、燃油含水率传感器的功用与工作原理。

第五章　发动机燃气动力系统

章节描述

通过对 CNG、LPG、LNG 三种发动机燃气动力系统几节的学习,对大客车发动机燃气动力系统的结构组成、工作原理和使用注意事项形成初步的认知。在学习本章之前,学生对大客车的总体构造、发动机机械系统以及柴油机共轨系统已有一定认识,教师可以利用网络的优势,激发学生学习兴趣,引导学生积极进行探究性学习;也可以通过校企合作项目,到企业进行实体教学。教师应成为知识的传播者、问题情境的创设者、尝试点拨的引导者和知识反馈的调整者。

学习目标

1.知识目标

知道 CNG、LPG、LNG 动力配置与工作原理。

2.技能目标

能说出 CNG、LPG、LNG 的组成及工作过程。

3.情感目标

培养踏实、一丝不苟的学习态度和工作作风,发扬团队合作精神。

建议课时

4 课时。

学习内容

第一节　压缩天然气动力系统
第二节　液化石油气动力系统
第三节　液化天然气动力系统

学习要求

1.熟悉各类燃气供给系统的动力配置及工作原理;
2.掌握各类燃气供给系统的日常使用方法和注意事项。

第一节　压缩天然气动力系统

为了降低排放,大客车发动机除了采用机内净化和机外净化技术外,还可以从选用燃料上解决污染问题。目前采用的清洁燃料有压缩天然气(CNG)、液化石油气(LPG)和液化天然气(LNG)三种。压缩天然气(Compressed Natural Gas,CNG)是天然气加压并以气态储存在容器中。压缩天然气(CNG)是一种无色透明、无味、高热量、比空气轻的气体,主要成分是甲烷。由于组分简单,易于完全燃烧,加上燃料含碳少,抗爆性好,不稀释润滑油,能够延长发动机使用寿命,因此,作为技术成熟、资源丰富的清洁替代燃料,在汽车上应用具有较大的增长潜力,下面以玉柴天然气发动机为例分析压缩天然气动力系统。

一、CNG 动力系统组成及作用

如图 5-1 所示,CNG 动力系统主要包括燃料供给系统、点火系统、压力控制系统、传感器、电子控制模块(ECM)等。其中,燃料供给系统由高压燃料切断阀、高压减压器、低压电磁阀、电控调压器(EPR 阀)、混合器和电子节气门等。

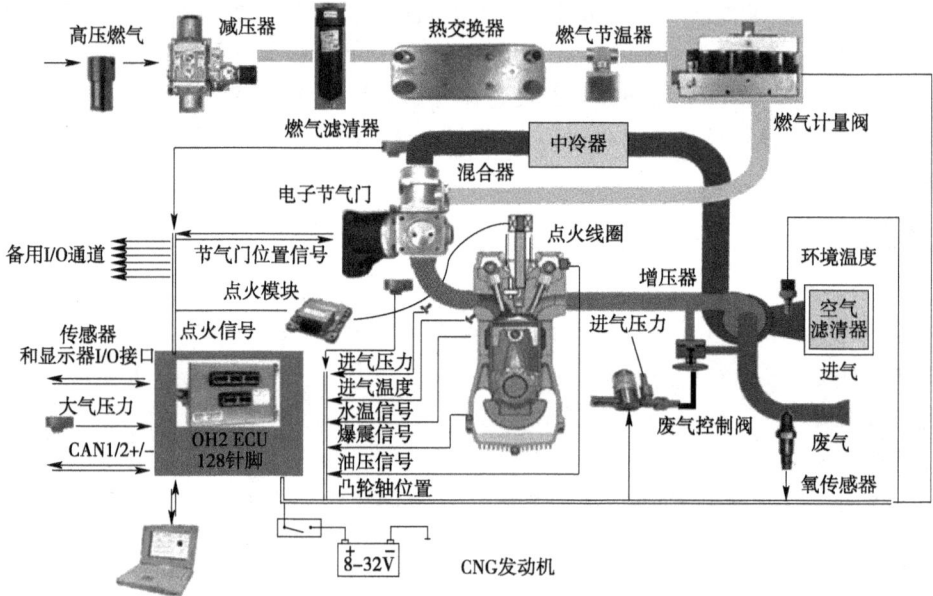

图 5-1　CNG 发动机

1. 燃料供给系统

如图 5-2 所示,燃料供给系统主要由高压燃料切断阀、高压减压器、低压电磁阀、电控调压器(EPR 阀)、混合器和电子节气门等组成。

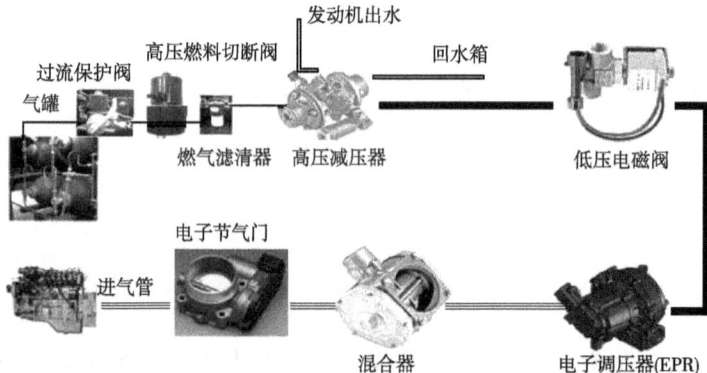

图 5-2　燃料供给系统组成

(1)高压燃料切断阀。如图 5-3 所示,其作用是及时切断或恢复燃料供给。由线圈驱动阀芯和壳体组成。线圈由 ECM 控制其开启或关闭,停机状态下处于常闭状态。

(2)高压减压器。如图 5-4 所示,通过压力膜片克服弹簧阻力,带动杠杆,调整节流孔的流通面积,从而控制减压后的天然气压力。通过节流和加热,使高压的压缩天然气减压至 $700 \sim 900 kPa$ 的低压天然气。

图 5-3 高压燃料切断阀

图 5-4 高压减压器

(3)低压电磁阀。作用是及时切断或恢复燃料供给。线圈由 ECM 控制其开启或关闭,停机状态下处于常闭状态。

(4)电控调压器(EPR 阀)。作用是控制天然气喷射量。该总成内部有一控制芯片,接受来自 ECM 的控制指令,通过高速电磁阀控制天然气气量,从而实时有效控制空燃比。

(5)混合器。将天然气和中冷后的空气充分混合,使燃烧更充分、柔和。能有效降低燃烧排气温度和有效降低 NO_x 排放。

(6)电子节气门。驾驶人通过操纵加速踏板,将动力需求传送给 ECM,ECM 接收到加速踏板信号后,根据发动机运行工况控制电子节气门蝶阀的开度,控制进入缸内的混合气流量,从而控制发动机的转速和转矩。

2. 点火系统

点火系统主要由点火控制单元(ECU)、点火线圈和火花塞组成。

(1)点火线圈。接收来自 ECM 点火指令,产生高电压并传递给火花塞,产生电火花,点燃缸内的天然气。

(2)火花塞。接收点火线圈的高压电,产生电火花,点燃汽缸内的可燃混合气。

3. 进气压力控制系统

如图 5-5 所示,进气压力控制系统主要由废气旁通控制阀和防喘振阀组成。

(1)废气旁通控制阀。如图 5-6 所示,通过控制废气旁通控制阀的占空比,控制废气旁通控制阀的出口压力,从而控制发动机的增压压力。

(2)防喘振阀。当发动机突然减速时,通过喘振阀通气软管将节气门后的低压压力传递到防喘振阀压力反馈接头上,打开喘振阀单向截止膜片,使增压器压气机前后压力平衡,避免增压器喘振,保护增压器。

二、CNG 动力系统工作原理

1. 燃气供给系统原理

从 CNG 发动机工作原理图 5-1 可看出,该发动机基本原理为:高压的压缩天然气从储气钢瓶出来,经过天然气滤清器过滤后,经高压电磁阀进入高压减压器,高压电磁阀由电子控制模块 ECM 控制。高压减压器的作用是将高压的压缩天然气(工作压力 20～30MPa)经过减压加热将压力调整至 700～900kPa。高压天然气在减压过程中由于减压膨胀,需要吸收大量的热量,为防止减压器结冰,从发动机将发动机冷却液引出到减压器对燃气进行加热。

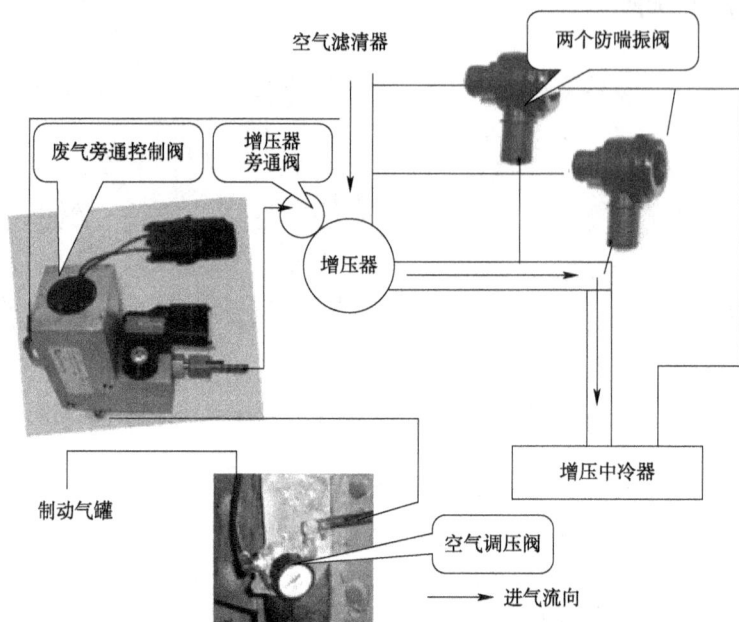

图5-5 进气压力控制系统

经减压后的天然气进入电控调压器,电控调压器的作用是根据发动机运行工况精确控制天然气喷射量。天然气与空气在混合器内充分混合,进入发动机缸内,经火花塞点燃进行燃烧,火花塞的点火时刻由 ECM 控制。氧传感器即时监控燃烧后尾气的氧浓度,推算出空燃比,ECM 根据氧传感器的反馈信号和控制进气压力传感器 MAP 及时修正天然气喷射量。

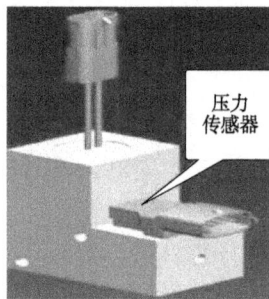

图5-6 废气旁通控制阀

2.电子控制系统原理

如图 5-7 所示,控制模块(ECM)根据电子加速踏板传感器(TPS)、凸轮轴位置传感器、节气门前后进气压力传感器(MAP)、大气环境传感器、冷却液温度传感器(CTS)、天然气温度传感器和氧传感器的工作负荷及环境状态信号,与预存在 ROM 中的控制逻辑和标准参数进行对比决策,输出控制信号给点火线圈、电控调压器、电控节气门、废气旁通控制阀和燃料切断阀等执行器执行点火时刻、燃气供给量和燃气浓度的控制。

(1)电子加速踏板传感器(TPS)。驾驶人通过电子加速踏板驱动和控制发动机运行工况,反映驾驶人的实际动力需求。

(2)凸轮轴位置传感器。能检测第一缸活塞压缩上止点位置和曲轴转速,及时准确地传递给 ECM,ECM 根据该信号及进气压力传感器(MAP)信号来控制发动机的点火提前角、空燃比、增压压力等参数。

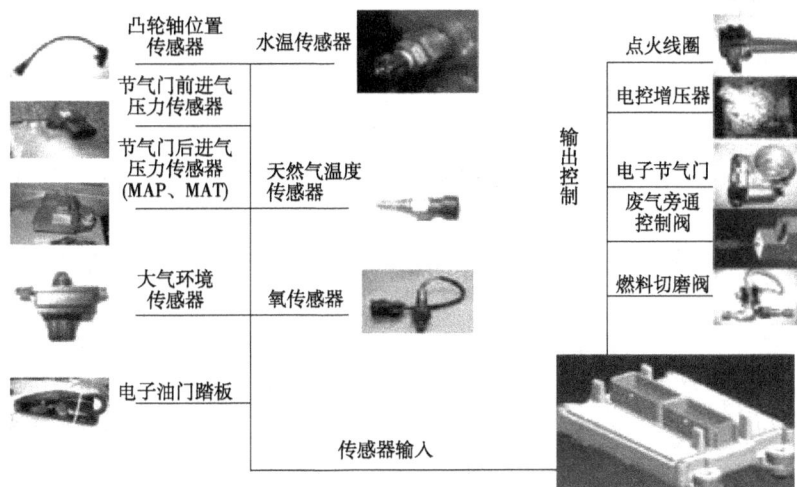

图 5-7 CNG 发动机控制系统

（3）节气门前后进气压力传感器（MAP）。通过测量节气门前的进气压力和中冷后的压力、温度,结合发动机转速、排量、充气效率,利用速度密度法即可计算出混合气流量。

（4）大气环境传感器。通过测量进气压力、温度、湿度,并根据所测得的湿度、压力来修正实际控制空燃比和天然气供给量,使发动机运行在最佳状态。

（5）冷却液温度传感器（CTS）。将发动机的冷却液温度信号及时准确地传递给 ECM,ECM 根据冷却液温度修正点火提前角、空燃比及怠速车速等参数,同时在冷却液温度失控的情况下限制发动机的功率,从而保护发动机。

（6）天然气温度传感器。用于实时测量电控调压器出口处的天然气温度,ECM 根据测量到的温度、压力等参数以及所需要的目标空燃比计算出需要提供给发动机的天然气供给量。

（7）氧传感器。通过检测排气中氧分子浓度,从而测量燃烧时的空燃比,ECM 根据测量所得的空燃比修正燃气供给量。

3. 电子控制模块（ECM）

ECM 是电控 CNG 发动机管理核心,通过各种传感器监控发动机运行工况,并根据发动机运行工况和环境状态控制各执行器,并且通过 CAN 总线与汽车各子系统通信。

三、CNG 发动机日常使用

1. 起动前检查

（1）检查机油、冷却液等车辆运行材料满足要求。

（2）检查气瓶与托架、供气装置与大梁之间固定是否牢固,所有气管的连接处是否漏气。

（3）检查 CNG 气压,玉柴 CNG 发动机气压在 3MPa 以上可以保证正常使用。低于此气压性能将会影响性能,甚至停机。如气压低于 3MPa 应马上加气,以免抛锚。

2. 起动发动机

起动时,先将点火开关拧到电源接通位置停留 2～3s,不踩加速踏板起动。切忌起动时空踩加速踏板和利用大节气门开度起动（不会加快起动速度,只会造成起动后因节气门开度过大而使发动机转速过高,从而造成燃料浪费和加速发动机运动件的磨损）。

3. 发动机运行过程操作

(1)车辆起步。使用一挡起步,否则发动机可能会出现"放炮"或"回火"现象。

(2)在行驶过程中尽量避免急速踩踏加速踏板,否则发动机可能会出现"放炮"或"回火"现象。

(3)换挡转速。为了使发动机获得最好的动力性和经济性,发动机换挡转速在最大转矩点进行。

(4)涉水行驶。当车辆过积水路面时,应减速缓慢通过,以避免水溅到电器元件上,损坏电控系统。

(5)故障灯。在正常状态下,发动机故障灯是不亮的,如发现发动机起动后故障灯亮或闪烁,表示发动机已有故障。此时,应马上开回修理厂进行维修。

(6)失效保护策略。某些零件出现问题时,电控发动机有失效保护策略,在确定机油、冷却液没问题且没有异响时可以放心开回修理厂进行维修。

4. 停机

应通过点火钥匙来停机,且必须在关掉点火钥匙10s后才能关闭总电源。其余按常规操作。

5. 收车检查

汽车运行返回后应该重新检查天然气管路、气瓶的连接头、充放气阀和气瓶气阀的密封性。检查密封良好后,关掉气路总气阀。

6. 充气

气压在低于3MPa时应马上充气。在充气时应关闭气路总气阀。充气最高气压为20MPa,禁止过压充气,以免损坏发动机。

想一想 练一练

1. 汽车燃料使用压缩天然气(CNG)有什么优点?

2. 压缩天然气(CNG)汽车动力系统由哪些部件组成?工作过程怎样?

3. 压缩天然气(CNG)汽车动力系统使用注意事项有哪些?

第二节 液化石油气动力系统

LPG是指经高压或低温液化的石油气,简称"液化石油气"或"液化气"。其组成是由丙烷(C_3H_8)、丁烷(C_4H_{10})组成的,有些LPG还含有丙烯(C_3H_6)和丁烯(C_4H_8)。LPG一般是从油气田、炼油厂或乙烯厂石油气中获得。LPG具有易燃易爆性、汽化性、受热膨胀性、滞留性、带电性、腐蚀性及窒息性等特点。与其他燃料比较,具有污染少、发热量高、易于运输、压力稳定、储存简单,供应灵活等优点。

一、LPG供气系统组成

如图5-8所示,液化石油气(LPG)动力系统由LPG电子控制模块ECM、LPG气瓶、蒸发调压器、混合器、流量控制步进电动机、节气门控制器和位置传感器、进气流量传感器、冷却液温度传感器、发动机转速传感器、氧传感器和催化转换器等组成。

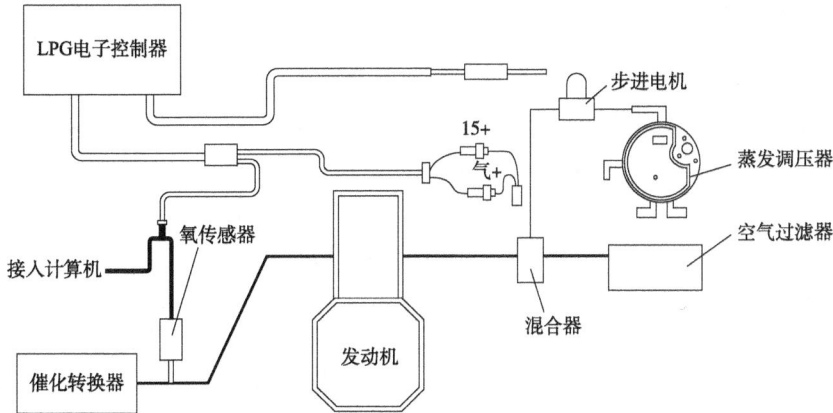

图 5-8　电控闭环控制 LPG 汽车工作原理图

二、LPG 供气系统工作原理

该系统利用发动机进气量传感器、节气门开度、冷却液温度、发动机转速及氧传感器形成闭环控制,准确地控制空燃比,可减少各汽缸间燃烧的不均匀及减少环境变化的影响,从而使 LPG 汽车易起动、易控制,提高加速和减速响应性,并可提高发动机功率的输出,同时可减少尾气排放污染。

与传统燃料相比,由于 LPG 与汽油性质上的差异,其燃料系统有一些较独特的特点:

(1)发动机燃用 LPG 时,动力性会有所下降。其原因是 LPG 以气态形式进入发动机汽缸,燃料所占的容积大,容积利用率低,并且混合气温度高,密度小,致使实际进入汽缸的混合气质量少,故其输出功率小,发动机功率的恢复必须通过进一步优化混合器的安装位置、电控 LPG 喷射和电控加浓修正等方法实现。

(2)发动机燃用 LPG 较汽油抗爆性好,这是由于 LPG 辛烷值比汽油高,汽油辛烷值为90～95 ,而 LPG 的辛烷值为 103～105 。

(3)在燃用 LPG 时,火焰传播速度较汽油慢,因此,理论上其点火角度要作适当的调整,LPG 点火角度比汽油提早 10%～20% 。

(4)LPG 所需要的点火能量较高,LPG 和汽油点火温度分别为 420℃ 和 300℃ 左右,LPG 点火温度比汽油高 120℃ 左右,所以 LPG 所需的点火温度高于汽油。

三、LPG 使用注意事项

(1)每次出车前,除进行日常的车辆检查外,还必须对液化石油气(LPG)汽车的供给管路、接头组件是否泄漏以及系统中有无其他异常现象等进行检查,并确认组合阀外的塑料盒盖已盖好。如果发现液化石油气泄漏、管路损坏及供给系统中其他异常现象,要及时修复。

(2)必须到汽车专用的 LPG 加气站加注液化石油气,不能混用民用液化石油气(因其杂质过多,易堵塞系统元件管路孔道,另外液化石油气中的丁二烯过多还会破坏橡胶密封件,降低使用寿命)。

(3)加气量最大为储气钢瓶总容量的 80% ,储气钢瓶上的组合阀有自动限位机构,到量时会自动关闭充气阀,严禁过量加注。

(4)在加注液化石油气时,应停稳车辆,拉紧驻车制动器操纵杆,关闭点火钥匙,充气时严禁烟火,远离火源,加注完毕后,应确认供气系统无泄漏现象之后再起动行驶。

(5)进行燃料转换时,会出现燃料供给的过渡期,此时可能会出现发动机转速下降或轻微停顿的现象,为避免在进行燃料转换时发动机熄火,应该尽量在发动机中高速工况下进行转换,同时不要在交通拥挤、上下坡、转弯或视线不好的地方进行转换。

(6)当发动机起动时,不管燃料选择开关在汽油挡还是在LPG挡,都会自动使用汽油挡起动,如果燃料选择开关在LPG挡,当发动机转速升高到2500r/min以上,然后再回到该转速时就自动换到LPG工作,也就是说起动时需要汽油。同时当发动机燃用LPG时,电动汽油泵仍在工作,因此,油箱中至少必须保证有10L汽油,以便润滑、冷却电动汽油泵,防止电动汽油泵的损坏。

(7)在行驶中如发现轻微的液化石油气泄漏,应立即停车,关闭点火钥匙和储气钢瓶出气口手动阀,等待液化石油气挥发完,确保安全后,再转换到汽油挡行驶到服务站维修;如有大量液化石油气泄漏,应立即停车并关闭点火钥匙和储气钢瓶出气口手动阀,如无法控制大量LPG泄漏时,立即拨打119火警电话求助(注意不要在现场使用手机),同时严格控制现场并隔离火源。当泄漏得到控制后,经仔细检查,确认无泄漏事故隐患,再转换到汽油方式行驶到服务站进行维修。

(8)如果车辆需要长期停放,应尽量将储气钢瓶中的LPG用完。

(9)在行李舱中堆放货物时应注意不要损坏储气钢瓶上的组合阀及其管路。组合阀上的保护罩应保持清洁透明,不得随意拆卸,一旦损坏应及时更换。

(10)严禁在车内过夜或长时间的休息。

(11)储气钢瓶中的残液不得自行处理或随意倾泻,应由专门的加气站统一处理。

(12)液化石油气汽车的维修应到指定的具有维修液化石油气汽车资格的汽车服务站去修理,不能擅自拆修,以免造成安全事故。

想一想练一练

液化石油气(LPG)动力系统使用注意事项有哪些?

第三节　液化天然气动力系统

液化天然气(Liquefied Natural Gas,LNG)的主要成分是甲烷,还有少量的乙烷和丙烷。液化天然气无色、无味、无毒、无腐蚀性。LNG作为可持续发展清洁能源,具有明显的环境效益及社会效益,可以减少90%的二氧化硫排放和80%的氮氧化物排放,环境效益十分明显,是汽车的优质代用燃料。

一、LNG供气系统组成

LNG供气系统组成如图5-9所示,主要由LNG储液罐、供气阀、安全阀、液态LNG汽化器、LNG低压调节器、混合器、各种安全相阀、显示仪表和发动机燃气供给装置等组成。

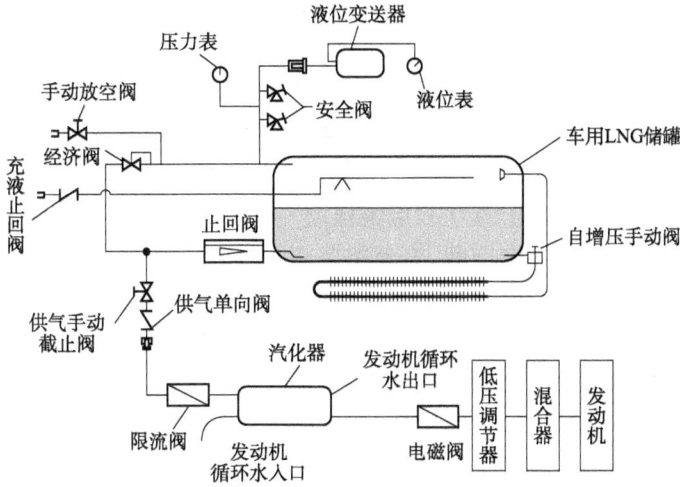

图 5-9　LNG 供气系统

二、LNG 动力系统工作原理

如图 5-10 所示,液化天然气从储液罐通过供气阀进入管路系统,进入汽化器后,由发动机的冷却液加热汽化成气体,经过稳压阀,使压力降至符合发动机的要求,通过稳压阀和稳压罐形成压力相对稳定的气态 LNG,由电磁阀根据电控单元的指令供给发动机进气系统。

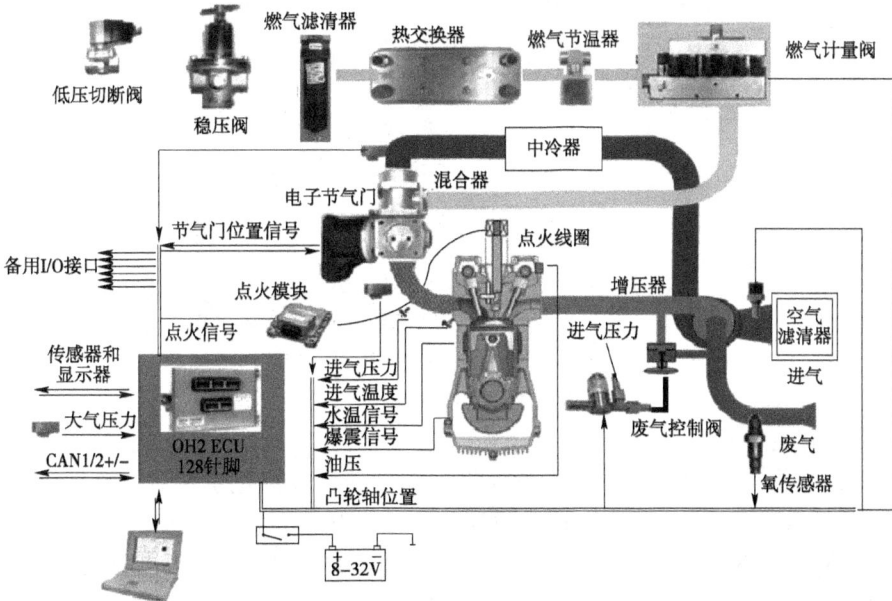

图 5-10　LNG 动力系统工作原理

车用 LNG 供气系统具有自增压、稳压供气、过压保护等功能,实现向发动机供应天然气。其基本要求为:能在发动机各种工况下提供合适浓度的混合气;天然气与空气混合均匀;低温起动可靠,怠速运行稳定;车用 LNG 气瓶内压力始终比发动机要求的进气压力高0.2MPa 以上;管路设计合理,调节方便,供气管路上的稳压阀出口设定压力比发动机要求的

进气压力高 $0.05 \sim 0.10$ MPa;液位和压力显示系统灵敏,准确,抗干扰能力强。

1. 车用 LNG 气瓶

如图 5-11 所示,车用 LNG 气瓶是 LNG 汽车供气系统的重要组成部分,属于小型移动式真空绝热低温容器,主要由内胆、外壳、绝热结构、支撑系统和附件等组成。内胆设计温度为 $-196℃$,设计压力为 2.5MPa,最大允许工作压力为 1.6MPa,内部设有液体喷淋管、液体排出管、气体排出管等装置,外壁上缠绕多层绝热层。外壳保护内胆并对整体起支撑作用,外壳和内胆之间是密闭的真空夹套空间,夹套间填充了具有高绝热性能的玻璃棉和低热导率的铝箔等绝热材料。在夹套间设置了低温吸附剂和常温吸附剂,可保证气瓶不论在低温使用或是常温闲置时,都有良好的夹套空间真空度。LNG 气瓶所有的管路、阀件都设置在气瓶的一端,并用保护罩进行保护。车用 LNG 气瓶必须满足以下基本要求:

(1)LNG 气瓶所有附件工作压力等级不得低于 LNG 气瓶的最大允许工作压力。

(2)绝热性能可靠,日蒸发率小于 2%。

(3)具有合适的液体充装率。

(4)在满足绝热性能的前提下,支撑结构应尽量简化且必须有足够的强度。

(5)具有良好的抗冲击性能。

图 5-11　车用 LNG 气瓶组合

2. 车用汽化器

车用汽化器是将 LNG 汽化并根据发动机工况自动调节汽化量然后供给发动机工作的装置,一般采用水浴式汽化器,以发动机循环冷却液做热源(少量即可),既能汽化 LNG,又能有效利用废热,同时改善发动机性能。水浴式汽化器是一种典型的小型管壳式结构,串联在发动机冷却液回路上。为避免汽化器出口天然气温度过高,采用顺流换热方式,利用发动机冷却液对 LNG 进行加热汽化、发动机工作在不同工况下,流经汽化器的燃料流量也将随之变化,这种流量的变化主要依赖于 LNG 气瓶和汽化器出口的压力差。随着发动机负荷的增加,该压力差也将随之增加,从而使天然气流量也增加,反之亦然。

汽化器具有良好的换热性能并能供给足够的热量,需满足以下基本要求:

(1)汽化量(以标准状态计)。小型车 $10m^3/h$ 左右,大型车或重型车 $30m^3/h$ 左右。

（2）汽化器出口温度。发动机的冷却液达到正常冷却液温度（80～90℃）时，汽化器出口的天然气温度在5～30℃。

（3）汽车行业标准《压缩天然气汽车专用装置和安装要求》（QC/T 245—2002）规定，汽化器应安装在汽瓶和发动机之间，靠近发动机进气管和振动较小的位置，但不应直接安装在发动机上。

（4）汽化器一般水平放置，冷却液的流向应与LNG的流向一致，热水进出口应在上方，避免形成气阻。

3. 燃气供给装置

燃气供给装置是指汽化器后的燃气供给和控制装置，包括稳压阀、混合器和电磁阀等。当气瓶内液体温度升高时，气瓶压力升高，安装在汽化器和电磁阀之间的稳压阀将天然气降至稳压阀的设定压力，从而保证进入发动机的天然气满足发动机技术要求。混合器是一种利用文丘里原理，保证空气、燃料在静态与动态下均能按正确比例混合的机械装置，混合器能根据发动机转速和负荷的变化，增减混合气的供应量，以适应发动机在起动、怠速、加速等不同运行工况下正常运行的需要，混合器一般安装于空气滤清器的空气管路上。电磁阀主要用来通断燃气，实现燃气的控制和可调，应确保车辆总电源处于接通状态而发动机没有起动时，燃气管路仍然处于关闭状态。

4. 稳压阀

一般情况下天然气发动机不能直接接受车用LNG气瓶最大允许工作压力的天然气，在给发动机供气之前应对汽化器产生的天然气进行调压。因此需要在供气管路上配置稳压阀，将汽化器产生的天然气压力调到车用压力0.4～1.0MPa，使供气压力和流量在发动机要求的范围内。压缩天然气（CNG）由于压力高需采用三级调压，而LNG采用一级调压就可以达到发动机技术要求。

稳压阀工作温度为－196～＋120℃，出口压力范围为0.3～1.0MPa，规格依据发动机用气流量要求决定，出口压力可根据发动机要求设定。

5. 安全装置

安全装置主要由主安全阀、副安全阀、压力表、液位计（由信号转换器和液位显示器组成）、过流阀、放空阀和止回阀等组成。气瓶内胆设计有两级安全阀，在超压时起到双重保护的作用。在超压情况下首先打开的是主安全阀，副安全阀的压力设定值比主安全阀高，在主安全阀失效或发生堵塞时，副安全阀启动。气瓶采用电容式液位计，该系统由传感器、信号转换器和显示仪表组成。根据气瓶内的液面高度产生一个成线性比例的电信号，并传送给信号转换器，再由信号转换器传送给显示仪表。过流阀的作用是当下游（主要指汽化器之后）供气管路一旦发生破裂或断开事故时，LNG流量超过设定值，过流阀迅速切断气路，避免LNG大量外泄。放空阀是在系统检修或车辆长期停驶时用来排尽气瓶内残存的燃料。放空口一般设置在车辆外廓的最高点，且远离火源和蓄电池等部件。止回阀用于防止流体反向流动。各种阀门要求固定牢靠，密封性能良好，开闭灵活有效。

6. 车用LNG供气系统关键技术

1）供气工艺

LNG用作车用燃料，储存过程中由于外界热量的传入使得车用LNG气瓶内压力持续升高,最终将导致LNG过度排放,气瓶内LNG组成也会逐渐变重,继而影响发动机的性能和寿命。为了解决压力控制和燃料输送问题,通常采用过冷工艺和饱和工艺车用供气系统。

(1)过冷工艺车用供气系统。车用气瓶内储存低饱和压力的过冷LNG(压力为0.345MPa),同等容积所携带的燃料量大,LNG汽车的续驶里程远,但为了达到发动机系统所需输送压力(0.4~1.0MPa),通常需要增设增压系统来达到所需的工作压力,使系统更为复杂,经济性变差。

(2)饱和工艺车用供气系统。车用气瓶内储存饱和压力的饱和LNG(压力为0.758MPa),液体密度小于过冷LNG的密度,单位容积携带的燃料略少。通常采用一个节约阀来自动控制车用气瓶的压力,无须增加液体增压设备。当车用气瓶压力高于节约阀的设定值时,节约阀打开,LNG蒸气优先输出;当车用气瓶压力低于节约阀的设定值时,节约阀关闭,只有LNG饱和液体流出。饱和工艺车用LNG供气工艺因其工艺简单、可靠、操作方便,经济性优于过冷工艺车用LNG供气工艺,在国内现有的LNG汽车上得到了大量运用。

2)过压保护

如果发动机长时间不运行,LNG吸热气化导致车用LNG气瓶内压力超过最大允许工作压力,此时主安全阀(设定压力为1.6MPa)打开,超压气体经阻火器后排放至大气。如果主安全阀故障导致无法打开,车用LNG气瓶内压力会继续升高至副安全阀的设定压力(2.5MPa),副安全阀打开释放压力。当压力逐渐降低到各安全阀设定的压力值后,安全阀将自动关闭。另外,在系统检修或车辆长时间不用时可通过放空阀排尽气瓶内残存气体。

3)加注技术

LNG加注技术分排放加注和无排放加注。排放加注是利用车用LNG气瓶上手动放空阀排放车用LNG气瓶内的气体,以降低车用LNG气瓶内的压力,加快加注速度。

鉴于排放加注的种种不利因素,无排放加注技术越来越受到市场的青睐。无排放加注是指在加注过程中只有加注管路与低温储罐相连,其他管路都与外界无连接的加注过程。无排放LNG加注采用效果较优的轴心顶部单管直喷结构,减少充装阻力,可使气瓶内胆中的部分气相被LNG液化,以保持充装过程中内胆气相压力的相对稳定性。当大量饱和液体LNG从低温储罐进入车用LNG气瓶时,加进去的LNG直接吸收车用LNG气瓶内气体的热量,使瓶内压力降低,减少车用LNG气瓶顶部气相空间,从而提高了加气速度。

4)无损储存

无损储存是低温液体储运的一个过程。低温液体的储存温度低,与周围环境有较大的温差,低温液体吸热后蒸发,为了减少蒸发气体的消耗,在储运过程中,所有的阀门处于关闭状态,这就是无损储存。液化天然气的温度与环境温度可相差120K以上,因此在其储运过程中对热量的传入极其敏感。随着热量的逐渐传入,当液化天然气的温度高于气瓶内压力所对应的饱和温度时,LNG会蒸发导致气瓶压力升高较快,当压力超过安全限定压力,则安全阀开启,大量储存气体被泄放。

想一想 练一练

1.液化天然气(LNG)汽车动力系统的组成和工作过程如何?

2.车用LNG供气系统关键技术有哪些?

第六章　发动机润滑系统

章节描述

　　润滑系统是发动机的重要辅助系统之一,它工作的可靠与否直接影响发动机的性能和使用寿命。本章主要介绍大客车润滑系统的功用、组成、主要部件的结构与工作原理、润滑油路以及润滑油的检查与补给,为大客驾驶与维护奠定基础。教师可以利用网络的优势和大客车实物教具,激发学生学习兴趣,引导学生积极进行探究性学习,教师应成为知识的传播者、问题情境的创设者、尝试点拨的引导者和知识反馈的调整者。

学习目标

1.知识目标

知道润滑系统功用与组成,理解润滑系统主要部件结构与工作原理。

2.技能目标

能说出润滑油路,会识别油品质量,能进行润滑油的检查与补给。

3.情感目标

培养踏实、一丝不苟的学习态度和工作作风,发扬团队合作精神。

建议课时

4课时。

学习内容

第一节　润滑系统功用与组成
第二节　润滑系统主要部件
第三节　润滑油的种类与选用
第四节　润滑油的检查与补给

学习要求

1.知道润滑系统功用与组成;

2.能说出润滑油路;

3.理解润滑系统主要部件结构与工作原理;

4.会识别油品质量,能进行润滑油的检查与补给。

第一节　润滑系统功用与组成

一、润滑系统功用

润滑系统的功用就是不断地将清洁的、具有一定压力的润滑油输送到各零件的摩擦表面,并在摩擦表面之间形成油膜,从而减小摩擦阻力、降低功率消耗、减轻机件磨损,以达到提高发动机工作可靠性和耐久性的目的。

二、润滑方式

发动机按润滑油输送到运动零件摩擦表面的方式有飞溅式、压力式和复合式三种润滑方式。

1. 飞溅式润滑

飞溅式润滑对于负荷较小的摩擦部位,如汽缸壁、配气机构的凸轮、挺柱等机件,由曲轴主轴承和连杆轴承间隙中挤出的机油激溅至摩擦表面进行润滑;或利用连杆大端下部击起油底壳中的机油,使机油飞溅,形成油滴或油雾,落到摩擦零件表面进行润滑,润滑后的机油仍流回油底壳,如图6-1所示。这种润滑方式结构简单,但润滑不够可靠,机油消耗量大,而且容易氧化和污染。

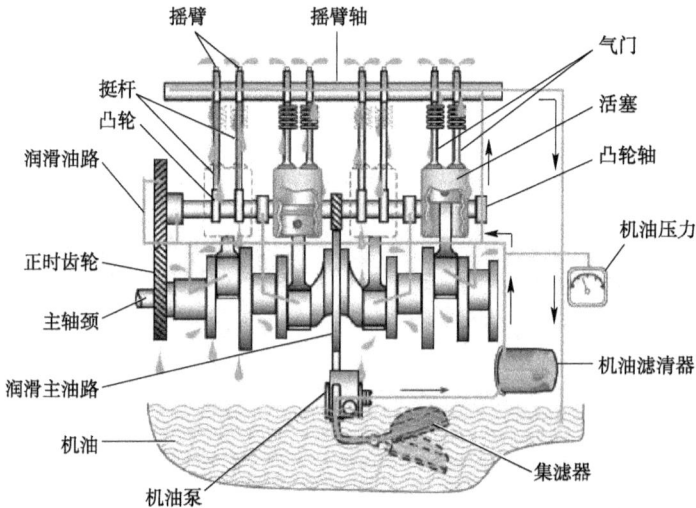

图 6-1　润滑方式

2. 压力式润滑

压力式润滑对于承受负荷较大、相对运动速度较高的摩擦表面,如主轴承、连杆轴承、凸轮轴轴承等机件的配合表面,利用机油泵的压力把机油从油底壳析出并提高一定压力,经油道和油管送到各运动零件的摩擦表面进行润滑,如图6-1所示。这种润滑方式润滑可靠、效果好,并且有很好的清洗和冷却作用。

3. 复合式润滑

复合式润滑是同时采用压力润滑和飞溅润滑的供油方式,分别对发动机各摩擦表面的润滑。现代多缸发动机普遍采用这种润滑方式。不但工作可靠,而且可使整个润滑系统结构简化。柴油机润滑系采用压力润滑与飞溅润滑的复合润滑方式,其主要摩擦副为压力润滑,其余多为飞溅润滑。

三、润滑系统的组成

如图 6-2 所示,润滑系统一般由机油泵、油底壳、机油滤清器、机油冷却器、溢流阀、安全阀、机油压力传感器和机油压力表等组成(不同的发动机略有不同)。柴油发动机的润滑系统与汽油发动机润滑系统基本相同,但是柴油发动机在燃烧过程中比汽油发动机产生更多的炭粒,因此有一个专门设置的机油滤清器。柴油发动机还有一个机油散热器以冷却机油,因为其运作温度一般很高,旋转部件比汽油发动机中的承受应力大。

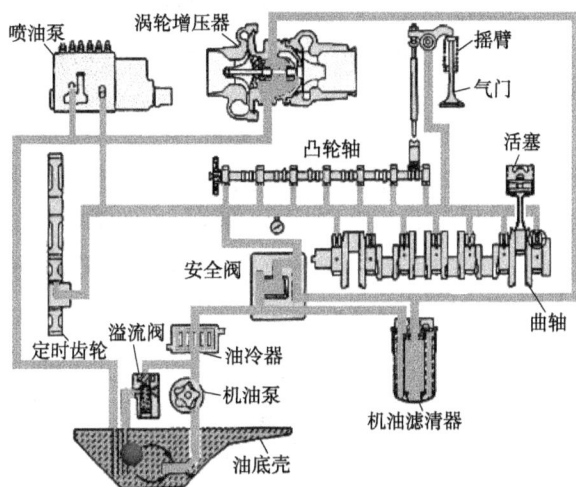

图 6-2　润滑系统组成

四、润滑油路

润滑系统润滑油路如图 6-3 所示,当发动机工作时,机油从油底壳经集滤器被油泵送入机油滤清器。全部机油经滤清器滤清之后进入发动机主油路,机油经主油路进入分油路分别润滑主轴承。然后,机油经曲轴上的斜油道,从主轴承流向连杆轴承润滑连杆轴径。主油路的另一条分油道直通凸轮轴轴承润滑油道,分别向凸轮轴轴承供油。

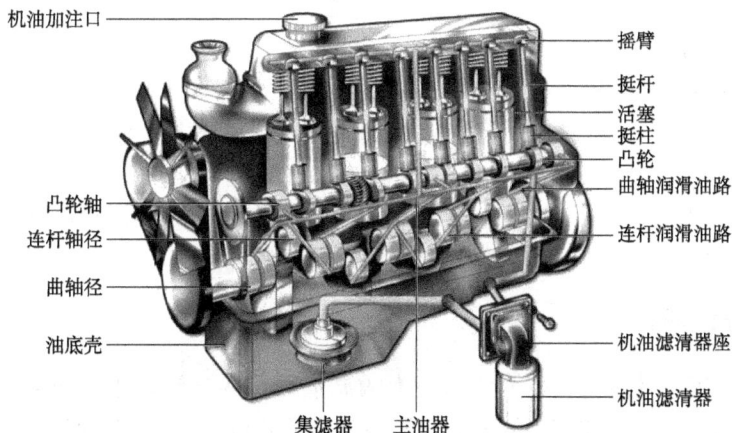

图 6-3　发动机润滑系统结构原理图

第二节　润滑系统主要部件

大客车发动机润滑系统由机油泵、机油滤清器、机油冷却器、机油标尺及曲轴箱通风装置等组成。

一、机油泵

机油泵的功用是提高机油压力,保证机油在润滑系统内不断循环。目前发动机润滑系统中广泛采用的是外啮合齿轮式机油泵和内啮合转子式机油泵两种。

1. 外啮合齿轮式机油泵

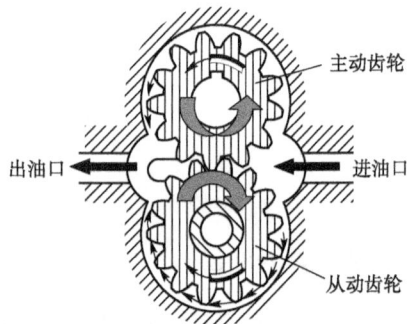

如图6-4和图6-5所示,外啮合齿轮式机油泵在机油泵体内装有一个主动齿轮和一个从动齿轮,齿与机油泵体内壁之间的间隙很小,机油泵体上有进油口。齿轮旋转时,进油腔的容积由于齿轮向脱离啮合的方向运动而增大,腔内产生一定的真空度,机油便从进油口被吸入并充满进油腔。齿轮旋转把齿间所存的机油带到出油腔内,由于出油一侧齿轮进入啮合,出油腔容积减小,油压升高,机油便经出油口排出。

图6-4　外啮合齿轮式机油泵实物图　　　　图6-5　外啮合齿轮式机油泵

机油泵上常设有限压阀,用来保持油道内油压使其稳定在规定的范围。在泵盖上对应啮合齿处铸出一条卸压槽与出油腔相连,以降低啮合齿间的机油压力。机油泵齿轮啮合间隙、齿顶与壳体之间的间隙及齿轮端面与泵盖之间的间隙变大,机油泄漏过多,都会使机油泵的泵油量减小、泵油压力降低。

2. 内啮合转子式机油泵

如图6-6和图6-7所示,转子泵的内转子与泵壳偏心安装,由主动轴驱动。外转子在油泵壳体内可自由转动,内转子驱动外转子。由于内外转子的齿数不同,转速也不等。当内转子转动,其齿脱离与外转子的啮合时,就产生了真空吸力将油吸入油泵;当内转子的齿与外转子朝着啮合的方向转动,油压升高,此处就是机油泵的出油口。

二、机油滤清器

一般润滑系统中装有几个不同滤清能力的滤清器:集滤器、粗滤器和细滤器,分别串联和并联在主油道中。与主油道串联的滤清器称为全流式滤清器,一般为粗滤器;与主油道并联的滤清器称为分流式滤清器,一般为细滤器,过油量为10%～30%。

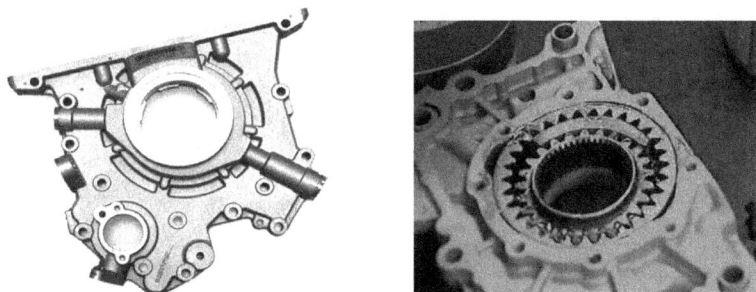

图6-6 内啮合转子式机油泵实物图

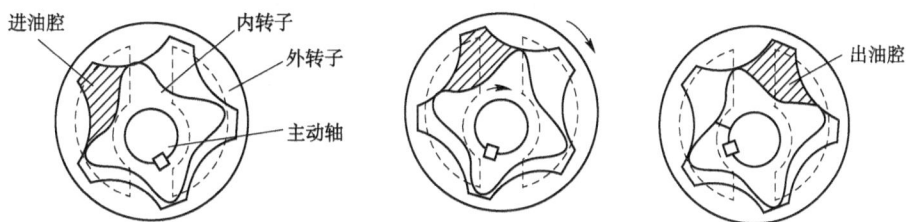

图6-7 内啮合转子式机油泵

1.机油集滤器

1)功用

机油集滤器也称"滤网",用以防止较大的机械杂质进入机油泵,它安装在机油泵进油口的前面。

2)结构与工作原理

机油集滤器有浮式和固定式两种,浮式集滤器的结构如图6-8所示。浮子是空心密封的,以便浮在油面。浮子下面装有金属丝滤网,其中间有一圆孔,正常情况下圆孔与罩紧贴着,当滤网被油污淤塞时,机油泵所形成的真空度迫使滤网上升使中间圆孔离开罩,机油便直接从圆孔进入吸油管,保证机油供给不致中断。目前很多高速发动机采用了固定式机油集滤器,如图6-9所示。

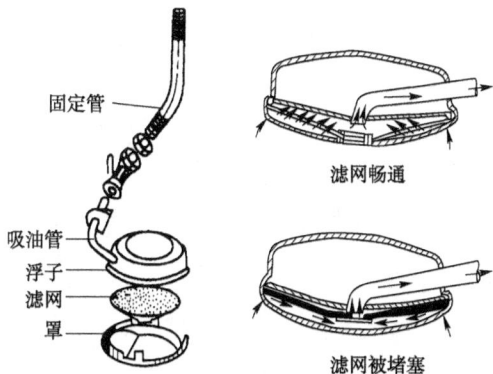

图6-8 浮式集滤器

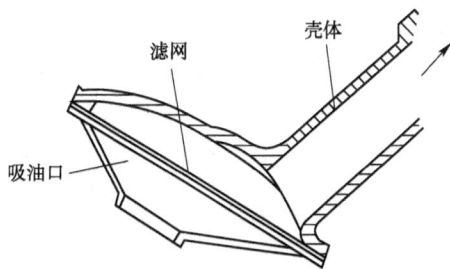

图6-9 固定式集滤器

2. 全流式滤清器

1）功用

全流式滤清器滤去机油中的金属磨屑、机械杂质和机油中的氧化胶质。

2）工作原理与结构

发动机采用一次性使用的整体旋转式、纸质（或其他纤维滤清材料）滤芯的滤清器，如图 6-10 所示。

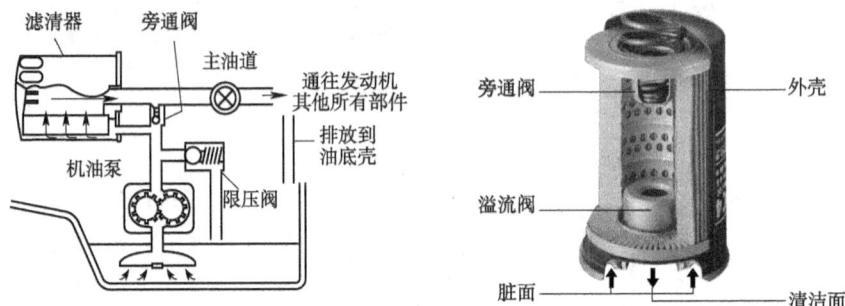

图 6-10　纸质全流式滤清器

当滤芯堵塞时滤清器进油口的油压会升高，旁通阀打开，机油从进油口直接流向出油口而不经过滤芯，从而防止油道内缺油。如果滤清器使用时间达到了更换周期，就应拆下换上新的滤清器。有些滤清器上还装有止回阀，当发动机停机后将滤清器的进油口关闭以防止机油从滤清器流回油底壳，下次起动发动机，润滑系统能迅速建立起油压。

3. 分流式滤清器

机油细滤器采用分流式，与主油道并联。

1）功用

分流式滤清器用以清除机油中直径在 0.01~0.03mm 的细小杂质。机油细滤器有过滤式和离心式两种，现大多采用离心式。

2）结构

发动机机油细滤器结构如图 6-11 所示。

3）离心式机油细滤器的工作原理

如图 6-12 所示，从机油泵来的机油流至进油口处，当机油压力小于 147kPa 时，进油限压阀关闭，机油不能进入机油细滤器，全部供入主油道。当进油口压力达到 147~196kPa 时，限压阀打开，机油由转子轴中心孔向上经转子轴、转子体上对应的油孔流入转子罩内腔，又从两喷嘴喷出。高压机油从喷嘴喷出时所产生的喷射推力，驱动转子总成连同体内机油作高速旋转，形成强大的离心力，使机油中的机械杂质和胶质甩向转子罩的内壁，洁净的机油不断从喷嘴喷出，并经出油口流回油底壳。

三、机油冷却器

机油冷却器又称机油散热器，作用是降低机油温度，保持润滑油一定的黏度，如图 6-13 所示。

机油冷却器有风冷式和液冷式两种形式。风冷式机油冷却器的结构和冷却液散热器一样,通常采用管片式。液冷式机油冷却器一般与机油粗滤器串联,装在发动机冷却液路中,用冷却液的温度来控制机油的温度。当油温较高时靠冷却液降温,而在起动暖车时油温较低,则从冷却液吸热迅速提高机油温度。

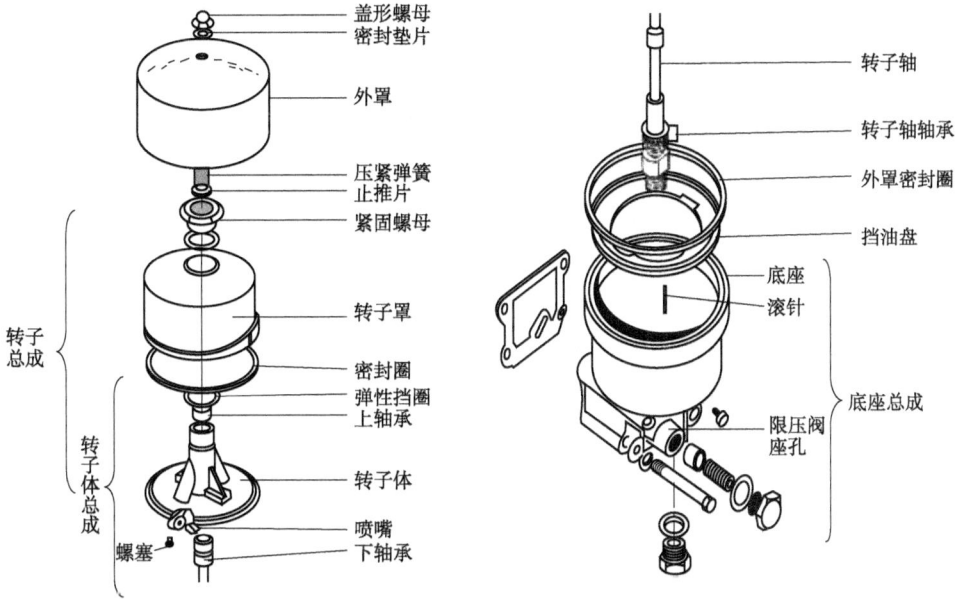

图 6-11　发动机机油细滤器图

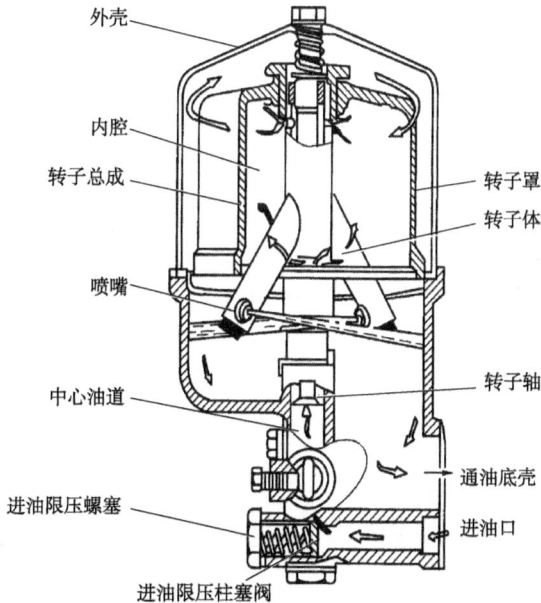

图 6-12　离心式机油细滤器工作原理

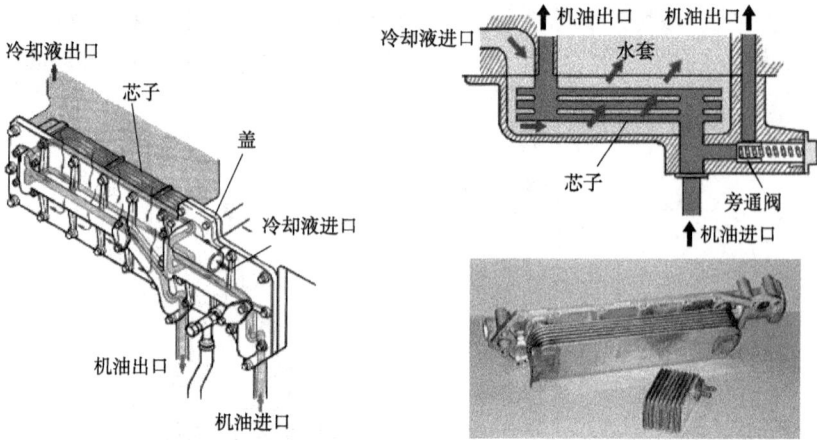

图 6-13　机油冷却器

四、机油标尺及曲轴箱通风装置

1.机油标尺

机油标尺是用来检查油底壳内油量和油面高低的。它是一片金属杆,下端制成扁平,并有刻线。机油油面必须处于机油标尺上下刻线之间,如图 6-14 所示。

2.曲轴箱通风装置

曲轴箱通风方式一般有两种,一种是自然通风,另一种是强制通风,柴油机多采用自然通风。如图 6-15 所示,自然通风是利用汽车行驶时产生的气流、冷却风扇的气流作用在通风管处有一定真空度,将曲轴箱内的气体抽出。

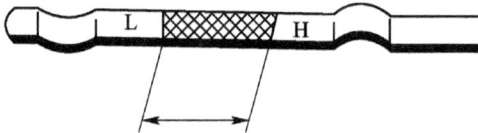

图 6-14　机油标尺

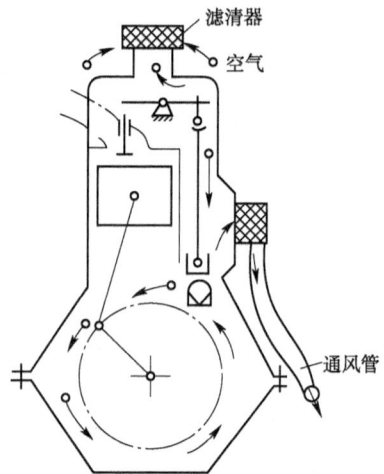

图 6-15　自然通风

第三节　润滑油的种类与选用

一、发动机润滑油的功用与使用特性

1. 功用

发动机润滑油,简称发动机油、机油。由于润滑油的循环流动,具有对摩擦面清洁、冷却、密封、减振和防锈等功用。

2. 润滑油的使用特性

机油在润滑系统内循环流动,循环次数每小时可达 100 次。机油的工作条件十分恶劣,在循环过程中,机油与高温的金属壁面及空气频频接触,不断氧化变质。窜入曲轴箱内的燃油蒸气、废气以及金属磨屑和积炭等,使机油受到严重污染。另外,机油的工作温度变化范围很大。为此,机油需要有适当的黏度、优异的氧化安定性、良好的防腐性、较低的起泡性、强烈的清净分散性和高度的极压性等使用特性。

二、发动机润滑油的种类

1. 发动机润滑油的组成

发动机润滑油由基础油和添加剂两部分组成。基础油是机油的主要组成部分,通常占80% 左右,基础油使机油可以发挥其基本功能。添加剂是通过防止机油在发动机处于极端温度条件下失效而为发动机提供辅助保护用的。

2. 发动机润滑油的种类

柴油发动机润滑油的级别分质量级别和黏度级别。质量级别表示机油的质量适合的柴油机类型,黏度级别表示机油的黏度适合的柴油机工作环境。

"SAE"是美国汽车工程师学会的缩写。通常发动机润滑油的黏度等级分类按照"SAE"的标准分为 11 个等级:SAE 0W、SAE 5W、SAE 10W、SAE 15W、SAE 20W、SAE 25W、SAE 20、SAE 30、SAE 40、SAE 50、SAE 60。"SAE"后面的数字代表机油的黏度等级,数值越大表示黏度越高。如果在"SAE"后面的数值中有"W",如 5W/30、15W/40,则表示有较好的低温起动性能。API 是美国石油学会的简写。API 把车用机油分为柴油机油,用"C"表示,CA、CB、CC、CD、CE、CF、CF－4、CG－4、CH－4;汽油机油,用"S"表示,SA、SB、SC、SD、SE、SF、SG、SH、SJ。字母顺序代表机油品质的发展,字母越往后表示品质越高。

三、润滑油的选用

选择机油应根据发动机的特点及本地区的气温情况,兼顾质量级别选择和黏度级别选择两个方面,选择合适的质量标准和黏度等级,以保证发动机正常工作和良好的润滑,延长发动机的使用寿命。

1. 发动机润滑油的选用注意事项

(1)优先选用黏度级别较低的机油。在保证润滑的前提下,除了负荷大、温度高、磨损较严重的发动机,允许使用黏度稍大的机油,尽量选择黏度小的机油。

（2）选择机油质量等级要得当。要防止高档低用，又要避免低档油高就。

（3）不同牌号、种类的机油不可混用，更不能混存。

2. 柴油机润滑油的选用

有汽车使用说明书的用户，依据说明书要求选取；在没有使用说明书时，也可根据柴油机的强化系数确定柴油机润滑油的质量等级，然后根据汽车使用地区的气候确定润滑油的黏度级别。强化系数在 30～50 之间的柴油机，选择 CC 级柴油机润滑油；强化系数大于 50 的柴油机，选择 CD 级柴油机润滑油。

柴油机润滑油黏度选择与汽油机润滑油黏度选择的原则基本一样，但柴油机工作压力比汽油机大，而转速比汽油机小，所以选择黏度时应略比汽油机稍偏高一些。

第四节　润滑油的检查与补给

一、润滑油的检查

1. 油面高度的检查

（1）起动发动机并怠速运转 3～5min（冷却液温度达到 60～70℃），停止发动机运转2～3min。

（2）拔出机油标尺用抹布擦拭后，重新将机油标尺完全插入，再次拔出机油标尺观察。如果机油的印迹处于上限（MAX 或 H 标记）、下限（MIN 或 L 标记）之间，说明不缺少机油；如果机油在下限左右，说明机油有异常消耗，应查明原因并解决。

2. 机油渗漏的检查

机油渗漏常用目视法检查：首先检查曲轴前、后油封和放油螺塞、油底壳衬垫等处是否有机油泄漏现象，油底壳是否存在变形现象。然后起动发动机并怠速运转几分钟，待冷却液温度达到 60～70℃后熄火。在油底壳下面铺上浅色的纸，观察几分钟。如果有渗漏，根据油滴在纸上的位置，就可以找到泄漏的部位，并做相应的处理。

3. 机油品质的检查

机油品质常用的检查方法是，将机油滴在纸巾上观察。如果油滴整体混有淤渣并呈深黑色，说明机油变质，应更换机油和机油滤清器；如果油滴中心有淤渣，但周围扩散的机油呈透明状，则机油可以继续使用。

二、润滑油的补给

润滑油的补给分两种情况。

第一种情况是在日常维护过程中，驾驶人通过检查机油标尺发现机油液面高度低于下刻线，机油量少，必须补给。

另一种情况是在正常行驶过程中，仪表板上的机油报警灯亮起或闪烁（通常为红色或黄色），如图 6-16 所示，必须立即停车补给。

机油的补给操作流程：

（1）检查机油液面高度，如果液面高度低于下刻线，确认需补加机油。

（2）打开机油加注口(图6-17)，确认机油种类与规格，通常情况下现代发动机机油加注盖上都标了该款机油的规格。

图6-16　机油报警灯

图6-17　机油加注口

（3）从加油口处添加，添加时每次少加注，分多次加注，每次加注 3～5min 后检查机油液面，严禁一次性加注过多，造成液面高度高于上刻线，造成发动机烧机油。

（4）检查机油液面，确认机油液面符合规定后，拧上机油加注口的盖子，加注结束。

友情提醒：各种机油不能混用，在添加机油过程中必须确保机油是同一品牌、同一规格。

想一想练一练

1.润滑系统的功用是什么？

2.如何检查机油压力过高的故障？

3.内啮合转子式机油泵的工作过程是怎样的？

4.如何检查机油的品质？

第七章 发动机冷却系统

本章通过冷却系统的功用及组成、主要部件的工作过程以及冷却液的检查与添加这几节,详细对冷却系统的组成、主要部件工作原理和冷却液的检查与添加形成具体的认知,为大客车驾驶提供知识与技能上的帮助。在学习的过程中,教师可以利用多媒体教学、网络资源和大客车实物教具,激发学生的学习热情,引导学生积极进行探究性学习。

学习目标

1. 知识目标

知道冷却系统的功用及组成,了解冷却系统主要部件结构与工作原理。

2. 技能目标

能说出冷却系统大小循环水路、会进行冷却液的检查与添加。

3. 情感目标

培养踏实、一丝不苟的学习态度和工作作风,发扬团队合作精神。

建议课时

4 课时。

学习内容

第一节　冷却系统概述

第二节　冷却系统的主要部件

第三节　冷却液的检查与添加

学习要求

1. 知道冷却系的功用及组成;

2. 能说出冷却系大小循环水路;

3. 理解冷却系主要部件结构与工作原理;

4. 会进行冷却液的检查与添加。

第一节　冷却系统概述

一、冷却系统的功用、冷却方式

1. 冷却系统的功用

冷却系统的功用是将发动机受热零件吸收的部分热量及时散发出去,保证发动机在最适宜的温度状态下工作。发动机最适宜的冷却液温度为 85～95℃。

2. 冷却系统的冷却方式

汽车发动机常见的冷却方式有两种,即水冷却和风冷却,如图 7-1 所示。风冷系统是利用高速流动的空气直接吹过汽缸盖和汽缸体表面,把热量散发到大气中去,保证发动机在最有利的范围内工作;水冷却系统具有冷却可靠、布置紧凑、噪声小、使用方便等优点。大多数发动机采用水冷却。还有一种是机油冷却器,这种主要是为机油冷却。

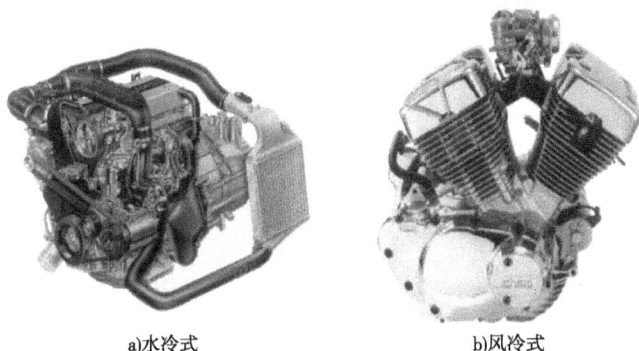

a)水冷式   b)风冷式

图 7-1 发动机冷却系统类型

二、冷却系统的组成

水冷柴油机的冷却系统由节温器、连接水管、散热器、水泵、风扇、冷却水套和放水阀等组成,如图 7-2 所示。冷却液从膨胀水箱加注,到标定水位,冷却液充满整个发动机冷却系统,保证发动机运转时得到正常冷却。

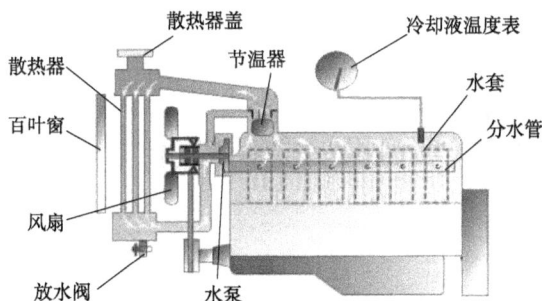

图 7-2 冷却系统的组成

三、冷却系统大小循环水路

冷却液进入水泵后经叶轮直接进入汽缸体水套,然后流进汽缸盖水套,由汽缸盖后端的出水口流出。此后冷却液分两路,一路流经节温器后进入散热器冷却,由于有风扇的强力抽吸,空气流由前向后高速通过散热器。因此,受热后的冷却液在流过散热器芯的过程中,热量不断地散发到大气中去,冷却后的水流到散热器的底部,又被水泵抽出,称大循环;另一路为直接通过节温器后流入水泵进口,称小循环,如图 7-3 所示。

节温器装在机体上的水泵进口处,节温器阀门大约在 85℃时开启,此时节温器开,开启行程至少为7mm。小循环为常开,这样可使冷却系统的温度提高到一个较高的水平,改善发动机的热效率,同时可以确保冷却系统始终有冷却液在循环。当发动机冷却液温度升高(70~80℃),石蜡逐渐变成液态,体积随之增大,使节温器主、副阀门都处于部分开启状态,一部分冷却液经旁通管、水泵流回汽缸体水套,另一部分冷却液通往散热器进行散热,这种循环水路称为混合循环。

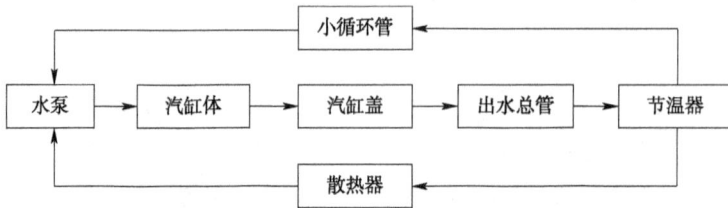

图7-3 大、小循环

第二节 冷却系统的主要部件

冷却系统主要由散热器、水泵、节温器、冷却风扇、空气中间冷却器等部件组成。

一、散热器

散热器又称水箱,由上水箱、下水箱、散热器芯和散热器盖等组成,如图7-4所示。散热器是冷却系统中的重要部件,其主要作用是对发动机进行强制冷却,以保证发动机能始终处于最适宜的温度状态下工作,以获得最高的动力性、经济性和可靠性。

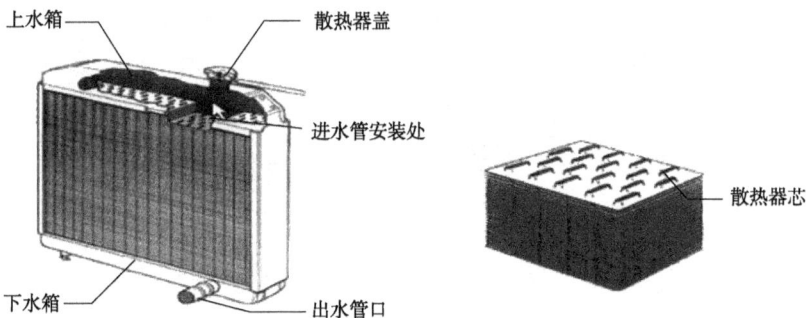

图7-4 散热器的组成

1.上、下水箱

冷却液由上水箱的加注口注入并用散热器盖盖住。在上水箱和下水箱分别装有进水管和出水管,进水管和出水管分别用橡胶软管和汽缸盖的出水管和水泵的进水管相连。在散热器下水箱的出水管上还有放水开关,必要时可将散热器内的冷却液放掉。

2.散热器芯

如图7-5所示,散热器芯由许多冷却水管和散热片组成,散热器芯的构造形式有多样,常用的有管片式和管带式两种。

3. 散热器盖

目前汽车发动机多采用闭式水冷系统,这种冷却系统的散热器盖具有自动阀门。发动机热态工作正常时,阀门关闭,将冷却系统与大气隔开。防止水蒸气逸出,使冷却系统内的压力稍高于大气压力,从而可增高冷却液的沸点。在冷却系统内压力过高或过低时,自动阀门则开启以使冷却

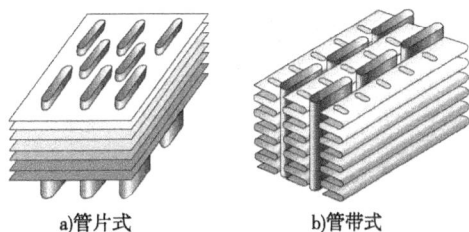

a)管片式 b)管带式

图 7-5 散热器芯

系统与大气相通。目前闭式水冷系统广泛采用具有空气—蒸汽阀的散热器盖。一般情况下,两阀借弹簧关闭。当散热器中压力升高到一定值(为 0.026 ~ 0.037MPa)时,蒸汽阀开启;冷却液温度下降,当冷却系统中产生的真空度达一定值(为 0.01 ~ 0.02MPa)时,空气阀开启,如图 7-6 所示。

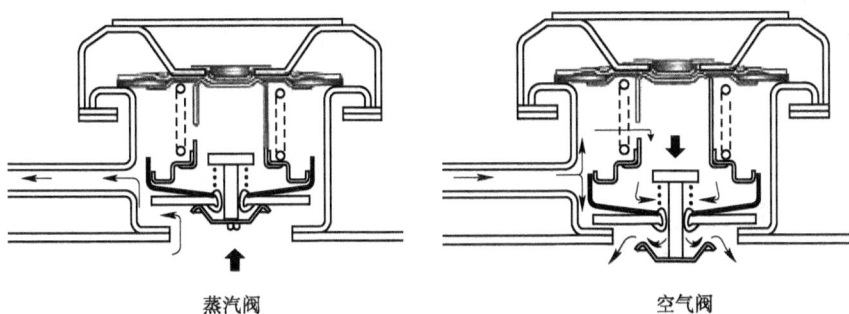

蒸汽阀 空气阀

图 7-6 散热器盖

二、水泵

水泵用于对冷却液加压,加速冷却液的循环流动,保证冷却可靠。车用发动机上多采用离心式水泵,离心式水泵主要由水泵壳体、叶轮、水封、皮带轮和水泵轴等组成,如图 7-7 所示。

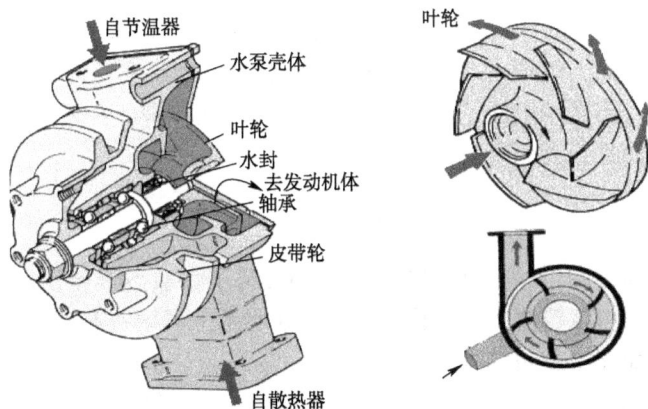

自节温器 叶轮
水泵壳体
叶轮
水封
去发动机体
轴承
皮带轮
自散热器

图 7-7 离心式水泵结构图

如图 7-8 所示,离心泵是利用叶轮旋转而使水产生的离心力来工作的。离心泵在起动

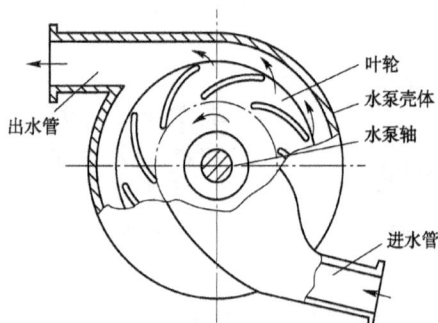

图 7-8 离心式水泵工作原理

前,必须使泵壳和进水管内充满水,在曲轴皮带轮作用下,使水泵轴带动叶轮和水作高速旋转运动,水在离心力的作用下,被甩向叶轮外缘,经蜗形泵壳的流道流入水泵的出水管路。水泵叶轮中心处,由于水在离心力的作用下被甩出后形成真空,膨胀水箱中的水便在大气压力的作用下被压进泵壳内,叶轮通过不停地转动,使得水在叶轮的作用下不断流入与流出,达到了输送水的目的。

三、节温器

节温器是冷却系统中用来调节冷却液温度的重要机件,作用是根据发动机负荷大小和冷却液温度的高低自动改变水的循环流动路线,以达到调节冷却系统的冷却强度。目前多数发动机采用蜡式节温器,有带旁通阀和不带旁通阀两种类型,如图 7-9 所示。

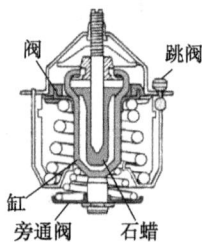
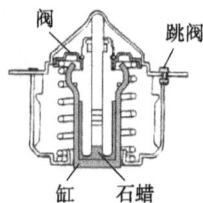

a)实物图　　　　b)带旁通阀　　　　c)不带旁通阀

图 7-9 节温器

蜡式节温器在橡胶管和感应体之间的空间里装有石蜡,为提高导热性,石蜡中常掺有铜粉或铝粉。

常温时,石蜡呈固态,阀门压在阀座上。这时阀门关闭通往散热器的水路,来自发动机缸盖出水口的冷却液,经水泵又流回汽缸体水套中,进行小循环。

当发动机冷却液温度升高时,石蜡逐渐变成液态,体积随之增大,迫使橡胶管收缩,从而对反推杆上端头产生向上的推力。由于反推杆上端固定,故反推杆对橡胶管、感应体产生向下反推力,阀门开启,当发动机冷却液温度达到80℃以上时,阀门全开,来自汽缸盖出水口的冷却液流向散热器而进行大循环。

四、冷却风扇

冷却液经过散热器后,其温度可降低 10 ~ 15℃,为了将散热器传出的热量尽快带走,在散热器后面装有风扇与散热器配合工作,如图 7-10 所示。风扇提高通过散热器芯的空气流速,增加散热效果,加速冷却液的冷却。

五、空气中间冷却器

空气中间冷却器(又称中冷器)使进入汽缸的空气温度降低,空气密度进一步提高,增加了进入汽缸的气体量,从而提高增压柴油机的功率。

中冷器的冷却介质有水、机油和空气,与此相对应的有"水对空"中冷系统、"油对空"中冷系统和"空对空"中冷系统3种类型。

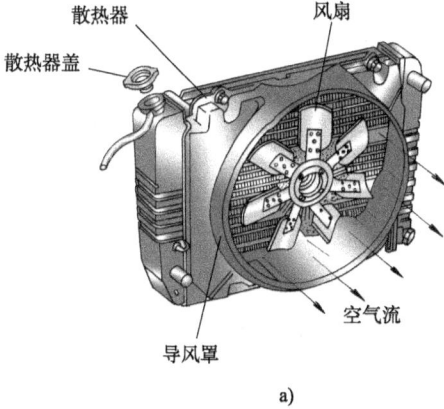

a)

b)

图 7-10 冷却风扇

中冷器的结构原理与散热器基本相同。中冷器的型号不同,结构也有所不同。柴油机的增压、中冷系统工作如图 7-11 所示。

六、膨胀水箱

膨胀水箱的主要功能是给冷却液提供一个膨胀空间,及时去除冷却液中积滞的空气以及发动机高温下产生的水蒸气,以便更有效地利用散热器的散热功能,提高冷却效率,如图 7-12 所示。目前客车发动机普遍采用散热器 + 膨胀水箱结构的闭式水冷系统,这种冷却系统的膨胀水箱盖具有自动阀门,发动机热态工作正常时,阀门关闭,将冷却系统与大气隔开。防止水蒸气逸出,使冷却系统内的压力稍高于大气压力,从而可增高冷却液的沸点。当发动机处于工作温度时,冷却液可从膨胀水箱塑料盖处添加。液面高度应在两标记线之间。

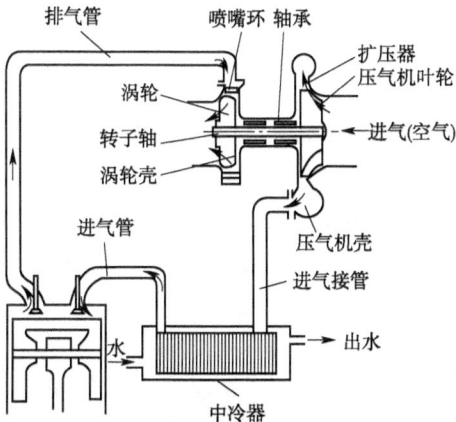

图 7-11 增压、中冷系统

图 7-12 膨胀水箱

第三节 冷却液的检查与添加

一、冷却液

发动机冷却液是水冷发动机冷却系统的工作介质,它是汽车发动机不可缺少的一部分,它在发动机冷却系统中循环流动,将发动机工作中产生的多余热能带走,使发动机能以正常工作温度运转。

1. 冷却液的功用

1)冷却作用

冷却是冷却液的基本作用。在发动机工作时,冷却液能够带走发动机上的热量。

2)防开锅

由于汽车上的冷却风扇在95℃左右时投入工作,而优质冷却液的沸点在107℃以上,所以在冷却系统工作正常的情况下,能够有效地防止散热器"开锅"现象的发生。

3)防冻

为了防止汽车在冬季停车后,冷却液结冰而造成散热器、发动机缸体胀裂,要求冷却液的冰点应低于该地区最低温度10℃左右。

4)防腐蚀

冷却液应该具有防止金属部件腐蚀、防止橡胶件老化的作用。

5)防垢

冷却液在循环中应尽可能少地减少水垢的产生,以免堵塞循环管道,影响冷却系统的散热功能。

6)穴蚀

穴蚀是一种物理现象。在采用自来水作为冷却介质的发动机上,水在水泵的低压腔产生气泡,压出水泵后气泡破裂,产生较高的气体压力,使汽缸外表面产生腐蚀,即穴蚀。为防止此类现象的发生,冷却液中添加有防穴蚀剂,能有效地保护水泵外壳和汽缸外表面。

此外,冷却液还具有防泡和消泡作用。

2. 对冷却液的性能要求

为保证汽车发动机正常工作和延长发动机的使用寿命,要求汽车发动机冷却液应具备下列性能:较小的黏度,良好的流动性,以提高发动机的散热速度;冰点低,沸点高,以防止冬天结冰,夏天开锅;防腐蚀性好,不损坏汽车有机涂料;比热容要高、热传导性好,以保证良好的冷却性能。此外,冷却液还应具有优良的消泡性能、空气释放性能、对循环铝泵不发生气蚀,以及价廉、无特殊气味等性能。

3. 冷却液的组成

冷却液一般由基础液和添加剂组成。

1)基础液

冷却液的基础液由水和醇组成。目前最常用的是乙二醇和二甘醇。根据使用地区的不同,冷却液中的含醇量一般为40% ~60% 。

2）添加剂

冷却液中常用的添加剂主要包括防锈剂、防霉剂、pH 调节剂（缓冲剂）、抗泡剂及着色剂等。常用的防锈剂一般都是水溶性的，例如：硼酸盐、铝酸盐、铬酸盐、亚硝酸盐和苯甲酸盐等。最常用的 pH 调节剂是有机胺类。常用的消泡剂有高级醇、有机硅聚合物和某些表面活性剂。此外，冷却液中还常加有杀菌剂、染料，有时还加入补漏剂等。

4. 冷却液的选用及使用注意事项

选用冷却液时，其凝点要比车辆运行地区的最低气温低 10℃左右，其沸点至少应达到 106℃以上。

使用冷却液应注意以下几点：

（1）加注冷却液前，应对发动机冷却系统进行清洗，最简单的方法是打开散热器放水阀，用自来水从加水口冲洗。

（2）冲洗后，加注冷却液，并检查冷却液的密度。

（3）乙二醇—水型冷却液在使用中蒸发的一般是水，应及时添加适量的水。每年入冬前应检查冷却液的密度，如密度变小，则说明乙二醇含量不足，冰点高，应及时加充冷却液（或浓缩型冷却液）。

（4）乙二醇有毒，切勿用口吸。

（5）由于使用过程中要消耗冷却液中的添加剂，冷却液一般规定使用 1～2 年应更换，或按照冷却液使用说明执行。

（6）不同牌号冷却液不可混用，以免相互间发生化学反应而破坏其防腐性。

（7）若因冷却系统渗漏引起散热器液面降低，应及时补加冷却液，并寻找冷却液不足原因。若液面降低是因为水蒸发所致，则应向冷却系统添加蒸馏水或去离子水，切勿加入井水、自来水等硬水。

（8）当发现冷却液中有悬浮物、沉淀物或发臭时，说明冷却液已起化学反应产生变质，应及时地清洗冷却系统，并对冷却液进行更换。

二、冷却液的检查

冷却系统的功能是使工作中的发动机得到适度冷却，从而保证发动机在最适宜的温度范围内工作。若冷却系统工作不正常，会导致发动机功率下降，磨损增加，耗油增加等不正常现象产生。

1. 检查冷却液液面高度

冷却液液面必须符合规定，满足冷却系统的工作要求。因此，应定期检查液面高度。为正确检查冷却液液面，检查前应关闭发动机，待其停止运转后方可检查。发动机处于冷态时，冷却液液面必须处于最高、最低两标记之间，如图 7-13 所示，一旦达到热态，液面可能略高于最高标记。

如果液面过低，在汽车行驶时造成冷却液温度过高，冷却液温度显示和冷却液警报灯即会持续闪亮，此时应立即停车熄灭发动机，并检查检查液面（注意：发动机是热状态，不要直接打开散热器盖，以防热水喷出烫伤）。如果冷却液大量损耗，则必须等发动机冷却后时方可添加冷却液，以免损伤发动机。若要打开散热器盖检视，切勿在热车时开启，以免蒸汽与水喷出伤人。添加时,加入清水即可,进维修厂维护换水时才须添加冷却液,不允许使用矿泉水,矿泉水中的矿物会形成水垢阻塞管道。

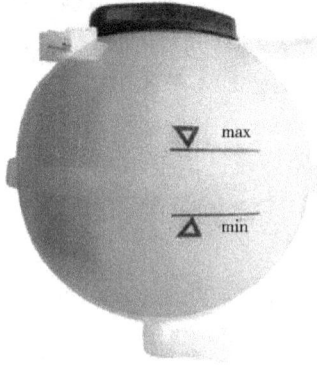

图7-13 观察液面高度

2.冷却液更换期限

普通的冷却液应每6个月更换一次,长效防锈防冻液一般两年更换一次。

三、冷却液的加注

(1)起动发动机,将加热器温度控制调至最大,然后关掉发动机。

(2)当发动机冷却到可以触摸时,卸下散热器盖。

(3)松开散热器排放螺塞,放掉冷却液。

(4)从缸体后侧拆下排放螺塞。

(5)发动机冷却液排出后,在排放螺塞的螺纹上涂抹液体密封胶,更换新的垫圈,将排放螺塞重新装上并拧紧。

(6)牢固地拧紧散热器排放螺塞。

(7)拆下膨胀水箱并排空冷却液后重新装上,向膨胀水箱加注水到上限标记的一半处,然后添加防冻液直到膨胀水箱的上限标记处。

(8)用干净的容器配制水与防冻液比1:1的冷却液。

(9)松开节温器壳体上的空气排放螺塞,然后向散热器加注冷却液至注入口的底部。

(10)当冷却液开始从空气排放螺塞孔稳定地流出时,将螺塞拧紧。

(11)不盖散热器盖,起动发动机并一直运转至热机态(散热器风扇至少运转两次)。如果冷却液液面降低,则再向散热器添加冷却液至液面高度回升至注入口的底部。

(12)盖上散热器盖并拧紧,然后再次起动发动机,检查冷却系统有无渗漏。

注意: 由于防冻液具有随温度升高体积增大的特点,冷却液加注量一定要符合规定要求。

想一想练一练

1.冷却系统的功用是什么?

2.简单说明冷却系统大、小循环。

3.节温器的工作原理是什么?

4.如何进行冷却液的加注?

第八章　发动机排气净化与控制

通过汽车尾气成分及汽车排放标准、尾气排放分析和车用柴油机排放净化与控制装置几节的学习,对大客车发动机尾气排放的成分及危害、排放标准、尾气检测和异常分析、排放净化与控制装置的工作原理和使用注意事项形成了初步的认知。在学习本章之前,学生对大客车的总体构造、发动机机械系统以及柴油机共轨系统已有一定认识,教师可以利用网络的优势,激发学生学习兴趣,引导学生积极进行探究性学习;也可以通过校企合作项目,到企业进行车辆实物教学。教师应成为知识的传播者、问题情境的创设者、尝试点拨的引导者和知识反馈的调整者。

学习目标

1.知识目标

知道汽车尾气成分及汽车排放标准,了解其检测方法。

2.技能目标

能在车上找到发动机排气净化与控制系统的装置,认识各组成部件结构,理解其工作原理。

3.情感目标

培养踏实、一丝不苟的学习态度和工作作风,发扬团队合作精神。

建议课时

4课时。

学习内容

第一节　汽车尾气成分及汽车排放标准

第二节　汽车尾气排放分析

第三节　车用柴油机排放净化与控制装置

学习要求

1.知道汽车尾气成分及其危害;

2.熟悉汽车尾气排放标准;

3.了解汽车尾气主要污染物的产生与控制途径;

4.会进行汽车尾气成分的异常分析和尾气的检测;

5.熟悉车用柴油机尾气排放装置结构和工作原理。

第一节　汽车尾气成分及汽车排放标准

我国城市大气污染中,汽车尾气排放所占比例已超过70%。汽车排放造成的大气污染严重影响了人们的生活和身心健康。因此,在汽车工业发展和环境保护之间,需要寻求新的平衡。

一、汽车尾气成分及危害

汽车发动机在理想工作状态下,燃料完全燃烧产生的排放物是二氧化碳(CO_2)、水(H_2O)和氮气(N_2);燃料异常燃烧时,尾气中会产生一氧化碳(CO)、碳氢化合物(HC)、氮氧化合物(NO_x)、二氧化硫(SO_2)、微粒物(PM)(某些重金属化合物、铅化合物、黑烟及油雾)等污染物。

尾气中的碳氢化合物和氮氧化合物在阳光作用下发生化学反应,形成光化学烟雾,危害人的眼睛和呼吸系统;尾气中的一氧化碳,经呼吸道进入肺泡,被血液吸收,降低血液的载氧能力,导致组织缺氧;尾气中的氮氧化合物进入肺泡后,能造成肺气肿;燃料中的铅残留燃烧后产生铅化合物,随呼吸进入血液,干扰血红素的合成引起贫血,损害神经系统;燃料中的硫残留燃烧后产生二氧化硫,排放到大气中后,会随降水形成"酸雨";尾气中的微粒物(PM)是燃油燃烧时缺氧产生的一种物质,以柴油机最明显,因为柴油机采用压燃方式,柴油在高温高压下裂解更容易产生大量肉眼看得见的炭烟。炭烟排放后,在静稳气象条件下以颗粒物的形式悬浮在大气中,是形成灰霾成因之一。

二、汽车尾气排放标准简介

我国排放国家标准(GB)是借鉴欧洲标准(EU)制定的,从20世纪80年代初期开始采取了先易后难分阶段实施的具体方案,其具体实施历程主要分为六个阶段:

1. 第一阶段

1983年我国颁布了第一批机动车尾气污染控制排放标准,其中包括《汽油车怠速污染排放标准》、《柴油车自由加速烟度排放标准》和《汽车柴油机全负荷烟度排放标准》三个限值标准和《汽油车怠速污染物测量方法》、《柴油车自由加速烟度测量方法》、《汽车柴油机全负荷烟度测量方法》三个测量方法标准。

2. 第二阶段

在1983年我国颁布第一批机动车尾气污染控制排放标准的基础上,1989～1993年又相继颁布了《轻型汽车排气污染物排放标准》、《车用汽油机排气污染物排放标准》两个限值标准和《轻型汽车排气污染物测量方法》、《车用汽油机排气污染物测量方法》两个工况法测量方法标准。至此,我国已形成了一套较为完整的汽车尾气排放标准体系。

3. 第三阶段

国Ⅲ标准自2009年7月1日起执行。国Ⅲ标准即国家第三阶段的排放标准的简称,相当于欧洲Ⅲ的排放标准。明确规定车辆必须安装OBD车载自诊断系统,同时使用达到欧Ⅲ标准的油品。

4. 第四阶段

国Ⅳ标准自2012年7月1日起执行。国Ⅳ排放标准是国家第四阶段机动车污染物排放标准,车辆尾气必须通过更好的催化转化器的活性层、二次空气喷射以及带有冷却装置的废气再循环系统等技术的应用,控制和减少汽车排放污染物到规定数值以下的标准。

5. 第五阶段

国Ⅴ标准自 2017 年 1 月 1 日起执行。国Ⅴ标准相当于欧盟的欧Ⅴ标准。从国Ⅰ提至国Ⅳ,每提高一次标准,单车污染减少 30% ~ 50% 。

6. 第六阶段

2016 年年底制定完成,2017 年将会在一线城市开始实行,如北京、上海,预计 2018 年向全国推广。"国Ⅵ"的排放标准要比"国Ⅴ"严格 30% 以上。我国现阶段执行的汽车排放标准见表 8-1。

汽车环保检测标准   表 8-1

		项目 车别	怠 速		高 怠 速 过量空气系数 λ: 1.00 ± 0.03	
污染物排放限值	汽油车		CO(%)	HC(10^{-6})	CO(%)	HC(10^{-6})
		双怠速法				
		1995.7.1 前轻型	≤4.5	≤1200	≤3.0	≤900
		1995.7.1 后轻型	≤4.5	≤900	≤3.0	≤900
		2000.7.1 后第一类	≤0.8	≤150	≤0.3	≤100
		2001.10.1 后第二类轻型	≤1.0	≤200	≤0.5	≤150
		1995.7.1 前重型	≤5.0	≤2000	≤3.5	≤1200
		1995.7.1 后重型	≤4.5	≤1200	≤3.0	≤900
		2004.9.1 后重型	≤1.5	≤250	≤0.7	≤200

简易瞬态工况法	2000 年 7 月 1 日以前生产的第一类轻型汽车和 2001 年 10 月 1 日以前生产的第二类轻型汽车			2000 年 7 月 1 日起生产的第一类轻型汽车和 2001 年 10 月 1 日起生产的第二类轻型汽车			
	RM(kg)	CO	HC	NO$_x$	车辆类型	RM(kg)	CO	HC + NO$_x$	CO	HC + NO$_x$

简易瞬态工况法:

RM(kg)	CO	HC	NO$_x$	车辆类型	RM(kg)	CO	HC + NO$_x$	CO	HC + NO$_x$
RM≤1020	22	3.8	2.5	第一类轻型车	全部	7.8	2.5	6.3	2.0
1020 < RM≤1470	29	4.4	3.5		RM≤1250	7.8	2.5	6.3	2.0
1470 < RM≤1930	36	5.0	3.8	第二类轻型车	1250 < RM≤1700	13.1	4.5	12.0	2.9
RM > 1930	39	5.2	3.9		RM > 1700	16.0	4.5	16.0	3.6
RM:基准质量				限值单位: g/km		第一阶段限值		第二阶段限值	

不透光烟度法	年份	烟度(Rb)	年份		光吸收系数(m^{-1})
	1995.6.30 前生产	≤5.0	2001.10.1	自然吸气式	≤2.5
	1995.7.1 至 2001.9.30	≤4.5	后生产	涡轮增压式	≤3.0

2005 年 7 月 1 日以后生产:测得的排气烟度不应大于车型核准批准的自由加速排气烟度排放限值再加 0.5m^{-1}

柴油车	加载减速法	限值类别	车型		光吸收系数(k)
			轻型车	重型车	
		0 类限值	2000 年 7 月 1 日以前生产的第一类轻型汽车和 2001 年 10 月 1 前生产的第二类轻型汽车	2001 年 9 月 1 日以前生产的重型汽车	2.13 m^{-1}
		Ⅰ类限值	2000 年 7 月 1 日起生产的第一类轻型汽车和 2001 年 10 月 1 日起生产的第二类轻型汽车	2001 年 9 月 1 日起生产的重型汽车	1.86 m^{-1}
		Ⅱ类限值	2005 年 7 月 1 日起生产的第一类轻型汽车和 2006 年 7 月 1 日起生产的第二类轻型汽车	2004 年 9 月 1 日起生产的重型汽车	1.39 m^{-1}
		Ⅲ类限值	2008 年 7 月 1 日起生产的第一类轻型汽车和第二类轻型汽车	2008 年 1 月 1 日起生产的重型汽车	1.39 m^{-1}
		最大轮边功率值	≥发动机标定功率值的 50%		

想一想练一练

汽车排放尾气的成分及危害有哪些？

第二节　汽车尾气排放分析

汽车尾气成分与发动机的工况有最直接的联系,因此可以通过汽车尾气的检测来分析发动机的工作状况、性能好坏;检查缸内气体燃烧情况、点火性能、进气效果、供油情况、机械情况等。当发动机各系统出现故障时,尾气中某种成分必然偏离正常值,通过检测发动机不同工况下尾气中不同气体成分的含量,可判断发动机故障所在的部位。

一、汽车尾气成分分析

1. 一氧化碳（CO）

CO 是燃料燃烧不完全的产物,CO 含量过高主要是空燃比过小（混合气过浓）引起的。分析原因要从供油过多或供气过少两方面考虑。尾气检测中 CO 浓度过高,引起的原因可能是燃油供给系统、空气供给系统和电控系统有故障。空气供给系统故障如空气滤清器不洁净堵塞、供气阻力大、混合气不洁净、活塞环胶结阻塞、曲轴箱通风系统受阻等;燃油供给系统故障如燃油供应太多、喷油器漏油、油压过高等;电控系统故障如点火提前角过大（点火太早）、喷油量基本控制信号和修正控制信号异常、冷却液温度传感器和空气流量传感器故障等。

2. 碳氢化合物（HC）

HC 是燃料未完全燃烧或未燃烧的产物,包括燃油、润滑油及其裂解产物和部分氧化物的 200 多种复杂成分。HC 的浓度高的原因主要有:

（1）发动机机械状况不良。如汽缸窜气导致燃烧室混合气向曲轴箱泄漏、曲轴箱通风损坏、汽缸压力不足、发动机温度过低、燃油管泄漏、燃油压力调节器损坏等。

（2）混合气过浓。如油箱中油气蒸发、燃油回油管堵塞、喷油嘴漏油、燃油压力调节器损坏等。

（3）点火性能差。如点火时间不准确、火花强度弱、少数缸断火、关联点火时间的修正信号不良和点火控制模块故障等。

3. 氮氧化合物（NO_x）

NO_x 主要是在高温和富氧状态下产生的,NO_x 包含 NO、NO_2 等多种气体,由排气管排出。检测中 NO_x 浓度过高的主要原因是废气再循环（EGR）阀工作不良或大负荷状态下汽缸里有炽热点造成爆燃现象。当燃烧室内产生爆燃时,汽缸温度压力急剧升高,这可能导致过多的 NO_x 排放。而汽缸的爆燃也有可能是点火提前过大、爆震传感器损坏、燃烧室中的积炭和点火控制系统故障造成。

4. 微粒物（PM）

微粒物主要是化合物微粒及燃料没完全燃烧生成的炭粒。尾气呈黑色是混合气太浓,排气中有大量燃料没完全燃烧生成的炭粒;尾气呈白色是排气中有大量水蒸气;尾气呈蓝色则是有机油进入汽缸内参与燃烧。

二、汽车尾气主要污染物的产生和控制途径

(1)从排气管排出的废气。主要成分是一氧化碳 CO、碳氢化合物 HC、氮氧化合物 NO_x、SO_2 以及铅化物、微粒物(由炭烟、铅氧化物等重金属氧化物和烟灰等组成)和硫化物等,控制途径是加装尾气后处理系统来降低尾气中污染物的含量。

(2)曲轴箱窜气。其主要成分是 HC,还有少量的 CO、NO_x 等,控制途径主要是加装曲轴箱通风系统。

(3)从油箱、油管接头等处蒸发的汽油蒸气,主要成分是 HC,控制途径主要是加装炭罐系统进行吸收。

对汽油发动机来讲,通过尾气分析,可以检测到以下几个主要方面的故障:混合气过浓或过稀、二次空气喷射系统不良、喷油器故障、进气歧管泄漏、汽缸盖衬垫损坏、EGR 阀故障、排气系统泄漏、点火提前角异常等,见表8-2。

尾气测试值与系统故障   表8-2

CO	HC	NO_x	CO_2	O_2	可能的故障
偏高	偏高	正常	偏低	偏高	混合气偏浓时失火
偏低	偏高	正常	偏低	偏低	点火系统故障(间歇性失火);汽缸压力低
偏低	偏高	正常	偏低	偏高	混合气偏稀时失火
偏低	偏高	偏高	正常	正常	点火过早
偏高	正常	正常	正常	偏低	点火过迟
偏高	偏高	正常	偏低	偏低	混合气浓
偏高	正常/偏低	正常	偏低	偏低	混合偏浓
变化	变化	正常	偏低	正常	EGR 阀漏气
偏低	偏低	偏低	偏低	偏高	催化转化器之后的排放物泄漏;排气管漏气
偏低	偏低	偏低	偏高	偏低	燃烧效率高,催化转化器作用良好

检测中 HC 和 O_2 的读数高,是由点火系统不良和过稀的混合气失火引起;CO、HC 高,CO_2、O_2 低,表明发动机工作混合气很浓。

通常 CO_2 的读数和 CO、O_2 的读数相反,燃烧越完全,CO_2 的读数就越高。如果混合气浓,O_2 的读数就低,CO 的读数就高;反之混合气稀,O_2 的读数就高,CO 的读数就低;若混合气偏向失火点,O_2 的读数就会上升得很快,同时 CO 值低,HC 值高而且不稳定。

断火试验:如果每个缸 CO 和 CO_2 的读数都下降,HC 和 O_2 的读数都上升,且上升和下降的量都一样则证明每个缸都工作正常。如果只有一个缸的变化很小,而其他缸都一样,则表明这个缸点火不正常或燃烧不正常。

如果车辆的排气管或尾气分析仪的测量管路有泄漏,那么所检测的就是被外部空气稀释的尾气,CO 和 HC 的测量值将降低,O_2 的值将上升。O_2 的读数是最有用的诊断数据之一。O_2 的读数和其他 3 个读数一起,能帮助找出诊断问题的难点。通常,装有催化转换器的汽车的 O_2 的读数应该是 $1.0\% \sim 2.0\%$,说明发动机燃烧很好,只有少量未燃烧的 O_2 通过汽缸。

如果 O_2 的读数小于 1.0% ,则说明混合气太浓,不利于很好地燃烧;如果 O_2 的读数超过 2% ,则说明混合气太稀。燃油滤清器堵塞、燃油压力低、喷油器阻塞、真空系统漏气、废气再循环(EGR)阀泄漏等都可能导致混合气过稀失火。

参照表 8-2,再配合相应的其他测试如故障码分析、数据流分析、点火波形分析、真空及压力分析,相信能快速的诊断电控汽油喷射发动机故障。

三、汽车尾气的检测

(一)汽油车尾气的检测

1.不分光红外线气体分析仪检测

《汽油车排气污染物的测量怠速法》(GB/T 3845—1993)规定汽油车排气污染物检测时,应采用不分光红外线分析仪(NDIR),并对检测工况和检测程序进行了具体规定。不分光红外线气体分析仪是一种能够从汽车排气管中采集气样,并对其中所含 CO 和 HC 的浓度进行连续测量的仪器。汽车排气中的 CO、HC、NO 和 CO_2 等气体,对红外线分别具有吸收一定波长的性质,而且红外线被吸收的程度与废气浓度之间有一定的关系,利用不分光红外线分析法制成的分析仪,既可以制成单独检测 CO 或 HC 含量的单项分析仪,也可以制成能测量这两种气体含量的综合分析仪。

2.双怠速试验按《汽油车排气污染物的测量怠速法》(GB/T 3845—1993)规定进行

双怠速测量程序:

(1)在发动机上安装转速计、点火定时仪、冷却液和润滑油测温计等测试仪器。

(2)发动机由怠速工况加速至 0.7 额定转速,维持 60s 后降至高怠速(即 0.5 额定转速)。

(3)发动机降至高怠速状态后,将取样探头插入排气管中,深度等于 400mm,并固定于排气管上。

(4)先把指示仪表的读数转换开关打到最高量程挡位,再一边观看指示仪表,一边用读数转换开关选择适于排气含量的量程挡位。发动机在高怠速状态维持 15s 后开始读数,读取 30s 内的最高值和最低值,取平均值即为高怠速排放测量结果。

(5)发动机从高怠速状态降至怠速状态,在怠速状态维持 15s 后开始读数,读取 30s 内的最高值和最低值,其平均值即为怠速排放测量结果。

(二)柴油车排气污染物的检测

1.滤纸式烟度计检测

柴油车排出的烟色有黑烟、蓝烟和白烟三种。其中,以柴油机在全负荷和加速工况时排出的黑色炭烟最为常见。黑烟的发暗程度用排气烟度表示,排气烟度用烟度计检测。根据《柴油车自由加速烟度的测量滤纸烟度法》(GB/T 3846—1993)规定柴油车排气烟度检测时,应采用滤纸式烟度计,并对检测工况和测量程序进行了具体规定。滤纸式烟度计的测量原理是用一个活塞式抽气泵,从柴油机排气管中抽取一定容积的废气,使它通过一张一定面积的白色滤纸,废气中的炭烟存留在滤纸上,使其染黑。用检测装置测定滤纸的染黑度,再由指示装置指示出来。该染黑度即代表柴油车的排气烟度。

2.柴油车自由加速烟度的检测方法

《柴油车自由加速烟度的测量滤纸烟度法》(GB/T 3846—1993)规定,柴油车自由加速烟度的检测应在自由加速工况下,采用滤纸式烟度计,按测量规程进行。自由加速工况是指,柴油发动机于怠速工况(发动机怠速运转,离合器处于接合位置,加速踏板与手油门处于全松开位置,变速器处于空挡位置,具有排气制动装置的发动机,蝶阀处于全开位置),将加速踏板迅速踏到底,维持4s后松开。维持怠速运转,循环测量4次,取后3个循环烟度读数的算术平均值作为所测烟度值,如图8-1所示。

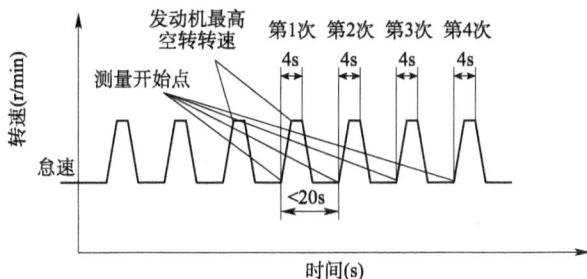

图8-1　自由加速烟度测量规程

（三）五气体尾气分析仪

五气体尾气分析仪具有怠速测试、双怠速测试及普通测试三种测试方法。前两种是汽车年检时的检测方法。在维修时,使用普通测试来实时测试发动机尾气成分的变化。现在的汽车多数装有催化转化器,分析发动机故障时,尾气取样应在催化器之前(在催化器前的排气管上通常有一个用螺栓堵住的专用的取样孔,可拆下螺栓,把尾气分析仪的探头从此插入)。装有二次空气喷射的发动机尾气测试时应让该系统暂时停止工作。测试尾气前,应使发动机达到正常工作温度,取样探头插入深度不低于40cm。图8-2所示为南华506五气尾气分析仪。

图8-2　南华506五气（CO/CO₂/HC/NO/O₂）尾气分析仪

对于装有催化转化器的汽车,如果催化剂工作正常,会使CO和HC减少。因此,将取样探头插到催化转化器之前测量未经转换的排气或在EGR阀的排气口检测。必要时,使空气泵和二次空气喷射系统停止工作。读取测量数据前,不要让发动机怠速运转时间过长。在发动机暖机后,才能使用尾气分析仪进行尾气检测。在进行变工况测试中,要让加速踏板稳住后再读取测量数据。

想一想练一练

1.汽车尾气主要污染物的产生和控制途径有哪些?

2.汽车尾气检测的方法有哪些?

第三节　车用柴油机排放净化与控制装置

目前,控制柴油机尾气排放的措施大致有三种:一是前期净化,二是机内净化,三是后处理净化。前期净化就是提高燃油的质量,提高燃烧效率,使燃油充分燃烧,减少有害物质的排放;机内净化就是指从改善发动机的工作性能的角度来减少柴油机污染物的排放,如采用电控燃油喷射系统、低排放燃烧技术、废气再循环技术、涡轮增压中冷技术和多气门技术等来改善发动机的工作性能,从而达到降低有害物质排放的目的;而后处理净化是针对尾气进行处理的措施。

一、废气再循环(EGR)

废气再循环是将发动机排出的一部分废气送回到进气管,和新鲜的空气混合后再次进入汽缸参加燃烧,这种方式使得混合气中氧的浓度降低,从而使燃烧反应的速度减慢,燃烧温度下降,有效控制燃烧过程中 NO_x 的生成,降低 NO_x 的排放量。

(一)结构组成

如图 8-3 所示,其结构由 EGR 废气管、EGR 废气冷却器、EGR 电子控制阀和 EGR 控制单元等组成。

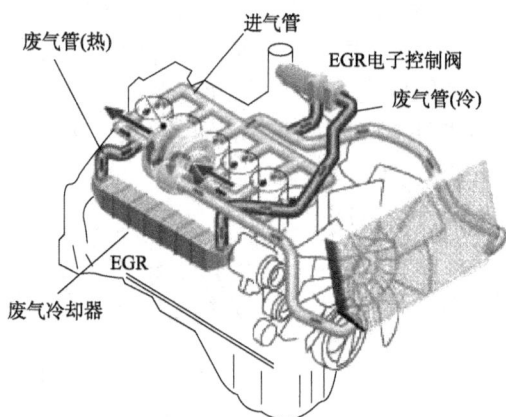

图 8-3　废气再循环(EGR)结构图

(二)工作过程

如图 8-4 所示,EGR 系统的主要元件是电子控制 EGR 阀,电子控制 EGR 阀安装在排气歧管上,其作用是独立地对再循环到发动机的废气量进行准确的控制。EGR 阀通过 3 个孔径递增的计量孔控制从排气歧管流回进气歧管的废气量,以产生多种不同流量的组合。每个计量孔都由 1 个电磁阀和针阀组成,当电磁阀通电时,电枢便被磁铁吸向上方,使计量阀门开启。旋转式针阀的特性保证了当 EGR 阀关闭时,具有良好密封性。EGR 阀的开与关由发动机控制模块(PCM)控制。当汽车怠速,或还没有达到工作温度时,EGR 阀关闭,没有尾气进入燃烧室;当发动机进入正常工作温度,转速达到设定值时,EGR 阀打开,一定比例的废气随进气进入燃烧室。PCM 根据发动机冷却液温度传感器、节气门位置传感器和空气流量传感器来控制 EGR 系统。

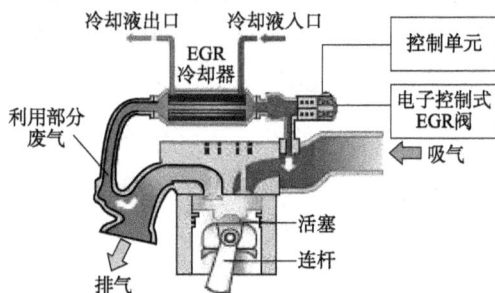

图 8-4　废气再循环(EGR)系统

二、柴油机氧化催化器(Diesel Oxid ation Catalytic,DOC)

(一)结构组成

DOC 结构由多孔氧化铝载体、贵金属催化剂和外壳组成。催化剂采用的是和汽油机三元催化相同的铂(Pt)、钯(Pd)等贵金属和稀土金属。

(二)工作原理

由于柴油排气中含氧量较高,可通过氧化催化器进行处理,消耗微粒中的可溶性有机成分 SOF 来降低微粒排放,同时让碳氢化合物(HC)和一氧化碳(CO)在催化剂作用下与氧气结合,生成无害的二氧化碳和水。

DOC 工作温度在 200~350℃,可以降低微粒中 SOF 达到 40%~90% 以上,降低微粒排放,也可使一氧化碳(CO)降低 30% 左右,碳氢化合物(HC)降低 50% 左右,此外同时可降低芳烃和醛类的排放,使得柴油机尾气臭味减少。氧化催化的转化效率受柴油中的硫含量和排气温度影响,若硫含量变多,容易产生过多的硫酸盐,造成微粒增多。因此,只有用低硫柴油才能保证氧化催化效果。柴油硫含量不应超过质量分数 0.5%。

三、微粒氧化催化器(Particles Oxidation Catalyst,POC)

(一)结构组成

POC 由壳体、氧化催化剂和载体组成。

(二)工作原理

POC 是一种针对柴油机排放污染物中微粒物的后处理设计,需要配合柴油机氧化催化器(DOC)使用。POC 工作温度在 200~500℃,利用 DOC 产生的二氧化氮和柴油机排放的二氧化氮,在 POC 内部与微粒物燃烧,从而有效去除排气中的微粒物。POC 对微粒物的转化效率达到 60% 以上,是一种较为经济适用的后处理方案。

四、柴油机微粒捕集技术(Diesel Particulate Filter,DPF)

(一)结构组成

柴油机微粒捕集由微粒过滤元件、压力传感器和废气温度传感器和壳体等组成。

(二)工作原理

目前限制柴油机微粒物排放最主要的后处理技术就是柴油机微粒捕集技术(Diesel Particulate Filter,DPF)。柴油机排放如果仅通过机内净化,而不使用后处理技术已经无法再满足排放法规的要求。这是因为柴油机的尾气排放物中 PM 与 NO_x 两大污染物的生成是相互矛盾的。仅通过机内净化的方式来减少其中一种污染物的排放,势必导致另一污染物的增加。因此,现代法规对柴油机微粒排放的限制必将推进微粒捕集器在柴油机上的普及使用。

DPF 柴油机微粒捕集器是国际上公认的微粒排放后处理最佳方式。其工作原理是排气通过微粒捕集器,过滤体将排气中的微粒物捕集和燃烧,从而达到净化排气的目的。过滤机理主要采用扩散机理、拦截机理、惯性机理和综合过滤机理。扩散机理如同河流三角洲沉积沙一样,采用布朗运动作用微粒扩散至壁面和微孔附近,微粒直径越小,排气温度越高,作用越明显;拦截机理就是采用过滤孔进行拦截,大于孔直径的微粒不能通过;惯性碰撞机理利用微粒惯性流动,当气流出现流线弯曲时,微粒因惯性继续直行,碰撞到过滤体进行捕集。

DPF 柴油机微粒捕集器具有再生功能。捕集微粒过后会集聚,导致排气背压增加堵塞,柴油机动力性和经济性变差,必须及时去除沉积的微粒物,这种恢复微粒捕集器性能的过程称为再生。由于柴油机排气中微粒绝大部分为可燃物,其通常在 560℃ 以上便开始燃烧。但是一般柴油机排气温度低于 500℃,正常情况下较难烧掉,因此需要额外的方法进行处理。现在可行的技术有主动再生系统和被动再生系统。主动再生系统分类有喷油助燃再生系统、电加热助燃再生系统、微波加热助燃再生系统、红外线加热助燃再生系统,这类主要通过外部辅助加热把微粒进行清除;被动再生系统分类有大负荷再生、排气节流再生、催化再生、燃料添加剂再生等,这类再生效果较为一般。DPF 使用上无须再添加任何东西,动力损失方面较小,整车的燃油经济性不会受到大的影响。

五、选择性催化还原系统(Selective Catalytic Reduction,SCR)

SCR 最开始是应用在锅炉、焚烧炉和发电厂等地方上降低氮氧化物 NO_x,近年才逐步进入汽车领域。选择性催化还原剂采用氨类物质(氨气、氨水和尿素)或各种碳氢化合物(柴油和乙醇)。催化剂采用一些金属结合物或人造沸石等。当发动机内部净化措施无法让氮氧化物(NO_x)达到排放标准才采用此技术。下面对厦门金旅客车康明斯 ISBE 欧Ⅳ SCR 系统进行介绍。

1. SCR 结构组成

康明斯 ISBE 欧Ⅳ 发动机 SCR 总共包括四大模块:发动机排放控制模块、车用尿素喷射模块、SCR 催化器模块和 OBD 车载诊断模块。

(1)发动机排放控制模块。由 SCR 电控单元(ECU)和传感器等组成。排放控制模块能根据工作环境传感器的反馈信号精确地计算所需要尿素的喷射率和喷射量,并将数据链路指令传给尿素计量喷射模块。独立的排放控制模块也能用于控制发动机或者后处理系统中的其他工程零部件。传感器有尿素温度传感器、废气温度传感器、排放传感器等。

(2)车用尿素喷射模块。由尿素罐、尿素溶液加热器、计量喷射泵和尿素喷嘴(喷雾器)等组成。尿素罐用于储存尿素溶液,上面安装有尿素溶液液面传感器和尿素温度传感器。当尿素溶液不足时,仪表板上的液量不足警告系统就会提醒驾驶人及时补充;尿素溶液加热器用于加热尿素溶液,防止尿素溶液结冰,提高喷嘴的雾化性能;计量喷射泵和尿素喷嘴(喷雾器)是根据控制模块指令,由计量喷射泵向尿素喷嘴提供一定压力的尿素溶液,尿素喷嘴向排气管催化器模块喷射雾状的尿素。喷嘴是一个要求高耐久性能的部件,它喷射雾化的尿素和空气混合物通过催化剂载体。康明斯喷嘴的特点在于尾气气流的中心进行喷射,最大限度地降低尿素结晶的风险。喷嘴大节流面积的设计也提高了其杂质耐受度。

2. SCR 工作原理和工作过程

如图 8-5 所示,尿素喷入高温排气管后分解生成氨气(NH_3),氨气(NH_3)与排气中的氮氧化合物(NO_x)在催化剂作用下发生还原反应生成 N_2 和 H_2O,从而降低 NO_x 的含量。具体化学反应过程如下。

(1)第一阶段:当排气处理液喷射到高温的 SCR 砖中(>160℃)时,会分解为氨和二氧化碳。

(2)第二阶段:氨与氮氧化合物相接触便产生催化还原反应,生成氮气和水。

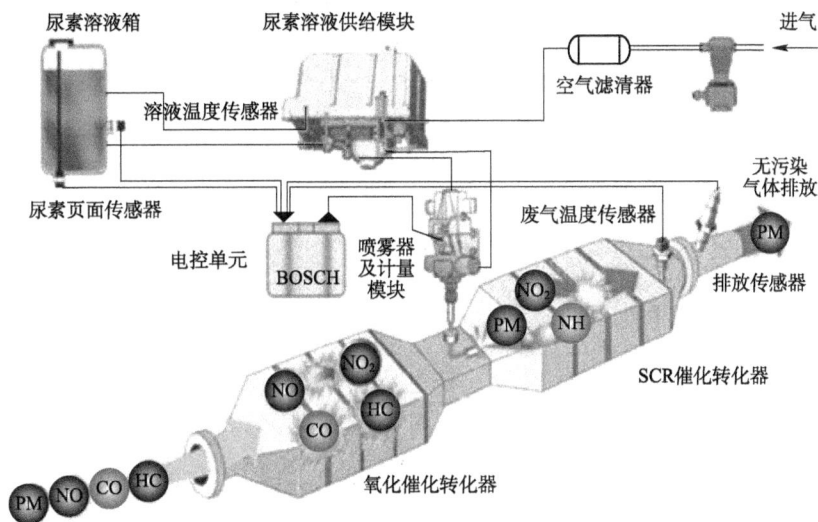

图 8-5　SCR 系统工作过程

3. SCR 使用注意事项

SCR 是一个自动控制的系统,只要加注符合标准要求的尿素,系统内部终身免维护。但在实际使用过程中仍然需要注意些问题:

(1)排气处理液(DEF)。DEF 是 32.5% 的尿素水溶液,无毒、无污染、无爆炸性、不易燃,清澈的液体,可能有轻微的氨气味。泄漏出来的 DEF 很容易因为水分蒸发而变成白色的 DEF 结晶,在 -11℃时开始结冰。不慎吸入可能导致鼻子、咽喉和上呼吸道刺激;皮肤长时间接触后,皮肤刺激,需要用清水或肥皂水清洗;误入眼睛可能导致眼睛刺激,及时用大量的清水冲洗 10 ~15min;如有吞咽,对口、咽喉和胃部刺激,吞食症状有疼痛、头痛、恶心、呕吐、头昏、嗜睡及其他中枢神经系统影响,应立即到医院就诊。

(2)计量泵。计量泵内部密封件和泵送机构不能接触柴油,如果处理液罐中加入燃油,计量泵将会损坏。计量泵内部污染后,不能进行冲洗清洁 ,必须更换计量泵。

想一想练一练

1. 控制柴油机尾气排放的后处理措施有哪些?

2. 选择性催化还原系统(SCR)使用注意事项有哪些?

第九章 大客车传动系统

章节描述

    大客车底盘一般是由传动系统、行驶系统、转向系统和制动系统四部分组成,其作用主要是支撑、安装汽车发动机及其各部件,形成汽车的整体造型,并接受发动机的动力,使汽车产生运动,保证车辆的正常行驶。传动系统作为大客车底盘的四大系统之一,承担着将发动机的动力按汽车正常行驶需要传送至驱动轮的工作,是汽车正常行驶的动力保障。通过本章的学习,可以增强学生对大客车传动系统的类型和结构的了解,使学生能够从整体到局部,从原理到方法,逐渐掌握大客车传动系统的分类、构造与简要原理。

学习目标

1.知识目标

能理解传动系统的基本组成和布置形式,了解各组成部件结构、功用、连接关系以及动力传递路线。

2.技能目标

能了解大客车离合器、变速器的操纵方法。

3.情感目标

培养踏实、一丝不苟的学习态度和工作作风,发扬团队合作精神。

建议课时

12课时。

学习内容

第一节　大客车传动系统综述
第二节　离合器
第三节　手动变速器
第四节　万向传动装置
第五节　驱动桥

学习要求

1.熟悉传动系统的组成与功用;
2.熟悉离合器总体结构和基本原理;
3.熟悉手动变速器的功用与原理;
4.了解万向传动装置的组成和功用;
5.熟悉驱动桥的组成与功用。

第一节　大客车传动系统综述

我们把汽车发动机与驱动轮之间的动力传递装置称为汽车传动系统。传动系统应保证汽车具备在各种行驶条件下所能达到的驱动力、车速及两者随道路和交通状况变化的要求；具有良好的动力性和经济性；保证汽车在不改变发动机转向时实现倒车；能使左右驱动轮适应差速要求；能使动力传递平稳地接合或彻底、迅速地分离。

一、传动系统的功用与组成

(一) 功用

汽车传动系统的基本功用是将发动机发出的动力按照需要传给驱动轮,并保证汽车正常行驶。传动系统应能实现起步、降速增矩、变速变矩、差速、倒车和实现动力不输出等功能。传动系统示意图如图 9-1 所示。

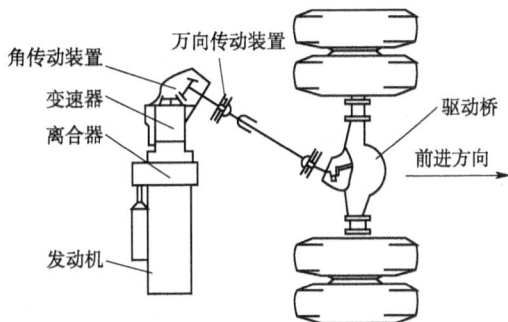

图 9-1　大客车传动系统(后置后驱)示意图

1. 降速、增矩

汽车的起步与驱动,要求作用在驱动轮上的驱动力足以克服各种外界阻力,如地面对车轮的滚动阻力、空气对车身的阻力等。汽车发动机发出的转矩若直接给车轮,所得到的驱动力很小,不足以驱动汽车运动;另一方面,发动机的转速较高,一般在每分钟数千转,这一转数直接传到驱动轮上,汽车将达到几百公里的时速,这样高的车速既不实用,也不可能。因此,要求传动系统具有降速、增矩的作用,使驱动轮的转速降低到发动机转速的若干分之一,相应地使驱动轮的转矩增大到发动机转矩的若干倍。

2. 实现车辆倒车

汽车除了前进外,在某些情况下还需要倒向行驶,而发动机一般是不能反向转动的,这就要求传动系统能够改变驱动轮的转动方向,以实现汽车的倒向行驶,因此在变速器中设置了一个倒挡。

3. 中断动力传递

发动机起动后,汽车在行进中换挡以及对汽车进行制动时,要暂时切断动力的传递。为满足此要求,在发动机与变速器之间需要设置一个可以由驾驶人控制分离或接合的机构,称为离合器。另外,在变速器中需要设置空挡,使各挡位齿轮都可以处于非传动状态,以满足汽车在发动机不停止转动时能较长时间地中断动力传递。

4. 差速作用

汽车在转弯行驶时,左、右驱动车轮在同一时间内滚动的距离不同,如果两侧的驱动轮用一根刚性轴连接,则两轮转动的角速度必然相同,因而在汽车转弯时必然产生车轮相对地面滑动的现象,这将使转向困难,汽车动力消耗增加,传动系统内部某些零件和轮胎磨损加剧。为了避免出现这种情况,在驱动桥内部安装了差速器,使左、右驱动车轮以不同的角速度旋转。动力由主减速器先传到差速器,再由差速器分配给左、右半轴,最后传到左、右驱动轮上。

(二)组成

按结构和传动介质不同,目前,大客车主要采用机械式传动。虽然现代汽车传动系统的结构和布置形式较多,但构成传动系统的各组成部分基本相同。根据传动系统的作用和要求,其结构通常由离合器、变速器(分动器)、主减速器、差速器、万向传动装置、半轴等总成和零件组成。结构如图9-2所示。

二、传动系统的分类和布置形式

传动系统的布置形式主要取决于传动系统与发动机在汽车上的相对位置。主要有后置后驱、前置后驱等类型。目前,国内大客车传动系统主要采用后置后驱类型。

1. 发动机后置后轮驱动

后置后驱英文缩写为RR。这种布置形式为客车所广泛采用,如郑州宇通、桂林大宇等客车均采用此结构。其结构布置、外形轮廓分别如图9-2和图9-3所示。

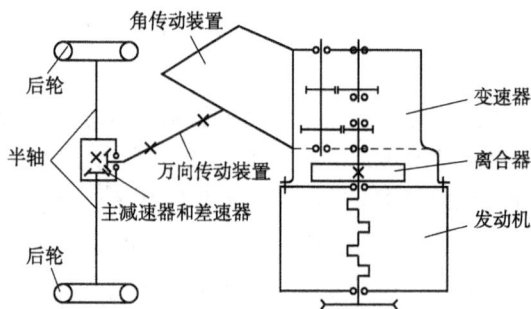

图9-2 后置后驱传动系统结构布置图

图9-3 后置后驱传动系统外形轮廓图

这种布置的优点如下:

(1)前轴载荷减小,转向轻便。

(2)发动机和传动系统的热量、尾气、振动、噪声对车厢的影响小。

(3)车厢面积利用率高。

其缺点如下:

(1)发动机通风散热差,易过热。

(2)对发动机和离合器、变速器等总成的远距离操纵较困难。

2. 发动机前置后轮驱动

前置后驱英文缩写为FR。这种布置形式为载重车所采用较多,部分客车以及中高级轿车也常采用。发动机前置后轮驱动结构布置图如9-4、图9-5所示。

这种布置形式使得发动机、离合器、变速器各总成往往连成为一体,并安装于汽车前部。主减速器、差速器安装于后桥中部,构成后驱动桥。在变速器与后驱动桥之间用万向传动装置进行连接。

这种布置的优点如下:

（1）发动机通风冷却良好，车厢供暖方便。

（2）传动系统以及操纵机构的布置简单。

（3）对于载货汽车，前后轴轴荷分配合理，汽车起步、加速、爬坡时附着性能好，轮胎磨损少。

（4）使汽车转向性能趋于中性稍偏不足转向，具有良好的方向稳定性和操纵灵敏性。

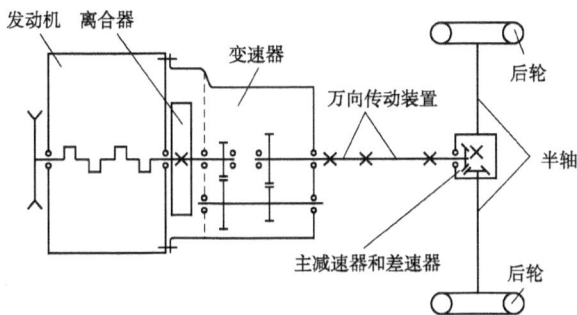

图9-4 前置后驱传动系统结构布置图

图9-5 前置后驱传动系统外形轮廓图

其缺点如下：

（1）轴距长，传动轴也较长，需分段并采用中间支承。这一方面将使汽车重心偏高，另一方面易引起共振。

（2）客车采用此布置形式，使车厢的面积利用率降低，车厢内隔热不好、减振困难、噪声大。废气易进入车厢，舒适性差。前悬短，后悬长，使得前车门不易设置，汽车上下坡道易刮擦地面，所以现代客车的传动系统已逐步改用发动机后置或中置后轮驱动形式。

想一想 练一练

1. 传动系统的基本组成和功用是什么？

2. 传动系统的分类及特点是什么？

第二节 离 合 器

离合器位于发动机与变速器之间，是客车传动系统中直接与发动机相联系的总成，用来切断和实现发动机对传动系统的动力传递。在汽车机械式传动系统中广泛采用的是摩擦式离合器，外形如图9-6所示。

一、离合器的功用和类型

1.平稳起步

汽车在从静止到行驶的过程中，其速度由零逐渐增大，而发动机在汽车行驶之前就先处于运转状态，如果发动机的动力直接传给驱动轮，会因汽车巨大的惯性而导致发动机熄火或汽车起步发抖，甚至造成机件损坏。有

图9-6 客车离合器实物图

了离合器,在汽车起步时就可通过离合器逐渐接合(与此同时,逐渐踩下加速踏板以增加发动机的输出转矩),利用逐渐增大的摩擦力使离合器输出的转矩逐渐增大,于是发动机的转矩便可由小到大地传给驱动轮产生驱动力。当驱动力大到足以克服汽车的行驶阻力时,汽车便由静止状态开始缓慢地加速,从而实现平稳起步。

2. 便于换挡

利用离合器的分离来切断动力传递,便于挂入所需挡位。汽车上采用的手动齿轮式变速器,在变换挡位时,需将发动机的动力切断,从而使原啮合的齿轮易于分离,这样需啮合两齿轮的圆周速度能更快地达到同步,以便于挂挡,同时可避免或减轻齿轮的撞击现象。

3. 防止传动系统过载

汽车紧急制动时,车轮制动器会使车轮瞬间抱死停转。若发动机与传动系统刚性连接,则抱死的驱动轮会迫使发动机也突然停转,发动机内各运动件将产生很大的惯性力矩(其数值可能大大超过发动机正常工作时所产生的最大转矩),这一力矩作用于传动系统,会造成传动系统过载而使机件损坏。有了离合器,通过合理的结构设计,就能把其传递的最大转矩控制在一定的数值范围内,通常为发动机最大输出转矩的 2~3 倍。当传动系统承受载荷超过离合器所能传递的最大转矩时,离合器会自动打滑以消除这一危害,从而起到对传动系统的过载保护作用。

4. 传递转矩

在汽车机械式传动系统中,发动机转矩是利用离合器的摩擦力矩传递给驱动轮。

汽车传动系统中所用离合器通常都是利用摩擦来传递动力的,离合器可以按照从动盘的数目、压紧弹簧的形式、操控机构等进行分类,具体类型见表9-1。其中客车上广泛采用的是弹簧压紧摩擦式离合器。

离合器的分类 表9-1

序号	分类依据	主要类型
1	按从动盘的数目	单片式、双片式、多片式
2	按压紧弹簧的形式	膜片弹簧式、周布弹簧式
3	按操纵机构	机械式、液压式、助力式

二、摩擦式离合器

(一)基本结构

摩擦式离合器的基本结构如图9-7、图9-8所示。根据各结构元件的动力传递和作用不同,摩擦式离合器可分为以下4部分:

(1)主动部分:飞轮、压盘、盖。
(2)从动部分:从动盘、输出轴(又是变速器输入轴)。
(3)压紧装置:压紧弹簧。
(4)操纵机构:分离杠杆、分离轴承、分离叉、踏板及调节装置等。

离合器盖用螺钉固定在飞轮上,压盘后端圆周上的凸台伸入离合器盖的窗孔中,并可沿窗孔轴向滑动。这样,曲轴旋转便通过飞轮、离合器盖带动压盘一起转动,构成离合器的主动部分。双面带摩擦衬片的从动盘和输出轴作为从动部分,从动盘通过滑动花键毂装在输出轴(变速器输入轴)上,轴前端采用轴承支撑于曲轴后端的中心孔中,以保证发动机曲轴和输出轴的同轴度。安装在离合器盖和压盘之间沿圆周均布的压紧弹簧组成离合器的压紧装置,压紧弹簧将压盘和从动盘压向飞轮,并使压盘、从动盘和飞轮三零件压紧。

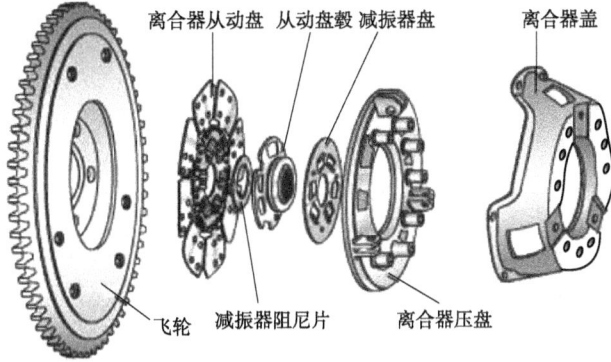

图 9-7　离合器实物分解图

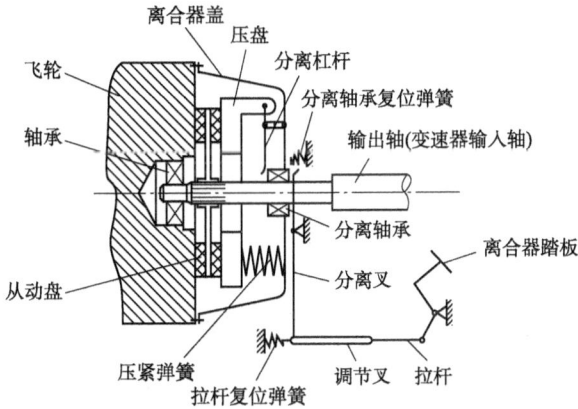

图 9-8　离合器基本结构示意图

　　分离杠杆、分离套筒、分离叉、拉杆、离合器踏板等组成离合器的操纵机构。分离杠杆是离合器操纵机构的一个主要零件,分离杠杆外端与压盘铰接,中部通过铰接支撑在离合器盖上,内端和分离轴承接触(分离时)。分离轴承和分离套筒装成一体,可作轴向移动。分离拨叉中部支撑在飞轮壳上,并通过拉杆和踏板连接。

(二) 主要组成部件

1.压紧装置(压紧弹簧)

　　离合器的压紧装置实际上是由一组或一个弹簧构成。其作用是使压盘、飞轮和从动盘三零件相互压紧,以产生足够的摩擦力矩。以膜片弹簧式离合器为例,如图 9-9 所示。

　　膜片弹簧具有以下优点:

　　(1)结构紧凑,尺寸小,质量轻。这是由于膜片弹簧既作为压紧装置,又承担了分离杠杆的作用。因此,这种离合器就没有单独的分离杠杆及相应的连接元件。

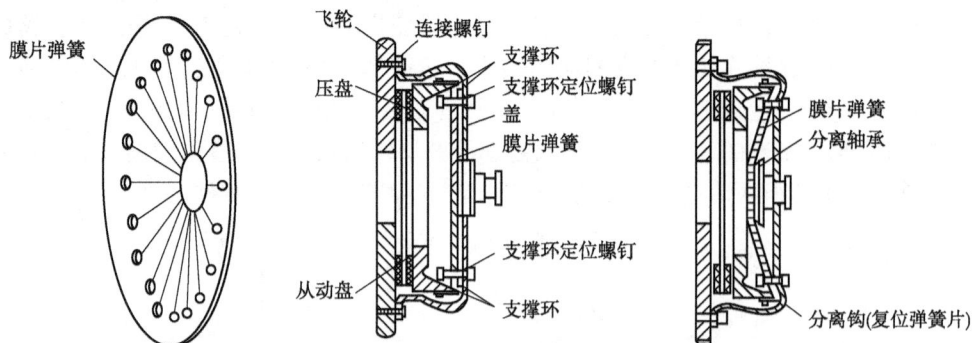

图9-9 膜片弹簧式离合器

（2）使用寿命长。由于没有分离杠杆，相应的摩擦副减少。同时，压盘的移动均匀，不易引起偏斜，从动盘、压盘和飞轮的磨损均匀，尤其是从动盘磨损量减小，使用寿命延长。

（3）工作性能稳定，操纵轻便。

2. 从动盘

采用膜片弹簧式离合器，一般分为不带扭转减振器和带扭转减振器两种结构类型。大多数离合器中从动盘中通常带有扭转减振器。一方面由于发动机传到汽车传动系统的转速和转矩是周期性地不断变化的，这就使传动系统产生扭转振动；另一方面汽车行驶在不平的道路上，使汽车传动系统出现角速度的突然变化，也会引起上述扭转振动。这些都会对传动系统的零件造成冲击性载荷，使其寿命缩短，甚至会损坏零件。为了消除扭转振动和避免共振，防止传动系统过载，多数离合器从动盘中装有扭转减振器。带扭转减振器的从动盘结构如图9-10所示。

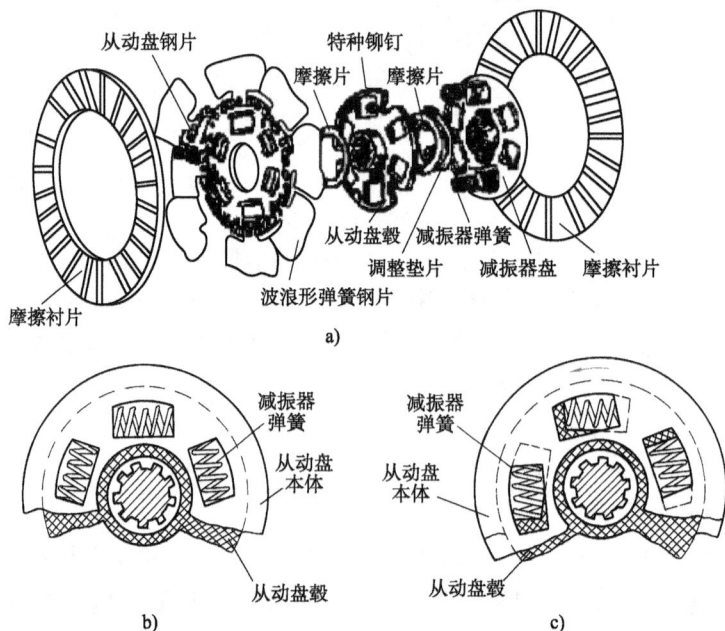

图9-10 带扭转减振器的从动盘结构

从动盘和从动盘毂通过弹簧弹性地连接在一起，构成缓冲机构。从动盘毂夹在从动钢片和减振器盘之间。在从动盘毂与从动钢片、从动盘毂与减振器盘之间还装有环状摩擦片,它是减振器的阻尼元件。

3.分离轴承

分离轴承是操纵机构的一个重要零件,和分离套筒装在一起。分离轴承工作时主要承受轴向推力,并承受高速时自身产生的离心力。其中广泛运用的自动调心式分离轴承如图9-11 所示。这种轴承具有自动调整径向间隙的功能(径向移动可达到1mm)。当膜片弹簧旋转轴线与分离轴承不同心时能自动调整到同心位置。自动调心式分离轴承的优点如下:

(1)振动轻、噪声小。

(2)膜片弹簧内端面与分离轴承接触面磨损小,使用寿命长。

(3)结构简单,运转平稳。

4.操纵机构

目前,客车离合器主要采用液压式操纵机构。液压式操纵机构通常由离合器踏板、离合器主缸(又称总泵)、工作缸(又称分泵)、分离叉、分离轴承和管路系统等组成,如图9-12 所示。当工作缸和分离轴承安装在一起时,分离叉就不再使用。

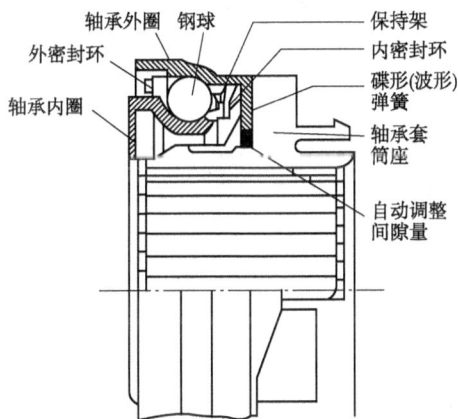

图9-11 自动调心式分离轴承

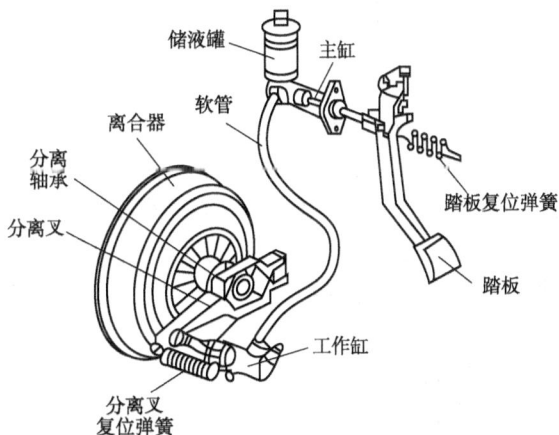

图9-12 离合器液压式操作机构

液压式操纵机构摩擦阻力小,且能增大踏板力,操作轻便;布置方便,其工作不受车身、车架变形及发动机位移和其他装置的影响,适合远距离操纵;踏板可采用吊挂式结构,有利于驾驶室空间布置。不足之处是:维修不方便;对系统要有良好的密封性;液压油对机件有腐蚀作用。液压式操纵机构目前被广泛应用于各种车辆上。对于要求踏板力较大的重型车辆,为使操纵轻便,还增加了气压助力装置。

(三)工作原理

1.接合状态

离合器在接合状态时,压紧弹簧将压盘、从动盘、飞轮互相压紧。发动机的转矩经飞轮直接传给离合器盖和压盘,并通过压盘、从动盘、飞轮之间摩擦面的摩擦产生摩擦力矩传给从动盘,再通过花键传给输出轴(变速器输入轴),最后输入变速器,如图9-13 所示。

2. 分离过程

当驾驶人逐渐踩下踏板,通过拉杆(调节叉)、分离叉使分离轴承向左移,从而推动分离杠杆内端向左移,使其外端拉动压盘,克服弹簧弹力向右移动,以解除压盘、飞轮对从动盘的压力,主、从动部分处于分离状态,切断动力传递,如图9-14所示。

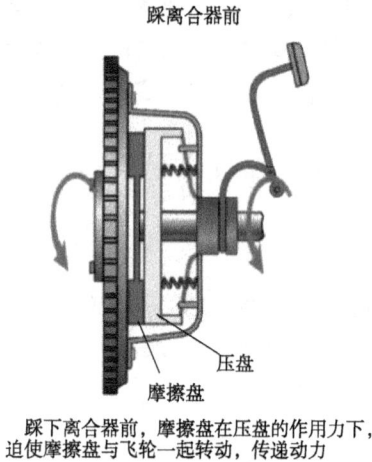

踩离合器前   踩离合器后

压盘
摩擦盘

踩下离合器前,摩擦盘在压盘的作用力下,
迫使摩擦盘与飞轮一起转动,传递动力

踩离合器后,在分离轴承、分离杠杆的作用力下,
压盘向右移动,摩擦盘与飞轮分离,中断动力传递

图9-13　离合器接合过程　　　　　　　图9-14　离合器分离过程

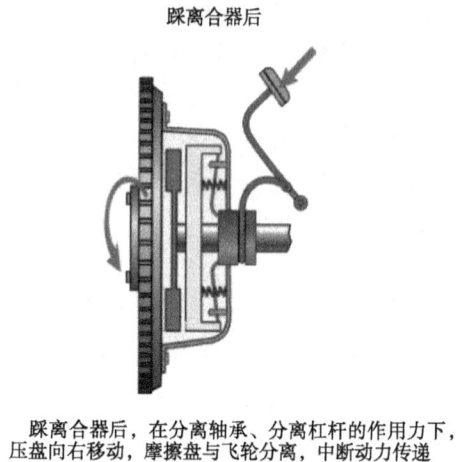

3. 接合还原过程

逐渐抬起离合器踏板,拉杆、分离叉、分离轴承、分离杠杆在各自复位弹簧的作用下复位,压盘在压紧弹簧的作用下前移逐渐压紧从动盘,此时从动盘与压盘、飞轮的接触面之间产生摩擦力矩并逐渐增大,动力由飞轮、压盘传给从动盘经输出轴输出。在这一过程中,从动盘及输出轴转速逐渐提高,直至与主动部分相同,主、从动部分完全接合,离合器还原到接合状态。

4. 半联动状态

在离合器的接合过程中,其主、从动部分未达到同步,处于相对滑磨的状态称为半联动状态。正因为离合器有半联动状态,只要操作合理,就能使汽车平稳起步。

5. 离合器的自由间隙和踏板自由行程

由离合器的工作原理可知,当从动盘摩擦片磨损变薄后,为了保证离合器能处于接合状态,传递发动机转矩,则压盘必须向前移动。此时分离杠杆外端和压盘一起向前移,其内端向后移。如果分离杠杆与分离轴承之间没有间隙,则由于机械式操纵机构的干涉作用,压盘最终无法前移,即导致离合器不能接合,出现打滑现象。为此,在离合器分离杠杆内端与分离轴承之间预留一定的间隙,称为离合器的自由间隙,如图9-15所示。

离合器分离过程中,为消除离合器自由间隙和分离机构、操纵机构零件的弹性变形所需要踩下的踏板行程称为离合器踏板自由行程。

(四)离合器的操作方法

1. 起步时的正确操作

客车离合器的正确操作,选用合适的挡位很重要。大型客运车辆吨位较大,自重大,配备的大多是低转速高转矩的发动机,因此建议使用一挡起步,特别是在车辆满载时。起步之前,最好试一脚离合器踏板,体会一下离合器踏板的自由行程、工作行程和踏板的脚感。

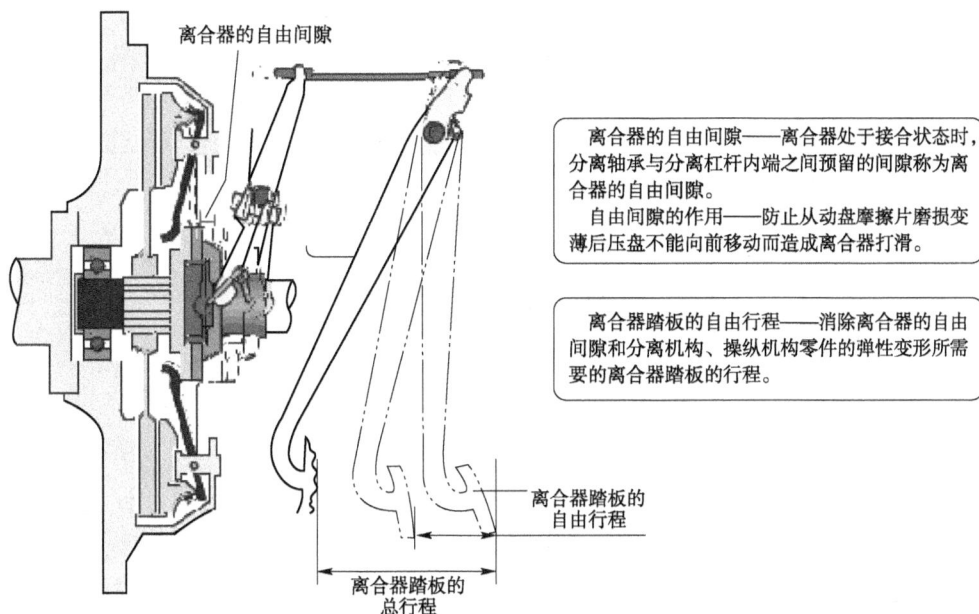

图 9-15　离合器自由间隙和踏板自由行程

　　起步时,踩下离合器彻底分离,抬起离合器踏板时,按"一快、二慢、三联动"的要领操作,即踏板抬起的过程分三个阶段,开始快抬;当离合器出现半联动时,踏板抬起的速度稍慢;由半联动到完全接合的过程,将踏板慢慢抬起。在离合器踏板抬起的同时,根据发动机阻力大小逐渐踩下加速踏板,使汽车平稳起步。加速踏板的操作要平稳适当。

2. 行驶时离合器的正确操作

　　(1)在行车过程中换挡时,操纵离合器踏板应迅速踩下并抬起,不要出现半联动现象。否则,会加速离合器的磨损,操作时注意与加速踏板配合。根据发动机转速与车速变化换挡,保证离合器平稳切合。具体如图 9-16 所示。

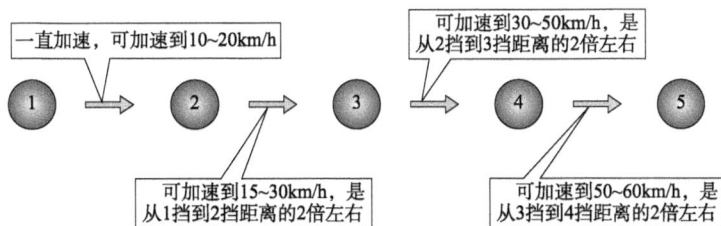

图 9-16　行车换挡操作示意图

　　(2)无事不要踩离合器踏板。在行车中无事踩离合器踏板或长时间把脚放在离合器踏板上,使离合器经常处于接合、分离或半滑转状态,加快了离合器摩擦片、压盘的磨损,使发动机的动力不能全部传到驱动车轮,不仅导致行车费油、费车,增加行车费用,而且容易造成离合器打滑、离合器片烧蚀等现象,严重时甚至使离合器压盘、飞轮端面烧蚀拉伤,离合器压紧弹簧退火等故障。

有些驾驶人在市内道路交通或路口等待绿灯通行时,喜欢用离合器半联动或长时间踩着离合器踏板把车停住,等路口信号变成绿灯时再踩加速踏板通过。这种操作方法不仅造成离合器片、分离轴承的早期磨损或烧蚀,而且对行车安全不利。

(3)在制动时的正确使用。在汽车的行车中,除低速(20~30km/h)制动停车需要踩下离合器踏板外,其他任意情况下制动都不要踩下离合器踏板。因为汽车在中、高车速制动时,踩下离合器踏板对改善汽车的制动能力丝毫无助,还会给行车安全带来危险。

想一想练一练

1.离合器的功用是什么?

2.摩擦式离合器的构成及工作原理是什么?

3.离合器的操作方法是什么?

第三节　手动变速器

汽车发动机转矩变化范围小、转速高,汽车实际行驶的道路条件非常复杂,要求汽车的牵引力和行驶速度必须能够在相当大的范围内变化。此外,所有发动机的曲轴始终是向同一方向转动,而汽车实际行驶过程中常常需要倒车。为了解决这个矛盾在汽车传动系统中设置了变速器。

一、变速器的功用及类型

(一)变速器的功用

1. 实现变速与变矩

汽车上所应用的发动机具有转矩变化范围小、转速高的特点,这与汽车实际的行驶状况是不相适应的。如果没有变速器而直接将发动机与驱动桥连接在一起,首先由于发动机的转矩小,不能克服汽车的行驶阻力,使汽车根本无法起步;其次假使汽车行驶起来,也会由于车速太高而不实用,甚至无法驾控。所以必须改造发动机的转矩、转速特性,使发动机的转矩增大、转速下降以适应汽车实际行驶的要求。变速器中是通过不同的挡位来实现这一功用。

2. 实现倒车

发动机的旋转方向从前往后看的话为顺时针方向,且是不能改变,为了实现汽车的倒向行驶,变速器中设置了倒挡。

3. 实现中断动力传动

在发动机起动和怠速运转、变速器换挡、汽车滑行和暂时停车等情况下,都需要中断发动机的动力传递,因此变速器中设有空挡。

(二)变速器的类型

车用变速器都采用齿轮作为传力元件。根据所设计的传动比数量、前进挡位个数、换挡操作方式、内部结构特点等情况有多种分类方式。

1.按变速器输入、输出转速的变化方式不同分类

按变速器输入与输出转速的变化方式不同可分为有级式、无级式和综合式3类。

(1)有级式变速器。具有几个可供选择的固定传动比。根据所采用的齿轮机构不同又可分为:普通齿轮变速器(也称为固定轴式齿轮变速器或定轴轮系变速器)和行星齿轮变速器(也称为旋转轴式齿轮变速器或周转轮系变速器)两类。通常行星齿轮变速器都是自动变速器。

(2)无级式变速器。传动比可在一定范围内连续变化,常见的有液力式、机械式和电力式3类。液力式的传动部件是液力变矩器;电力式常采用直流串励电动机作为传动部件;机械式有摩擦传动和钢带传动两种。

(3)综合式变速器。由有级式变速器和液力变矩器两部分构成。其传动比可以在最大值与最小值之间几个分段的范围内作无级变化,是目前车用自动变速器的主要结构类型。现代汽车上已经开发出能适应汽车各种运行工况的真正的无级变速器(CVT)。

2.按操纵方式不同分类

按操纵方式不同可分为手动变速器、自动变速器两类。

(1)手动变速器。变速杆每一个位置对应一个挡位,并由驾驶人通过操纵变速杆来变换汽车行驶时所需挡位。

(2)自动变速器。汽车前进时各挡位的变换是自动进行的,驾驶人只需操纵加速踏板(油门踏板)和制动踏板,变速器就会根据发动机的载荷信号和车速信号来控制执行元件,实现各前进挡位的自动变换。根据自动控制方式的不同又可分为全液压控制自动变速器和电子控制自动变速器两类。

3.按前进时变速器的挡位数不同分类

按前进时变速器的挡位数不同可分为三挡手动变速器、四挡手动变速器、五挡手动变速器、六挡手动变速器等。目前大型客车主要采用了手动变速器,部分城市公交车采用了自动变速器。在此我们主要介绍手动变速器的结构与原理。

二、手动变速器的组成及原理

(一)基本组成

虽然各厂家生产的手动变速器的结构各不相同,但其基本组成仍可分成以下3部分:操纵机构、传力机构、壳体和盖。外观及组成如图9-17所示,内部结构示意图如图9-18所示。

(1)操纵机构的结构变化较大,主要和车身及底盘结构的形式和布置有关。根据所采用的元件形式不同有两种结构类型:机械杠杆式和钢索式。实际使用的手动变速器大多采用机械杠杆式。钢索式结构用于远距离操纵,如后置

图9-17 客车变速器外观及组成图

发动机后轮驱动的汽车、平头驾驶室结构的汽车。机械杠杆式的换挡准确性好,但受空间影响,对远距离操纵来说,布置较困难;而钢索式的则相反,但对钢索的质量要求较高。

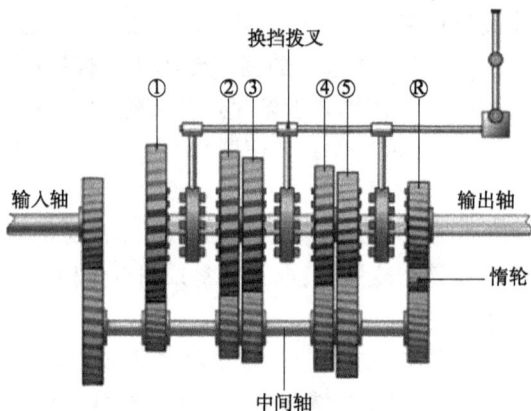

图 9-18　变速器内部结构示意图
①、②、③、④、⑤、Ⓡ-齿轮

(2)传力机构由齿轮、轴、轴承以及同步器组成。不同厂家生产的手动变速器的这部分结构虽有差异,但总体上还是一致的。

(3)壳体和盖用来安装传力机构和内操纵机构,同时储存润滑油。为了减轻汽车的自身质量,对于小型车辆来说,壳体和盖常采用铝合金或镁合金制造。中、重型车辆手动变速器的壳体和盖一般用铸铁制造,以保证其强度要求。

(二)工作原理

汽车用手动变速器都采用齿轮传动,以实现变速、变矩和倒车及切断动力传递等作用。

1. 变速、变矩原理

普通齿轮变速器的变速原理示意图如图 9-19 所示。其中分为齿数相同、小齿轮驱动大齿轮、大齿轮驱动小齿轮三种情况。

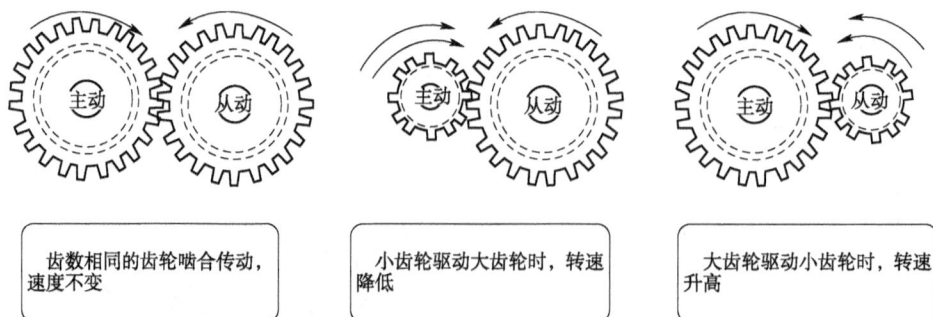

图 9-19　普通齿轮变速器的变速原理示意图

1)一对齿轮外啮合传动比

图 9-20 所示为一对外啮合齿轮传动原理示意图。设齿轮 1 为主动齿轮,其转速为 n_1,齿数为 z_1,其输入的转矩为 m_1;齿轮 2 为从动齿轮,其转速为 n_2,齿数为 z_2,其输出的转矩为 m_2。由图可知,齿轮传动在相同的时间里,不论是主动齿轮还是从动齿轮,它们转过的齿数

总是相等的。因此，$n_1 \cdot z_1 = n_2 \cdot z_2$，即 $n_1/n_2 = z_2/z_1$。根据能量守恒定律，忽略齿轮传动过程中的摩擦损耗，则由齿轮 1 输入的功率与齿轮 2 输出的功率相等。

因此，$P_1 = P_2$ 或 $M_1 \cdot n_1 = M_2 \cdot n_2$，即

$$\frac{n_1}{n_2} = \frac{M_2}{M_1}$$

通常我们把某一个传动装置的输入轴（主动齿轮）转速与输出轴（从动齿轮）转速之比称为传动比，用字母 i 表示。对于上述的一对齿轮来说，其传动比 $(i_{1,2})$ 为：

$$i_{1,2} = \frac{n_1}{n_2} = \frac{z_2}{z_1}$$

从上述分析可得到下式：

$$i_{1,2} = \frac{n_1}{n_2} = \frac{z_2}{z_1} = \frac{M_2}{M_1}$$

由 $i_{1,2} = \frac{n_1}{n_2} = \frac{z_2}{z_1} = \frac{M_2}{M_1}$ 可知：只要改变齿轮的齿数，就可改变输入、输出的转速和转矩。

2）多对齿轮外啮合传动比

当传动比变化范围较大时，用一对齿轮传动，主、从动齿轮的尺寸就会相差很大，这就使得变速器尺寸过大，而且小齿轮的轮齿比大齿轮的工作频繁，寿命缩短。因此，实际使用时常采用多对齿轮传动。

图 9-21 所示为由 4 对齿轮组成的齿轮传动机构示意图。

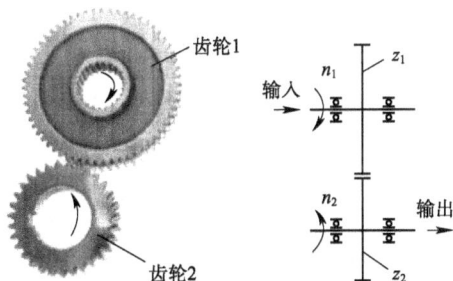

图 9-20　一对齿轮外啮合传动原理示意图　　　　图 9-21　多对齿轮传动（4 对）

其总传动比为：

$$i_{1,8} = \frac{n_1}{n_8}$$

根据一对齿轮传动原理可得到下式：

$$i_{1,8} = \frac{n_1}{n_8} = i_{1,2} \cdot i_{3,4} \cdot i_{5,6} \cdot i_{7,8} = \frac{(z_2 \cdot z_4 \cdot z_6 \cdot z_8)}{(z_1 \cdot z_3 \cdot z_5 \cdot z_7)}$$

$$= \frac{各从动齿轮齿数积}{各主动齿轮齿数积} = \frac{M_8}{M_1}$$

由上式可知：只要改变齿轮的齿数和对数，就可改变输入、输出的转速和转矩，这就是齿轮传动的变速、变矩原理。

2. 变向原理

齿轮传动的旋转方向与齿轮的啮合方式和啮合对数有关。内啮合的齿轮转向相同，如

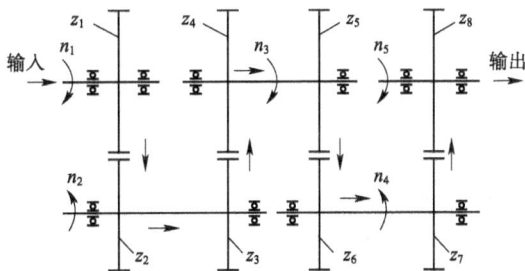

图 9-22a)所示。当外啮合的齿轮对数为奇数对时,转向相反,图 9-22b)所示为一对齿轮传动,其转向相反;当外啮合的齿轮对数为偶数对时,转向相同,图 9-21 所示为 4 对齿轮传动,故转向相同。因此,只要改变外啮合齿轮的对数,就可在不改变发动机转向的条件下实现汽车的前进或后退。在普通齿轮变速器中,前进挡和倒挡传动示意图,分别如图 9-23a)、b)所示。

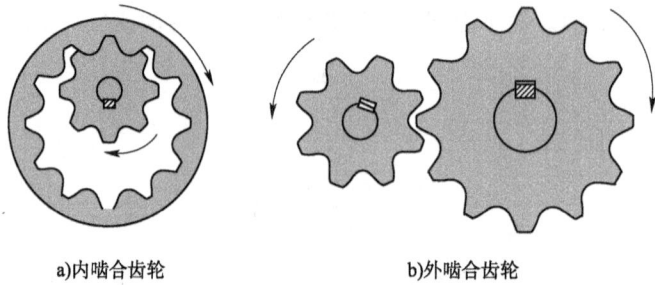

a)内啮合齿轮 b)外啮合齿轮

图 9-22 齿轮啮合示意图

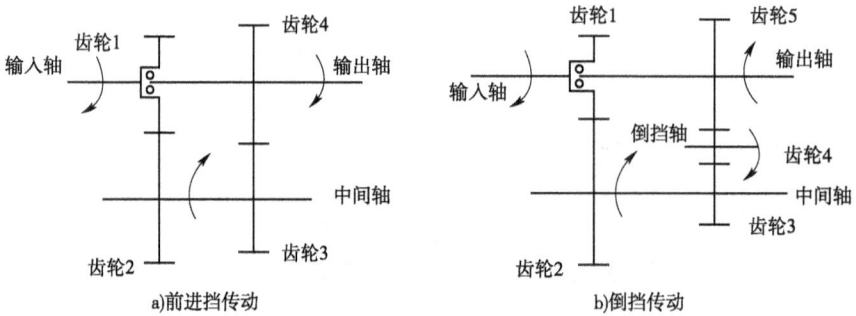

a)前进挡传动 b)倒挡传动

图 9-23 前进挡和倒挡传动示意图

3. 切断动力原理

在汽车行驶的过程中,变速器传递动力时都是在齿轮啮合的状态下进行的,因此要切断动力就只要将原先啮合的齿轮退出啮合状态,即可实现切断动力传递的目的。

三、同步器

换挡实质是通过变速杆将原先啮合的齿轮脱离啮合状态,将需要工作的某一挡位的齿轮进入啮合状态。由于变换挡位几乎都是在动态下(各齿轮处于运转状态)进行的,因此要使两运转的齿轮从分离状态进入啮合状态,就必须要使其啮合点的速度(两啮合齿轮的轮缘线速度)相等。

但是不论加挡还是减挡,变速器刚从某一挡位脱离时,需要啮合的齿轮的轮缘线速度是不相等的。如果直接挂挡,就会导致齿轮撞击发响甚至损坏,且挡位还无法挂入。实际操作时就凭借驾驶人的估计,等待(加挡时等待;减挡时可能还需要轰一脚油门)需要啮合的一对齿轮达到轮缘线速度相等时,才能挂入所需挡位,而驾驶人的估计往往不够精确,这就给变速器的换挡带来困难。为此,现代汽车手动变速器齿轮传动机构中都设置了同步器来解决这一问题。

（一）同步器的作用与类型

1. 作用

同步器的作用是在变速器换挡过程中,使需啮合的一对齿轮或齿套的圆周速度达到相同(即同步状态),从而顺利挂挡;在未达到同步时,阻止其进入啮合状态,以防止挂挡时因未同步而产生的齿轮冲击,延长齿轮的使用寿命。

2. 类型

目前,同步器根据其结构不同又分为:惯性锁销式和惯性锁环式两种。

锁销式同步器其在结构上允许采用直径较大的摩擦锥面,摩擦锥面间可产生较大的摩擦力矩,缩短了同步时间,多用在中重型汽车、商用汽车上。锁环式同步器其结构紧凑,但径向尺寸小、锥面间摩擦力矩较小,多用于传递转矩不大的轿车和轻型货车的变速器。在此主要介绍惯性锁销式同步器。

（二）惯性锁销式同步器的结构、原理

1. 结构

图 9-24 所示为变速器装用的惯性锁销式同步器的结构,它由定位销、锁销、摩擦锥环、摩擦锥盘、接合齿套等零件组成。

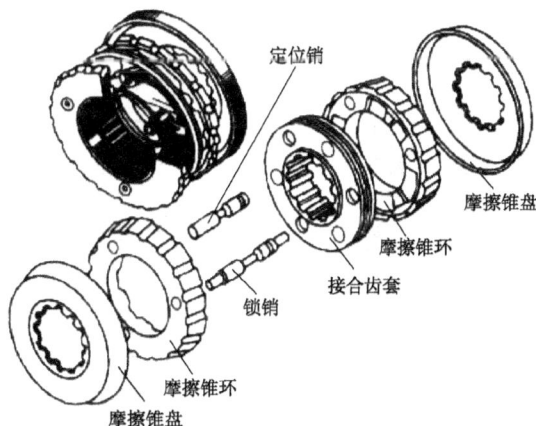

图 9-24　惯性锁销式同步器结构

惯性锁销式同步器摩擦力矩大,体积也较大。其结构特点是:两带有内锥面的摩擦锥盘以及内花键分别固装在带有齿圈的斜齿轮上,随齿轮一起转动。与之相配合的两带有外锥面的摩擦锥环,通过 3 个均布的锁销和定位销与接合齿套连接。定位销与接合齿套的相应孔为间隙配合,接合齿套可沿定位销轴向移动。

定位销的正中间切有一小段环槽,相应的套上钻有斜孔,内装有弹簧、钢球。钢球在弹簧作用下落入销的环槽中,起定位作用。定位销的两端伸入两锥环的内侧面,并留有间隙,可使锥环相对接合齿套能转过一定的角度。锁销中间一段也制有环槽,其直径变化处切有倒角,接合齿套相应孔两端也切有同样的倒角,故只有当锁销与接合齿套的相应孔对准时,接合齿套才能沿锁销轴向移动。锁销两端与锥环铆接,从而使锥盘、锁销、定位销及接合齿套构成一个整体。

2. 原理

换挡时,驾驶人通过变速杆、拨叉轴、拨叉推动接合齿套移动,并通过定位销使锥环移动至锥环与锥盘接触,因锥环和锥盘转速不同,故在轴向推力作用下,两者接触面间产生摩擦力,从而带动锥环、锁销相对接合齿套转过一个角度,使得锁销中间斜面与接合齿套孔斜面接触。由于惯性力矩(摩擦力矩)的作用和同步器结构参数保证了在没同步前接合齿套无法前移(斜面抵触),因此无法挂挡。随着轴向力的增加和摩擦力矩作用,主、从动部分迅速达到同步,惯性力矩消失,在锥环力矩的作用下,锥环和锥盘相对接合齿套转过一个角度,锁销和接合齿套接触斜面分离,接合齿套前移,与齿圈啮合,挂入挡位。其工作原理如图 9-25 所示。

a)第一步

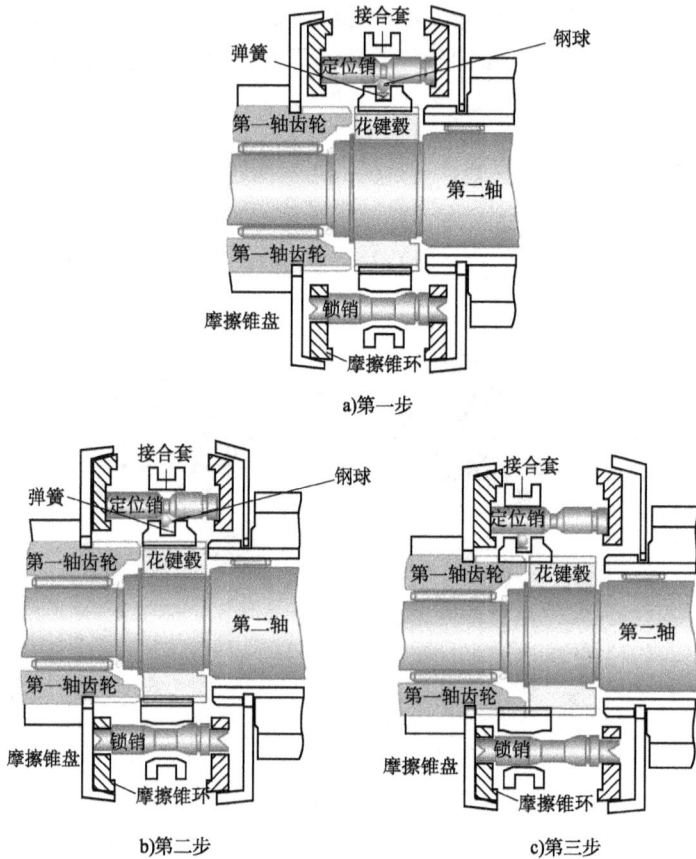

b)第二步

c)第三步

图 9-25　惯性锁销式同步器工作原理

四、变速器操纵机构及锁止装置

(一)变速器操纵机构

变速器操纵机构是用来改变变速器齿轮的搭配实现换挡的机构。在驾驶人操作下,变速器操纵机构能迅速、准确、可靠地摘下、挂入某个挡位或退到空挡。其结构如图 9-26 所示。

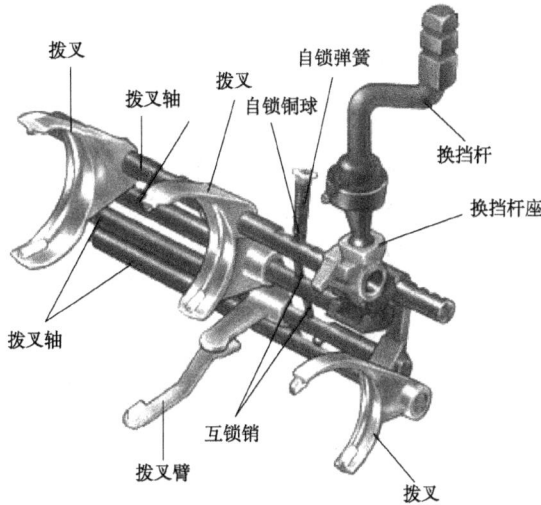

图 9-26　变速器操纵机构内部结构

1. 变速器操纵机构类型

驾驶人直接操纵变速杆换挡的变速器操纵机构称为强制操纵式。又分为直接操纵式和远距离操纵式两种。

(1)直接操纵式。变速器位于驾驶人座位附近,变速杆从地板伸出后,驾驶人可直接操纵换挡。由变速杆、拨块、拨叉、拨叉轴和自锁、互锁及倒挡锁等装置组成。

(2)远距离操纵式。驾驶人座椅距离变速器较远,在变速杆与拨叉之间需用一套传动机构连接。发动机后置的汽车变速器必须采用远距离操纵。

2. 操纵机构要求

(1)无论是用滑动齿轮或接合套换挡,挂挡后要求实现在全齿长上啮合。在振动或汽车倾斜等条件影响下要保证不自行脱挡或挂挡。为此应该设置自锁装置。

(2)为防止同时挂入两个挡位,操纵机构应设互锁装置。

(3)为防止误挂倒挡而引发交通事故,操纵机构应设倒挡锁装置。

为了保证变速器可靠工作防止跳挡、乱挡及误挂倒挡,手动变速器的操纵机构大多设有自锁、互锁、倒挡锁三大锁止机构。通常自锁与互锁装置设置在变速器盖或壳体上,如图9-27所示。倒挡锁和变速杆位置有关。

(二)自锁装置

(1)作用。防止变速器在行驶中自动脱挡,保证全齿长啮合,使驾驶人具有手感。

(2)组成。由拨叉轴上的凹槽、弹簧、圆头销等组成。

(3)锁止原理。如图9-28所示,圆头销在弹簧压力的作用下落入凹槽内,从而防止其自行移出凹槽而脱挡,同时在圆头销落入凹槽中时有明显的手感。两自锁凹槽的尺寸保证全齿啮合。

(三)互锁装置

(1)作用。防止同时挂入 2 个挡位,造成乱挡。

(2)组成。由互锁销、互锁顶销、拨叉轴、凹槽组成。

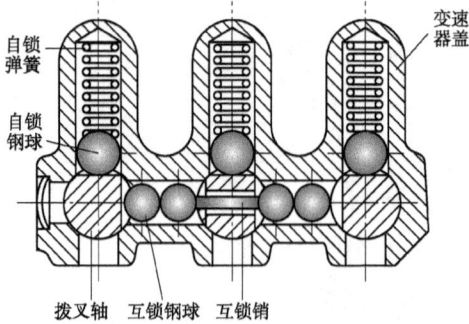

图9-27 变速器自锁、互锁装置

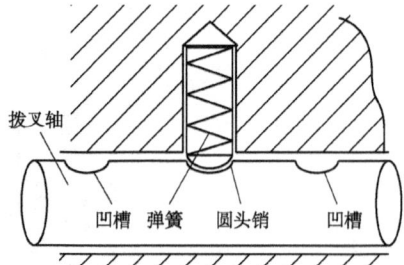

图9-28 变速器自锁装置局部图

（3）工作原理。如图9-29所示，互锁顶销尺寸长度为拨叉直径减去一个凹槽深度，每个互锁销尺寸长度为两相邻拨叉轴表面间距加上1个凹槽深度。

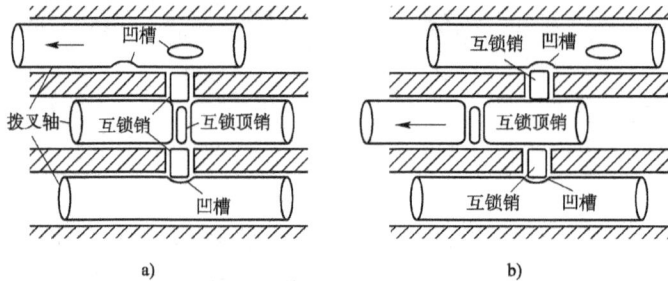

图9-29 变速器互锁结构及工作示意图

当移动某一根拨叉轴时，如图9-29a）所示，由于尺寸保证，使得互锁顶销和互锁销的下端分别落入中间拨叉轴和最下面拨叉轴的槽内，从而防止中间拨叉轴和最下面拨叉轴挂入挡位；当需移动中间拨叉轴时，如图9-29b）所示，则最上面的拨叉轴先退回空挡，这也为互锁销在上端销空出了一个凹槽位置，上面的互锁销上移，从而中间的拨叉轴即可挂入挡位。

（四）倒挡锁

倒挡锁的作用是使驾驶人必须对变速杆施加较大的力，才能挂入倒挡，起到提醒的作用，防止误挂倒挡，提高安全性。多数汽车变速器采用结构简单的弹簧锁销式倒挡锁。

为防驾驶人误挂倒挡，通常汽车变速器都装有倒挡锁。倒挡锁的原理是采用操纵杆在倒挡时与前进挡位置在空间错开，挂倒挡需将变速杆压下方可挂入，以防误挂倒挡。

倒挡锁由倒挡拨块中的锁销和弹簧组成。锁销杆部装有弹簧，杆部右端的螺母可调整弹簧的预压力和锁销的长度。欲换倒挡时，须用较大的力向一侧摆动变速杆，推动倒挡锁销压缩弹簧后，变速杆下端进入拨块才能实现换挡，如图9-30所示。

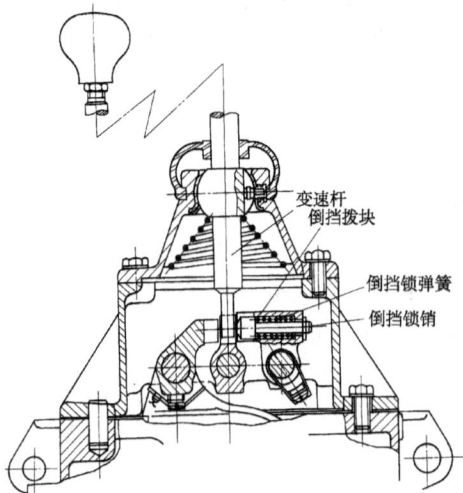

图9-30 倒挡锁结构示意图

想一想练一练

1. 手动变速器的基本组成是什么?
2. 手动变速器的变速、变向原理是什么?
3. 手动变速器的锁止结构的作用是什么?

第四节 万向传动装置

汽车的发动机、离合器和变速器是连成一体固装在车架上,而驱动桥则通过弹簧悬架与车架连接,所以变速器输出轴与驱动桥的输入轴的轴线不在同一平面上。当汽车行驶时,车轮的跳动会造成驱动桥与变速器的相对位置不断变化,变速器的输出轴与驱动桥的输入轴不可能刚性连接,应装有万向传动装置。

一、万向传动装置的作用、组成

万向传动装置的作用是能在汽车上任何一对轴间夹角和相对位置经常发生变化的转轴之间传递动力。变速器与发动机、离合器连成一体支撑在车架上,而驱动桥则通过弹性悬架与车架连接。一般情况下,变速器输出轴轴线与驱动桥输入轴轴线并不重合,且行驶过程中,车轮的跳动会造成两轴线的相对位置经常变化。故变速器的输出轴与驱动桥的输入轴不可能刚性连接,必须安装万向传动装置进行连接。一般由万向节、传动轴和中间支承组成,如图9-31所示。

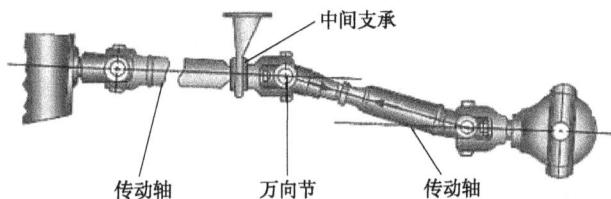

图9-31 万向传动装置的组成

二、传动轴与中间支承

传动轴是万向传动装置中的主要传力部件,其作用是用来连接变速器和驱动桥。实物如图9-32所示。

图9-32 传动轴实物图

汽车行驶过程中,变速器与驱动桥的相对位置经常变化,为避免运动干涉,传动轴上设有由滑动叉和花键轴组成的滑动花键连接,使传动轴的长度能随传动距离的变化而伸缩。结构如图 9-33 所示。

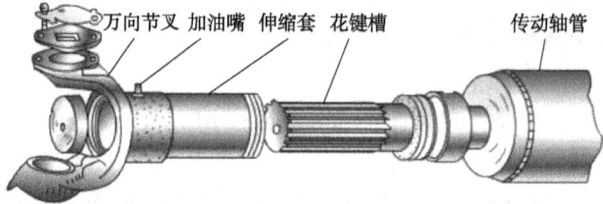

万向节叉 加油嘴 伸缩套 花键槽　　传动轴管

图 9-33　传动轴结构示意图

传动轴在工作过程中处于高速旋转状态,其转速和所传递的转矩都在不断发生变化。为了避免由于离心力引起传动轴的振动,在传动轴和万向节装配后,必须进行平衡试验,以满足动平衡的要求。平衡后在滑动花键部分还制有箭头标记,以便重装时保持两者的相对位置不变。由于万向传动装置中润滑脂嘴较多,为了加注方便,装配时应保证所有润滑脂嘴处于同一条直线上,且十字轴上的润滑脂嘴朝向传动轴。

当对于传动距离较远的分段式传动轴,为了提高传动轴的刚度,还设置有中间支承,实物如图 9-34 所示,位于变速器与驱动桥之间。具体布置方式如图 9-31 所示。

三、万向节

万向节即万向接头,是实现变角度动力传递的机件,用于需要改变传动轴线方向的位置,它是汽车驱动系统的万向传动装置的"关节"部件。实物如图 9-35 所示。

图 9-34　中间支承实物图

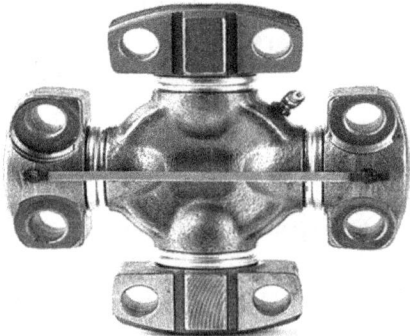

图 9-35　万向节实物图

万向节按其刚度大小,可分为刚性万向节和柔性万向节。常见的有十字轴式刚性万向节(图 9-36),它允许相邻两轴的最大交角为 $15° \sim 20°$,在汽车上应用最广,主要由万向节叉、十字轴及轴承等组成。其结构是两万向节叉上的孔分别套在十字轴的两对轴颈上。当主动轴转动时,从动轴既可随之转动,又可绕十字轴中心在任意方向摆动。为减小摩擦,在十字轴轴颈和万向节叉孔间装有滚针轴承,然后用螺钉和盖将套筒固定在万向节叉上,并用锁片将螺钉锁紧。为了润滑轴承,十字轴做成中空的,并有油路通向轴颈。

十字轴式万向节的损坏是以十字轴轴颈和滚针轴承的磨损为标志的,润滑和密封直接影响万向节的使用寿命。刚性万向节可以保证在轴向交角变化时可靠的传动,结构简单,并有较高的传动效率,因此在现代汽车上被广泛采用。缺点是单个万向节在输入轴和输出轴之间有夹角的情况下,其两轴的角速度不相等。

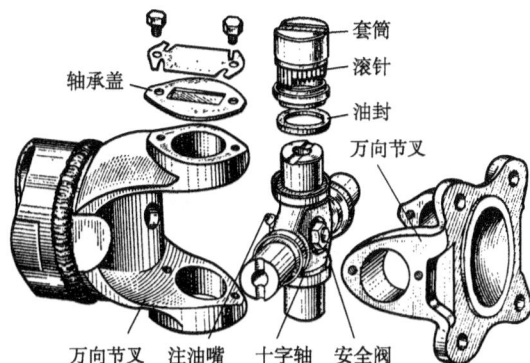

图9-36 十字轴式刚性万向节

为实现刚性十字轴式万向节的等角速度传动,可按图9-37所示将两个万向节串联安装。只要左侧万向节的从动叉和右侧万向节的主动叉处于同一平面内及输入轴与传动轴间的夹角 α_1 和输出轴与传动轴间的夹角 α_2 相等,经过两个万向节就可以使输出轴和输入轴的角速度相等。

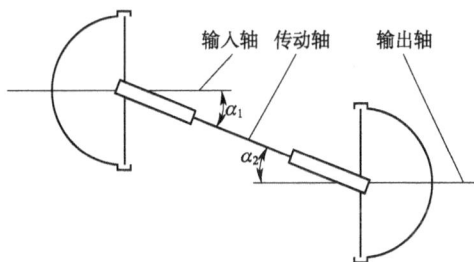

图9-37 双十字轴式万向节的等速布置

想一想 练一练

1. 万向传动装置的组成及功用是什么?

2. 万向节的作用是什么?

第五节 驱 动 桥

驱动桥处于动力传动系统的末端,是将万向传动装置传递过来的动力改变方向,并由主减速器来降低转速或增大转矩,然后经过差速器分配给左右半轴和驱动轮。

一、概述

1. 驱动桥的功用、组成

驱动桥是传动系统的最后一个总成,其功用是万向传动装置输入的动力经降速增矩、改变动力传递方向后,分配到左右驱动轮,使汽车行驶,并允许左右驱动轮以不同的转速旋转而驱动汽车行驶。实物如图9-38所示。

驱动桥由主减速器、差速器、半轴和驱动桥壳等组成,如图9-39所示。

2. 驱动桥的类型

根据发动机的布置方式和传动方案的不同,又可分为前驱动桥和后驱动桥两类。按结构不同,驱动桥分为整体式驱动桥和断开式驱动桥两种类型。大型客车一般采用整体式驱动桥。整体式驱动桥又称为非断开式驱动桥,采用非独立悬架如图 9-40 所示。其驱动桥壳为一刚件的整体,驱动桥两端通过悬架与车架连接,左右半轴始终在一条直线上,即左右驱动桥不能相互独立地跳动。当某一侧车轮因地面升高或下降时,整个驱动桥及车身都要随之发生倾斜。

图 9-38　驱动桥实物图

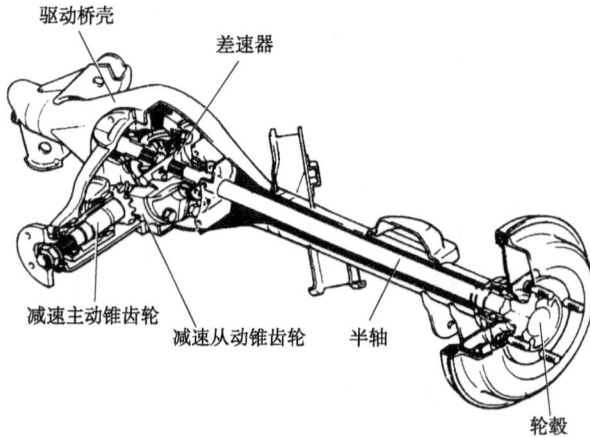

图 9-39　驱动桥结构图

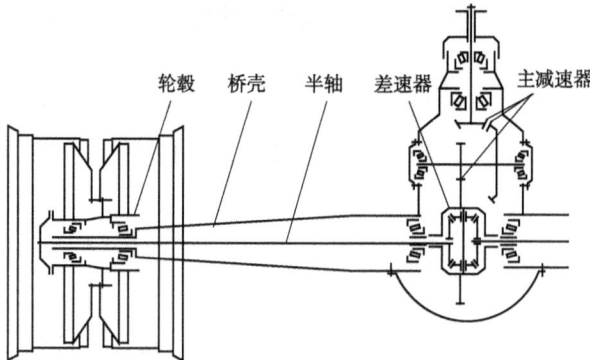

图 9-40　整体式驱动桥结构示意图

二、主减速器

主减速器的功用是改变旋转轴线方向、降低转速、增大转矩,以保证汽车在良好的道路上具有足够的牵引力和适当的速度。

为满足不同的使用要求,主减速器的结构形式也是不同的。按齿轮副结构分,有锥齿轮式、圆柱齿轮式和准双曲面齿轮式。单级主减速器由一对常啮合的锥齿轮组成。

按参加减速传动的齿轮副数目分,有单级式和双级式主减速器两种。在双级式主减速器中,若第二级减速器齿轮有两副,并分置于两侧车轮附近,实际上成为独立部件,则称为轮边减速器。

1. 单级主减速器

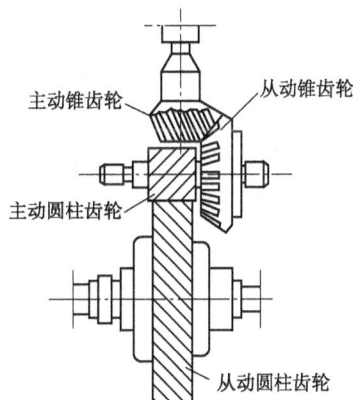

图9-41所示为单级主减速器结构图,主要由主动锥齿轮、从动锥齿轮、支承轴承等零件组成。

2. 双级主减速器

根据发动机特性和车辆使用条件,要求主减速器具有较大的主传动比时,由一对锥齿轮构成的单级主减速器已无法保证足够的最小离地间隙,这时则需要采用两对齿轮实现降速的双级主减速器。

双级齿轮式传动器主要由两对常啮合的齿轮组成,其中一对为锥齿轮,另一对为圆柱齿轮或圆柱斜齿轮,一些中型或重型汽车采用双级主减速器。图9-42所示为双级主减速器结构简图,第一级为一对螺旋锥齿轮减速,第二级为一对圆柱斜齿轮减速。

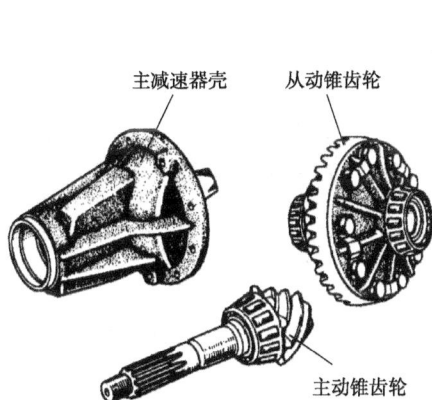

图9-41 单级主减速器　　　图9-42 双级主减速器

三、差速器

汽车行驶过程中,车轮对路面的相对运动有两种:滚动和滑动。其中滑动又有滑转和滑移。车轮对路面的滑动不仅会加速轮胎的磨损,增加汽车的动力消耗,而且可能导致转向和制动性能的恶化,所以在正常行驶条件下,应使车轮尽可能不发生滑动。为此,在汽车结构上,专门设有差速器以保证各个车轮有可能以不同角速度旋转。差速器通常分为普通差速器和防滑差速器。

(一)差速器的作用

保证两车轮移动距离不等时车轮不产生滑动。当汽车转弯时,内外两侧车轮中心在同一时间内移过的曲线距离显然不同,即外侧车轮移动的距离大于内侧车轮,如图9-43所示。

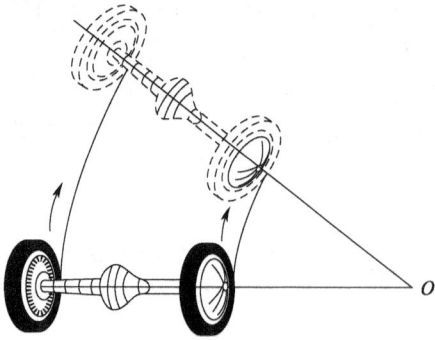

图9-43 汽车转向时驱动轮运动示意图

若两侧车轮都固定在同一刚性转轴上,两轮角速度相等,此时外轮必然是边滚边滑移,内轮必然是边滚动边滑转。

汽车在不平路面上直线行驶时,两侧车轮实际移过的曲线距离也不相等。因此,在角速度相同的条件下,在波形较显著的路面上运动的一侧车轮是边滚动边滑移,另一侧车轮则是边滚动边滑转。即使路面非常平直,但由于轮胎制造尺寸误差、磨损程度不同,承受的载荷不同或充气压力不等,各个轮胎的滚动半径实际上不可能相等。因此,只要各轮角速度相等,车轮对路面的滑动就必然存在。差速器保证了在各车轮角速度不等,即车轮移动距离不等时车轮不产生滑动。

(二)普通差速器

普通差速器(行星齿轮式差速器)主要由行星齿轮、半轴齿轮和差速器壳等组成,如图9-44所示。

汽车行驶时,动力经主减速器主动锥齿轮依次传至从动锥齿轮、差速器壳、十字轴、行星齿轮、半轴齿轮和半轴,最后传到驱动车轮。若两侧车轮以相同的转速转动时,行星齿轮绕半轴轴线转动,称为公转。若两侧车轮由于阻力不同,则行星齿轮在公转运动的同时,还绕自身的轴线转动,称为自转。因而两半轴齿轮带动两侧车轮以不同转速转动。

当车辆直线行驶时,左右两个轮受到的阻力一样,行星齿轮不自转,把动力传递到两个半轴上,这时左右车轮转速一样(相当于刚性连接),如图9-45所示。

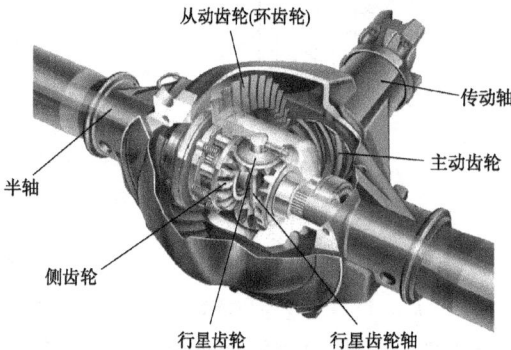

图9-44 差速器的组成

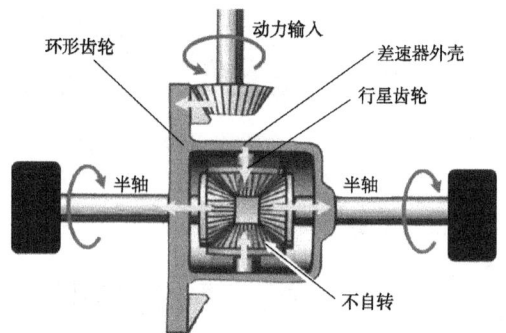

图9-45 差速器在车辆直线行驶的状态

当车辆转弯时,左右车轮受到的阻力不一样,行星齿轮绕着半轴转动并同时自转,从而吸收阻力差,使车轮能够与不同的速度旋转,保证汽车顺利过弯,如图9-46所示。

汽车直线行驶时,行星齿轮没有自转,故主减速器传来转矩平均分配给两个半轴齿轮。当行星齿轮有自转时(即左、右车轮转速不等),行星齿轮孔与十字轴轴颈间以及齿轮背部与差速器壳之间都有摩擦,并产生摩擦力矩,但这个摩擦力矩对行星齿轮差速器来说是很小的。所以实际上可以认为无论左右驱动轮转速是否相等,而转矩总是平均分配的。这样的分配比例对于汽车在良好路面上行驶时,是满意的。但汽车在坏路面上行驶时,却严重影响了通过能力。为提高汽车在坏路面上的通过能力,防止车轮滑转,在某些汽车上采用了防滑转装置。

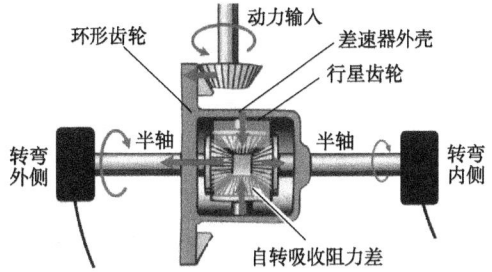

图9-46 差速器在车辆转弯时的状态

四、半轴与桥壳

(一)半轴

半轴的功用是将差速器传来的动力传递给驱动轮。其内端与差速器的半轴齿轮相连,而外端则与驱动轮的轮毂相连。因其传动的转矩较大,常制成实心轴。半轴的受力情况,则由半轴和驱动轮在桥壳上的支承形式而定,常见的半轴支承形式有全浮式和半浮式两种。大型客车主要采用全浮式半轴。

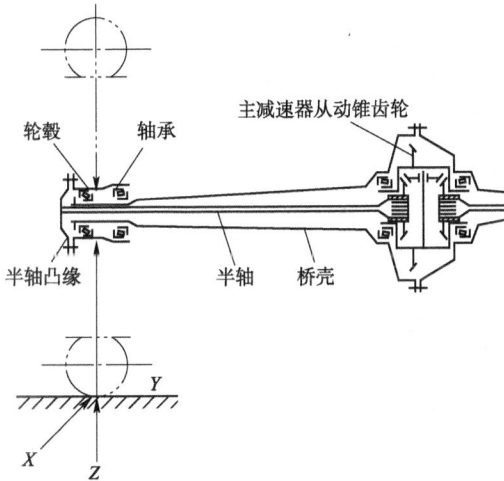

图9-47 全浮式半轴支承形式驱动桥的示意图

全浮式半轴的支承形式,使半轴只承受转矩,而两端均不承受任何反力和反力矩。所谓"浮"是对卸除半轴的弯曲负荷而言。全浮式半轴的结构如图9-47所示,内端通过花键与半轴齿轮啮合,外端凸缘与轮毂用螺栓连接,半轴浮装于半轴套管中,具有较大的传力能力。

全浮式支承的半轴易于拆装,只需拧下半轴凸缘上的螺钉,就可将半轴从半轴套管中抽出,而车轮和车桥照样能支持住汽车。

(二)桥壳

驱动桥壳作用是支承并保护主减速器、差速器和半轴等,使左右驱动车轮的轴向相对位置固定;同从动桥一起支承车架及其上面各总成的质量;汽车行驶时,承受由车轮传来的路面反作用力和力矩,并经悬架传给车架。驱动桥的桥壳须有足够的强度和刚度,质量轻,并便于主减速器的拆装和调整。由于桥壳的尺寸和质量比较大,制造较困难,故其结构形式在满足使用要求的条件下,要尽可能便于制造。

驱动桥壳一般由主减速器壳和半轴套管组成,可分为整体式和分段式两类。

1.整体式桥壳

整体式桥壳中部为一环形空心壳体,两端压入半轴套管,并用螺钉止动。如图9-48所示,半轴套管露出部分安装轮壳轴承,端部制有螺纹,用于安装轮毂轴承调整螺母和锁紧螺母。凸缘盘用来固定制动底板,壳的端部加工有油封颈,和轮毂油封配合,以密封轮毂空腔,防止润滑油外溢。主减速器、差速器先装入主减速器壳内,再将主减速器壳以止口定位并用螺钉固定在前端面上。桥壳后端面的大孔可用来检查主减速器的技术状况,平时用盖封住。盖上有螺塞,用以检查油面高度。

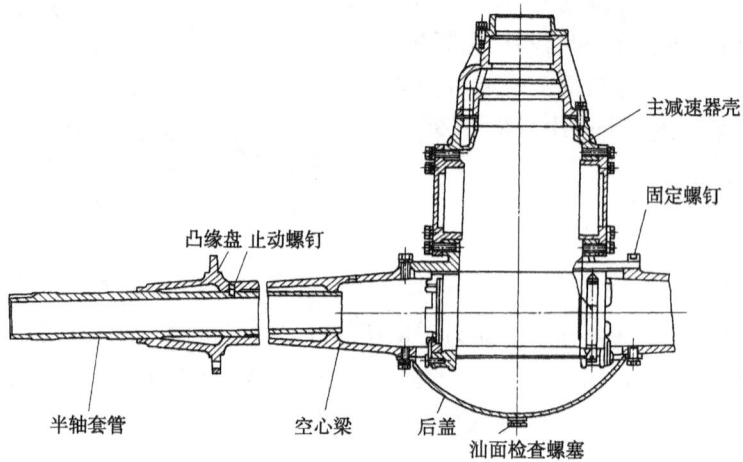

主减速器壳

固定螺钉

凸缘盘 止动螺钉

半轴套管 空心梁 后盖 汕面检查螺塞

图9-48　整体式驱动桥壳

2.分段式桥壳

分段式桥壳是桥壳与主减速器壳铸成一体,且一般分为两段,由螺栓连成一体,这种桥壳易于铸造,但维护主减速器和差速器时必须把整个桥拆下来,否则无法拆检主件速器和差速器。它由主减速器壳、盖、两个半轴套管及凸缘盘等组成,如图9-49所示。

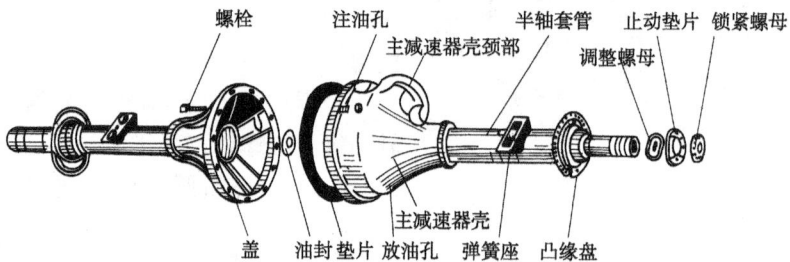

螺栓 注油孔 半轴套管 止动垫片 锁紧螺母

主减速器壳颈部 调整螺母

盖 油封垫片 放油孔 弹簧座 凸缘盘

主减速器壳

图9-49　分段式驱动桥壳

想一想练一练

1.驱动桥的组成及功用是什么?

2.减速器的功用是什么?

3.差速器的组成及原理是什么?

第十章　大客车行驶系统

通过第九章的学习,我们已经掌握发动机的动力是如何传递到驱动桥带动驱动轮旋转的,那么驱动车轮又是靠哪些装置将这一驱动传递到车身及其他车轮进而转化为整个汽车行驶的驱动力的呢? 其转化过程的平顺性和可靠性又是如何保证的呢? 随着车辆行驶速度和人们对车辆乘坐安全性、舒适性要求的不断提高,这些装置又有何发展趋势呢? 这些将是本章所要涉及的重要问题。

学习目标

1. 知识目标

知道行驶系统的功用、组成;理解并描述车轮定位;理解并掌握悬架的功用、组成及类型;理解并能表述电控悬架的工作原理。

2. 技能目标

会前轮前束的检查与调整。

3. 情感目标

培养踏实、一丝不苟的学习态度和工作作风,发扬团队合作精神。

建议课时

8 课时。

学习内容

第一节　大客车车架

第二节　车桥

第三节　悬架

学习要求

1. 知道行驶系统的功用、组成;

2. 能说出车架的分类、结构组成和特点;

3. 能知道车桥的功用和类型;

4. 能理解并描述车轮定位;

5. 初步学会前轮前束的检查与调整;

6. 知道悬架系统的功用、组成与类型；

7. 理解非独立悬架的结构特点；

8. 能描述电控悬架的功用和控制原理。

第一节　大客车车架

一、行驶系统的功用

(1) 接受由发动机经传动系统传来的转矩,并通过驱动轮与路面附着作用,转化为汽车行驶的驱动力。

(2) 将全车各部件连成一个整体,支承汽车的总质量。

(3) 传递并承受路面作用于车轮上的各种力及其力矩。

(4) 缓和不平路面对车身造成的冲击和振动,保证汽车平稳行驶。

二、行驶系统的组成

汽车行驶系统一般由车架、车桥、车轮和悬架组成(图 10-1)。汽车行驶系统的受力情况,汽车的总重力 G 通过前、后车轮传到地面,引起地面分别作用于前轮和后轮竖直上的反作用力 Z_1 和 Z_2,当驱动桥中半轴将由发动机输出的经传动系统的驱动转矩 M_1 传到驱动轮上,使驱动轮对路面产生一纵向作用力 F_1,从而使路面给驱动轮边缘与汽车行驶方向一致的纵向反作用力 F_t,该力即为汽车驱动力,又称牵引力。其中的一小部分用以克服驱动轮本身滚动阻力,其余大部分则依次通过驱动桥壳、后悬架传到车架,用来克服作用于汽车上的空气阻力和坡道阻力,还有一部分牵引力由车架经过前悬架传至转向桥,作用于自由支承在转向桥两端转向节上的从动轮,使前轮克服滚动阻力向前滚动。于是,整个汽车向前行驶。如行驶系统处于牵引力传递路线上任一环节中断,汽车将无法行驶。

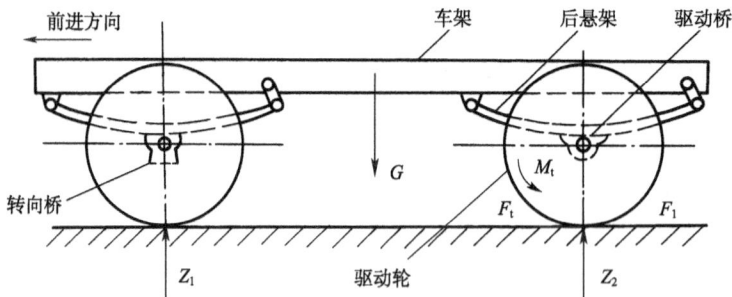

图 10-1　行驶系统的组成和受力图

三、车架

车架是支承车身的基础构件,一般称为底盘大梁架,汽车的绝大部分部件和总成通过车架固定位置。通常车架由纵梁和横梁组成,一般跨接在前后车桥上。

（一）车架的功用

车架的功用是支承连接汽车的各零部件,并承受来自车内外的各种载荷;车架是整个汽车的基体,汽车的绝大多数部件和总成都是通过车架来固定其位置的。

（二）车架的要求

车架除承受静载荷外,还要承受汽车行驶时产生的各种动载荷。因此,车架必须满足下列要求:

(1)足够的强度、刚度,质量上在保证强度、刚度的条件下尽可能小。

(2)在结构上应使零件安装方便,受力均匀,不造成应力集中。

(3)满足汽车总布置的要求,各运动件不发生运动干涉,能获得较低的汽车重心(保证离地间隙),保证汽车行驶稳定性和机动性。

（三）车架的类型与构造

车架一般由纵梁和横梁组成,通过铆接或焊接的方法将纵梁和横梁连接成坚固的刚性构件。

汽车上装用的车架按其结构形式不同可分为:边梁式车架、中梁式车架(或称脊骨式车架)、综合式车架和无梁式车架。

1. 边梁式车架

边梁式车架由两根位于两边的纵梁和若干根横梁组成,用铆接或焊接法将纵梁与横梁连接成坚固的刚性构架。

通常载重汽车上采用5根或5根以上的横梁。采用边梁式车架有利于汽车的改装变形和发展多品种,因而广泛用在载货汽车、改装客车和特种车辆上,如图10-2所示。

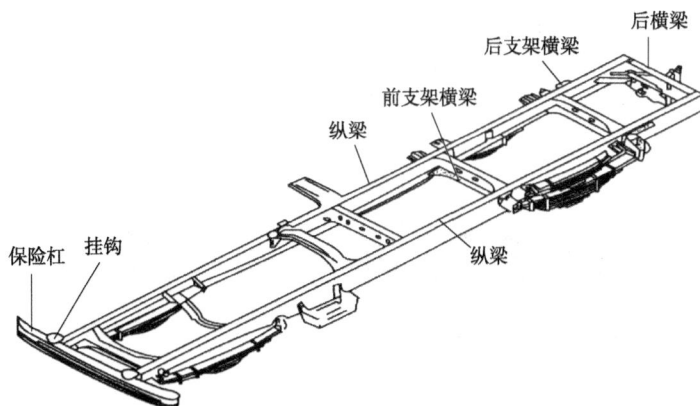

图10-2 边梁式车架

轿车车速较高,为保证轿车稳定地高速行驶,应使其重心高度尽量降低,为此从车架着手将高度降低。同时,为不影响前轮转向时的转角空间,车架的前端做得比较窄,后端局部向上弯曲。横梁采用X形,以提高车架的扭转刚度,如图10-3所示。

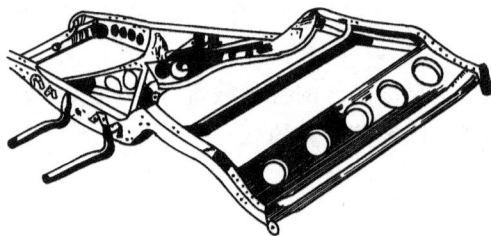

图 10-3 X 形轿车车架

2. 中梁式车架

中梁式车架又称脊梁式车架,它是由一根贯穿汽车纵向的中央纵梁和若干根横向悬伸托架构成,如图 10-4 所示。

边梁式车架有结构简单、部件的安装固定方便等优点,但其最大的缺点是扭转刚度小。为提高车架的扭转刚度,在一些轿车和载货汽车中采用了中梁式车架(也称脊梁式车架)的结构形式。

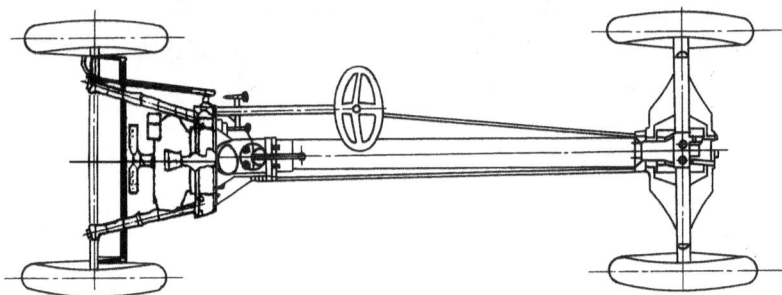

图 10-4 中梁式车架

3. 综合式车架

综合式车架是由边梁和中梁式车架结合而成的,如图 10-5 所示。车架前段或后段近似边梁结构,便于分别安装发动机和驱动桥。传动轴从梁中间穿过。这种结构制造工艺复杂,目前应用不多。

4. 无梁式车架

无梁式车架没有实体的车架,而以车身兼作车架,又称承载式车身,如图 10-6 所示。这种车身对其头部、侧围、车尾、底板等部位采用加强的结构。使车身和底架共同组成了车身本体的刚性空间结构。它除了具有固有的承载功能外,还要直接承受各种载荷。这种形式的车身具有较大的抗弯曲和抗扭转的刚度,质量小、高度低、车身重心低、装配简单、高速行驶稳定性较好。

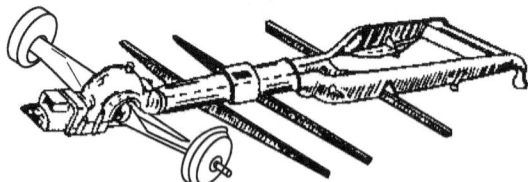

图 10-5 综合式车架

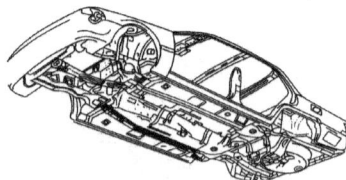

图 10-6 无梁式车架

想一想练一练

1. 行驶系统的功用、组成是什么?

2. 车架的类型有哪些?

第二节 车 桥

车桥是通过悬架和车架相连,两端安装汽车的车轮,可以传递车架与车轮之间的各方向作用力。前桥又称为转向桥,前桥与转向机构是紧密联系的机构,所以它不仅要保证汽车操纵的轻便性和稳定性,而且还要承受路面对车轮的各种反力和这些反力所形成的力矩,对汽车操纵的轻便性、稳定性及轮胎磨损有着很大影响。

一、概述

1. 车桥的功用

传递车架(或承载式车身)与车轮之间各方向的作用力。

2. 车桥的分类

根据悬架结构不同,车桥可分为整体式和断开式两种。非独立悬架车桥中部为刚性的实心或空心(管状)梁,称这种车桥为整体式;断开式车桥为活动关节式结构,与独立悬架配用。如图 10-7 所示为断开式转向驱动桥。

按车桥在车轮上的作用不同,车桥可分为驱动桥、转向桥、转向驱动桥和支持桥四种类型。驱动桥在前面已经学习了,所以现在学习转向桥、转向驱动桥和支持桥。

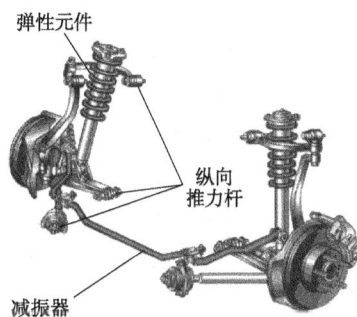

图 10-7 断开式转向驱动桥

二、转向桥、转向驱动桥和支持桥

1. 转向桥

转向桥通常位于汽车前部,因此也常称为前桥。

1)转向桥的功用

(1)通过转向节使车轮可以偏转一定角度以实现汽车的转向。

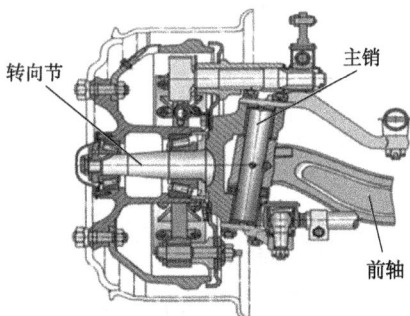

图 10-8 与非独立悬架连接的转向桥结构
示意图

(2)承受一定的载荷。即转向桥即承受垂直载荷,同时承受纵向力和侧向力以及这些力造成的力矩,因此要求转向桥必须有足够的强度和刚度。

(3)应具有正确的定位角度与合适的转向角。

(4)在车轮转向的过程中内部部件之间的摩擦力应该尽可能减少,使汽车转向轻便;同时保证方向的稳定性。转向桥可与独立悬架匹配也可以与非独立悬架匹配。

2)与非独立悬架匹配

汽车非独立悬架转向桥的结构大体相同,主要由前桥、转向节、转向主销等几部分组成,如图 10-8 所示。车桥两端与转向节铰接。前梁的中部为实心或空心梁。前轴断面为"工"字形,以提高轴的抗弯强度;两端加粗的拳部有通孔,如图 10-9 所示。

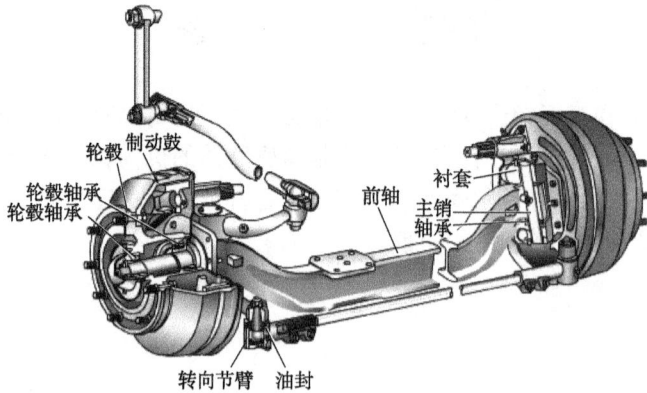

图 10-9　非独立悬架连接的转向桥实物图

3）与独立悬架匹配

断开式转向桥的作用与非断开式转向桥一样,所不同的是断开式转向桥与独立悬架匹配,断开式车桥为活动关节式结构。

图 10-10 所示为一种客车前转向桥和悬架。此转向桥采用的悬架为麦弗逊式,它由装于转向节上的减振器和套于减振器上的螺旋弹簧组成。导向机构由下悬臂和纵向推力杆组成。纵向与横向推力杆外端与转向节铰接,内端与车架铰接,承担来自车轮的力并传给车架。

2. 转向驱动桥

有些汽车的前桥既作为转向桥,兼有驱动桥的作用,故称为转向驱动桥,如图 10-11 所示。一般用于全轮驱动和一些轿车上。转向驱动桥的功用为驱动汽车行驶,并在转向时,引导车轮偏转,完成转向。

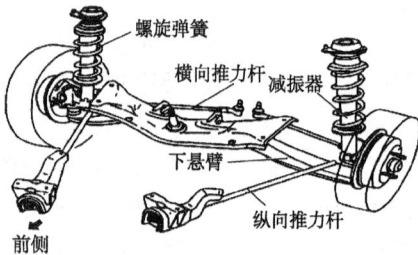

图 10-10　与独立悬架连接的转向桥结构

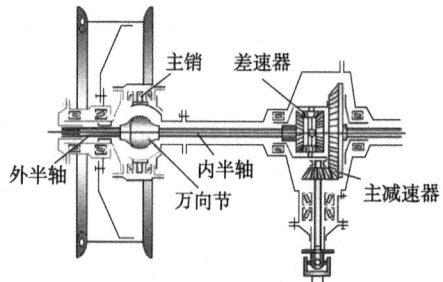

图 10-11　转向驱动桥结构示意图

转向驱动桥结构特点是有主减速器和差速器,但由于在转向时转向车轮需要绕主销偏转过一个角度,故与转向轮相连的半轴必须分成内外两段(内半轴和外半轴),其间用万向节(一般多用等角速万向节)连接,同时主销也因而分制成上下两段。转向节轴颈部分制成中空的,以便外半轴穿过其中。

3. 支持桥

转向桥和支持桥都属于从动桥。有些单桥驱动的三轴汽车,往往将后桥设计成支持桥(图 10-12),挂车上的车桥也是支持桥。发动机前置前驱动轿车的后桥也属于支持桥。

三、车桥的结构

汽车前桥一般是转向桥,它除了具有车桥的基本作用之外,还能使装在前桥两端的车轮偏转一定的角度,实现汽车转向。工字梁是转向桥的基础零件。其主销孔的位置精度直接影响汽车前轮定位的准确性(主销内倾角、主销后倾角、车轮外倾角),对汽车操纵的轻便性、稳定性及轮胎磨损有着很大影响。转向桥结构基本相同,主要由前轴、转向节、主销和轮毂等四部分组成。

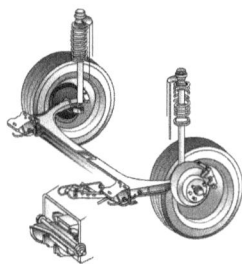

图 10-12 支持桥

1. 前轴

前轴用中碳钢锻造而成,为"工"字形断面,故又称"工"字梁,是一根中部下凹两端上翘的长轴。中部下凹处左右各加工出一安装钢板弹簧的底座,并钻有 4 个安装 U 形螺栓的通孔和一个位于中心钢板弹簧定位凹坑。前轴的两端各有一个加粗部分呈拳形,其中有通孔,主销则插入此孔内。

2. 转向节

转向节是用中碳钢锻造而成的叉形部件,转向节与前轴通过主销采用铰接连接方式,形似羊角,故又称羊角。上下两叉制有同轴销孔,通过主销与前轴的拳部相连。转向节可绕主销(相对前轴)转动一定角度。为了减小磨损,销孔内压入铜或尼龙衬套,衬套上开有油槽,用装在转向节上的滑脂嘴注入润滑脂进行润滑。转向轴内大外小,用来安装内外轮毂轴承。

3. 主销

主销的作用是铰接前轴与转向节,使转向节能绕着主销摆动,以使车轮偏转实现转向。主销中部切有凹槽,带有螺纹的楔形锁销通过与主销凹槽配合将主销固定在前轴拳部孔内,使之不能转动,主销与转向节上下两叉孔是间隙配合。

4. 轮毂

轮毂的作用是将车身或半轴传来的各种作用力或转矩传递到整个车轮以及在车辆行驶过程中随车轮一起旋转的旋转件,如制动鼓或制动盘、轮速传感器的齿圈等。

车轮轮毂通过内外两个轮毂轴承支承在转向节轴颈上。轴承的预紧度可用调整螺母调整。轮毂外端用冲压的金属防尘罩盖住,以防泥水和尘土侵入,内侧装有油封、挡油盘,以防润滑油进入制动器内。

四、转向轮定位

转向轮定位是指转向轮、转向节和前轴三者之间所具有的一定的相对安装位置,称为转向轮定位。它包括主销后倾、主销内倾、前轮外倾和前轮前束 4 个参数。

转向轮定位的基本作用是使汽车保持稳定的直线行驶、转向后能自动回正,提高汽车行驶的安全性,使转向轻便、减少轮胎和转向机件的磨损。

1. 主销内倾

主销内倾角是指在横向平面内主销上部向内倾斜的一个角度 β。一般为 $5° \sim 8°$,它使

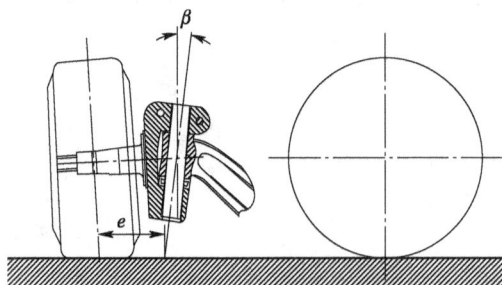

图 10-13　主销内倾

主销轴线与路面的交点至车轮中心平面的距离 e（即主销偏移距）减小，从而可减小转向时需加在转向盘上的力，使转向轻便；它还使车轮转向时不仅有绕主销的转动，还伴随有车轮轴及前梁向上的移动，当转向盘松开时，所储存的上升位能使转向轮自动回正，保证了汽车直线行驶的稳定性，如图 10-13 所示。

主销后倾角大小一般是利用前轴、钢板弹簧和车架装配在一起时，钢板弹簧对前轴产生一个扭转力矩，使前轴向后转过一个角度，进而使主销孔向后倾斜而形成的。维修中可在钢板弹簧与前轴之间加装楔形垫块进行调整。

2. 车轮外倾

车轮外倾角是指车轮在安装时，其轮胎中心不是垂直于水平面，而是向外倾斜一个角度 α，约为 $0.5° \sim 1.5°$，它可避免汽车重载时车轮产生内倾，同时和拱形路面相适应，如图 10-14 所示。

3. 主销后倾

主销后倾角是指在纵向平面内主销上部向后倾斜一个角度 θ。通常在 3° 以内，它使主销轴线与路面的交点位于轮胎接地中心之前，该距离 K 称为后倾拖距。此时，汽车转向引起的离心力使路面对车轮作用一阻碍其侧滑的侧向反力，使车轮产生绕主销旋转的回正力矩，保证了汽车有较好的直线行驶稳定性，如图 10-14 所示。

4. 前轮前束

为了消除汽车行驶时因车轮外倾导致的车轮前端向外张开的不利影响（具有外倾角的车轮滚动犹如滚锥），可使车轮安装时两前轮中心平面不平行，且左右轮前面轮缘间的距离 A 小于后面轮缘间的距离 B，使车轮每一瞬时的滚动方向是向着前方，前束即 $B - A$，一般汽车为 $3 \sim 5mm$，如图 10-15 所示。

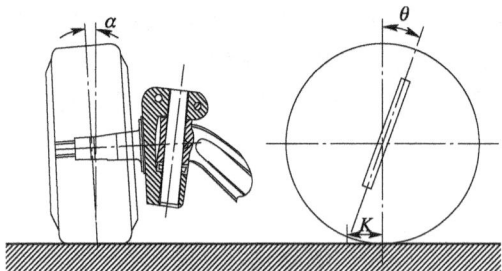

图 10-14　车轮外倾和主销后倾

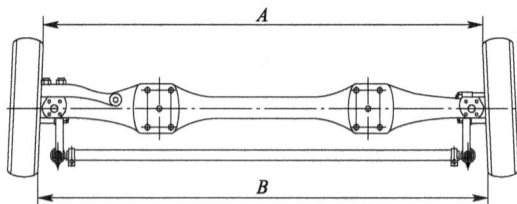

图 10-15　前轮前束

前轮前束的作用是减小或消除汽车前进中，因前轮外倾和纵向阻力致使前轮前端向外滚开所造成的滑移。

想一想练一练

1. 车桥的功用和类型有哪些？

· 164 ·

2.前轮前束的检查与调整有哪些?

第三节 悬 架

一、悬架系统的概述

(一)汽车性能对悬架的要求

汽车的固定频率是衡量汽车平顺性的重要参数,它由悬架刚度和悬架弹簧支承的质量(簧载质量)所决定。人体所习惯的垂直振动频率为 $1 \sim 1.6Hz$,车身振动的固有频率应接近或处于人体适应的频率范围,才能感觉舒适。由于汽车的载质量经常会发生变化,因此固有频率也会随之而变化。为了使空载和满载时的固有频率保持一定或变化很小,需要把悬架刚度做成可变或可调的。而目前汽车上装有电子控制的悬架,就能满足此种目的。

(二)悬架的功用

悬架的功用是弹性地连接车桥或车身,缓和行驶中车辆受到的冲击,保证货物完好,人员舒适,衰减振动,使汽车行驶时保持稳定的姿势,改善操纵稳定性。

(三)悬架的组成

悬架主要由弹性元件、导向装置和减振器三部分组成。图 10-16 所示为一般汽车悬架组成示意图。

(1)弹性元件。承受和传递垂直载荷、缓和及抑制不平路面所引起的冲击。使车架(或承载式车身)与车桥(或车轮)之间保持弹性连接。

(2)减振器。用于衰减振动,提高乘坐舒适性。

(3)导向装置(包括横向导杆和纵向椎力杆)。用来传递除垂直力以外的各种力和力矩,并确定车轮相对于车架(或车身)的运动关系。

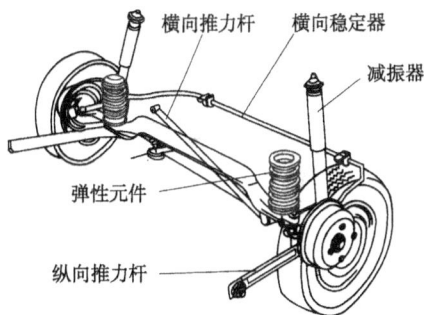

图 10-16 汽车悬架组成示意图

(四)悬架的类型

汽车悬架系统根据结构和左右车轮振动的相互影响不同,一般可分为两大类:非独立悬架和独立悬架,如图 10-17 所示。

(1)非独立悬架的结构特点是两侧的车轮分别安装在一根整体式车轴两端,车轴则通过弹性元件与车架或车身连接。这种悬架当一侧车轮因道路不平而跳动时,将要影响另一侧车轮的工作。

(2)独立悬架的结构特点是左右车轮单独通过悬架与车架(或车身)相连,每个车轮能独立上下运动,以适应路面复杂的变化,所以具有很多的优点。

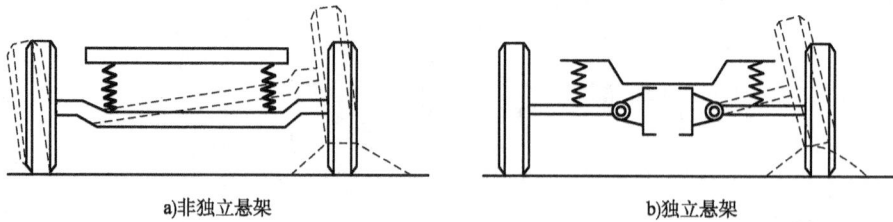

a)非独立悬架   b)独立悬架

图 10-17 非独立悬架与独立悬架

二、悬架的主要零件

(一) 弹性元件

汽车悬架所用的弹性元件可分为钢板弹簧、螺旋弹簧、扭杆弹簧、油气弹簧和橡胶弹簧等。

1. 钢板弹簧

钢板弹簧也称叶片弹簧,由于结构简单、使用可靠、维修方便,因而被一般载货汽车广泛应用。钢板弹簧一般是由很多曲率半径不同、长度不等、宽度一样、厚度相等或不等的弹簧钢板所叠成。其构造如图 10-18 所示。

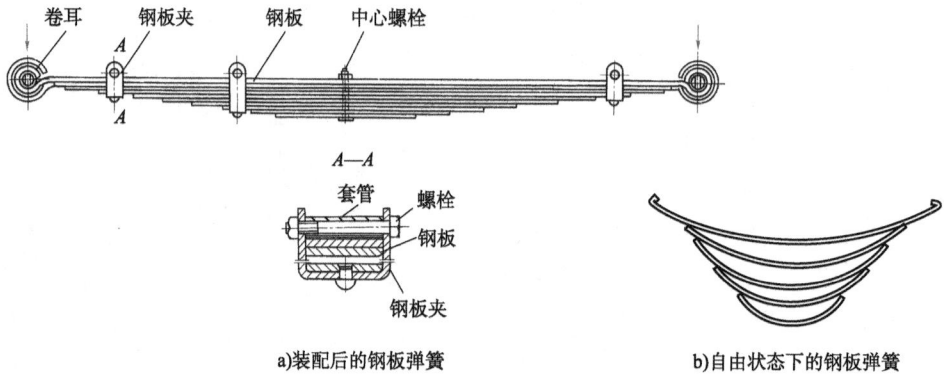

a)装配后的钢板弹簧   b)自由状态下的钢板弹簧

图 10-18 钢板弹簧

2. 螺旋弹簧

螺旋弹簧广泛地应用于独立悬架,特别是前轮独立悬架中。有些轿车上,后轮非独立悬架中也使用螺旋弹簧作为弹性元件;螺旋弹簧用弹簧钢料卷制而成,有刚度不变的圆柱形螺旋弹簧和刚度可变的圆锥形螺旋弹簧两种。

由于螺旋弹簧只能承受垂直载荷,用它做弹性元件的悬架要加设导向装置和减振器。与钢板弹簧相比,螺旋弹簧具有不需润滑、防污性强、占用纵向空间小及弹簧本身质量小的特点,因而在现代轿车上被广泛采用。此外,螺旋弹簧变形时.不产生摩擦力,所以在其悬架中必须装有减振器,用于衰减因冲击而产生的振动。

3. 扭杆弹簧

扭杆弹簧本身是一根由弹簧钢制成的杆(图 10-19)。一端固定在车架上另一端固定在悬架的摆臂上。摆臂则与车轮相连。当车轮跳动时,摆臂便绕着扭杆轴线而摆动,使扭杆产生变形,以保证车轮与车架的弹性联系。

采用扭杆弹簧做弹性元件的悬架要设导向装置和减振器。扭杆弹簧与钢板弹簧相比,质量较轻,而且不需润滑,维修简便。扭杆弹簧可以节省纵向空间,适用于小型车及厢式车的悬架。

4.气体弹簧

气体弹簧的工作原理是在一个密闭的容器中充入压缩气体,利用气体的可压缩性来构成弹性元件,如图10-20所示 。随着作用在弹簧上载荷的增加,容器内气体受到压缩,压力升高,弹簧刚度增大;反之,随载荷减小,气压下降,刚度减小。这种弹簧的刚度是可变的,具有比较理想的弹性特性。气囊中的空气量也可以借助进排气系统通过空气道调节。气体弹簧有空气弹簧和油气弹簧两种,在豪华大客车上得到广泛应用。

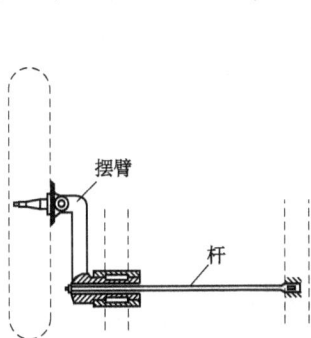

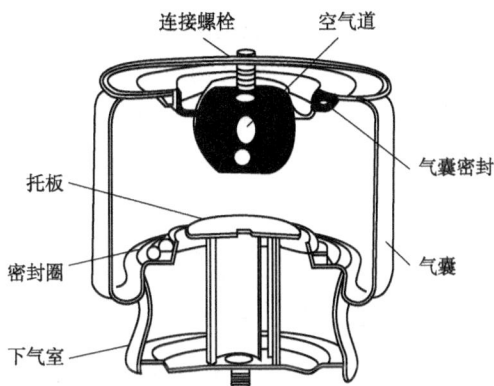

图 10-19　扭杆弹簧　　　　　　图 10-20　气体弹簧结构图

5.橡胶弹簧

橡胶弹簧是利用橡胶本身的弹性来起作用的弹性元件,它可以承受压缩载荷和扭转载荷。当橡胶弹簧在外力作用下变形时,便产生内部摩擦,以吸收振动。橡胶弹簧的优点是可以制成任何形状,使用时无噪声,不需要润滑。但橡胶弹簧不适用支承重载荷。所以,橡胶弹簧主要用作辅助弹簧,或用作悬架部件的衬套、垫片、垫块、挡块及其他支承件。

(二)减振器

1.减振器的功用

减振器在汽车中的功用是迅速衰减由车轮通过悬架弹簧传给车身的冲击和振动,提高汽车行驶的平顺性能。减振器在汽车悬架中与弹性元件并联安装(图10-21),装有减振器的汽车和不装减振器汽车,车身振动衰减的速度也不同。装减振器的汽车振动的强度衰减很快,而不装减振器的车身振动衰减缓慢。

图 10-21　减振器与弹性元件的安装示意图

2.类型

液力减振器按其结构形式可分为筒式液力减振器和摇臂式液力减振器。按作用方式可

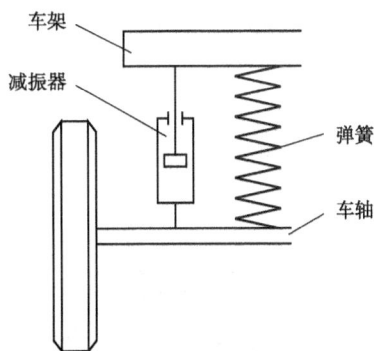

分为双向作用式减振器和单向作用式减振器。双向作用式减振器在伸张行程和压缩行程都具有阻尼减振作用;单向作用式减振器只在伸张行程内起阻尼减振作用。

三、非独立悬架与独立悬架

(一)非独立悬架

非独立悬架因其结构简单,工作可靠,而被广泛应用于货车和客车的前、后悬架。有的轿车的后悬架也有采用非独立悬架。

1.纵置板簧式非独立悬架

钢板弹簧被用做非独立悬架的弹性元件,由于它兼起导向机构的作用,使得悬架系统大为简化。应用于货车的前、后悬架中。为了提高汽车的平顺性,有些轻型货车采用主簧上加装副簧(图10-22),实现渐变刚度钢板弹簧。这类悬架特点是副簧逐渐随载荷增加而参加工作,因此悬架刚度的变化平稳,改善了汽车行驶平顺性能。

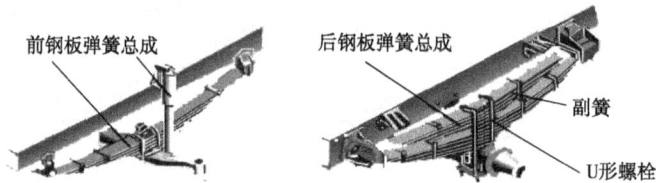

图 10-22　纵置板簧式非独立悬架

2.螺旋弹簧非独立悬架

因为螺旋弹簧作为弹性元件,只能承受垂直载荷,所以其悬架系统要加设导向机构和减振器。螺旋弹簧的结构如图10-23所示。

螺旋弹簧非独立悬架常用于轿车的后悬架。用螺旋弹簧作为弹性元件时,必须在悬架系统中安装导向装置和减振器。

3.空气弹簧非独立悬架

空气弹簧(图10-24)的上下端分别固定在车架和车桥(或与车桥相连的支架)上。从压

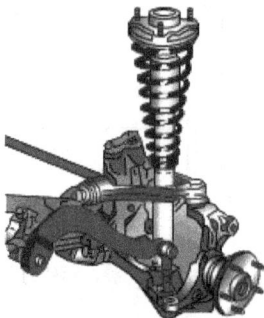

图 10-23　螺旋弹簧非独立悬架

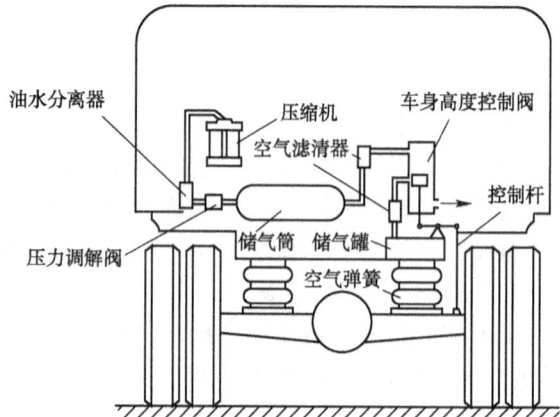

图 10-24　空气弹簧非独立悬架示意图

气机产生的压缩空气经油水分离器和压力调节器进入储气筒,压力调节器可使储气筒中的压缩空气保持一定的压力。储气罐通过管路与2个(或几个)空气弹簧相通。储气罐和空气弹簧中的空气压力由车身高度调节阀控制。空气弹簧和螺旋弹簧一样只能传递垂直力,其纵向力和横向力及其力矩由纵向推力杆和横向推力杆来传递。这种悬架中也要装有减振器。

应用特点:汽车在行驶时由于载荷和路面的变化,要求悬架刚度随着变化。

当空车时车身被抬高,满载时车身则被压得很低,会出现撞击缓冲块的情况。因而对于不同类型汽车提出不同的要求,矿山及大型客车要求空车与满载时的车身高度变化不大;对于轿车要求在好路上降低车身高度,提高车速行驶;在坏路上提高车身,可以增大通过能力。

4. 油气弹簧非独立悬架

油气悬架具有变刚度特性,可显著地缓和冲击,减少颠簸,从而改善驾驶人的劳动条件和提高平均车速;油气弹簧纵向尺寸小,对整车总布置有利,有利于减小汽车转弯半径;还可以在不同吨位的汽车上通用。广泛地被运用在大型工矿用自卸汽车上。

(二)独立悬架

独立悬架的左右车轮不是用整体车桥相连接,而是通过悬架分别与车架(或车身)相连,每侧车轮可独立地运动。轿车和载质量1t以下的货车前悬架广为采用,轿车后悬架上采用也在增加。越野车、矿用车和大客车的前轮也有一些采用独立悬架。

根据导向机构不同的结构特点,独立悬架可分为:双横臂,单横臂,纵臂式,单斜臂,多杆式及滑柱(杆)连杆(摆臂)。

按弹性元件采用不同分为:螺旋弹簧式,钢板弹簧式,扭杆弹簧式,气体弹簧式。

1. 双横臂式(双叉式)独立悬架

1)等臂双横臂式独立悬架

等臂双横臂式(图10-25),在车轮摆动时主销内倾角和车轮外倾角变化不大,但轮距会发生变化大,轮胎磨损严重。

2)不等臂双横臂式独立悬架

不等臂双横臂式独立悬架的上臂比下臂短,如图10-26所示。

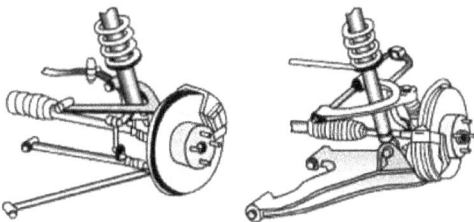

图10-25　等臂双横臂式独立悬架　　　　图10-26　不等臂双横臂式独立悬架

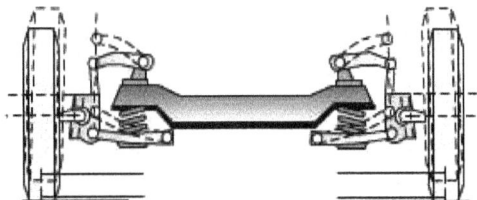

优点:当汽车车轮上下运动时,上臂比下臂运动弧度小。这将使轮胎上部轻微地内外移动,而底部影响很小。这种结构有利于减少轮胎磨损,提高汽车行驶平顺性和方向稳定性。

2. 麦弗逊式独立悬架(又称滑柱摆臂式或支柱式)

这种悬架主要由减振器、螺旋弹簧、横摆臂和横向稳定杆等元件组成。麦弗逊式独立悬架

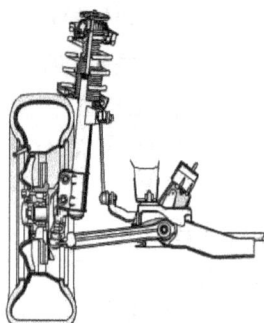

图 10-27　麦弗逊式独立悬架

（图 10-27）将减振器作为引导车轮跳动的滑柱,螺旋弹簧与其装于一体。这种悬架将双横臂上臂去掉并以橡胶做支承,允许滑柱上端作少许角位移。内侧空间大,有利于发动机布置,并降低汽车的重心。车轮上下运动时,主销轴线的角度会有变化,这是因为减振器下端支点随横摆臂摆动。以上问题可通过调整杆系设计布置合理得到解决。

优点是:汽车前端空间大,有利于发动机布置,并可降低整车的重心;由于减振器在车厢上的安装点位置较高,制造中容易保证主销定位角的位置精度。另外,由于滑柱中摩擦阻力较大,影响汽车的平顺性。广泛应用于发动机前置前轮驱动轿车的前悬架中。

3. 多杆式独立悬架

多杆式独立悬架结构(图 10-28),独立悬架中多采用螺旋弹簧,因而对于侧向力、垂直力以及纵向力需加设导向装置即采用杆件来承受和传递这些力。应用:一些轿车上为减轻车重和简化结构采用多杆式悬架。

4. 斜置单臂式独立悬架

斜置单臂式独立悬架结构(图 10-29)其摆臂绕着汽车纵轴线具有一定交角的轴线摆动,选择合适的交角可以满足汽车操纵稳定性要求。应用:适于做后悬架。

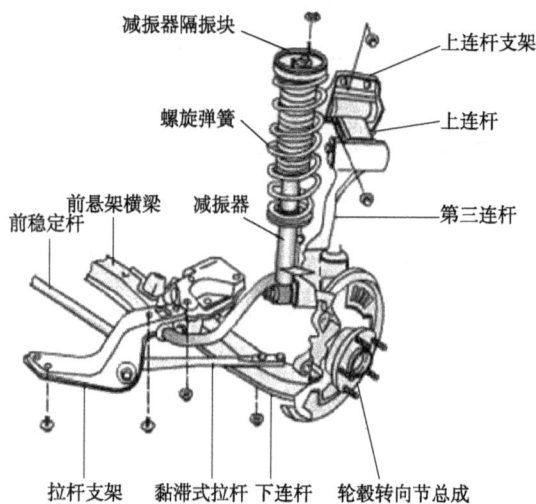

图 10-28　多杆式独立悬架

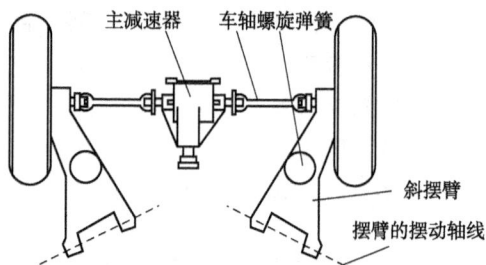

图 10-29　斜置单臂式独立悬架

四、电控悬架

(一)悬架控制技术

现代汽车悬架控制系统是指利用有源或无源控制元件构成的闭环控制系统对汽车悬架施行主动控制的装置,它能根据车辆的运动状况和路面情况主动作出反应,抑制车身的各种振动,使悬架始终处于最佳减振状态。实现这种控制主要包括:

(1)以改善坏路行驶能力和高速操纵稳定性为目的的车高控制。

(2)以改善舒适性和操纵稳定性为目的的减振器阻尼力控制。

(3)以改善舒适性和操纵稳定性为目的的弹簧刚度控制。

(4)以改善操纵稳定性为目的的侧倾刚度控制。

(二)电子控制悬架系统的功能

电子控制悬架系统的基本目的是通过控制调节悬架的刚度和阻尼力,突破传统被动悬架的局限性,使汽车的悬架特性与道路状况和行驶状态相适应,从而保证汽车行驶的平顺性和操纵的稳定性要求都能得到满足。其基本功能有:①车高调整;②减振器阻尼力控制;③弹簧刚度控制。有些车型只具有其中的一个或两个功能,而有些车型同时具有以上三个功能。

(三)电子控制悬架系统的类型

(1)根据弹性元件的不同可分为电控空气悬架和电控液压悬架。

(2)根据调节方式的不同可分为半主动悬架和主动悬架。

(3)根据汽车导向机构的不同可分为独立悬架、非独立悬架。

(四)电子控制空气悬架系统(ECAS)

1. ECAS 概述

客车电子控制的空气悬架系统(ECAS)由 ECAS 电控单元、电磁阀、高度传感器、气囊等部件组成。高度调节器负责检测车辆高度的变化,电控单元将接受输入信息,判断当前车辆状态,激发电磁阀工作,电磁阀实现对各个气囊的充放气调节。

2. 电子控制空气悬架系统的优点

(1)减少了空气消耗——在车辆行驶过程中无空气消耗。以低地板城市客车为例,与常规空气悬架相比,ECAS 可节省 25% 的空气消耗。

(2)通过自动调节可实现车辆保持不同高度,可对两个行驶高度进行编程记忆。

(3)尽管系统复杂,但安装非常简单。

(4)由于使用了大截面的进(出)气口而使所有控制过程变得非常迅速。

(5)通过参数设置,ECU 可实现不同功能。

(6)通过使用遥控器减少了装卸操作的危险性。

(7)增加了许多辅助功能,例如:升降功能侧倾、(kneeling)、过载保护、提升桥控制等。

(8)压力监视功能:ECU 检测供气压力,处于安全的考虑如果气压低于一定值,下降和侧倾功能将受限。

(9)安全控制:ECU 根据当前车门开关信息,判断是否能提升/下降车辆。

(10)综合安全概念,故障记忆和诊断功能。

(11)维修检测:专用诊断软件和检测设备,可做到下线时快速检测及调整;方便的闪码功能,便于售后维修检测。

3. ECAS 的基本组成及工作原理

ECAS 的基本工作原理是高度传感器负责检测车辆高度(车架和车桥间的距离)的变化,

并把这一信息传递给 ECU,除高度信息外,ECU 还接受其他的输入信息,如车速信息、制动信息、车门信息和供气压力信息等,然后 ECU 综合所有的输入信息,判断当前车辆状态按照其内部的控制逻辑,激发电磁阀工作,电磁阀实现对各个气囊的充放气调节,如图 10-30 所示。

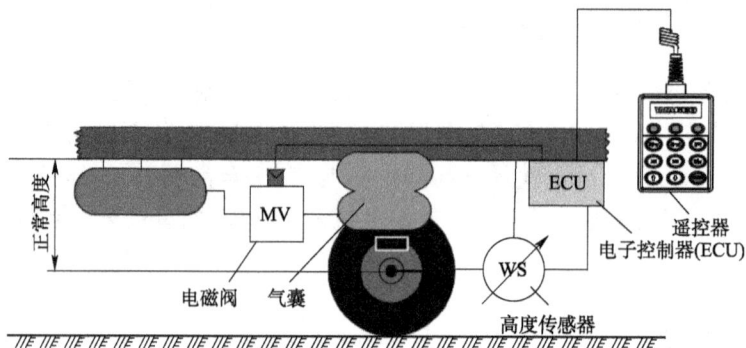

图 10-30　基本组成示意图

4. 空气悬架系统主要总成的结构、功能

1)电控单元

电控单元(ECU)通常安装在驾驶室或者电气舱内,可实现不同高度值的管理和储存,控制包括正常高度在内的多个车辆高度,ECU 负责与诊断工具进行数据交换,同时监测系统所有部件的操作,检测并储存系统故障,如图 10-31 所示。

2)电磁阀

电磁阀通常安装在车架或车架横梁上。ECAS 电磁阀是高度集成化和模块化的设计。电磁阀的数量取决于不同的配置,在通用的外部壳体内可以布置不同数量的电磁阀部件。ECAS 组合电磁阀可大大节省了零部件数量和安装空间以及装配费用。为了降低排气噪声,电磁阀排气口带有消声器,如图 10-32 所示。

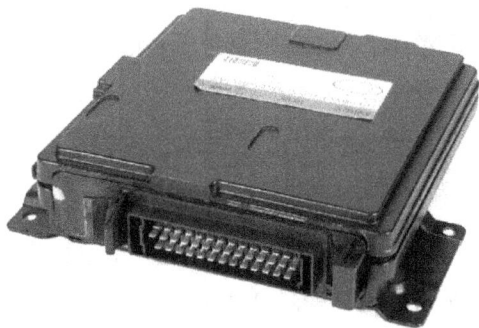

图 10-31　电控单元

图 10-32　电磁阀

3)高度传感器

高度传感器的外形看起来与机械高度阀相似,它们的安装方式和安装位置完全相同,通常布置在车架上。传感器内部包含线圈和枢轴,当车桥与车身之间的距离发生变化时,高度横摆杆转动并带动相应的电枢在线圈中上下直线运动,造成线圈的感应系数变化,ECU 检测此感应系数的变化并将其转换成高度数字信号,如图 10-33 所示。

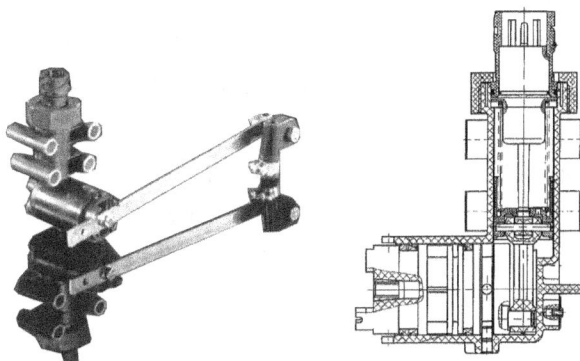

图 10-33　高度传感器

4)气囊

空气悬架气囊结构如图 10-34 所示。

(1)空气弹簧由顶板、带缓冲空气室的活塞和橡胶囊体、橡胶缓冲块等组成。橡胶气囊体又由两端带钢丝芯的边口、内层气密橡胶层、第一层帘布层、第二层帘布层、外层橡胶保护层组成。顶板与活塞上有空气弹簧两端安装用螺栓,顶板上有压缩空气进出通气管。

(2)随着载荷的变化或气压的改变,橡胶气囊体可以沿活塞外壁卷曲滚动,改变空气弹簧的高度。

(3)橡胶气囊体的更换组装时,可以将橡胶气囊体卷曲放入顶板与活塞之间,使橡胶气囊体两端带钢丝芯的边

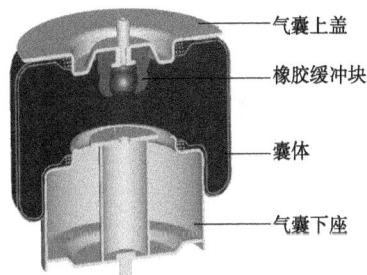

图 10-34　气囊

口对准已经涂抹水性润滑剂的顶板与活塞子口,在顶板与活塞限位的条件下,充入压缩空气,随着橡胶气囊体的膨胀,橡胶气囊体两端带钢丝芯的边口会自动滑入顶板与活塞的子口,完成组装。

5. ECAS 的功能

(1)正常(行车)高度的控制。通过恒定比较高度传感器提供的高度和储存在 ECU 中的指标高度,ECAS 随时感知车辆的目前高度,如果高度差超过了设定的公差范围,电磁阀就被激发,通过增加或减少气囊里的空气,将实际高度调整到指标高度。如果高度变化大,取决于上升速度或离开正常高度的距离,电磁阀被激发,使车辆高度在就要到达正常高度时减慢气囊充放气,以防止过充。

(2)高度Ⅰ/Ⅱ。正常高度Ⅰ是车辆生产厂家设置的正常行驶高度,这一正常高度决定了弹簧的舒适性、驾驶安全性和满足法规的车身高度。特殊高度Ⅱ是不同于正常高度的高度,确定这一高度时考虑了特定的驾驶条件。特殊高度Ⅱ可以通过参数设定,由 ECU 确定。一般在仪表板附近安装一翘板开关选择正常高度Ⅰ和特殊高度Ⅱ。必须安装特殊高度Ⅱ的指示灯。特殊高度Ⅱ不受速度限制,但车辆不可长时间在该高度运行,否则会影响车辆零部件的使用寿命及行车舒适性。

(3)用开关胺键进行手动高度调节。在一定车速下,可提升和降低车身。该速度可通过 ECU 参数设置,提升和下降开关均是复位开关。下降时,必须保证气囊供气压力大于

600kPa,否则下降开关不起作用。

（4）恢复正常高度。如通过开关控制,恢复正常高度开关是复位开关;如通过车速控制,车辆超过该速度,自动恢复到正常高度,该速度可通过 ECU 参数设置。

（5）限高。一旦达到设定的最低和最高位置,电子控制器将自动结束高度调节。

（6）屈膝(Kneeling)功能。Kneeling 是用于客车的一种特殊功能,"Kneeling"意味着使客车降低,便于乘客上、下车。取决于参数设置,可以使整车车身下降,也可以在一侧车轮或和在一个带高度传感器的桥(通常是前桥)上实现。

（7）监视供气压力。

想一想 练一练

1.知道悬架系统的功用、组成与类型。

2.理解非独立悬架的结构特点。

3.能描述电控悬架的功用和控制原理。

第十一章　大客车转向系统

汽车转向系统是汽车底盘的一个重要组成部分。汽车在行驶中,根据交通和道路情况的变化,驾驶人需要经常地改变汽车的行驶方向。同时,由于汽车在直线行驶时,转向轮往往会受到路面侧向干扰力的作用而自行偏转,从而改变汽车的行驶方向。因此驾驶人需要通过一套专门的机构来控制汽车的行驶方向。这套专设的机构,即为汽车转向系统。

学习目标

1.知识目标

知道转向系统的类型、基本组成及工作原理;理解转向系统各部件的装配关系及动力传递路线;掌握转向器的结构和工作原理。

2.技能目标

能进行转向盘自由间隙、前轮最大转向角的检查与调整 。

3.情感目标

培养踏实、一丝不苟的学习态度和工作作风,发扬团队合作精神。

建议课时

6课时。

学习内容

第一节　转向操纵机构

第二节　转向器

第三节　转向传动机构

第四节　动力转向系统

学习要求

1.知道转向系统的类型、基本组成及工作原理;

2.能说出转向系统各部件的装配关系及动力传递路线;

3.知道转向操纵机构的结构形式;

4.理解转向器的结构和工作原理;

5.能描述转向传动机构的主要类型及结构组成；

6.知道动力转向系统的类型及工作原理；

7.会进行转向盘自由间隙、前轮最大转向角的检查与调整。

第一节　转向操纵机构

一、转向系统的功用、组成

1.功用

转向系统是改变或恢复汽车行驶方向的专设机构。当汽车需要改变行驶方向时，必须使转向轮绕主销轴线偏转一定角度，直到新的行驶方向符合驾驶人的要求时，再将转向轮恢复到直线行驶的位置。这种由驾驶人操纵，转向轮偏转和回位的一套机构，称为汽车的转向系统。

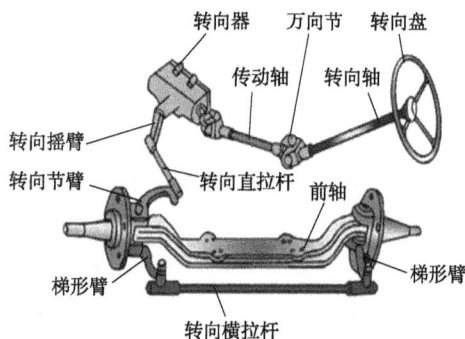

图11-1　机械转向系统示意图

2.组成

转向系统由转向操纵机构、转向器和转向传动机构三大部分组成。下面以机械式转向系统为例进行介绍，如图11-1所示。

转向操纵机构：汽车转向时，驾驶人转动转向盘，通过转向轴、转向节和转向传动轴，将转向力矩输入转向器。从转向盘到转向传动轴这一系列部件和零件即属于转向操纵机构。

转向器：每种类型的转向器的组成部分不相同。

转向传动机构：是转向器到车轮的一系列传动部件的总称。主要由转向摇臂、转向直拉杆、转向节臂、梯形臂和转向横拉杆组成。

二、转向系统的类型及工作过程

按转向能源的不同，转向系统可分为机械转向系统和动力转向系统两大类。

1.机械转向系统

机械转向系统是以驾驶人的体力(手力)作为转向能源的转向系统，其中所有传力件都是机械的，如图11-1所示。

工作过程：汽车转向时，驾驶人对转向盘施加一个转向力矩。该力矩通过转向轴传给万向节和传动轴输入转向器。从转向盘到转向传动轴这一系列部件和零件即属于转向操纵机构。经转向器放大后的力和减速后的运动传到转向摇臂，再传给转向直拉杆。由转向节臂带动转向节左右摆动，再由梯形臂和转向横拉杆，带动另一侧转向节偏转，从而改变了汽车的行驶方向。机械式转向系统具有结构简单、工作可靠、路感好等优点，但操纵较费力。

2.动力转向系统

动力转向系统是用驾驶人体力和发动机(或电动机)的动力为转向能源的转向系统，是在机械转向系统的基础上加设一套转向加力装置而构成的。

图 11-2 所示为液压动力转向系统的组成和液压动力转向装置的管路布置示意图。其中,属于动力转向装置的部件是:转向油罐、转向液压泵、转向控制阀和转向动力缸。

当驾驶人逆时针转动转向盘(左转向)时,转向摇臂带动转向直拉杆前移。直拉杆的拉力作用于转向节臂,并依次传到梯形臂和转向横拉杆,使之右移。同时,转向直拉杆还带动转向控制阀中的滑阀,使转向动力缸的右腔接通转向油罐。转向液压泵的高压油进入转向动力缸的左腔,于是转向动力缸的活塞上受到向右的液压作用力便经推

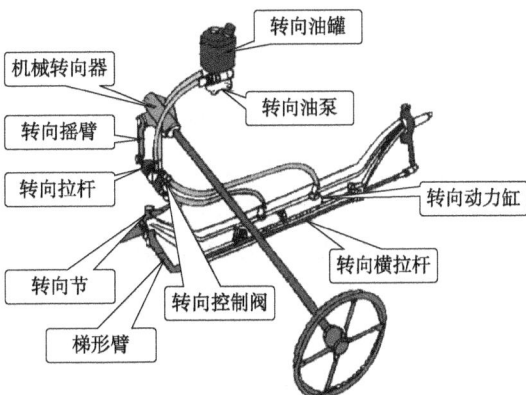

图 11-2　动力转向系统示意图

杆施加在转向横拉杆上,也使之右移。这样,驾驶人只要施于转向盘上很小的转向力矩,便可克服地面作用于转向轮上的转向阻力矩。该种转向系操纵轻便,又能够保证转向灵敏。

三、转向操纵机构

现在汽车的转向盘等转向操纵机构的设计越来越美观,越来越人性化,操纵机构的对驾驶人的安全保护,也越来越作为人们选车的一个重要的参考内容。所以熟悉操纵机构也显得尤为重要。

1. 转向操纵机构组成、功用

组成:转向操纵机构由转向盘、转向轴、转向管柱等组成;此外,汽车转向操纵机构还带有各种调整机构及安全装置。

功用:将驾驶人转动转向盘的操纵力传给转向器。

2. 转向盘

转向盘的结构如图 11-3 所示。转向盘主要由轮毂、轮辐和轮圈组成。大多数国家都规定车辆右侧通行,相应地应将转向盘安置在驾驶室左侧(比如中国),这样,驾驶人的左方视野较广阔,有利于两车安全交会。相反,在一些规定车辆左侧通行的国家使用的汽车上,转向盘则应安置在驾驶室右侧(比如英国)。

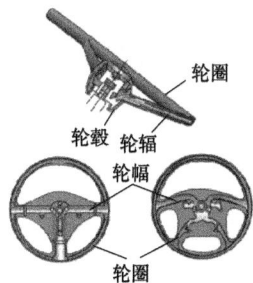

图 11-3　转向盘的结构图

大多数汽车在转向盘上都装有集电环,如图 11-4 所示。固定不动的转向管柱上端设有带弹性触片的下圆盘,与喇叭开关相连的集电环端子装在上圆盘上。转向盘安装到转向轴上后,上、下圆盘紧密接触,集电环端子则与弹性触片形成电气接触。但这种集电环是机械接触,长时间使用会因触点磨损而影响导电性,从而发生喇叭不响的现象,尤其是引起电动安全气囊在汽车发生碰撞时不能正常工作。

因此,很多装备安全气囊的汽车开始采用电缆盘,如图 11-5 所示。电缆盘将导线卷入盘内,在转向盘旋转的范围内,导线靠卷筒自由伸缩。采用这种机构后,可利用无机械接触

的导线与转向盘的电气装置连接,可靠性大大提高。

转向盘自由行程:转向盘为消除转向系统各传动件之间的装配间隙、克服弹性变形所空转过的角度称为转向盘自由行程。

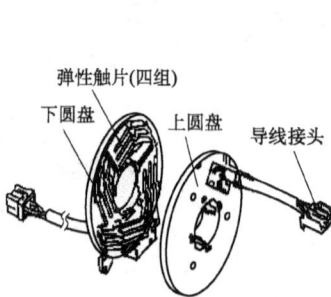

图 11-4 转向盘集电环

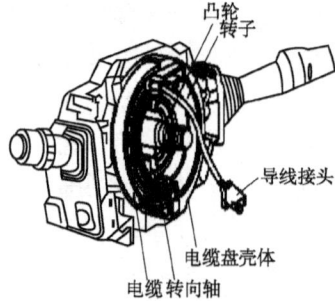

图 11-5 电缆盘结构

转向盘自由行程对于缓和路面冲击及避免驾驶人过于紧张是有利的,自由行程过大:转向不灵敏。自由行程过小:路面冲击大,驾驶人过度紧张。所以汽车维护中应定期检查转向盘自由行程。机动车转向盘的最大自由转动量从中间位置向左或向右均应≤10°(最大设计车速≥100km/h 的机动车)或 15°(最大设计时速<100km/h 的机动车)。若超过此规定值,则必须进行调整。通常是通过调整转向器传动副的啮合间隙来调整转向盘自由行程。

3. 转向轴(转向柱)

转向柱是连接转向盘和转向器的重要部件,对方向操纵性、安全性和驾驶人操纵的方便性均有重要的作用。

转向盘倾斜角度调整机构如图 11-6 所示。转向管柱的上段和下段分别通过倾斜调整支架和下托架与车身相连,而且转向管柱由倾斜调整支架夹持并固定。倾斜调整用锁紧螺栓穿过调整支架上的长孔和转向管柱,螺栓的左端为左旋螺纹,调整手柄即拧在该螺纹上。当向下扳动手柄时,锁紧螺栓的螺纹缓扣,转向管柱即可以下托架上的枢轴为中心在穿有螺栓的支架长孔范围内上下移动。确定了转向管柱的合适位置后,向上扳动调整手柄,从而将转向管柱定位。

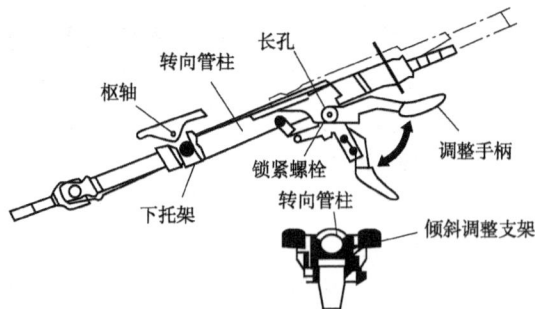

图 11-6 转向盘倾斜角度调整机构

4. 缓冲吸能式转向操纵机构

缓冲吸能式转向操纵机构从结构上能使转向轴和转向管柱在受到冲击后,轴向收缩并吸收冲击能量,从而有效地缓和转向盘对驾驶人的冲击,减轻其所受伤害的程度。

汽车撞车时,首先车身被撞坏(第一次碰撞),转向操纵机构被后推,从而挤压驾驶人,使其受到伤害;接着,随着汽车速度的降低,驾驶人在惯性力的作用下前冲,再次与转向操纵机构接触(第二次碰撞)而受到伤害。缓冲吸能式转向操纵机构对这两次冲击都具有吸收能量、减轻驾驶人受伤程度的作用。

转向操纵机构多采用万向传动装置,它有以下优点:

(1)便于在汽车结构上的合理布置。

(2)转向盘、转向器等部件适用于通用化、系列化生产。

(3)可补偿部件的安装误差和基本变形造成的不利影响。

(4)拆装维修方便。

想一想练一练

1.转向系统的类型、基本组成及工作原理是什么?

2.转向系统各部件的装配关系及动力传递路线是什么?

3.转向操纵机构的结构形式是什么?

第二节 转 向 器

汽车的转向器是汽车转向系统的一个重要部件,它的好坏直接影响汽车转向时的操纵灵敏性,它可以增大由转向盘传到转向节的力,并改变力的方向。通过本节学习,能够了解什么样的汽车选择什么样的转向器。

一、功用

转向器是转向系统中的减速增矩的传动装置,功用是增大由转向盘传到转向节的力并改变力的传递方向,获得所要求的摆动速度和角度。

二、类型

根据转向器正向和逆向传力的特性不同,转向器可分为可逆式转向器、不可逆式转向器和半可逆式转向器三种类型。

按照转向器中传动副的结构形式分类:有齿轮齿条式、循环球式和蜗杆曲柄指销式等几种。下面分别学习这三种类型的转向器。

1.齿轮齿条式转向器

1)结构

齿轮齿条式转向器主要由转向齿轮、转向齿条、转向器壳和齿条压紧装置组成,如图11-7所示。由于齿轮齿条式转向器属于可逆式转向器,其正效率与逆效率都很高,自动回正能力强。齿轮齿条式转向器结构简单、加工方便、工作可靠、使用寿命长、不需要调整齿轮齿条的间隙,因而得到了广泛的应用。

齿轮齿条式转向器有四种形式:中间输入,两端

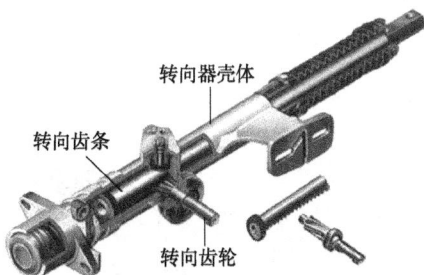
图 11-7 齿轮齿条式转向器

输出,如图11-8a)所示;侧面输入,两端输出,如图11-8b)所示;侧面输入,中间输出,如图11-8c)所示;侧面输入,一端输出,如图11-8d)所示。

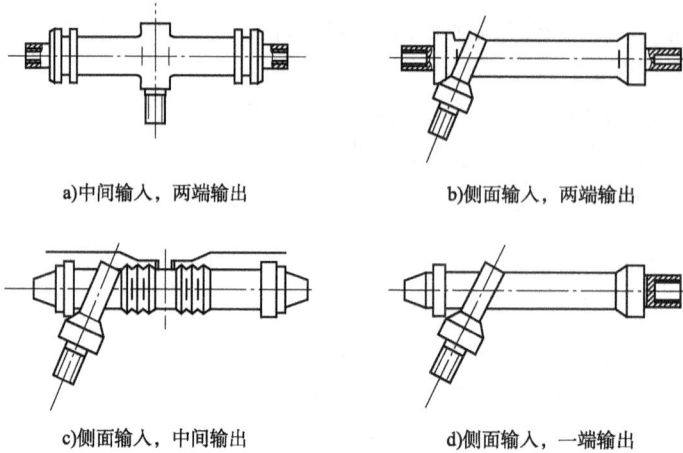

a)中间输入,两端输出　　　b)侧面输入,两端输出
c)侧面输入,中间输出　　　d)侧面输入,一端输出

图11-8　齿轮齿条式转向器的四种形式

2)工作原理

当驾驶人左、右转动转向盘时,通过带安全锁和吸能机构的转向柱的传动,使转向齿轮移动,由于转向齿轮与转向齿条的无间隙啮合,转向齿轮的转向力矩顺利驱动转向齿条左右移动。转向齿条再将动力传给左右横拉杆、转向前臂和左右转向轮,使汽车顺利转向。

3)优点

齿轮齿条式转向器结构简单,可靠性好,也便于独立悬架的布置;同时,由于齿轮齿条直接啮合,转向灵敏、轻便。齿轮齿条式转向器广泛应用于微型、普通级、中级和中高级轿车上,甚至在高级轿车上也有采用的。装载量不大、前轮采用独立悬架的货车和客车有些也用齿轮齿条式转向器。

2. 循环球式转向器

1)结构

循环球式转向器中一般有两级传动副,第一级是螺杆螺母传动副,第二级是齿条齿扇传动副或滑块曲柄销传动副,如图11-9所示。

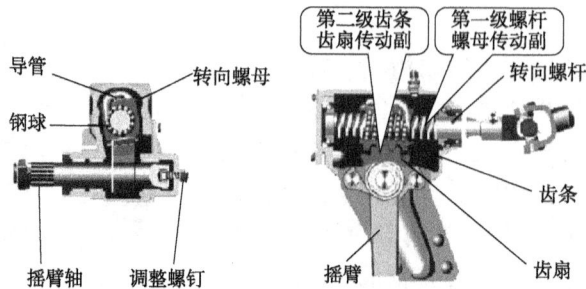

图11-9　循环球式转向器

2)工作原理

当驾驶人左、右转动转向盘时,通过带有万向传动装置的转向柱的传动,使转循环向螺杆转动,循环钢球在螺旋管状通道内滚动,形式"球流"。钢球在管状通道内绕行两周后,流出转向螺母而进入导管的一端,再沿导管的另一端流回螺旋管状通道。故在转向器工作时,两列钢球只是在各自的封闭流道内循环,而不致脱出。钢球流动的同时,推动螺母沿螺杆轴线前、后移动。然后齿条带动齿扇摆动,使摇臂轴发生移动。最后,通过转向传动机构推动转向轮偏转,实现汽车转向。

3)优缺点

循环球式转向器的正传动效率很高(最高可达90%~95%),故操纵轻便,使用寿命长。但其逆效率也很高,容易将路面冲击力传到转向盘。不过,对于较轻型的、前轴轴载质量不大而又经常在好路上行驶的汽车而言,这一缺点影响不大。因此,循环球式转向器广泛应用于各类各级汽车。

3.蜗杆曲柄指销式转向器

1)结构

图11-10所示为蜗杆曲柄双指销式转向器,其传动副的主动件为转向蜗杆,而从动件是装在摇臂轴曲柄端部的指销。

2)工作原理

转向蜗杆转动时,与之啮合的指销即绕摇臂轴轴线沿圆弧运动,并带动摇臂轴转动。具有梯形截面螺纹的转向蜗杆支承于转向器壳

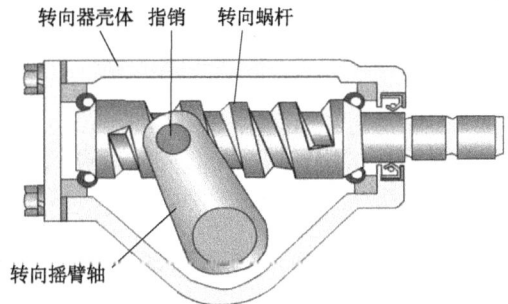

图11-10 蜗杆曲柄双指销式转向器

体两端的两个向心推力球轴承上。转向器盖上装有螺塞,用以调整上述两轴承的紧度,调整后用螺母锁紧。蜗杆与两个锥形的指销相啮合。两个指销均用双列圆锥滚子轴承支承于摇臂轴内端的曲柄上,其中靠指销头部的一列无内座圈,滚子直接与指销轴颈接触。这样,所受剪切载荷最大的这段轴颈的直径可以做得大一些,以保证指销有足够的强度。

指销装在滚动轴承上可以减轻蜗杆和指销的磨损,并提高传动效率。螺母用以调整轴承的紧度,以便指销能自由转动且无明显的轴向间隙为宜。摇臂轴用粉末冶金衬套支承在壳体中。指销同蜗杆的啮合间隙用侧盖上的调整螺钉调整,调整后用螺母锁紧。

双指销式转向器在中间及其附近位置时,其两指销均与蜗杆啮合、故单个指销所受载荷较单指销式转向器的指销载荷为小,因而其工作寿命较长。当摇臂轴转角相当大时,一个指销与蜗杆脱离啮合,另一指销仍保持啮合。因此双指销式的摇臂轴转角范围较单指销式为大。但双指销式结构较复杂,对蜗杆的加工精度要求也较高。

3)优缺点

转向器的传动比可以做成不变的或者变化的;指销和蜗杆之间的工作面磨损后,调整间隙工作容易进行。固定销蜗杆指销式转向器的结构简单、制造容易。但是因指销不能自转,指销的工作部位基本保持不变,所以磨损快、工作效率低。旋转销式转向器的效率高、磨损慢,但结构复杂。

转向器的结构和工作原理是什么?

第三节　转向传动机构

各种车型的汽车对转向传动机构的要求不同,转向传动机构根据汽车的使用功能,具体的结构空间和不同类型的悬架进行设计。因此,要了解的爱车运用了什么样的转向传动机构,必须从本节开始讲述。

一、转向传动机构的功用

转向传动机构的功用是将转向器输出的转向力传递给转向轮,并推动转向轮发生偏转,以实现汽车转向。同时,还衰减因路面不平引起的振动,以稳定汽车行驶方向,避免转向盘打手。

二、转向传动机构类型

转向传动机构按照悬架的分类可分为与非独立悬架配用的转向传动机构和与独立悬架配用的转向传动机构两大类。

(一)与非独立悬架配用的转向传动机构

与非独立悬架配用的转向传动机构如图11-11所示,各杆件之间都采用球形铰链连接,并设有防止松动、缓冲吸振、自动消除磨损后的间隙。

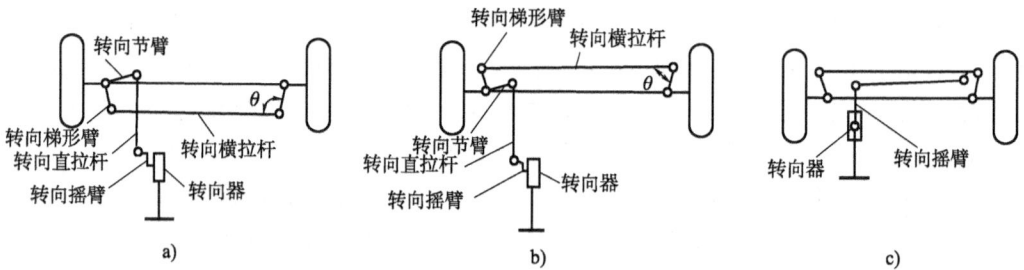

图11-11　与非独立悬架配用的转向传动机构示意图

当前桥仅为转向桥时,由左、右梯形臂和转向横拉杆组成的转向梯形臂一般布置在前桥之后,如图11-11a)所示,称为后置式;这种布置简单方便,且后置的横拉杆有前面的车桥做保护,可避免直接与路面障碍物相碰撞而损坏。当发动机位置较低或前桥为转向驱动桥时,往往将转向梯形臂布置在前桥之前,如图10-11b)所示,称为前置式。若转向摇臂不是在汽车纵向平面内前后摆动而是在与路面平行的平面内左右摆动,则可将转向直拉杆横向布置,并借球头销直接带动转向横拉杆,从而推动左右梯形臂转动,如图11-11c)所示。

1. 转向摇臂

转向摇臂的作用是把转向器输出的力和运动传给转向直拉杆和横拉杆,进而推动转向轮偏转。转向摇臂的典型结构如图 11-12 所示。

转向摇臂一般用中碳钢锻制而成。大端具有锥形的三角形细花键孔,与转向摇臂轴连接,并用螺母固定。其小端用锥形孔与球头销柄部连接,也用螺母固定,球头再与纵拉杆作铰链连接。

安装:摇臂与摇臂轴安装时要对正记号,以保证摇臂从中间向两边摆动时摆角大致相同。

图 11-12　转向摇臂

2. 转向横拉杆

图 11-13a)所示横拉杆体用钢管制成,其两端切有螺纹,一端为右旋,一端为左旋,与横拉杆接头旋装连接。两端接头结构相同,如图 11-13b)所示。接头的螺纹孔壁上开有轴向切口,故具有弹性,旋装到杆体上后可用螺栓夹紧。旋松夹紧螺栓以后,转动横拉杆体,可改变转向横拉杆的总长度,从而调整转向轮前束。

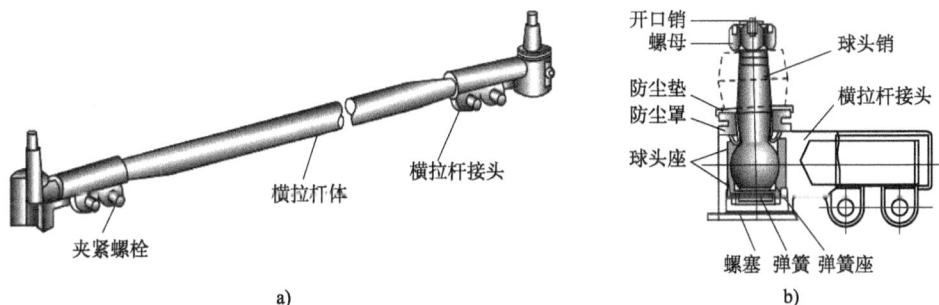

图 11-13　汽车转向横拉杆

3. 转向直拉杆

如图 11-14 所示,直拉杆体由两端扩大的钢管制成,在扩大的端部里,装有由球头销、球头座、弹簧座、压缩弹簧和螺塞等组成的球铰链。球头销的锥形部分与转向摇臂连接,并用螺母固定;其球头部分的两侧与两个球头座配合,前球头座靠在端部螺塞上,后球头座在弹簧的作用下压靠在球头上,这样,两个球头座就将球头紧紧夹持住。为保证球头与座的润滑,可从油嘴注入润滑脂。拆装时供球头出入的直拉杆体上的孔口用油封垫的护套盖住,以防止润滑脂流出和污物侵入。

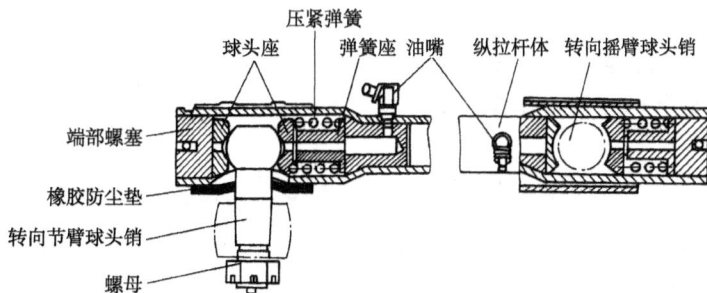

图 11-14　转向直拉杆

压缩弹簧能自动消除因球头与座磨损而产生的间隙,弹簧座的小端与球头座之间留有不大的间隙,作为弹簧缓冲的余地,并可限制缓冲时弹簧的压缩量(防止弹簧过载)。此外,当弹簧折断时此间隙可保证球头销不致从管孔中脱出。端部螺塞可以调整此间隙,调整间隙的同时也调整了前弹簧的预紧度,调好后用开口销固定螺塞的位置,以防松动。

4.转向节臂和梯形臂

转向横拉杆通过转向节臂与转向节相连。转向横拉杆两端经左、右梯形臂与转向节相连。转向节臂和梯形臂带锥形柱的一端与转向节锥形孔相配合,用键防止螺母松动。梯形臂的另一端带有锥形孔,与相应的拉杆球头销锥形柱相配合,同样用螺母紧固后插入开口销锁住。

(二)与独立悬架配用的转向传动机构

当转向轮采用独立悬架时,由于每个转向轮都需要相对于车架(或车身)作独立运动,所以,转向桥必须是断开式的。与此同时,转向传动机构中的转向梯形臂也必须分成两段或三段。图 11-15 所示为几种独立悬架配用的转向传动机构示意图。其中图 11-15a)、b)所示的机构与循环球式转向器配用,图 10-15c)、d)所示的机构与齿轮齿条式转向器配用。

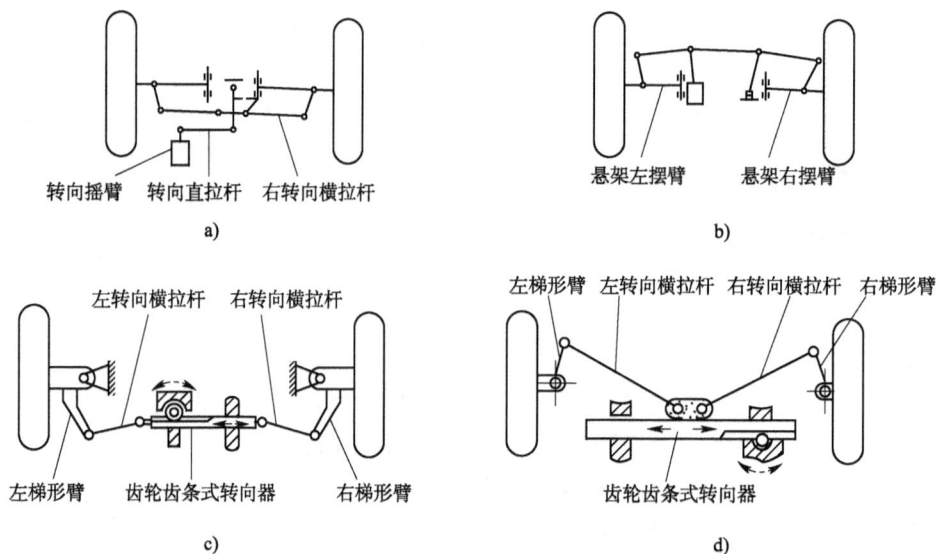

a)

b)

c)

d)

图 11-15　与独立悬架配用的转向传动机构示意图

想一想练一练

1.转向传动机构的主要类型及结构组成是什么?

2.转向传动机构的作用是什么?

第四节　动力转向系统

一、动力转向类型

越来越多的汽车采用了以发动机输出的部分动力为能源的动力转向装置。

(1)按传能介质的不同分为气压式动力转向装置和液压式动力转向装置两种。

(2)根据机械式转向器、转向动力缸和转向控制阀三者在转向装置中的布置和连接关系的不同,液压动力转向装置分为整体式、组合式和分离式三种结构形式。

(3)按其转向控制阀阀芯的运动方式可分为滑阀式和转阀式两种形式。

(4)液压式动力转向装置按液流形式可分为常流式和常压式。

二、液压动力转向装置的功用

液压动力转向装置应满足如下功能:

(1)汽车转弯时,减少驾驶人对转向盘的操纵力。

(2)限制转向系统的减速比。

(3)限制车辆高速或在薄冰上的助力,具有较好的转向稳定性。

(4)在原地转向时,能提供必要的助力。

(5)在液压动力转向装置失效时,能保持机械转向系统有效工作。

三、液压动力转向装置的组成

液压动力转向装置由机械转向器、转向控制阀、转向油罐和转向油泵等组成。客车的动力转向装置如图 11-16 所示。系统主要由动力转向装置、转向操纵机构和转向传动机构三部分组成。动力转向装置包括动力转向器、动力转向油泵、储油罐、油液软管和管路等。转向操纵机构包括转向盘(含驾驶席安全气囊总成)、转向柱等。转向传动机构包括转向垂臂、转向拉杆、减振器及转向节臂

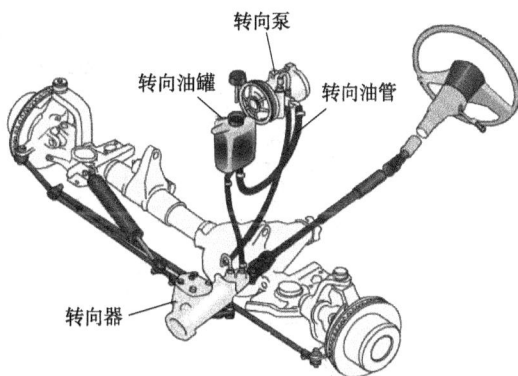

图 11-16　某型客车动力转向装置管路

等;动力转向系统的核心部件是转向齿轮机构和动力转向泵。

四、液压动力转向装置的工作原理

图 11-17 所示为液压常流滑阀式动力转向装置的工作原理图。该装置主要由动力转向装置、转向操纵机构和转向传动机构三部分组成。动力转向装置包括动力转向器、动力转向油泵、储油罐、油液软管和管路等。动力转向装置的转向器为齿轮齿条式,转向油泵为转子式。

汽车直线行驶时,如图 11-17a)所示。滑阀在复位弹簧的作用下保持在中间位置。转向控制阀将转向油泵泵出来的工作液与油罐相通,转向油泵处于卸荷状态,动力转向器不起助力作用。

当汽车右转向时,如图 11-17b)所示。驾驶人通过转向盘使转向螺杆向右转动。开始时,由于转向车轮的偏转阻力很大,转向螺母暂时保持不动,而具有左旋螺纹的转向螺杆却在转向螺母的轴向反作用力推动下向右轴向移动,同时带动滑阀压缩复位弹簧向右轴向移动,消除左端间隙 h。此时环槽 C 与 E 之间、A 与 B 之间的油路通道被滑阀和阀体的相应槽

肩封闭。而环槽 A 与 C 之间的油路通道增大,油泵送来的油液自环槽 A 经 C 流入动力缸的 L 腔,形成高压油区。而动力缸 R 腔的油液则经环槽 B、D 及回油管流回油罐,R 腔成为低压油区。在压力差作用下,动力缸的活塞向右移动,并通过活塞杆使转向摇臂逆时针转动,从而起转向加力作用。当这一力与驾驶人通过转向器传给摇臂的力合在一起,足以克服转向阻力时,转向螺母也就随着螺杆的转动而向左轴向移动,并通过转向直拉杆带动转向车轮向右偏转。由于动力缸 L 腔的油压很高,汽车转向主要靠活塞的推力,所以驾驶人转向是就省力了。

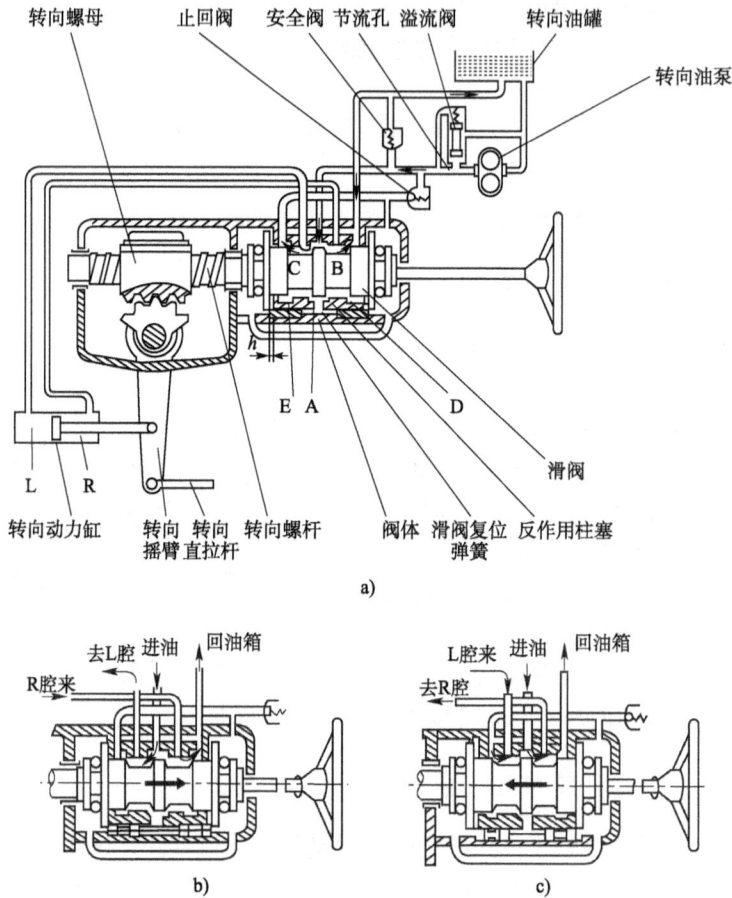

图 11-17 液压常流滑阀式动力转向装置的工作原理图

只要转向盘和转向螺杆继续转动,上述液压加力作用就一直存在。当转向盘转过一定角度保持不动时,螺杆作用于螺母的力消失,螺母不再相对于螺杆左移。但动力缸中的活塞在油压差作用下,仍继续向右移动(转向摇臂继续逆时针方向转动),从而使得转向螺母在转向摇臂上端的拨动下,带动转向螺杆及滑阀一起向左移动,直到滑阀恢复到中间稍偏右的位置。此时滑阀中间槽肩右边的缝隙小于左边的缝隙,由于节流作用,使进入 L 腔的油压仍高于 R 腔的油压。此压力差在动力缸活塞上的作用力用来克服转向轮的回正力矩,使转向轮的偏转角维持不动,这就是转向的维持过程。如欲使转向轮进一步偏转,则须继续转动转向盘,重复上述全过程。显然,转向轮偏转的角度不同,其回正力矩的大小也不同,相应地,转向维持过程中滑阀恢复到中间位置的偏离程度也不同。各种转向维持状态主要靠动力转向装置的作用,驾驶人只需轻轻地把住转向盘即可。

由上述可见,动力转向装置能使转向轮的偏转角随转向盘转角的增大而增大,转向盘保持不动而转向轮的偏转角也保持不动,即具有"随动"作用。

若驾驶人由前述维持转向位置松开转向盘、滑阀就会在复位弹簧的张力和反作用柱塞上油压的推力作用下回到中间位置,所以在转向轮自动回正过程中不会出现自动加力现象。

汽车直线行驶时,若遇路面不平,转向轮有可能左右偏转而产生振动。这种振动将迫使转向摇臂摆动,使动力缸活塞在缸筒内轴向移动,动力缸 L、R 两腔充满着的油液便对活塞移动起阻尼作用,从而吸收振动能量,减轻了转向轮的振动。动力转向装置中即使装用逆传动效率较高的转向器,也不会出现"打手"现象。

汽车左转向时,如图 11-17c)所示。驾驶人向左转动转向盘,动力转向装置的工作原理与上述相同。但开始时滑阀随同转向螺杆向左轴向移动,油液通路与右转向时相反,动力缸活塞的加力方向也与右转向时相反。

由上述可知,装用动力转向装置的汽车,仍具有保持直线行驶和转向后自动回正能力。

如果动力转向装置失效(如油泵不运转),则该装置不但不能使转向省力,反而会增加转向阻力。为了减小这种阻力,在转向控制阀的进油道和回油道之间,装有止回阀。安全阀的作用是限制油泵及系统内的最高压力值。

五、液压式动力转向器

(一)滑阀式动力转向器

滑阀整体式动力转向器主要由输入部分、机械转向器、转向动力缸和转向控制阀组成。

阀体沿轴向移动来控制油液流量的转向控制阀,称为滑阀式转向控制阀,如图 11-18 所示。当阀体处于中间位置时,其两个凸棱边与阀套环槽形成四条缝隙。中间的两个缝隙分别与动力缸两腔的油道相通,而两边的两个缝隙与回油道相通。当阀体向右移动很小的一个距离时,右凸棱将右外侧的缝隙堵住,左凸棱将中间的左缝隙堵住,则来自液压泵的高压油经通道和中间的右缝隙流入通道,继而进入动力缸的一个腔;而动力缸的另一腔的低油压被活塞推出,经由左凸棱外侧的缝隙和通道流回储油罐。

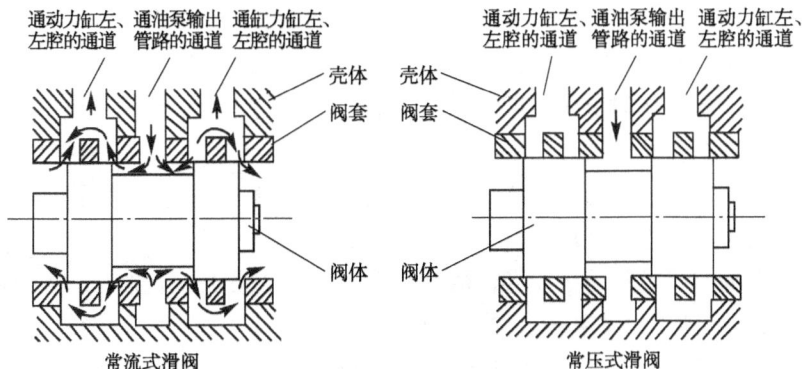

图 11-18 滑阀式转向控制阀的结构和工作原理

（二）转阀式动力转向器

1.组成

转阀整体式动力转向器是由机械转向器、转向动力缸和旋转式转向控制阀三者组合成一体的转向器。

这种转向器结构紧凑、质量轻、传动效率高、操纵轻便、反应灵敏、使用寿命长、易于调整,但结构复杂、制造要求高。

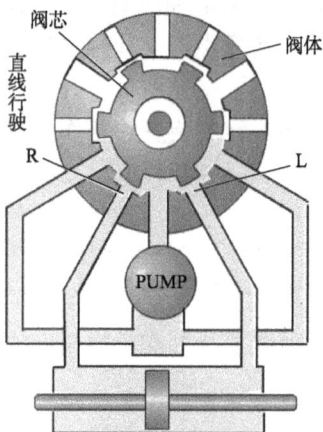

图 11-19　汽车直线行驶时转阀的工作情况

2.工作原理

这种机械转向器有两级传动副。第一级是螺杆齿条活塞传动副,第二级是齿条齿扇传动副。齿条是在活塞圆柱面上加工出来的斜齿轮,变齿厚齿扇与转向摇臂轴制成一体。

汽车直线行驶时,转阀处于中间位置,如图 11-19 所示。工作油液从转向器壳体的进油孔流到阀体的中间油环槽中,经过其槽底的通孔进入阀体和阀芯之间,此时阀芯处于中间位置。进入的油液分别通过阀体和阀芯纵槽和槽肩形成的两边相等的间隙,再通过阀芯的纵槽以及阀体的径向孔流向阀体外圆上、下油环槽,通过壳体油道流到动力缸的左转向动力腔 L 和右转向动力腔 R。流入阀体内腔的油液在通过阀芯纵槽流向阀体上油环槽的同时,通过阀芯槽肩上的径向油孔流到转向螺杆和输入轴之间的空隙中,

从回油口经油管回到油罐中去,形成长流式油液循环。此时,上下腔油压相等且很小,齿条-活塞既没有受到转向螺杆的轴向推力,也没有受到上、下腔因压力差造成的轴向推力。齿条-活塞处于中间位置,动力转向器不工作。阀芯相对于阀体不动,油泵供给的油液流入的控制阀入控制阀进油道,从阀芯和阀体的预开缝隙经回油道回油罐。动力缸左右两腔压力基本相同,活塞保持其位置基本不变,因此车辆保持原有的行驶方向不变。

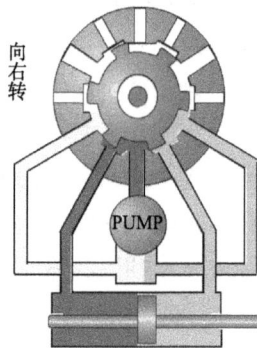

图 11-20　汽车右转弯时转阀的工作情况

转向盘右转时,如图 11-20 所示,阀体随转向轴向右转动,由于转向阻力的反作用,扭杆与阀芯相连一端不能转动,扭杆被扭转一个角度。这样就使阀芯相对于阀体向左转动,从而改变了阀芯与阀体所构成的通道,此时,从进油道流入的高压油能流向动力缸的前腔,使前腔室成为高压区,动力缸后腔室经阀体回油道与回油路相通成为低压区,活塞在压力差作用下向后移动,推动转向轮向右偏转,汽车向右行驶。

汽车向左转向时,如图 11-21 所示,情况与向右转弯时相近,控制阀改变油道使动力缸前腔成为低压区,后腔变成了高压区,汽车向左行驶。

当转向盘转动后停在某一位置,阀体随转向螺杆在液力和扭杆弹力的作用下,沿转向

盘转动方向旋转一个角度,使之与滑阀的相对角位移量减小,上、下动力缸油压差减小,但仍有一定的助力作用。使助力转矩与车轮的回正力矩相平衡,车轮维持在某一转角位置上。

回位过程:转向后需回正时,驾驶人放松转向盘,阀芯在弹性扭杆作用下回到中间位置,失去了助力作用,转向轮在回正力矩的作用下自动回位。若驾驶人同时回转转向盘时,转向助力器助力,帮助车轮回正。

自动回正:当汽车直线行驶偶遇外界阻力使转向轮发生偏转时,阻力矩通过转向传动机构、转向螺杆、螺杆与阀体的锁定销作用在阀体上,使之与阀芯之间产生相对角位移,动力缸上、下腔油压不等,产生与转向轮转向相反的助力作用。转向轮迅速回正,保证了汽车直线行驶的稳定性。

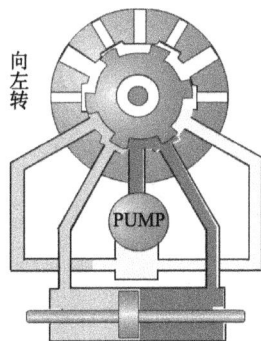

图 11-21　汽车左转弯时转阀的工作情况

当液压助力装置失效后,失去方向控制是非常危险的,所以,一旦液压助力装置失效,该助力转向器将变成机械转向器。动力传递路线与齿轮齿条式机械转向系统完全一致。

六、转向油泵

1. 功用

转向油泵的功用:将发动机的机械能变为驱动转向动力缸工作的液压能,再由转向动力缸输出受控制的转向力,驱动转向轮转向。

2. 类型

转向油泵有齿轮式转向油泵、叶片式转向油泵和转子式转向油泵三种类型。其中叶片式转向油泵由于其结构紧凑,输油压力脉动、输油量均匀、动转平稳、性能稳定、使用寿命长等优点,被现代汽车广泛采用。

3. 叶片式转向泵的结构原理

双作用卸荷式叶片泵由定子、转子、叶片和配油盘等组成。定子和转子同心,定子内曲线由四段圆弧和四段过渡曲线组成;配油盘上有四个月牙形窗口。

转子和定子中心重合,定子内表面近似为椭圆柱形,该椭圆形由两段长半径 R、两段短半径 r 和四段过渡曲线所组成。

当转子转动时,叶片在离心力和(建压后)根部压力油的作用下,在转子槽内作径向移动而压向定子内表,由叶片、定子的内表面、转子的外表面和两侧配油盘间形成若干个密封空间,当转子按图 11-22 所示方向旋转时,处在小圆弧上的密封空间经过渡曲线而运动到大圆弧的过程中,叶片外伸,密封空间的容积增大,要吸入油液;再从大圆弧经过渡曲线运动到小圆弧的过程中,叶片被定子内壁逐渐压进槽内,密封空间容积变小,将油液从压油口压出。

因而,当转子每转一周,每个工作空间要完成两次吸油和压油,所以称之为双作用叶片泵。

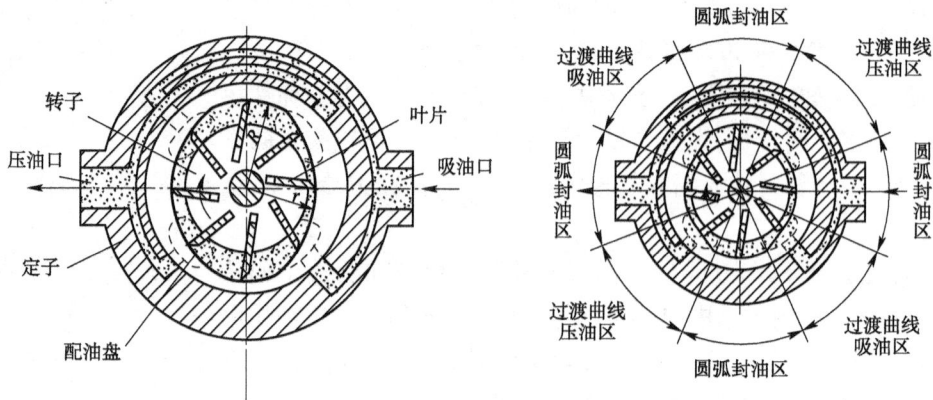

图 11-22　双作用卸荷式叶片泵的结构原理图

这种叶片泵由于有两个吸油腔和两个压油腔,并且各自的中心夹角是对称的,所以作用在转子上的油液压力相互平衡,因此双作用叶片泵又称为卸荷式叶片泵,为了要使径向力完全平衡,密封空间数(即叶片数)应当是双数。

双作用叶片泵的结构特点:定子和转子同心;定子内曲线由四段圆弧和四段过渡曲线组成;叶片底部通压力油;配油盘上有四个月牙形窗口。

想一想练一练

1.动力转向系统的类型及工作原理是什么?

2.液压动力转向装置的组成是什么?

第十二章　大客车制动系统

章节描述

　　本章通过对大客车制动系统功用与系统要求、汽车制动原理与系统组成、车轮制动器、制动传动装置、驻车制动和制动辅助装置、防抱死制动系统(ABS)、牵引力控制系统(ASR 或 TRC)等七节知识的学习,加深了对大客车制动系统的认知。在学习该章之前,学生对制动系统已有初步认识,教师可以利用网络资源和大客车实物教具,激发学生学习兴趣,引导学生积极进行探究性学习。整章的实施根据各个任务目标,结合现有资源组织教学,教学方法以讲授法为主,结合情景教学法和讨论法等,使学生在理论和实践中掌握本章内容。

学习目标

　　1.知识目标

　　熟知客车制动系统功用与要求,掌握制动系统的组成和工作原理,特别是对气压制动要深入研究,掌握 ABS 的作用原理。

　　2.技能目标

　　知道制动系统功用与系统要求,能说出制动系统的组成及类型,能描述制动器的结构与工作原理,简单理解液压制动传动装置的功用、类型、组成及工作原理,对气压制动系统要深入研究并掌握,熟知辅助制动的类型并简单了解原理,能描述 ABS 的功用、类型、组成及工作情况,认识牵引力控制系统

　　3.情感目标

　　培养踏实、一丝不苟的学习态度和工作作风,发扬团队合作精神。

建议课时

　　10 课时。

学习内容

　　第一节　制动系统功用与系统要求
　　第二节　汽车制动原理与系统组成
　　第三节　车轮制动器
　　第四节　制动传动装置
　　第五节　驻车制动和辅助制动装置
　　第六节　防抱死制动系统(ABS)
　　第七节　牵引力控制系统(ASR 或 TRC)

1. 知道制动系统功用与系统要求;
2. 能说出制动系统的组成及类型;
3. 能描述制动器的结构与工作原理;
4. 理解制动传动装置的功用、类型、组成及工作原理;
5. 能描述 ABS 的功用、类型、组成及工作情况;
6. 认识牵引力控制系统。

第一节　制动系统功用与系统要求

一、制动系统功用

客车制动系统是用于使行驶中的客车减速或停车,使下坡行驶的客车的车速保持稳定以及使已停驶的客车在原地驻留不动的机构。客车制动系统直接影响着客车行驶的安全性和停车的可靠性。

大型客车必须具有主制动(行车制动)、应急制动和驻车制动三种制动装置。还可以加装辅助装置。前两者必须是可以控制的,驻车制动可以是不可调节的。

二、制动效能评价要求

制动性能的评价指标包括制动效能、制动效能的恒定性、制动时的方向稳定性三个方面。

(一)制动效能

制动效能是指客车迅速降低行驶速度直至停车,或在下坡时维持一定车速及坡道驻车的能力,是制动性能最基本的评价指标。一般用制动减速度、制动力、制动距离等评价。

1. 制动减速度

制动减速度是指制动时单位时间内车速的变化量。它反映了地面制动力的大小,与制动器制动力及附着力有关。

2. 制动力

客车对地面制动力越大,制动减速度越大,制动距离越短;而地面制动力首先取决于制动器制动力,同时受地面附着条件的限制。因此只有客车具有足够的制动器制动力,同时地面又能提供高的附着力时,才能获得足够的地面制动力。

3. 制动距离

制动距离是汽车在一定的初速度下,从驾驶人急踩制动踏板开始,到汽车完全停住为止所驶过的距离。包括反应距离和制动距离两个部分。制动距离越小,汽车的制动性能就越好。影响制动距离的主要因素:制动器起作用的时间、最大制动减速度(由附着力和制动器制动力决定)、制动初速度。

（二）制动效能的恒定性

1. 热衰退性

制动效能的稳定性是指客车制动的抗热衰退性，是指客车高速制动、短时间重复制动或下长坡连续制动时制动效能的热稳定性。因为制动产生大量的热量，使制动器温度上升，制动器在热状态下能否保持有效的制动效能是衡量制动性能的重要指标。

2. 水衰退性

当制动器被水浸湿时，应在客车涉水后多踩几次制动踏板，使制动蹄和制动鼓摩擦生热迅速干燥。

（三）制动时的方向稳定性

制动时方向的稳定性是指客车制动时不发生跑偏、侧滑及失去转向能力。

1. 制动跑偏

制动跑偏主要是由于左、右轮（尤其是前轴）制动器制动力不相等。为限制制动跑偏，要求前轴左、右制动力之差不大于该轴负荷的5%，后轴为8%。

2. 制动侧滑与制动时转向能力的丧失

侧滑是指制动时客车的某一轴或两轴发生横向滑移。制动时转向能力丧失是指弯道制动时，客车不再按原来的弯道行驶而沿直线方向驶出，或直线行驶制动时转动转向盘不能改变方向的现象，原因是转向轮抱死。

想一想练一练

1. 制动系统的功用有哪些？
2. 制动效能评价要求有哪些？
3. 制动效能的恒定性指什么？

第二节 汽车制动原理与系统组成

一、汽车制动原理

客车制动主要为气压制动，客车气压制动结构和工作原理如图12-1和图12-2所示。空气压缩机由发动机通过皮带驱动，产生压缩空气，向储气筒充气。储气筒储存空气压缩机产生的气体，在制动时提供足够的压缩空气。当驾驶人踩制动踏板时控制的是制动控制阀，由制动控制阀控制进入制动气室的气压。当压缩空气进入制动气室时，推动安装在车轮制动器旁的制动气室的膜片移动。膜片的移动带动制动气室的推杆动作，制动调整臂在推杆的作用下，带动凸轮轴转动，使得两制动蹄压靠到制动鼓上而制动，从而控制车轮制动器实现制动，即将压缩空气的压力转变为机械推力，使车轮产生制动。驾驶人只需按不同的制动强度要求，控制制动踏板的行程，释放出不同数量的压缩空气，便可调整气体压力的大小来获得所需的制动力。

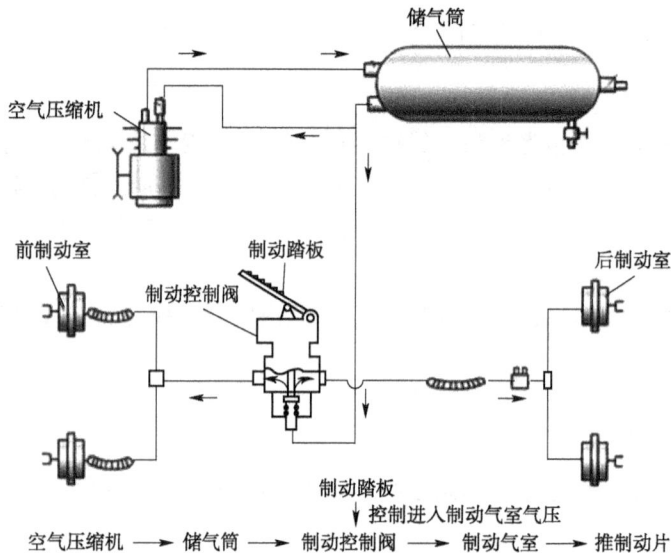

图 12-1　气压制动结构和工作原理图

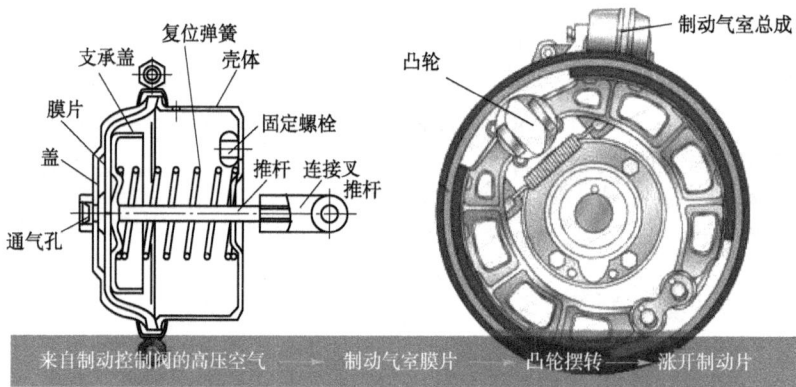

图 12-2　气压制动气室和车轮制动器原理

二、制动系统的类型与组成

(一)制动系统的类型

1.按制动系统的作用分类

制动系统可分为行车制动系统、驻车制动系统、应急制动系统及辅助制动系统等。

2.按制动操纵能源分类

制动系统可分为人力制动系统、动力制动系统和伺服制动系统等。

3.按制动能量的传输方式分类

制动系统可分为机械式、液式、气压式、电磁式等。同时采用两种以上传能方式的制动系统称为组合式制动系统。

4.按制动回路多少分类

制动系统可分为单回路制动系统、双回路制动系统。

（二）制动系统的组成

任何制动系统都由以下4部分组成：

（1）供能装置：包括供给、调节制动所需能量以及改善传能介质状态的各种部件。如人的肌体可作制动能源。

（2）控制装置：包括产生制动动作和控制制动效果的各种部件，如制动踏板。

（3）传动装置：包括将制动能量传输到制动器的各个部件及管路。

（4）制动器：产生阻碍车辆运动或运动趋势的力的部件。

气压制动系统的组成部件较多，管路复杂，基本由空气压缩机，储气筒、制动控制阀和制动气室等组成。

（1）空气压缩机：空气压缩机由发动机通过皮带驱动，产生压缩空气，向储气筒充气。

（2）储气筒：储存空气压缩机产生的气体，在制动时提供足够的压缩空气。

（3）制动控制阀：在气压制动中，驾驶人踩制动踏板时控制的是制动控制阀，由制动控制阀控制进入制动气室的气压。

（4）制动气室：制动气室安装在车轮制动器旁，当压缩空气进入制动气室时，推动制动气室的膜片移动，从而控制车轮制动器实现制动。

（5）车轮制动器：所有国产汽车及部分外国汽车的气压制动系统中，都采用凸轮促动的车轮制动器，而且大多设计成领从蹄式。

想一想练一练

1. 简述汽车制动原理。
2. 汽车制动系统的分类有哪些？
3. 汽车制动系统的组成有哪些？

第三节　车轮制动器

一、车轮制动器的功用与类型

（一）功用

车轮制动器的作用是利用固定元件和旋转元件工作表面的摩擦而产生与汽车行驶方向相反的制动力矩，使旋转元件的旋转角速度降低，同时依靠车轮与地面的附着作用，产生路面对车轮的制动力，以使汽车迅速减速或停车。

（二）组成

车轮制动器是产生阻碍车辆的运动或运动趋势的制动力的部件，它主要由固定元件、旋转元件、调整机构和张开机构等组成。固定元件包括制动底板和制动蹄；旋转元件是固定在轮毂上并与车轮一起旋转的制动鼓或制动盘；调整机构由调整凸轮和偏心支承销组成；张开机构主要指制动轮缸、凸轮等。

（三）分类

车轮制动器按照结构可分为鼓式制动器和盘式制动器。如图 12-3 和图 12-4 所示。鼓式制动器的旋转元件为制动鼓,工作表面为圆柱面。盘式制动器的旋转元件为制动盘,工作表面为端面。

图 12-3 气压鼓式制动器　　图 12-4 气压盘式制动器

二、车轮制动器的基本结构与工作原理

（一）鼓式车轮制动器

鼓式制动器是较早使用的制动器,现在鼓式制动器基本上使用的是内张式。它的制动片位于制动轮内侧,其制动时,制动片向外张开,摩擦制动轮的内侧,以达到制动的目的。鼓式制动器造价低,但制动力稳定性、制动效能和散热性能较差。

鼓式制动器按制动蹄装置的不同可分为轮缸式和凸轮式,如图 12-5 和图 12-6 所示。轮缸式制动器一般用于液压制动系统,在大客车上不被采用,在此不作讲述。凸轮式制动器是用凸轮取代制动轮缸对两制动蹄起促动作用,目前,气压制动系统中都采用凸轮促动的车轮制动器,而且大多设计成领从蹄式。

图 12-5 轮缸式制动器　　图 12-6 凸轮式制动器

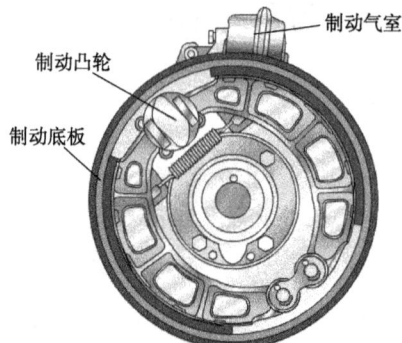

1.凸轮式制动器结构组成

凸轮式制动器主要由旋转部分、固定部分、张开机构和调整机构组成,如图 12-7 所示。

旋转部分是固定在轮毂上并与车轮一起旋转的制动鼓;固定部分主要包括制动蹄和制动底板;张开机构是气压制动凸轮;调整机构主要由偏心支承销、调整凸轮和复位弹簧组成。

2. 凸轮式制动器工作过程

如图 12-8 所示,汽车行驶不制动时,所有机件处于安装的原始位置。制动蹄与制动鼓之间保持一定的间隙,制动鼓随车轮自由转动而不受阻碍。

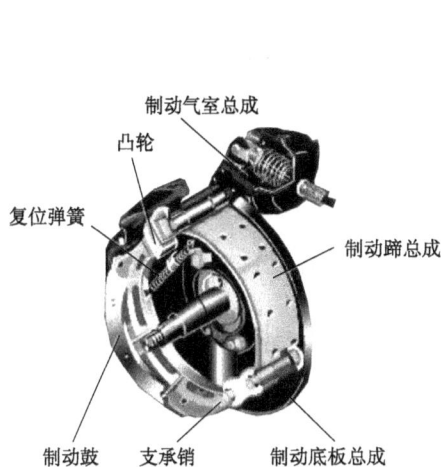

图 12-7 凸轮式制动器

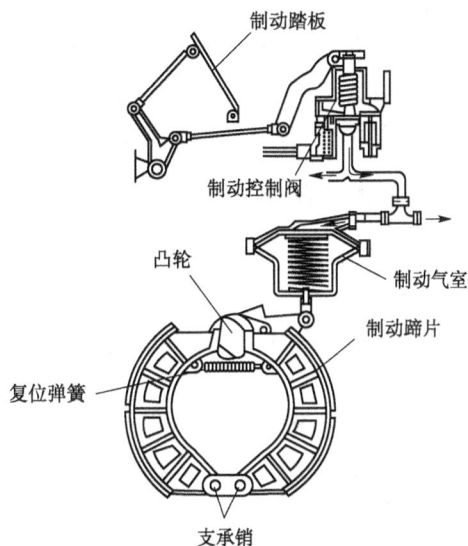

图 12-8 凸轮式制动器工作过程

当汽车行驶制动时,踩下制动踏板,制动控制阀控制由储气筒产生的压缩空气进入制动气室,推动安装在车轮制动器旁的制动气室的膜片移动,膜片的移动带动制动气室的推杆动作,制动调整臂在推杆的作用下,带动凸轮轴转动,前、后制动蹄在凸轮促动力 F_s 的作用下,分别绕各自的支承点旋转到紧压在制动鼓上,从而控制车轮制动器实现制动,如图 12-9 所示。

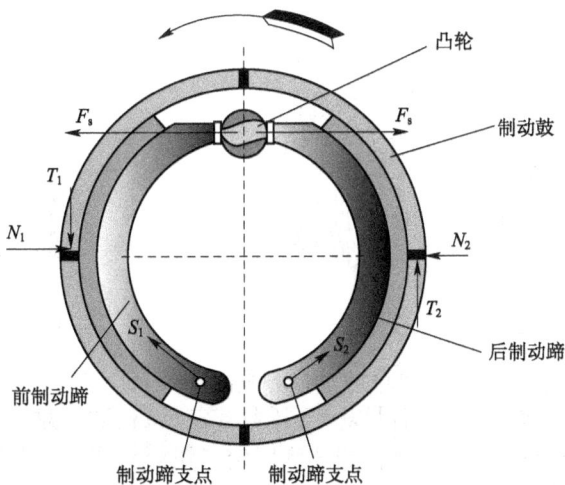

图 12-9 凸轮式制动器工作原理示意图

当放松制动踏板时,制动气室气压消失,在各复位弹簧作用下,制动蹄与制动鼓又恢复了原来的间隙,从而制动作用解除。

3. 凸轮式制动器间隙的调整

制动器间隙是指在不制动时,制动鼓和制动蹄摩擦片之间的间隙。为了保持良好的制动效率,制动蹄与制动鼓之间要有一个最佳间隙值。制动器间隙过小,不能保证完全解除制动,此间隙过大,制动器反应时间过长,直接威胁到行车安全。制动器在使用过程中,随着摩擦片的磨损,制动器间隙会变大,要求制动器必须有检查和调整间隙的可能。过去的鼓式制动器间隙需要人工调整,用塞尺调整间隙。现在鼓式制动器都是采用自动调整方式,摩擦片磨损后会自动调整与制动鼓的间隙。

(二)盘式车轮制动器

盘式制动器又称为碟式制动器,顾名思义是取其形状而得名。盘式制动器是由摩擦块从两侧夹紧与车轮共同旋转的制动盘后而产生制动效能。制动器的旋转元件是金属盘,称为制动盘。不动的摩擦元件是制动钳或钢制圆盘。客车的前轮,大多采用盘式制动器。

1. 盘式制动器的特点

制动盘构造简单,尺寸小,质量轻,调整及维修方便,制动时平顺性好,耐高温性能好。

2. 盘式制动器的分类、结构及工作原理

盘式制动器是靠圆盘间的摩擦力实现制动的制动器,主要有全盘式和点盘式两种类型,如图12-10所示。由于摩擦面仅占制动盘的一小部分,故称点盘式,有固定卡钳式和浮动卡钳式两种。制动器中固定元件有着多种结构类型,大体上可分为两类。一类是工作面积不大的摩擦块与其金属背板组成的制动块,每个制动器中有2~4个。这些制动块及其促动装置都装在横跨制动盘两侧的夹钳形支架中,总称为制动钳。这种由制动盘和制动钳组成的制动器称为钳盘式制动器。另一类固定元件的金属背板和摩擦块也呈圆盘形,制动盘的全部工作面可同时与摩擦块接触,这种制动器称为全盘式制动器。

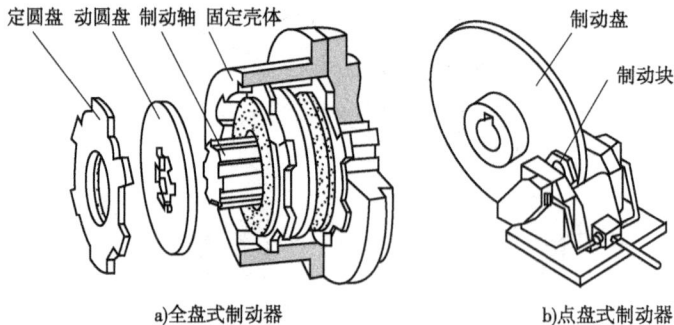

a)全盘式制动器　　　　　　　　b)点盘式制动器

图12-10　盘式制动器的分类

根据制动方式不同,盘式制动器可以分气压盘式制动器、液压盘式制动器和机电一体式盘式制动器。气压盘式制动器可分为浮钳式和固定卡钳浮盘式,按制动操纵和实施机构(推盘)的数目又可分为单推和双推两种;液压盘式制动器可分为全盘式、固定卡钳式和浮动卡钳式。

由于气压盘式制动器具制动器散热性好、使用周期长等优点,所以现在大客车上使用较多的是气压盘式制动器。下面以元丰双推杆轴向盘式制动器为例对气压盘式制动器进行讲解。

元丰气压双推杆轴向盘式制动器(图12-11)利用空气作为驱动介质,主要由卡钳体和支架两部分组成,为浮动钳盘式制动器。支架通过螺栓连接到桥上,卡钳通过导向销和支承销连接到支架上。制动时卡钳在支架上沿导销可以作轴向运动。浮动钳盘式制动器工作原理如图12-12所示。

图12-11 双推杆轴向盘式制动器

制动时,制动气室顶杆推动压力臂转动,压力臂的偏心凸轮的转动推动转动组件作直线运动,推动内摩擦块运动,直到与制动盘贴合。在制动反力作用下带动外摩擦块向里滑动,和内摩擦块一起抱死制动盘,实现制动。制动解除后,在复位弹簧的作用下推动转动组件回到初始位置。

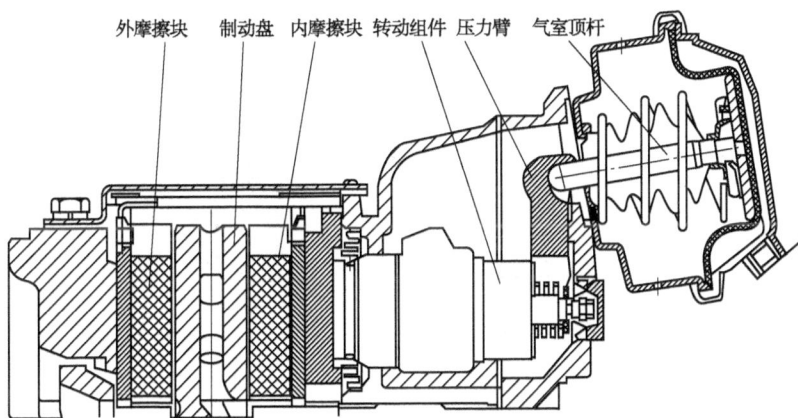

图12-12 浮动钳盘式制动器结构示意图

三、制动间隙的检查与调整

通常汽车的制动是通过制动分室充气(主制动)或放气(停车制动与应急制动),使制动推杆推动制动调节臂,从而转动制动凸轮轴使制动蹄张开,制动摩擦片对制动鼓产生摩擦阻力,产生制动。

制动蹄摩擦片与制动鼓之间在自由状态时必须保持一个标准间隙。随着汽车行驶,制动蹄摩擦片的磨损,该间隙值会不断地增大。因此,在汽车维修中,需要经常对"制动间隙"进行调整。此间隙值太小,会产生制动"扒紧",使制动鼓发热,间隙值过大又会使汽车制动反应时间过长,产生制动迟缓,影响行车安全。如果同一轴上的车轮制动间隙不等,还会造成汽车制动跑偏。

过去的制动调节臂都是手动调整的,手动调节臂不仅调整频繁,而且调整不精确。现在的大客车都使用了制动间隙自动调整臂,不再需要人工调节制动间隙。下面以瑞典汉德(Haldex)公司制造的自动调节臂为例,介绍自动调整臂的构造。金龙系列客车装用的东风

EQR13 型前、后桥均选装有汉德公司的自动调节臂,在装用的美国德纳前、后桥也都装用这种自动调节臂。

(一)制动间隙自动调整臂的作用

制动间隙自动调整臂,简称"自动调整臂",顾名思义,就是可以精确记录由于摩擦片磨损引起的间隙增加量,实时地、自动地调整制动间隙的装置,保证制动间隙即制动鼓和蹄片之间的间隙处于在一个合适的数值,大大提高了车辆的制动性能,减小了制动隐患,提高了车辆行驶的安全性,也降低了维护成本。

(二)制动间隙自动调节臂的结构组成

自动调节臂如图 12-13 和图 12-14 所示,基本上由四部分组成:带有单向离合器离合环、主弹簧的蜗杆轴;带有齿条弹簧的齿条、齿轮机构;由控制臂固定的定位机构和与制动凸轮联动的蜗轮。

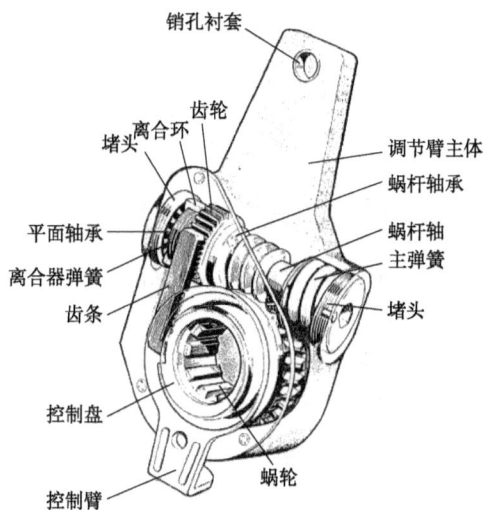

图 12-13　自动调节臂

图 12-14　自动调节臂

想一想练一练

1. 车轮制动器有何作用?
2. 鼓式和盘式车轮制动器各有什么优、缺点? 它们是如何工作的?
3. 掌握自动调节臂的组成和作用。

第四节　制动传动装置

制动传动装置的作用是将驾驶人或其他动力源的作用传到制动器,同时控制制动器的工作,从而获得所需要的制动力矩。不同车型,根据自身的制动要求,采用不同的制动传动装置。

一、制动传动装置的类型

(1)制动传动装置按传力介质不同可分为液压式、气压式和气—液综合式三种。

(2)按制动管路的数目可分为单回路和双回路式两种。

二、气压制动传动装置

气压式制动传动装置是利用压缩空气作力源的动力式制动装置。驾驶人只需按不同的制动强度要求,控制制动踏板的行程,便可控制制动气压的大小来获得所需要的制动力。一般大客车都使用该传动装置。

气压制动传动装置由气源部分和控制部分两大部分组成,如图 12-15 所示。气源部分包括空气压缩机、调压机构(卸荷阀和调压阀)、储气筒、气压表和安全阀等部件。控制部分则包括制动踏板、制动控制阀、控制管路、前制动气室、后制动气室、制动灯开关等部件。

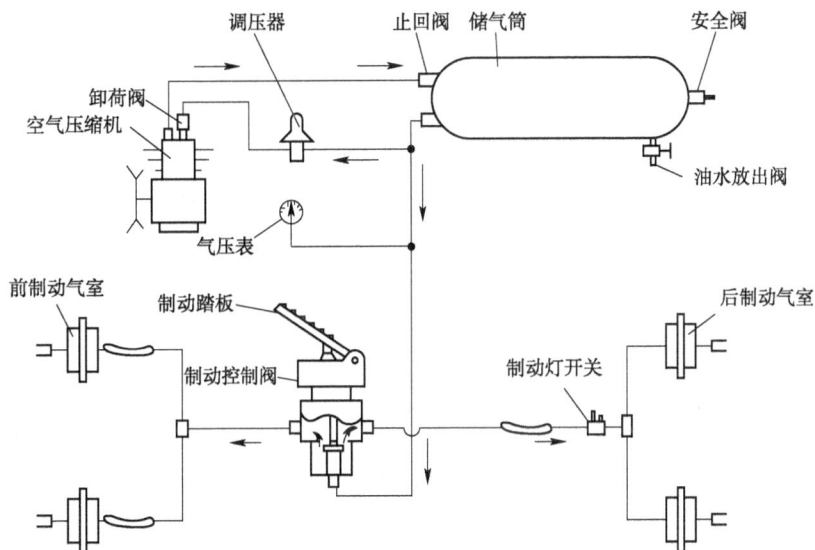

图 12-15 制动传动装置的基本组成

空气压缩机由发动机通过皮带轮或齿轮驱动,将高压空气压入储气筒,储气筒内气压利用调压机构保持在 0.7 ~ 1MPa 范围内,并用安装在仪表板上的气压表指示。踩下制动踏板时,制动控制阀控制压缩空气向车轮上的制动气室充气,推动车轮制动器上的制动凸轮旋转,使两个制动蹄张开,从而使车轮制动。驾驶人可以根据需要,控制制动踏板的行程,从而控制制动气压的大小以得到不同大小的制动力。制动踏板踩到底时,制动气室内最高气压为 0.5 ~ 0.8MPa,但储气筒中的气压在任何时候都应高于或等于此值。

下面以金龙牌系列客车为例对气压制动系统的工作原理和主要阀件结构、原理进行详细讲解。金龙客车制动系统分气源部分、前制动系统、后制动系统和驻车制动系统。其中,驻车制动系统将在第五节驻车制动进行讲解。

在图 12-16 中,在每个阀的气路接口处均标有数字标记,这个数字标记在实际阀件的各接口上也有明显标注。数字标记的含义如下:

"1"——该阀件的进气口;"2"——该阀件的出气口;"3"——该阀件的排气口;"4"——该阀件的控制口。凡标有两位数字的表示某一接口的顺序。例如"11"表示该阀件的第一进气口、"12"表示第二进气口,"21"表示该阀的第一出气口、"22"表示第二出气口等。

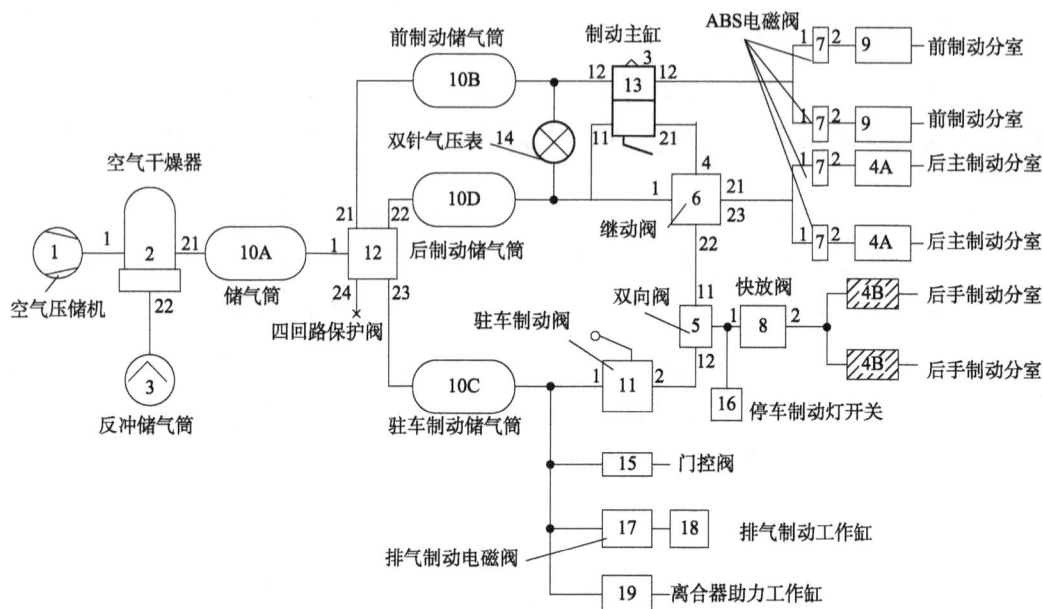

图 12-16 制动系统原理图

三、气源部分

如图 12-16 所示,空气压缩机 1 从空气滤清器吸入空气,经压缩后送入空气干燥器 2。由于空气中存有水汽,空气压缩机还不断排油,因此,从空气压缩机送出的压缩空气中存在有水汽与机油。如果不能将空气中的水汽与油污排掉,那么回路里不断增多的水汽会凝结为水,在冬季制动管线路及阀件会积水结冰,造成制动失效的故障。干燥器即是为完成过滤与排放水而设置的。在干燥器内填充了一定数量的干燥剂(分子筛),当来自空气压缩机的汽水混合物经过干燥器时,空气中的水分被干燥剂吸收,比较纯净的空气经干燥器通向储气筒 10A,与此同时经干燥器给反冲储气筒同步充气。

在干燥器上安装有一内置调压阀,该调压阀的主要作用是限制系统的最高气压。当系统回路的气压达到额定值时,调压阀关闭向回路充气的通道,打开空气压缩机排气阀,使空气压缩机在无负荷工况下空运转,从而达到限制系统最高压力并且减少空气压缩机磨损的目的,同时干燥器排污阀打开,将干燥器排污阀附近积存的水及油污排掉。金龙系列客车制动系统的额定压力一般被限制在 0.75~0.80MPa。与此同时,当系统达到额定气压、调压阀开启放气时,调压阀将反冲储气筒的压缩空气经节流孔快速反向通过干燥罐,从而将干燥剂所吸收的水汽及油污快速从干燥器内排出,从而使干燥剂得以再生。当系统气压下降,调压阀关闭时,反冲储气筒被关闭,空气压缩机又经过干燥器向回路及反冲储气筒充气。

储气筒 10A 是一个总储气筒。来自空气压缩机 1 的压缩空气经储气筒 10A 通向四回路保护阀 12 的进气口"1"。顾名思义,四回路保护阀将全车气路分成即相关联又相独立的四个回路。在汽车行驶时,如果其中任何一个回路出现"断"和"漏"的故障时,四回路保护阀将立即关闭该回路,使其他回路仍然正常工作和正常充气,以确保可靠地制动。

金龙系列客车实际上仅使用了四回路保护阀的三个出气口,而将另一个出气口用丝堵完全封闭。因此,四回路保护阀将全车气路分成:前制动回路、后制动回路和驻车制动回路三个回路。这就是说:当前制动回路出现故障时,还有后制动来保证;当前、后制动都出现问题时,还有驻车制动上的应急制动系统实现可靠的制动来保证。

四、前制动系统

在图 12-16 中,四回路保护阀的"21"出气口经管线通向前制动储气筒 10B,储气筒出来的管线向前通到制动主缸 13 的下腔进气口"12"。当踏下制动踏板时,制动主缸打开,经制动主缸的出气口"22"经前制动 ABS 电磁阀给两个前制动分室 9 输出一个与踏板行程成正比同时又受 ABS 电磁阀控制的气压,使前制动分室推杆伸出,经制动凸轮轴、制动蹄片与制动鼓产生一个相应强度的制动。

五、后制动系统

在图 12-16 中,四回路保护阀的"22"出气口经管线通向后制动储气筒 10D,从储气筒 10D 接出两根管线,一根管线通到制动主缸 13 的上腔进气口"11",另一根主管线直接通到继动阀 6 的进气口"1",为继动阀直接提供气源。因为金龙客车车身较长,制动主缸距后制动分室的距离较远。如果制动是由制动主缸通过遥远的距离为制动分室直接输送压缩空气来实现的话,那么由于压缩空气输送的距离较长,两个后制动分室的容积又较大,因此制动分室压缩空气建立气压的速度就较慢,使制动缓慢,这是不允许的。

一般来说,当踏下制动踏板开始到离主缸最远的制动分室气压达到与踏板行程相应的气压值这段时间,我们称为汽车的制动反应时间。国家标准规定:汽车的制动反应时间不得大于 0.6s。如果不采取措施,金龙系列客车后桥的制动反应时间远远地大于 0.6s。

继动阀就是为缩短制动反应时间而设置的。继动阀是安装在距离后制动分室最近的车架上。从储气筒用一根较粗的管线直接接到继动阀的进气口"1"。换句话说:继动阀 6 是由储气筒 10D 直接供气的。制动主缸上腔出气口"21"通过一根较细的管线接入到继动阀的控制口"4",当踏下制动踏板时,制动主缸通过较细的控制管线向继动阀控制口"4"输入一个制动气压的信号,继动阀立即打开,直接来自储气筒 10D 的压缩空气,早就等在继动阀 6 进气口"1"处,迅速通向两个后复合式动分室的主制动分室,从而使分室迅速动作产生制动。

另一方面,如果没有继动阀 6,则制动结束后,驾驶人松开制动踏板,两个后制动分室大量的压缩空气要经过那么遥远的距离从制动主缸排放,致使放气的时间也较长。放气缓慢会产生"制动扒紧"的不利现象。有了继动阀,仅少量的控制气压经制动主缸排放,而两个后制动分室大量的压缩空气直接就近从继动阀排出,因此放气的速度也较快,从而避免了"制动扒紧"现象。因此,继动阀又俗称其为"快充快放阀"。

制动主缸 13 分上、下两腔室,因此,它是一个双回路制动主缸。所谓"双回路"即是两个回路中任一回路出现问题,均不影响另一回路的正常工作。从图中又可见:前制动回路在制动主缸的下腔,后制动回路在制动主缸的上腔。下腔的动作是受上腔的控制,因此制动主缸上腔的动作要比下腔要快,这正满足了后制动要比前制动要来的早一点的客观要求。

与前制动回路一样,在后制动回路上也安装有两个受控于 ABS 的电磁阀 7,它可根据制动防抱死的要求自动调节制动分室的气压。

想一想练一练

1. 制动传动装置有什么作用? 它有几种类型,各类型各有什么特点?
2. 掌握气压制动工作原理。
3. 气压制动装置由哪些部件组成? 它们是如何工作的?

第五节 驻车制动和辅助制动装置

一、制动辅助装置的类型及作用原理

辅助制动系统是用以使行驶中车辆(特别是下长坡的车辆),速度减低或稳定在一定速度范围,但不是用以使车辆停驶的机构。目前技术比较成熟、适合客车的辅助制动装置有:发动机排气制动、电涡流缓速器、液力缓速器和永磁式缓速器、自励式缓速器等。

(一)排气制动装置

排气制动就是在发动机排气管出口与消声器进气管之间安装一阀门,当排气制动不起作用时,阀片处于张开位置,不影响发动机的正常工作;当排气制动起作用时,阀片关闭,使发动机在排气行程中、排出的气体因阀片关闭排气通道而被压缩,增加了发动机的排气背压,从而消耗汽车动能,达到了制动效果。

排气制动装置主要由电磁阀、储气筒和排气制动阀等部分组成,如图 12-17 所示。

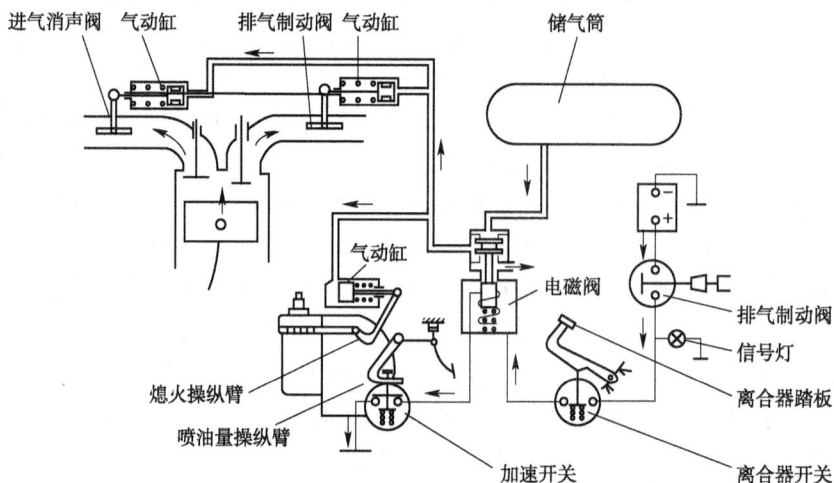

图 12-17 排气制动装置

三个气动缸分别控制进气消声阀、排气制动阀和熄火操纵臂。储气筒至各气动缸的压缩空气管路,由常闭式电磁阀控制(有的车用手动阀来代替此阀)。电磁阀是串联在离合器、加速踏板和排气制动3个串联的开关控制电路中,其中任何一个开关断开,都会使电磁阀关闭而解除排气制动。

排气制动开关装在仪表板或转向轴管上,移至"接通"位置,仪表板上排气制动信号灯亮。电流通过离合器开关、电磁阀及加速踏板开关,使电磁阀将气路沟通,排气制动起作用。移至"断开"位置时,信号灯灭,排气制动电路和气路断开,排气制动不起作用。

离合器开关由离合器踏板控制,踩下离合器踏板时,触点断开,电流即切断;放松离合器踏板时,触点闭合。它的作用是便于在排气制动过程中换挡。只要踩下离合器踏板,发动机即恢复供油,同时使排气制动暂时解除,以保持发动机怠速运转。

电磁阀由气管路开关和移动铁芯及线圈组成。它是气路的开关,能实现气路的远距离操纵。

加速开关装在喷油泵调速器外壳上,由加速踏板通过喷油量操纵臂上的调整螺钉控制。当加速踏板放松时,调整螺钉将开关的推杆压下,触点闭合,电流接通;当加速踏板踩下时,开关推杆在复位弹簧作用下回位,触点断开,电流切断,排气制动不起作用。使其只有在喷油量操纵臂处于怠速位置时,控制电路才能接通,排气制动才能进行。这样,可防止产生既加速又制动的矛盾。调整螺钉的作用是调整开关接通时发动机的转速应在怠速状态(500 ~ 600 r/min)。

驾驶人使用排气制动时,通过操纵排气制动开关,使电磁阀向排气制动阀充气,排气制动阀上的蝶阀开关关闭排气管,停止供油,使发动机在压缩和排气过程都在压缩纯空气,即发动机变为压缩机。此时,排气管中的压力升高,吸收汽车的动能。压力越高,排气制动效果越好。

(二)电力减速装置

电力减速装置又称电涡流缓速器,如图12-18所示。它是利用发电机反向电流的原理,施加反向电压,产生强大的非接触式制动效能,是目前较理想的高速减速制动方式,广泛应用于中高档客车。

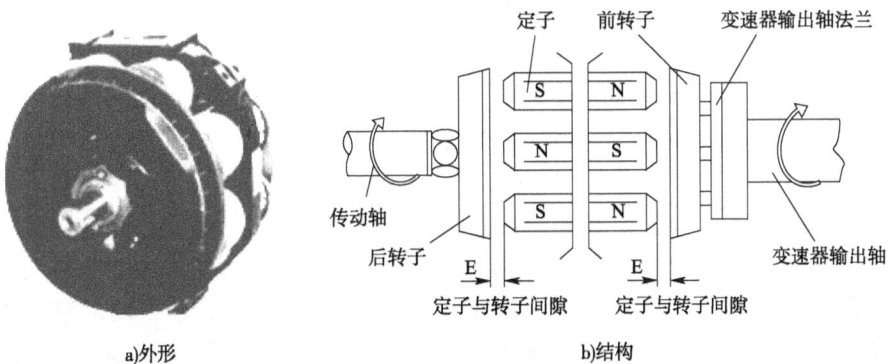

图12-18　电涡流缓冲器

缓速器由内置若干励磁线圈的定子,和前端与变速器输出轴法兰连接在一起的前转子以及后端与传动轴连接在一起的后转子组成,定子与前后转子之间有间隙。

车辆运行时,前后转子随变速器输出轴和传动轴转动,当电流通过定子线圈时,就会产生磁场;前后转子在磁场中旋转时切割磁力线,产生的电涡流及磁力形成与传动轴相反的转矩,可使传动轴减速。

特点:结构简单,生产制造成本不高;制动力矩范围广,适合于各种类型(5~50 t)的车辆,响应时间短(仅有40ms,比液力缓速器的响应快20倍),无明显时间滞后;工作时噪声很小;车辆在低速运行时,也可产生较高的制动力矩;制动力矩的大小可以通过控制励磁电流来调节,易实现自动控制;另外,还具有故障率低、维修方便、可靠性高等优点。但体积较大,质量较大;制动减速能力和使用时间长短受转子温升、缓速器周围气流条件和环境温度的影响,要消耗一定的电能。

(三)液力缓速器

汽车在下坡时使用排气制动,虽然能收到良好的制动效果,但对于吨位较大的客车来说,采用排气制动效果是有限的。而液力缓速器作为一种辅助制动系统,可以辅助汽车在下长坡时平稳减速,避免车辆因制动器热衰退而丧失制动控制能力,使客车行驶更安全、更可靠。

液力缓速器又称液力减速装置。液力缓速器,简单点说就是通过液力装置降低车辆行驶速度,由缓速器本体、操纵装置、电子控制单元等部件组成,如图12-19所示。

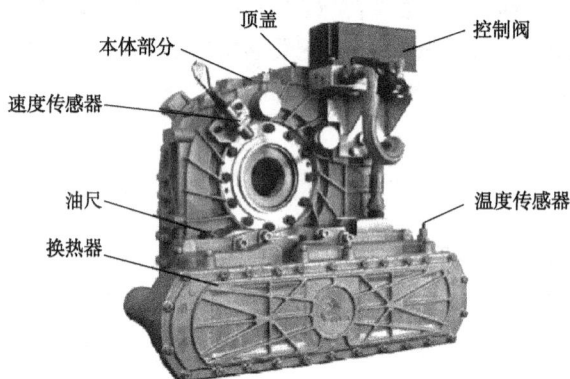

图12-19 液力缓速器结构

因此,对装有液力机械传动的客车,液力缓速器一般装在液力机械变速器的后端,一般安装在变速器处。目前国内有不少客车厂家选用液力缓速器,如亚星奔驰、中通客车、郑州宇通等。

如图12-20所示,当遇到长下坡的时候,驾驶人将加速踏板松开,打开缓速器,电子控制系统控制比例阀向工作液施加气压使油液充入工作腔。这时候客车通过驱动桥和变速器等反带液力缓速器的转子在工作腔里面同速转动,转子随输出轴的转动带动油液旋转并作用到缓速器定子上,而定子是固定的,会对油液产生反作用力,这个反作用力同样传递到转子形成制动力矩,阻碍它的转动,通过车辆传动系统传到汽车轮胎,从而实现对车辆的减速作用。这个过程工作液体在工作腔内作小循环,产生阻力矩,同时液体的温度升高,即将动能转化为热能。工作腔又设有出油口,高温液体通过出油管路进入热交换器,在热交换器里通过高温液体与冷却液热交换,液体的温度下降又流回工作腔,液体即形成大循环,冷却液将热量通过热交换器散发出去。

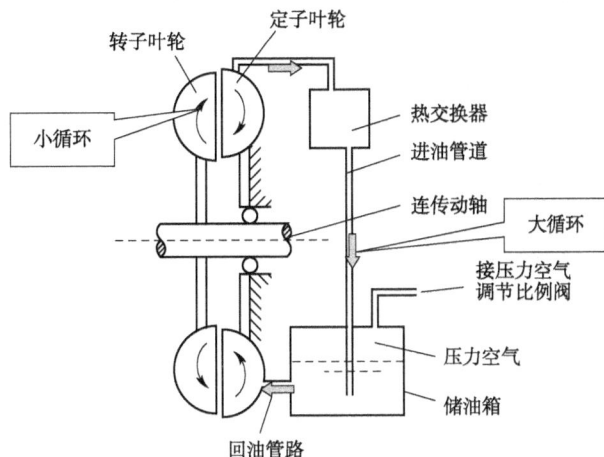

图 12-20 液力缓速器工作原理

(四)永磁式缓速器

永磁式缓速器是采用永久磁铁进行励磁,取代了电涡流缓速器中的电磁铁。典型的永磁式缓速器包括两个部分:转子和定子。永磁式缓速器的结构按转子的形状分为鼓式和盘式两种类型,盘式永磁式缓速器结构复杂,汽车上一般不采用。鼓式永磁式缓速器结构紧凑,便于布置和控制,在汽车上应用普遍。

这种缓速器可实现大幅度的轻量化、小型化;几乎不消耗电力(仅电磁阀耗电);连续使用自身不会产生过热,能持续不断保持制动力的稳定性和持久性;在高速范围内制动力也不会降低,且传动轴转速越高,制动力越大。维护简单,只需定期检查空气间隙即可。磁铁周向转动式永磁式缓速器结构紧凑、体积小、质量轻,是目前国外市场开发的主流产品。但永磁铁产生的磁场有限,故所产生的制动力矩较小;不能提供大小不同的制动力矩;因采用永磁稀土材料,目前价格较贵;散热效果差。

(五)自励式缓速器

自励式缓速器是一种无须外接电源,具有自发电功能的辅助制动装置。这种缓速器能够把汽车的惯性转化为制动力矩来克服惯性,也就是利用惯性来发电,然后形成励磁磁场,进行缓速制动。自励式缓速器的主要由定子、转子、控制器及驱动器四个部分组成。

自励式缓速器综合了上述缓速器的优点,质量最轻,体积最小且具有可调性;自励式缓速器具有自发电功能,无须增加或加大汽车发电机和蓄电池;它可以把汽车的惯性转化为制动力矩来克服惯性,从而节省能量,因而减少磨损;安装、维护简单;环保。但自励式缓速器产生的磁场有限,故所产生的制动力矩较小;制造工艺比较复杂;散热效果比较差。

二、驻车制动装置

驻车制动装置俗称手刹,其功用是汽车停驶后防止滑溜;便于上坡起步;行车制动失效后临时使用或配合行车制动进行紧急制动。

大型客车后轮制动气室多带有弹簧储能制动,行车时压缩空气顶起弹簧,驻车时,驾驶人只要操作一个阀开关,把气放掉,弹簧就会把后轮锁死,即达到所谓的驻车制动效果。

现在大客车一般用断气制动弹簧储能制动驻车。断气制动即制动气室内有个强力弹簧,行车时压缩空气将弹簧顶起。驻车制动就是把气放掉,让弹簧把制动器锁死。行车中气压过低时也会产生制动效应,保证安全。断气刹的方式大多用在中大型车的驻车制动系统。这种车的驻车制动系统平时是用大力的弹簧处于常制动状态,车辆要行驶的时候,驾驶人松驻车制动器操纵杆就是一个放气的动作,必须要达到一定的气压才能顶开弹簧,也就是把驻车制动器操纵杆松掉,才能行驶。常规制动是驻车制动器锁住传动轴,行车制动时由压缩空气进入制动气室锁住车轮。在驻车制动或传动轴机械故障时,驻车制动器失灵;在气泵、管路、储气筒、制动阀任何一个部位故障时,行车制动器失灵。而断气制动就可有效避免这些危险。

普通气制动制动系统和断气制动制动系统,两者有相同之处,但也有不同的地方。区别之处主要有以下几点:

(1)普通气制动制动系统是人力式的中央盘式制动,断气制动制动系统是动力式的储能弹簧气制动,两者供能装置完全不同。

(2)普通气制动的驻车制动只能在汽车静止的情况下使用,因为其制动力矩是作用在传动轴上,如果在汽车行驶当中使用,极易造成传动轴和后桥的严重超载荷,还可能因差速器壳被抱死而发生左右两车轮的旋转方向相反,致使汽车制动时跑偏甚至掉头。但储能弹簧制动则不然,相反因为储能弹簧驻车制动行程大于行车制动行程,在行车制动力不足的情况下,还可以使用储能弹簧助力进行应急制动。所以储能弹簧制动不仅可以作驻车制动,还可以作应急制动。所以断气制动式制动系统与普通气制动相比,在制动稳定性和安全性方面更胜一筹。

大客车采用的气压操纵强力弹簧式驻车制动装置,并将驻车制动气室和后轮制动气室组合在一起,形成了一个组合式制动气室,如图12-21所示。

1. 结构

后制动气室和驻车制动气室借隔板隔开。推杆外端通过连接叉与制动器的制动臂相连,其球面则支靠在和后制动活塞连为一体的推杆座中。预压的腰鼓形强力弹簧试图使驻车制动器活塞保持在其气室的右端,因而通过推杆将后制动气室活塞复位弹簧压缩,使制动器产生制动作用。

螺塞和活塞的导管用螺纹连接,拧出传力螺杆可使推杆回到左端位置而放松制动。空气经滤网与活塞的左腔相通,以保证活塞正常工作。

后制动气室由行车制动控制阀控制;驻车制动气室由驻车制动操纵阀控制。

2. 工作原理

强力弹簧式驻车制动装置工作原理如图12-22所示。

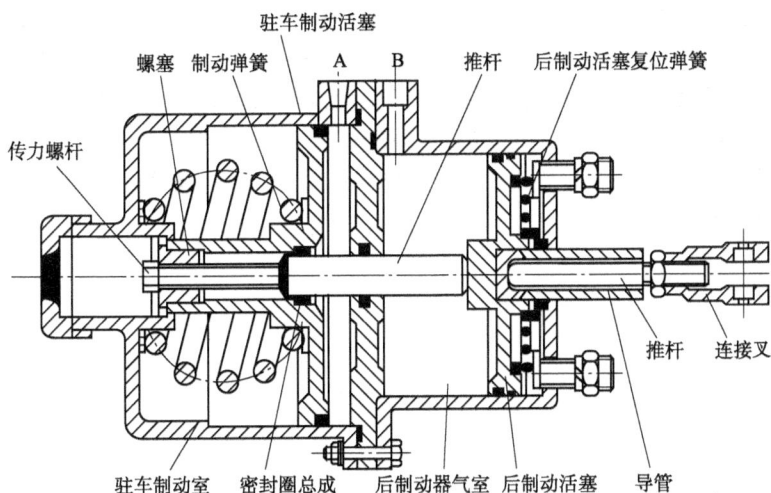

图 12-21　强力弹簧式驻车制动装置结构

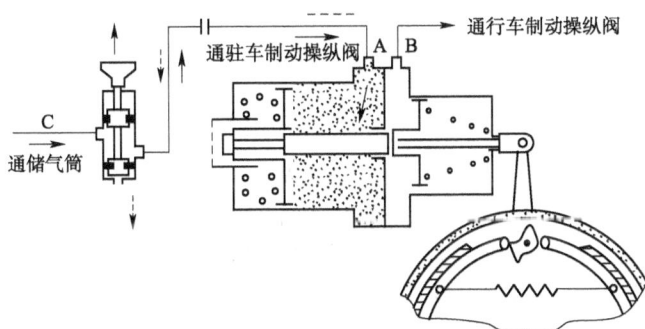

图 12-22　强力弹簧式驻车制动装置原理

1）单独进行驻车制动时

汽车停止后将驻车制动操纵阀拉出，驻车制动气室右侧的压缩空气便被其操纵阀从下端气孔放出，此时 A 孔和 B 孔与大气相通。腰鼓形强力弹簧便伸张，其作用力依次经活塞、螺塞、传力螺杆和推杆将后制动气室的活塞推到制动位置，并完全压缩锥形复位弹簧。

2）正常行驶，不制动时

在汽车起步之前，应将驻车制动操纵阀推回到不制动位置，使压缩空气自储气筒经 A 口充入驻车制动气室右侧，压缩腰鼓形强力弹簧，将驻车制动活塞推到左端不制动的位置。同时，后制动活塞也在其复位弹簧的作用下回到不制动的位置，汽车方可正常行驶。

3）单独进行行车制动时

汽车行驶时，踩下行车制动踏板，压缩空气便经行车制动控制阀自 B 孔充入后制动气室而制动。

4）无压缩空气时

若汽车的气源或气路发生故障，不能对驻车制动气室充气，则腰鼓形弹簧将处于伸张状态，使汽车保持制动。所以又称该装置为安全制动或自动紧急制动装置。

此时，若需要起动或拖动汽车，必须将驻车制动气室中的传力螺杆旋出，卸除腰鼓弹簧对推杆的推力,使后制动气室活塞在复位弹簧的作用下退回到不制动的位置,制动因而解除。在驻车制动气室充足气压后,应将传力螺杆拧入到工作位置,驻车制动才能恢复。

可见,该制动装置没有杆件操纵,对于具有翻转式驾驶室的汽车尤为方便。腰鼓形弹簧的弹力达5500N,拆卸时应在压力机上进行,以确保安全。

第四节中以金龙客车为例,从气源部分、前制动系统、后制动系统三个方面介绍了气压制动系统的工作原理,下面以图12-23对驻车制动进行讲述。

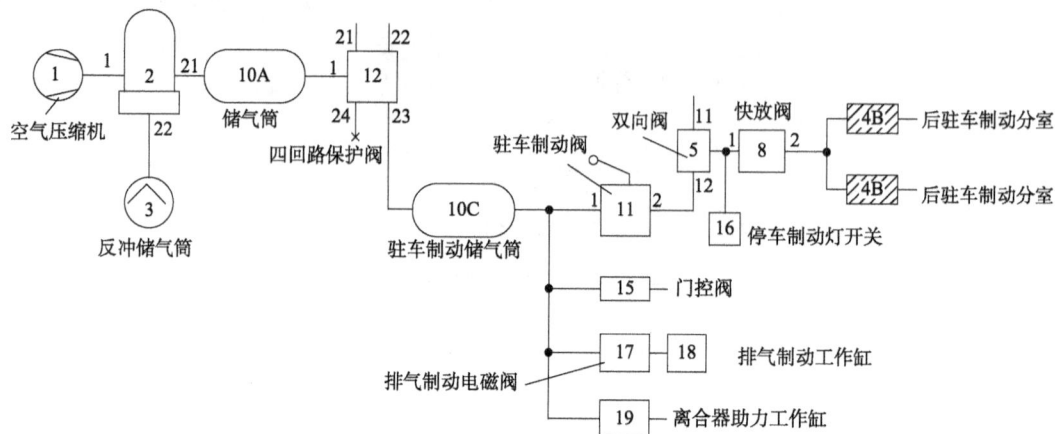

图 12-23 驻车制动系统

在客车后桥上,安置有两个复合式制动室。所谓复合式制动分室是由主制动分室与驻车制动分室组合而成。其中前面是主制动分室,在主制动分室进气时,分室皮碗推动推杆产生制动。在主制动分室后面连接有驻车制动分室。驻车制动分室气缸内有活塞,在活塞后面有一储能弹簧。当驻车制动分室充气时,压缩空气作用在活塞上克服弹簧的压紧力使推杆缩回,制动解除。当分室气缸的压缩空气放掉时,活塞后面的弹簧将活塞推杆推出产生制动。因此俗称主制动是"充气制动",而驻车制动是"放气制动"。

四回路保护阀12的"23"出气口,经管线通至驻车制动储气筒10C。由驻车制动储气筒引出一路通向驻车制动阀11和门控阀15,另一路通向排气制动电磁阀17,离合器助力工作缸19和气喇叭电磁阀20与其他用气元件等。

当汽车准备起步时,将驻车制动阀手柄放回去,来自储气筒10C的压缩空气经驻车制动阀11通向双向阀5,双向阀打开,压缩空气经快放阀8给两个复合式制动分室的驻车制动气缸充气。当气压达到0.60MPa时,压缩空气推动活塞的力将大于分室弹簧力,使分室推杆完全缩回,停车制动解除。

当汽车停驶时,将驻车制动阀手柄向上拉至"停车"位置,快放阀8的控制气压经双向阀5和驻车制动阀11排放。两个复合式后制动分室驻车制动气缸的压缩空气直接就近从快放阀8排出,储能弹簧推动活塞、推杆产生全负荷停车制动。快放阀8的作用是加速放气,使停车制动迅速生效。

驻车制动回路不仅承担着停车制动的任务,而且还是备用的应急制动系统。当驻车制动阀手柄完全放下去的时候,停车制动完全解除,在手柄完全提起来时,即实现全负荷停车制动。而当驻车制动手柄提置"释放"与"停车"之间任何一位置时,汽车即实现部分制动,手柄所提的位置越高,制动强度越大。它完全可以代替行车制动踏板,实现可以控制的制动。因此,当主制动系统(行车制动)全面失效时,用驻车制动手柄可代替行车制动踏板实现和主制动一样性质的制动效果,这就是应急制动。

双向阀 5 的作用是当驾驶人同时实施停车制动和行车制动时,制动凸轮上避免双重负荷作用使制动推杆超负荷工作。在停车制动工况下,如果再踏制动踏板,主制动继动阀 6 从出气口"22"输出一个气压到双向阀 5,继而通过快放阀 8 向复合制动分室 4 的驻车制动气缸充气,使其顶在分室皮碗上的推杆缩回,从而不致因超负荷而损坏机件。

金龙系列客车的辅助用气系统各元件(例如:门控阀 15、排气制动电磁阀 17、离合器助力工作缸 19、气喇叭电磁阀 20 等)都与驻车制动回路在一个系统。

安装在驻车制动回路上的停车制动灯开关 16,起停车制动指示和驻车制动低气压警告的双重作用。该开关感应的气压值低于 0.60MPa 时,指示灯即点亮。因此,当驻车制动阀置"停车"位置,驻车制动回路放气时,该指示灯点亮,指示汽车在停车制动位置。当汽车欲行驶将驻车制动手柄置"行驶"位置,而驻车制动回路气压低于 0.60MPa 时,该指示灯也同时点亮,警告驻车制动回路气压不足。汽车只有在原地充气,待指示灯熄灭后,方可挂挡行驶。

想一想练一练

1. 加装制动增压装置的目的是什么? 它有几种类型? 各有什么特点?

2. 试述各种增压器和助力器的组成和工作过程。

3. 为什么有些汽车要装辅助制动装置?

4. 驻车制动装置的作用是什么? 有哪几种类型?

5. 断气制动弹簧储能驻车制动有何优点?

第六节　防抱死制动系统(ABS)

当行车在湿滑路面上突遇紧急情况而实施紧急制动时,汽车会发生侧滑,严重时甚至会出现旋转掉头,相当多的交通事故便由此而产生。当左右侧车轮分别行驶于不同摩擦系数的路面上时,汽车的制动也可能产生意想不到的危险。弯道上制动遇到上述情况则险情会更加严重。所有这些现象的产生,均源自于制动过程中的车轮抱死,如图 12-24 所示。

汽车防抱死制动系统(ABS)就是为了消除在紧急制动过程中出现上述非稳定因素,避免出现由此引发的各种危险状况而专门设置的制动压力调节系统。ABS 可以防止制动力过大,造成的车轮抱死,从而即使全制动也能维持车辆的横向牵引力,保证了驾驶的稳定性和车辆的转向控制性,同时保证了可利用轮胎和路面之间的最大制动摩擦力,可以使车辆减速和停车距离的最优化。

一、防抱死制动系统的基本组成

ABS 由齿圈、传感器、电磁阀、传感器电磁阀导线、电子控制单元(ECU)和 ABS 警告灯等组成,如图 12-25 所示。ABS 控制系统组成如图 12-26 所示。

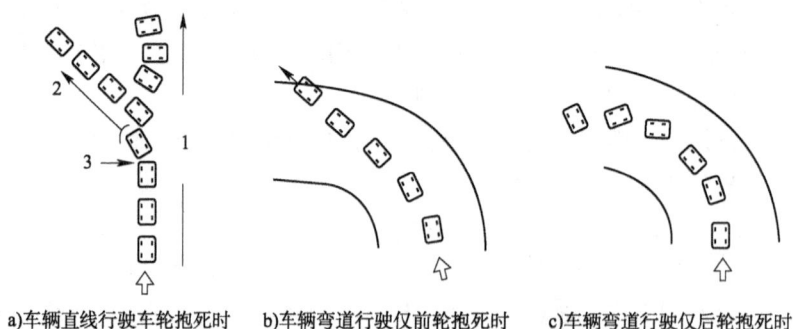

a)车辆直线行驶车轮抱死时　　b)车辆弯道行驶仅前轮抱死时　　c)车辆弯道行驶仅后轮抱死时

图12-24　车轮抱死后车辆的运动情况

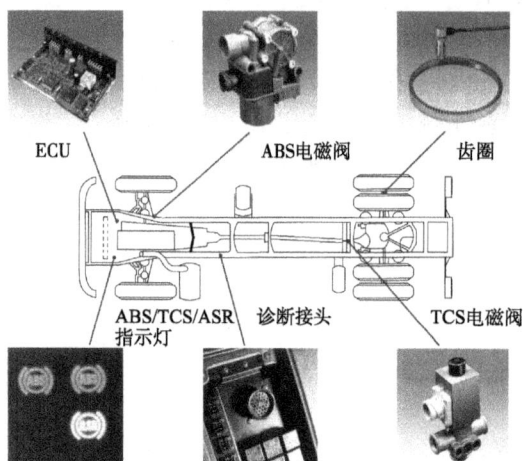

图12-25　防抱死制动系统的基本组成

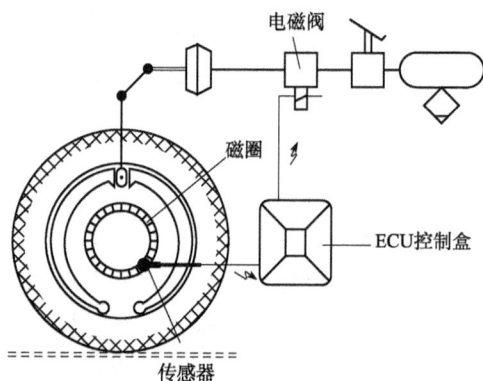

图12-26　ABS控制系统组成示意图

（一）传感器

传感器工作原理如图12-27所示，传感器感应电压如图12-28所示。

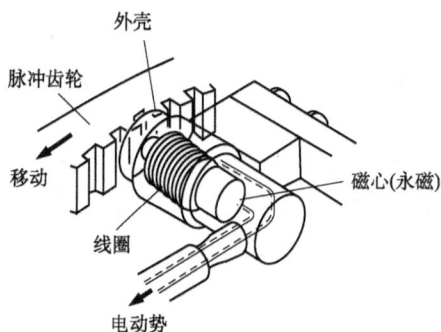

图12-27　传感器工作原理

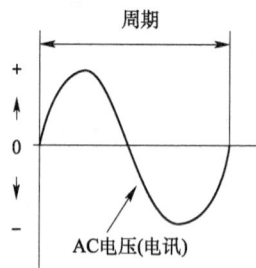

图12-28　传感器感应电压

传感器由一个永久磁铁、磁芯和线圈组成，齿圈的旋转运动切割磁力线，产生交流信号，其频率与车速成正比，该输出信号传往ABS电控单元（ECU），实现对轮速的实时监控。传感器通过一个不锈钢材料的夹紧衬套将其固定在夹持体内或制动底板上，夹紧衬套可以避免振动造成的信号故障(传感器推入时,必需涂专用的润滑油)。传感器轴向应垂直与齿圈的径向,最大角度偏差为 ±2.5。传感器与齿圈的间隙应小于0.7mm,最大不超过2mm。传感器最大感应电压与最小感应电压的比值应≤2.2~2.5,不同类型的传感器可以通用。

(二)齿圈

齿圈(图12-29)由导磁材料制成,要安全可靠的方法安装在车轮上,同时要考虑行车情况(如温度等)。齿圈安装时一般是通过加热安装,齿圈的表面随车轮一起转动。

(三)ABS 电磁阀

ABS电磁阀(图12-30)的作用是为制动室充气、排气和保压。ABS电磁阀是电控制的气阀,可以提供精确的梯度制动压力极快速的动作,内置两个电磁阀和两个带膜片的气阀。

图12-29 齿圈

图12-30 ABS电磁阀

电磁阀用两个螺钉将其固定车架上靠近制动室的地方,将制动室与ABS电磁阀一端口连接,将供气管路与ABS电磁阀的另一端口连接。

(四)ECU

ECU(图12-31)接收传感器信号,比较各轮转速和汽车行驶速度,判断各车轮的滑移情况后,向ABS执行机构下达指令来调节各车轮制动器的制动压力。当ABS出现故障时,ECU使ABS警报灯点亮,同时切断通往执行机构的电源,使ABS停止工作。ECU必须装在驾驶室内远离热源,水溅不到的地方。

图12-31 ECU

二、防抱死制动系统的工作过程

ABS是一个在制动期间监视和控制车辆速度的电子系统,要与常规的气制动系统一起工作,ABS在所有时间内监视车轮速度,并在车轮趋向抱死的情况下控制制动。该系统改善了车辆的控制性,对每一个车轮进行控制,如果ABS在一个车轮上失效,该车轮的常规制动仍然起作用,其他车轮的ABS功能仍然起作用。

在实施制动时如果车轮由于制动力过大,使得车轮趋于抱死时,传感器输出的交流电压的频率降低,ECU就输出控制信号使得电磁阀排气降低制动轮缸气室的压力使制动力下降。由于制动力下降车轮会重新加速,传感器输出的交流电压的频率升高,ECU就输出控制信号使得电磁阀进气加大制动力,如此反复。

ABS控制循环可以简单地描述为:在车轮接近抱死的情况下,相应车轮的制动压力将被释放、并在测得车轮重新加速期间保持恒定,并在重新加速之后又逐步增加制动压力,如果对于实际的摩擦力来讲制动力仍然太大,制动压力又被释放,如此循环。控制循环的次数由ABS控制—车辆制动—车辆路面所组的成整个控制系统的动态反应决定。还会随着车轮对不同摩擦系数的动态变化而应相应的变化,即可以实现自适应系统控制(如行车速度,车辆减速度)。在这些变化中,摩擦力是最关键的,一般情况下完成3~5次/s控制循环,但在湿的冰面上这个数目会减少。

想一想练一练

1.什么是防抱死制动系统?为何现代汽车要配备此装置?
2.试阐述防抱死制动系统的组成及基本原理。
3.防抱死制动系统的结构和工作过程如何?

第七节　牵引力控制系统(ASR或TRC)

牵引力控制系统(Traction Control System,TCS或TRC),又称为驱动轮防滑转调节系统(Anti-Slip Regulation,ASR),它是继防抱死制动系统之后,设置在汽车上专门用来防止驱动轮起步、加速和在湿滑路面行驶时滑转的电子驱动力调节系统。它可以在驱动状态下,通过计算机帮助驾驶人实现对车轮运动方式的控制,以便在汽车的驱动轮上获得尽可能大的驱动力,同时保持汽车驱动时的方向控制能力,改善燃油经济性,减少轮胎磨损。

一、牵引力控制系统的功用与原理

(一)牵引力控制系统的功用

牵引力控制系统的功用一是提高牵引力;二是保持汽车的行驶稳定。行驶在易滑的路面上,没有TCS/ASR的汽车加速时驱动轮容易打滑;如是后驱动的车辆容易甩尾,如是前驱动的车辆容易方向失控。有TCS/ASR时,汽车在加速时就不会有或能够减轻这种现象。在转弯时,如果发生驱动轮打滑会导致整个车辆向一侧偏移,当有TCS/ASR时就会使车辆沿着正确的路线转向;最重要的是车辆转弯时,一旦驱动轮打滑就会全车一侧偏移,这在山路上极度危险的,有TCS/ASR的车辆一般不会发生这种现象。

(二)牵引力控制系统的原理

汽车在驱动过程中,驱动车轮可能相对于路面发生滑转(轮胎接地点与地面之间出现了相对滑动),表现为车轮转动而车身不动,或者汽车的移动速度低于驱动轮轮缘速度的情况,这将使车轮与地面的纵向附着力下降,从而使得驱动轮上可获得的极限驱动力减小,最终导致汽车的起步、加速性能和在湿滑路面上通过性能下降。同时,还会由于横向摩擦系数几乎完全丧失,使驱动轮上出现横向滑动,随之产生汽车行驶过程中的方向失控,故需对其加以控制。

ASR 和 ABS 采用相同的原理工作:即根据车辆车轮转速传感器所测得的车轮转速信号由电控单元进行分析、计算、处理后输送给执行机构用来控制车辆的滑移现象,使车辆的滑移率控制在 10% ~20% 之间,从而增大了车轮和地面之间的附着力,有效地防止了车轮的滑转。

滑移率由实际车速和车轮的线速度控制,其计算公式为:

$$滑移率 = \frac{实际车速 - 车轮线速度}{实际车速} \times 100\%$$

轮速可由轮速传感器准确检测得到。而车速的准确检测者比较困难,一般采用以下几种方法:

(1)采用非接触式车速传感器。如多普勒测速雷达,但这种方式成本较高、技术复杂,应用较少。

(2)采用加速传感器。这种方法由于受坡道的影响,误差较大,控制精度差,应用也较少。

(3)根据车轮速度计算汽车速度。由于车速和轮速的变化趋势相同,当实际车轮减速度达到某一特定值时以该瞬间的轮速为初始值,根据轮速按固定斜率变化的规律近似计算出汽车速度(称为车身参考速度)。

二、牵引力控制系统的控制方式与工作过程

(一)控制方式

1. 采用电控悬架实现驱动车轮载荷调配

在各驱动车轮的附着条件不一致时,可以通过电控悬架的主动调整使载荷较多地分配在附着条件较好的驱动车轮上,使各驱动车轮附着力的总和有所增大,从而有利于增大汽车的牵引力,提高汽车的起步加速性能;也可以通过悬架的主动调整使载荷较多地分配在附着条件较差的驱动车轮上,使各驱动车轮的附着力差异减小,从而有利于各驱动车轮之间牵引力的平衡,提高汽车的行驶方向稳定性。目前在 ASR 领域中电控悬架参与控制技术还处在理论探索阶段,而且这项技术较为复杂,成本也较高,所以在 ASR 中一般很少采用。

2. 调节发动机的输出转矩控制驱动转矩

发动机输出转矩调节是最早应用的驱动防滑控制方式。在附着系数较小的冰雪路面上或在高速下,驱动轮发生过度滑转时,该控制方式十分有效。发动机输出转矩调节主要有三种方式:点火参数调节、燃油供给调节和节气门开度调节。

点火参数调节多是指减小点火提前角。如果此时驱动轮滑转仍然持续增长,则可暂时中断点火。点火参数调节是比较迅速的一种驱动防滑控制方式,反应时间为 30 ~100ms。

燃油供给调节是指减少供油或暂停供油,即当发现驱动轮发生过度滑转时,电子调节装置自动减小供油量,甚至中断供油,以减小发动机输出转矩。燃油供给调节是现代电控发动机中比较容易实现的一种驱动防滑控制方式。需要指出的是点火参数调节和燃油供给调节都将引起发动机工作不正常。

节气门开度调节是指改变节气门的闭合程度,它有两种调节方式:一种是机械式调节,另一种是电子式调节。机械式调节是串联一个副节气门,由传动机构(如步进电动机)控制其开度;电子式调节是在微信号处理器 ECU 控制下由电动机来操纵副节气门开度的。节气门开度调节工作比较平稳,但它响应较慢,需要和其他方式配合使用。

3. 改变变速器的传动比调节驱动转矩

对于装备自动变速器的汽车,在驱动车轮发生滑转时,可由驱动防滑转电子控制装置与变速器电子控制装置进行通信,修正其换挡规律,保证在发动机输出转矩不增大的情况下使作用于驱动车轮的驱动转矩有所减小,从而有利于驱动车轮的防滑转控制。

4. 采用可控防滑差速器实现驱动转矩的变比例分配

普通圆锥行星齿轮差速器具有等转矩分配特性,这种特性在各驱动车轮附着状况不同的情况下,与充分利用附着力的要求不相符。采用高摩擦差速器可以在一定范围内实现驱动转矩的变比例分配,使附着力较小的驱动车轮得到较小的驱动力矩,减小其滑转程度,而附着力较大的驱动车轮却可以得到较大的驱动转矩,使各驱动车轮获得不同的牵引力。这在汽车的速度较低时有助于提高汽车的加速性能,但在汽车速度较高时却会损害汽车的行驶方向稳定性,这一矛盾可以通过对防滑差速器实施电子控制予以解决。

5. 采用制动器控制方式即进行驱动轮制动力矩调节

驱动轮制动力矩调节就是在发生打滑的驱动轮上施加制动力矩,使车轮转速降至不致出现过度滑转。制动力矩调节一般与发动机输出转矩调节结合起来应用,即干预制动后要紧接着调节发动机输出转矩,否则可能出现制动转矩与发动机输出转矩之间无意义平衡引起的功率消耗。因制动力矩直接作用在驱动轮上,所以驱动轮制动力矩调节的响应时间较短,不过作用时间也不宜过长,以免摩擦片过热。考虑到舒适性,制动力矩变化率不宜过大。在驱动过程中对驱动车轮以自适应方式施加制动力矩可以获得防滑差速器的效能,而克服防滑差速器的负作用。

(二)工作过程

牵引力控制系统的控制装置是一台计算机。利用计算机检测 4 个车轮的速度和转向盘转向角,当汽车加速时,如果检测到驱动轮和非驱动轮转速差过大,计算机立即判断驱动力过大,发出指令信号减少发动机的供油量,降低驱动力,从而减小驱动轮轮胎的滑转率。计算机通过转向盘转角传感器掌握驾驶人的转向意图,然后利用左右车轮速度传感器检测左右车轮速度差;从而判断汽车转向程度是否和驾驶人的转向意图一样。如果检测出汽车转向不足(或过度转向),计算机立即判断驱动轮的驱动力过大,发出指令降低驱动力,以便实现驾驶人的转向意图。当轮胎的滑转率适中时,汽车能获得最大的驱动力。转弯时如果使轮胎产生较大的滑转,将使汽车的加速能力变好。该系统可以利用转向盘转角传感器检测汽车的行驶状态,判断汽车是直线行驶还是转弯,并适当地改变各轮胎的滑转率。

想一想 练一练

1. 试用自己的语言阐述牵引力控制系统的作用及基本原理。

2. 汽车牵引力控制系统有几种控制方式,各有什么优点、缺点?

第十三章 大客车混合动力系统

章节描述

本章通过混合动力汽车分类、混合动力汽车的工作模式等内容的学习,对混合动力汽车工作原理形成初步的认知。在学习的过程中,教师可以充分利用网络资源、多媒体教学和大客车实物教具,激发学生的学习热情,引导学生积极进行探究性学习,让学生能自我学习。

学习目标

1.知识目标

了解混合动力汽车分类,掌握混合动力汽车的工作模式。

2.技能目标

能说出混合动力汽车的工作模式。

3.情感目标

培养踏实、一丝不苟的学习态度和工作作风,发扬团队合作精神。

建议课时

4课时。

学习内容

第一节 混合动力汽车概述

第二节 混合动力汽车的工作模式

学习要求

1.了解混合动力汽车分类;

2.掌握混合动力汽车的工作模式。

第一节 混合动力汽车概述

混合动力汽车的历史可以追溯到1900年,世界第一辆混合动力汽车"罗尼尔－保时捷"在当年诞生。它由费迪南德·保时捷设计,采用了串联式混合动力,由汽油发动机为发电机提供能量,安装在前轮内的两个轮毂电机提供驱动力,最大功率为 10 ~ 14hp(1hp = 745.7W)。混合动力汽车另一个奠基者是亨利·皮珀,他在1902年研发了并联式混合动力汽车,并开发了配套的早期动力管理系统。1997年,迄今为止全球最畅销的混合动力汽车普锐斯诞生,至今普锐斯已发展至第三代,第三代普锐斯采用的是插电式混合动力系统。

一、混合动力汽车的定义

1981 年,国际电工技术委员会电动道路车辆技术分会曾给混合动力汽车(Hybrid Electric Vehicle,HEV)下过一个定义:"混合动力汽车是指以两种或两种以上储能器、能量源或能量转换器作为动力源,其中至少一种可以提供电能的车辆"。按照该定义,混合动力汽车应该包括燃料电池汽车。如无特殊说明,本书所涉及混合动力汽车是指传统发动机和电机共同驱动的汽车,即通常所说的"油–电"混合动力汽车。

二、混合动力汽车的类型

1. 根据混合动力驱动模式分类

根据混合动力驱动模式,混合动力系统分为串联式、并联式和混联式三种。

1)串联式混合动力系统

串联式混合动力系统结构如图 13-1 所示,由发动机、发电机、电机、逆变器、蓄电池等部件组成。串联式混合动力系统由发动机直接带动发电机发电,产生的电能通过逆变器传给蓄电池充电,再由蓄电池传输到电机转化为动能,最后通过变速机构传递给驱动轮,驱动车辆行驶。这种动力系统在城市公交上的应用比较多,轿车上很少使用。

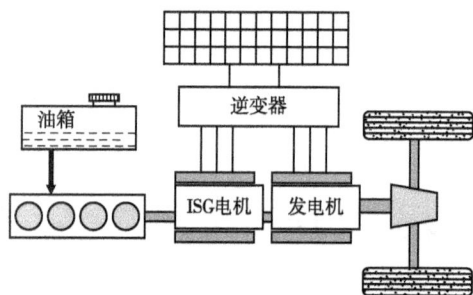

图 13-1　串联式混合动力系统结构

串联式混合动力汽车的优点:

(1)结构比较简单:可以不需要传统汽车所需要的离合器和变速器,结构简单,布置灵活自由,不受空间和结构制约。

(2)发动机能够保持在稳定、高效、低污染的运转状态,使有害排放气体控制在最低范围。

(3)发动机固定在高效点运转,根据 SOC 状态,控制发动机的开或关,混合动力能量分配策略相对简单。

串联式混合动力汽车的缺点:

(1)发动机不能直接驱动车辆,机械能需要通过发电机转化为电能,再通过电动机转化为机械能,能量转化环节较多,效率相对较低。

(2)需要一个发电机和一个大功率的驱动电机和蓄电池,增加车辆的质量和成本。

2)并联式混合动力系统

并联式混合动力系统由发动机、电动机、发电机、逆变器、蓄电池等部件组成。并联式混合动力系统有两套驱动系统,即传统的发动机系统和电机驱动系统。在小负荷需求时,车辆可由电机单独驱动(纯电动模式);在中等负荷需求时,发动机基本工作在高效区,可单独驱动车辆;在大负荷需求时,电机和发动机同时作为动力源驱动车辆。这种系统适用于多种不同的行驶工况,尤其适用于复杂的路况。

并联式混合动力系统的动力合成装置主要有以下几种形式。

（1）驱动力合成式。这种形式混合动力汽车采用一个小功率的发动机，单独驱动汽车的前轮。另外一套电机驱动系统单独地驱动汽车的后轮，可以在汽车起动、爬坡或加速时增加混合动力汽车的驱动力。两套系统可以独立驱动汽车，也可以联合驱动汽车。驱动力合成式混合动力汽车结构如图 13-2 所示。

（2）转速合成式。该形式混合动力汽车的发动机和电动机通过离合器和一个"动力组合器"来驱动汽车。可以利用普通发动机汽车的大部分传动系统的总成，电动机只需要共轨"动力组合器"与传动系统连接，结构简单，改制容易，维修方便。转速合成式并联混合动力汽车结构如图 13-3 所示。

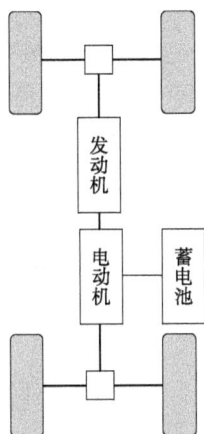

图 13-2　驱动力合成式

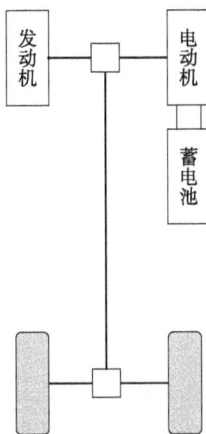

图 13-3　转速合成式

（3）转矩合成式（双轴式和单轴式）。双轴式混合动力汽车电机和发动机单独驱动不同的驱动轴，通过一个耦合箱，把动力输出耦合起来共同驱动车辆。耦合箱的安装位置可以在变速器之前，也可以在变速器之后，图 13-4 所示为变速器之后的耦合。单轴式混合动力汽车发动机和电机的转矩在同一根轴上进行耦合，即两者同轴。这种单轴并联式混合动力系统，电机安装位置通常有三种布置形式：电机安装在发动机和离合器之间，如图 13-5 所示；电机安装在离合器和变速器之间，如图 13-6 所示；电机安装在变速器输出轴和主减速器之后，如图 13-7 所示。

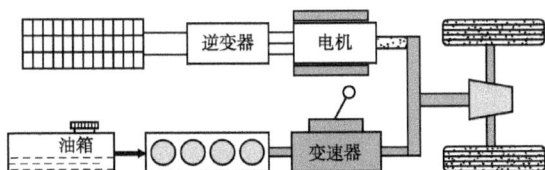

图 13-4　并联式混合动力系统结构

图 13-5　电机在发动机和离合器间

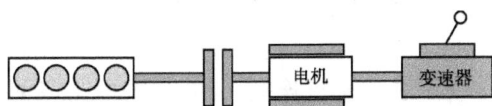

图 13-6　电机在离合器和变速器间

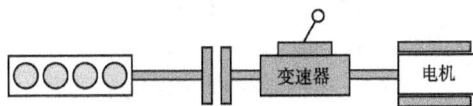

图 13-7　电机在变速器和主减速器之后

并联式混合动力汽车的优点：

(1)综合效率高:发动机可以单独驱动车辆,不需要过多的能量转换环节,综合效率高。

(2)工况适应性好:并联式混合动力汽车可以根据不同的工况,选择电机和发动机分别单独驱动或共同驱动车辆,工况适应性好。

(3)与电动机配套的动力电池容量较小,使整车质量减小。

并联式混合动力汽车的缺点:

(1)发动机和电机匹配较难,结构复杂。

(2)控制策略复杂,开发难度大,要求同时考虑能量平衡动态协调。

3)混联式混合动力汽车

混联式混合动力汽车兼具串联式和并联式的优点,其发动机和电机可以实现串联式和并联式的驱动方式,结构如图13-8所示。与串联式相比,它增加了机械动力的传递路线;与并联式相比,它增加了电能的传输路线。目前的混联式结构一般以行星齿轮作为动力复合装置的基本构架。图13-9是丰田普锐斯的驱动系统结构示意图,被公认为目前最成功的混联式混合动力结构。

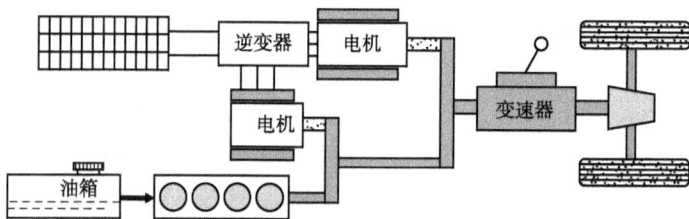

图13-8　混联式混合动力系统结构

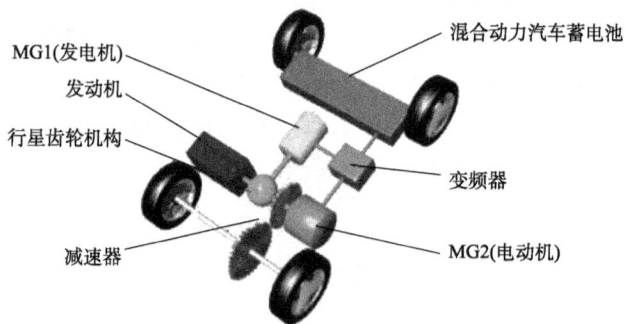

图13-9　丰田普锐斯混合动力系统结构

混联式混合动力汽车的优点:

(1)综合效率高:在任何工况,可使发动机和电机都工作在高效区。

(2)控制灵活:由于控制自由度高,能独立控制各个动力源的工作,控制灵活。

混联式混合动力汽车的缺点:

(1)成本较高:与串联式相比多了发动机与传动系统的机械连接,与并联式相比多了一台发电机。结构复杂,一般要求双电机或者双离合器结构。

(2)控制复杂:需要控制的动力源较多,各个动力源需要协调控制,控制复杂。对整个系统进行最优化控制,控制寻优算法复杂。

串联式、并联式和混联式相应结构的动力总成、驱动模式、传动效率、整车总体布置以及适用条件各有不同,具体情况见表 13-1。

串联式、并联式及混联式特点 表 13-1

结构模式	串联式	并联式	混联式
动力总成	发动机 发电机 电动机	发动机 电动机/发电机	发动机 电动机 电动机/发电机
驱动模式	电动机驱动模式	发动机驱动 电动机驱动 发动机–电动机驱动	发动机驱动 电动机驱动 发动机–电动机驱动 发动机–发电机驱动
传动效率	低	较高	较高
整体总体布置	结构简单 尺寸较大	结构复杂 布置难度大	结构复杂紧密 尺寸小易于布置
使用条件	使用大车型 更接近纯电动性能	适用于中小车型 接近燃油车性能	适用于各种车型 更接近燃油车性能

2. 根据混合度不同分类

混合度是指电机的输出功率在整个系统输出功率中所占的比重。根据混合度不同混合动力汽车可以分为微混合动力汽车、轻混合动力汽车、中混合动力汽车、强混合动力汽车及插电式混合动力汽车五种,见表 13-2。

根据混合度不同分类 表 13-2

分 类	电机功率 (kW)	电机电压 (V)	蓄电单元	节能率 (%)
微混	5 左右	12 ~ 14	铅酸电池和超级电容	≤10
轻混	10 左右	36 ~ 42	阀控铅酸电池或镍氢电池	≤20
中混	15	144	镍氢、特制铅酸或锂电池	≤40
强混	>15	500	镍氢电池或锂电池	≥40

1)微混合动力汽车

微混合动力汽车是混合动力汽车的初级阶段,是指在车辆怠速时熄灭发动机,依靠电机平稳快速起动的混合动力汽车。因此,微混合动力系统又称启停系统(Start-Stop or Stop-Start System)。微混合动力汽车的电机并没有为汽车行驶提供持续的动力,因此严格讲微混合动力汽车并不属于真正的混合动力汽车。目前微混合动力系统主流技术方案有:皮带传动式一体化起动/发电一体机(Belt Starter/Generator, BSG)、独立增强型起动电机(Enhance Starter Motor, ESM)。

2)轻混合动力汽车

轻混合动力汽车是指采用了整体式起动机/发电机结构(Integrated Starter/Generator, ISG)和更高效的蓄电单元的混合动力汽车。与微混合动力汽车相比,它还有以下功能:①在减速和制动工况下,对部分能量进行回收,即再生制动(Regenerative braking)功能;②在行驶过程中,发动机等速运转,发动机产生的能量可以在车轮的驱动需求和发电机的充电需求之间进行调节。轻混合动力汽车的混合度一般在20%以下。

3)中混合动力汽车

从中混合动力汽车开始,电能更多的使用,除了可以起动外,还参与了汽车在加速、爬坡时的助力,混合度可以达到30%左右。该混合动力汽车同样采用了ISG系统,与轻混合动力汽车不同的是,中混合动力汽车采用的是高压电机,它可以在加速或大负荷工况下,辅助驱动车轮,弥补发动机输出动力的不足。目前,中混合动力汽车技术已经成熟,应用广泛,如本田旗下的Insight、Accird和Civic都属于这种系统。

4)强混合动力汽车

强混合动力汽车采用了272~650V的高压起动电机,混合度更高,可以达到50%左右。该系统的大功率电机与发动机组合在一起,可以以纯电动方式来驱动车辆。在车辆低速、起步和倒车等情况下,车辆可以纯电动行驶;急加速时电机和发动机一起驱动车辆,并有制动能量回收的功能。

5)插电式混合动力汽车

插电式混合动力汽车(Plug-in hybrid electric vehicle,PHEV)是新型的混合动力电动汽车。区别于传统汽油动力与电驱动结合的混合动力,插电式混合动力驱动原理、驱动单元与电动车相同,唯一不同的是车上装备有一台发动机。

想一想练一练

1.简述混合动力汽车的定义及类型。

2.分别叙述串联式、并联式和混联式混合动力汽车的优缺点。

第二节 混合动力汽车的工作模式

一、串联式混合动力汽车的工作模式

1.起动/加速/大负荷模式

该模式下,发动机通过发电机和蓄电池一起输出电能并传递给功率转换器,然后驱动电动机,通过传动装置驱动车辆,如图13-10所示。

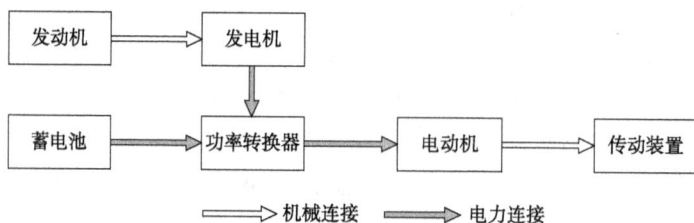

图13-10 起动/加速/大负荷模式

2.小负荷模式

该模式下,当电池荷电状态(State Of Charge,SOC)在规定范围内,发动机熄火,蓄电池输出电能并传递给功率转换器,然后驱动电动机,通过传动装置驱动车辆,如图 13-11 所示。当电池荷电状态(State Of Charge,SOC)降低到最小限值时,发动机才起动,并使发动机工作在最高效率区内,当 SOC 回升到最大限值时发动机熄火。

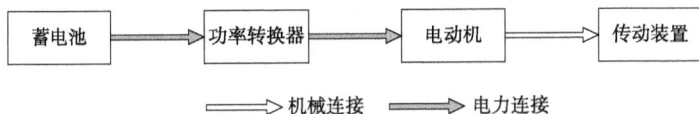

图 13-11　小负荷模式

3. 减速/制动模式

该模式下,电动机把驱动轮的动能转换为电能,并通过功率转换器给蓄电池充电,如图 13-12所示。

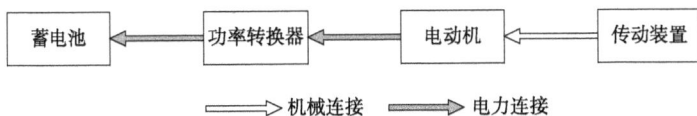

图 13-12　减速/制动模式

4. 蓄电池充电模式

停车时,发动机可通过发电机和功率转换器给蓄电池充电,如图 12-13 所示。

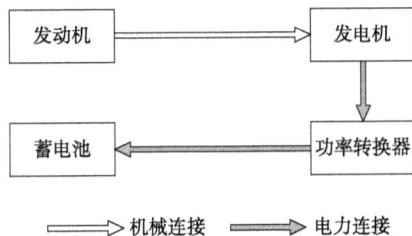

图 13-13　蓄电池充电模式

二、并联式混合动力汽车的工作模式

并联式混合动力汽车工作模式主要有发动机单独驱动、电力单独驱动或者发动机和发电机混合驱动三种。

1. 电力单独驱动模式

汽车在市区行驶时,采用电力单独驱动(图 13-14),并联式混合动力汽车变成了纯电动汽车,避免发动机的排气污染。

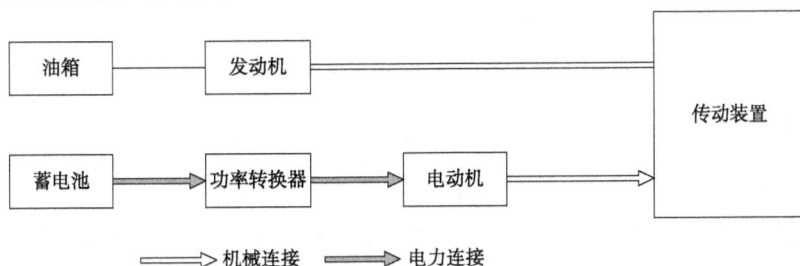

图 13-14　电力单独驱动模式

2. 发动机单独驱动模式

在中等负荷行驶时,并联式混合动力汽车采用发动机单独驱动模式(图 13-15),可保证发动机工作在高效率区域和较少的排气污染物。

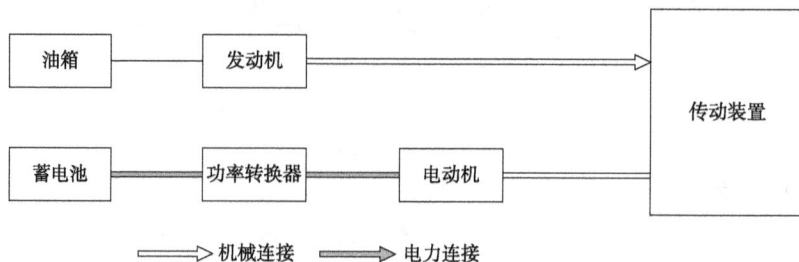

图 13-15　发动机单独驱动模式

3. 发动机和电动机混合驱动模式

在大负荷、高速、加速等需要大功率行驶时,并联式混合动力汽车采用发动机和电动机混合驱动模式,如图 13-16 所示。

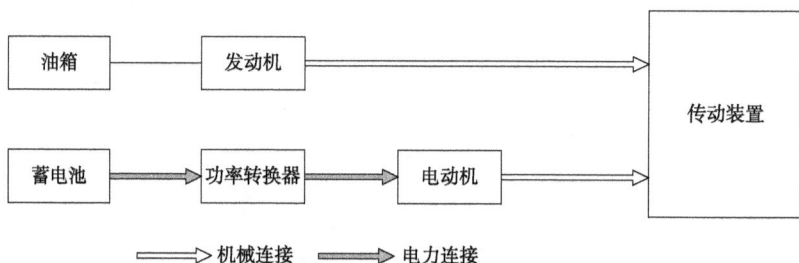

图 13-16　发动机和电动机混合驱动模式

4. 行驶中给蓄电池充电模式

当车辆轻载时,发动机输出功率驱动车辆行驶,同时发动机输出的多余功率驱动以发电状态工作的电动机发电向蓄电池充电,如图 13-17 所示。

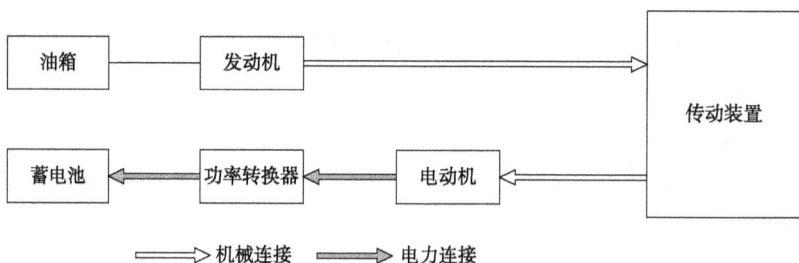

图 13-17　行驶中给蓄电池充电模式

三、混联式混合动力汽车的工作模式

1. 起动模式

当汽车起动时,混联式混合动力汽车仅使用电动机的动力,充分利用电动机起动时的低速转矩,如图 13-18 所示。

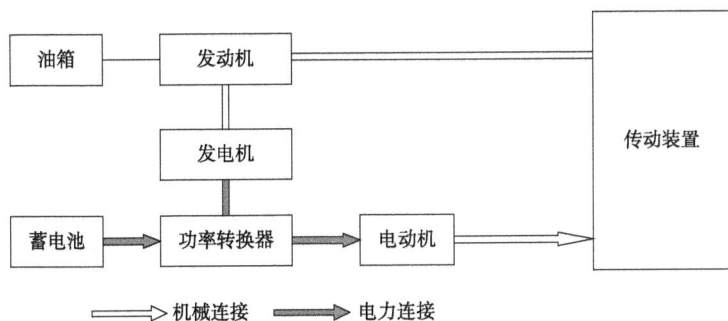

图 13-18 起动模式

2. 中低速模式

该模式下,由于发动机效率不理想,而电动机性能优越,因此,混联式混合动力汽车使用蓄电池的电能,驱动电动机行驶,如图 13-19 所示。当蓄电池的电量不足时,发动机带动发电机发电,为电动机提供动力。此模式相当于串联式混合动力系统。

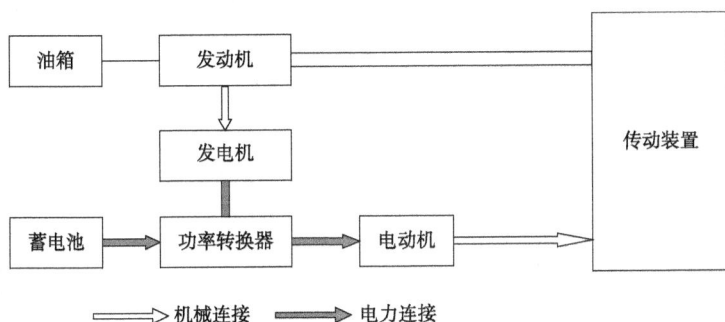

图 13-19 中低速模式

3. 正常行驶模式

该模式下,发动机工作效率高,由发动机产生的动力直接传递给传动装置,同时依照驾驶状况发动机部分动力分配给发电机,由发电机产生的动力用来驱动电动机,电动机动力传递给传动装置,发动机与电动机一起驱动车辆行驶,如图 13-20 所示。当蓄电池电量少时,发动机输出功率会被提高以加大发电量,给蓄电池充电。此模式相当于并联式混合动力系统。

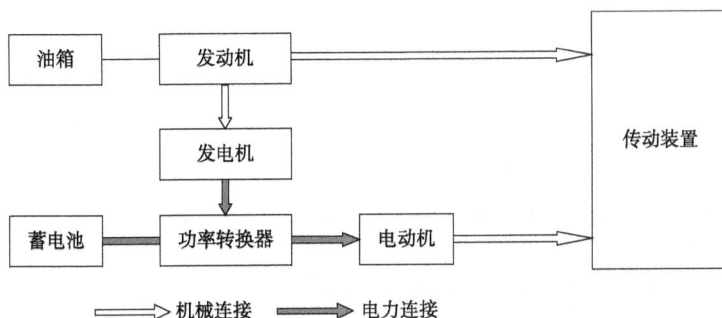

图 13-20 正常行驶模式

4. 剩余能量充电模式

该模式下,混合动力汽车采用发动机来驱动,而发动机有时会产生多余的能量。这些多余的能量由发电机转换成电能,通过功率转换器给蓄电池充电,如图 13-21 所示。

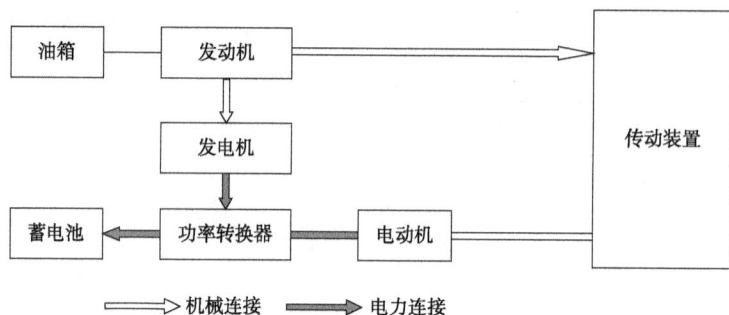

图 13-21　剩余能量充电模式

5. 大负荷工作模式

在加速、爬陡坡等工况下,需要强劲动力,此时蓄电池提供电能,通过功率转换器驱动电动机,发动机和电动机共同驱动车辆行驶,如图 13-22 所示。此模式相当于并联式混合动力系统。

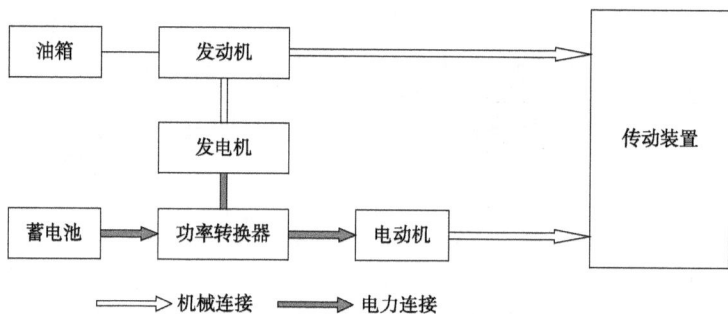

图 13-22　大负荷工作模式

6. 减速/制动模式

该模式下,混合动力汽车使车轮的旋转力带动电动机运转,将其作为发电机使用,并通过功率转换器给蓄电池充电,如图 13-23 所示。

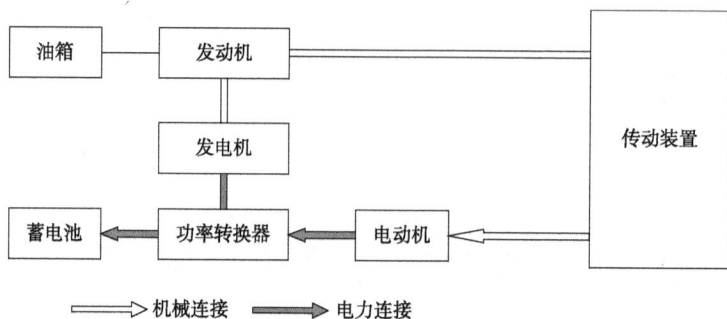

图 13-23　减速/制动模式

7. 停车模式

在停车时,发动机、电动机、发电机全部停止工作。当蓄电池电量较低时,发动机将继续运转,以给蓄电池充电。

四、插电式混合动力汽车的工作模式

插电式混合动力汽车(Plug Hybrid Electric Vehicle,PHEV),是指可外接充电的新型混合动力汽车,其兼有一般混合动力汽车与纯电动汽车的功能特征。插电式混合动力汽车主要由发动机、发动机控制器、整车控制器、电动机、电动机控制器、动力电池、外接充电装置等组成。插电式混合动力汽车与一般混合动力汽车在系统结构没有什么差别,也有串联、并联和混联三种结构形式。其工作模式也与串联、并联和混联一样,在此不再赘述。图 13-24 是同轴并联式插电混合动力汽车。

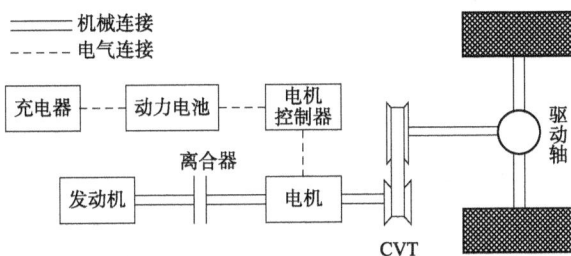

图 13-24 同轴并联式插电混合动力汽车结构

五、增程式混合动力汽车的工作模式

增程式混合动力汽车结构上与串联式混合动力汽车相似(如图 13-25 所示,其中单箭头线代表电气连接,双箭头线代表机械连接),但是其工作原理与传统混合动力汽车不同。增程式混合动力汽车具有和纯电动汽车基本相同的原理,可以外接充电,电池充满电后可以续航一定里程。当动力电池电量不足时,发动机起动为电池充电。其与传统混合动力汽车最大的区别在于增程式混合动力汽车以电动机为主,发动机为辅;而传统的混合动力汽车以发动机为主,电动机为辅。

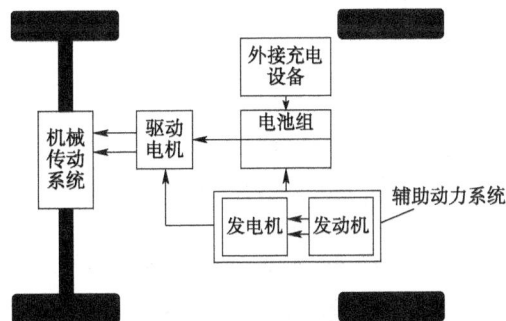

图 13-25 增程式混合动力汽车系统结构示意图

该模式下,车辆主要靠电池能量来驱动,仅当电池荷电状态(State of charge,SOC)降低到最小限值时,发动机才起动,并使发动机工作在最高效率区内,当 SOC 回升到最大限值时发动机熄火。

想一想 练一练

分别叙述串联式、并联式、混联式、插电式和增程式混合动力汽车的工作模式。

第十四章 纯电动大客车动力系统

本章通过纯电动汽车定义和组成、动力电池类型和工作原理、驱动电机类型和工作原理等内容的学习,形成对纯电动汽车的基本认知。在学习的过程中,教师可以充分利用网络资源、多媒体教学和大客车实物教具,激发学生的学习热情,引导学生积极进行探究性学习,让学生能自我学习。

学 习 目 标

1.知识目标

了解电动汽车对电池、电机和电控的要求。

2.技能目标

能说出"三电"的构成、基本结构及运行原理;能说出电动汽车充电系统的类型、充电模式和充电接口的形式。

3.情感目标

培养主动学习、深入探究的学习态度和严谨求实的工作作风。

建 议 课 时

8课时。

学 习 内 容

第一节　纯电动汽车概述
第二节　动力电池及其管理系统
第三节　驱动电机
第四节　整车动力电子控制系统
第五节　电动汽车充电系统

学 习 要 求

1.知道电动汽车对电池、电机和电控系统的要求;
2.能叙述"三电"的构成、基本构造及运行、控制原理;
3.能说出电动汽车充电系统的类型、充电模式和充电接口的形式。

第一节　纯电动汽车概述

纯电动汽车的历史比燃油汽车还要早十几年,它出现在发现电和机电能量转化的方法之后,后来被燃油汽车代替。早在 1874 年,蓄电池驱动车辆已经研制成功。到 1912 年,有 3400 辆电动汽车登记注册,是燃油汽车的 2 倍。20 世纪 20 年代,电动汽车消失,内燃机汽车成为主流交通工具。到了 20 世纪 60 年代,内燃机汽车的排放问题引起了环境危机,电动汽车开始复苏。目前,国内的纯电动汽车研发如火如荼。

一、纯电动汽车的定义和组成

纯电动汽车(Blade Electric Vehicles,BEV)是指以车载电源(或其他能源)为动力,用电机驱动车轮行驶,符合道路交通、安全法规各项要求的车辆。

纯电动汽车由电子驱动系统、能源系统和辅助系统三部分组成,如图 14-1 所示。电子驱动系统包括车辆控制器、功率转换器、电机、传动装置和车轮,其作用是将动力电池中储存的电能转换为机械能,驱动车辆行驶,并在车辆减速/制动时,将车辆的机械能转换为电能,储存在动力电池中。电源系统包括电源、能量管理系统和充电机,其作用是向电机提供电能,监测电源使用情况及控制充电机给动力电池充电。辅助系统包括动力转向系统、空调系统、照明、刮水器等。

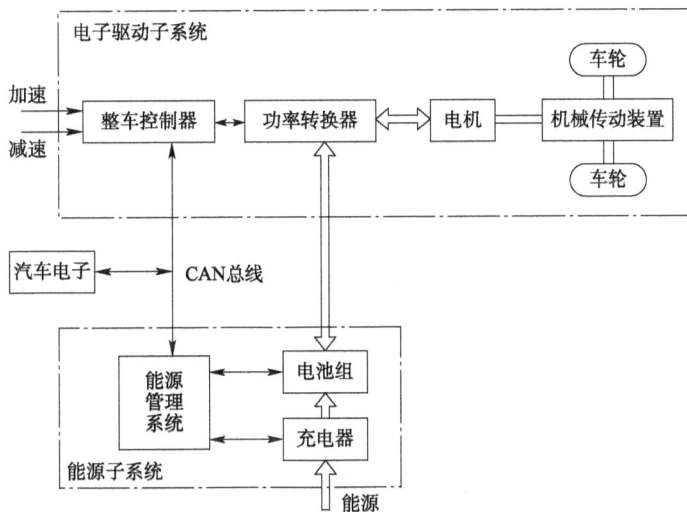

图 14-1　纯电动汽车组成框图

二、电动汽车动力驱动系统的组合形式

现代的电动汽车多种多样,采用不同的电子驱动系统可以构成不同结构形式的电动汽车。图 14-2 所示是电动汽车动力驱动系统的 6 种结构形式。

1. 机械驱动系统

图 14-2a)所示是机械驱动系统一种形式,其与传统汽车驱动系统的布置形式一致,只是用电机取代发动机,有利于传统汽车的改制,制造成本低。

图 14-2b)所示是机械驱动系统的另一种形式,该形式去掉了传统汽车的离合器和变速器,通过控制电机的转速来控制车速。减速器只起到减速增扭的作用。这种布置形式比图 14-2a)所示结构更加紧凑。

2.机电集成化驱动系统

机电集成化驱动系统也就是整体驱动桥式,结构如图14-2c)所示。该系统去掉了传统汽车的离合器、变速器和传动轴,并将电机、减速器和差速器集成为一个整体,采用半轴连接驱动车轮。

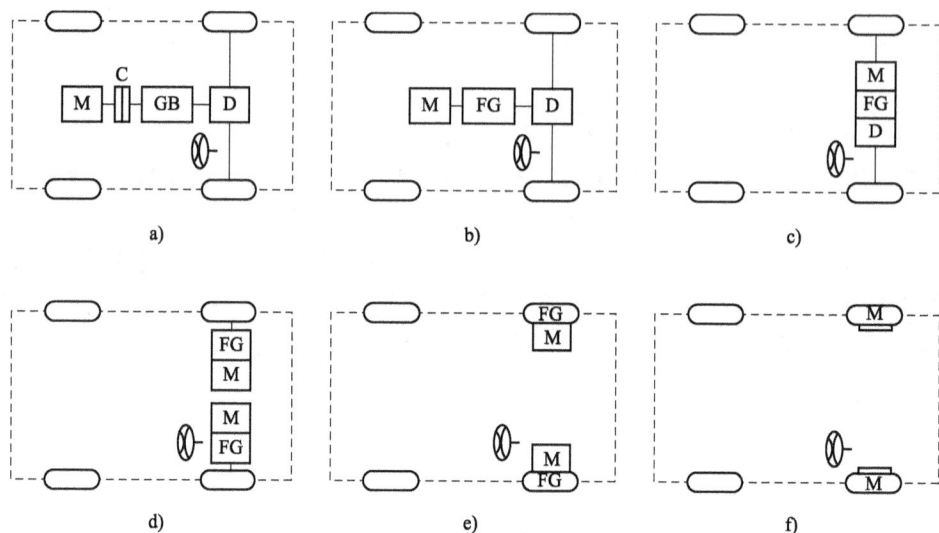

图14-2　电动汽车动力驱动系统的6种结构形式
M-电机;FG-减速器;D-差速器;C-离合器;GB-变速器

3.机电一体化驱动系统

机电一体化驱动系统采用两个电机,分别与两个相同固定传动比的减速器连成一个整体,再通过半轴或直接连接车辆,驱动车辆,如图14-2d)所示。由于采用两个电机,并可以独立控制,这就可以去掉差速器。通过左右电机的转速差来实现车辆不同路况下的差速转换。这种结构形式多用于中大型的载客汽车上。

4.轮毂电机驱动方式

轮毂电机技术又称车轮内装电机技术。该结构可以缩短电机到驱动车轮的传递路径,结构更简单,传动效率更高。轮毂电机驱动方式分为减速驱动和直接驱动两种。

减速驱动方式如图14-2e)所示,其与图14-2c)的主要区别就是将电机安装在车轮内,采用普通的内转子电机。该结构车辆转矩大、爬坡性能好,适用于丘陵、山区及要求过载能力较大等场合。

直接驱动方式如图14-2f)所示,其与图14-2e)的主要区别就是去掉了减速器。该结构车辆的电机采用外转子,外转子直接安装在轮辋上。由于没有减速器和变速器,要求电机在低速时提供较大的转矩,并具有较大的调速范围。该驱动方式目前较多地出现在概念车上,适用于平路或负载较轻的场合。

想一想练一练

1.简述电动汽车的定义和组成。

2.简述电动汽车驱动系统的组合形式。

第二节 动力电池及其管理系统

动力电池相当于传统汽车的燃油箱,是电动汽车储存能量的装置。电动汽车动力电池主要有铅酸电池、镍氢电池、锂离子电池以及燃料电池等多种电池类型。

一、动力电池概述

动力电池技术是电动汽车发展的关键技术,是目前普及电动汽车的瓶颈之一。

1. 电池的类型

电池有一次电池和二次电池两大类型。一次电池即只能放电不能充电的电池,二次电池是指既能放电也能充电的电池。车用动力电池都是二次电池,可以分为化学电池、物理电池和生物电池三种类型。

(1)化学电池:化学电池是生活中使用最多的电池。化学电池可以按电解液种类、正负极材料两种方式分类。

按照电池的电解液种类可分为碱性电池、酸性电池、中性电池及有机电解液电池四类;按照电池的正负极材料可分为锌系列电池、镍系列电池、铅系列电池、锂系列电池、二氧化锰系列电池及空气电池等。

(2)物理电池:是指利用物理原理制成的电池,其特点是在一定条件下实现直接的能量转换,主要有飞轮电池、太阳能电池、核能电池和温差电池。

(3)生物电池:是指利用生物(如生物酶、微生物或叶绿素等)分解反应过程中表现出来的带电现象所进行的能量转换,有酶电池、微生物电池和生物太阳电池等。

除上述以外,还有超级电容器,它是一种介于传统电解质电池和电化学电池之间的新型储能单元。

2. 电池的性能指标

(1)电动势:又称电池标准电压或理论电压,为电池断路时正负两极间的电位差。

(2)额定电压:电化学体系的电池工作时公认的标准电压。

(3)开路电压:无负荷情况下的电池电压。

(4)工作电压:电池放电时,电池两电极间的电位差,通常是指一个电压范围。

(5)终止电压:电池放电时,电压下降到不宜再继续放电的最低工作电压。

(6)充电电压:外电路直流电压对电池充电的电压。一般的充电电压要大于电池的开路电压。

(7)电池容量。电池完全发电的过程中,由电极的通电材料所能释放的电荷总数称为电池容量。电池容量的单位是安培时(A·h)。电池容量通常有以下几种:理论容量、额定容量和实际容量。

理论容量是指根据参加电化学反应的活性物理电化学当量数计算得到的电量。额定容量是指在设计和生产电池时,规定或保证在指定放电条件下电池应该放出的最低限度的电量。实际容量是指在一定的放电条件下,即在一定的放电电流和温度下,电池在终止电压前所能放出的电量,它比额定容量大10% ~20%。

(8)电池能量。电池能量是指在一定标准所规定的放电条件下,电池对外做功所能输出的电能,其单位为瓦时($W \cdot h$)或千瓦时($kW \cdot h$)。能量可以用容量乘以放电平均电压获得。能量与容量的区别在于:容量表示电池输出的电量,能量表示其做的功能力。

(9)能量密度和功率密度。它们分别指从蓄电池的单位质量或体积所获得的电能与输出功率,分别称为比能量和比功率。

比能量有两种表示方法,即质量比能量(单位为 $W \cdot h/kg$)和体积比能量(单位为 $W \cdot h/L$)。比能量决定了一次充电后的行驶里程,也决定了蓄电池的质量和体积,是评价蓄电池性能的重要指标之一。

电池的功率是指在一定的放电条件下,电池在单位时间内所能输出的能量。比功率也有两种方法,即质量比功率(单位为 W/kg)和体积比功率(单位为 W/L)。比功率决定了车辆的功力性能,如加速性能、爬坡性能和最高车速,是评价蓄电池性能的重要指标之一。

(10)电池的内阻:包括正负极板的电阻、电解液的电阻、隔板的电阻和连接体的电阻等。

3. 电动汽车对动力电池的要求

电动汽车对动力电池的要求主要有:

(1)比能量高。电动汽车要求动力电池能够存储较多的电能,以提高车辆的行驶里程。同时,又要求动力电池质量和体积不能太大。这就要求动力电池具有较高的比能量。

(2)比功率高。为提高车辆的加速、爬坡和负载行驶等性能,同时质量和体积不能太大,要求动力电池具有较高的比功率。

(3)充电速度和充电效率高。高的充电效率可以最大限度实现节能;快速充电可以调高车辆的运行时间和效率。

(4)工作温度范围广。为了能够满足夏季高温和冬季低温($-40 \sim 50℃$)行驶需要,动力电池的工作温度范围要宽广。

(5)无记忆效应。动力电池经常需要在没有完全放电的情况下充电,这就要求动力电池没有记忆效应。

(6)使用成本低。

(7)使用寿命长。

(8)安全性好。

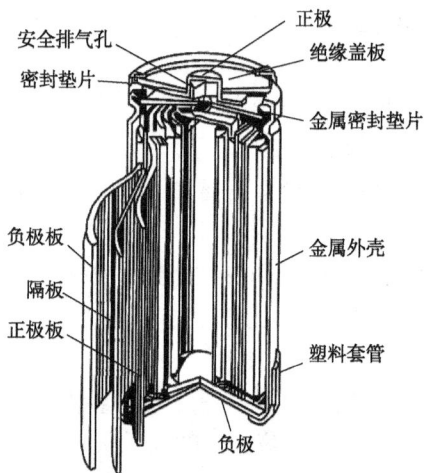

图14-3 镍氢电池结构

二、镍氢电池

镍氢电池是20世纪90年代发展起来的一种新型电池,其具有高能量、长寿命、无污染、无记忆效应等特点,是近20年来二次电池重点发展的方向之一。

1. 镍氢电池的组成

镍氢电池主要由正负极板、电解液、隔膜、安全阀、顶盖、外壳等组成,如图14-3所示。正极板的材料决定电池的容量,负极材料决定了电池充放电的稳定性。目前正极材料多采用氢氧化镍,负极材料为储氢合金,电解液为氢氧化钾。

2. 镍氢电池的工作原理

1）放电过程

镍氢电池放电时,正极板上的 NiOOH 转化为Ni(OH)$_2$,负极板上的储氢合金氧化成金属物质。正负极的电化学反应为:

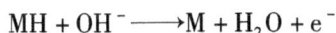

$$NiOOH + H_2O + e^- \longrightarrow Ni\ (OH)_2 + OH^-$$

$$MH + OH^- \longrightarrow M + H_2O + e^-$$

2）充电过程

镍氢电池充电时,正极板上的 Ni(OH)$_2$转化为 NiOOH,负极板上的金属材料还原成储氢合金。正负极的电化学反应为:

$$Ni\ (OH)_2 + OH^- \longrightarrow NiOOH + H_2O + e^-$$

$$M + H_2O + e^- \longrightarrow MH + OH^-$$

与铅酸电池相比,镍氢电池具有比功率高、使用温度范围宽、循环寿命长等优点,但是其成本高、自放电损耗大、电压低,一般多用于混合动力汽车。

三、锂离子电池

锂电池是指从正负极材料嵌入和脱出 Li$^+$,从而进行充放电的一种高能电池,其有一次电池和二次电池两大类型。本书涉及的锂离子电池是指可充电的二次电池。锂离子电池按照电解质状态可分为液体、凝胶和固态锂离子电池,按照电极材料可分为 LiPO$_4$、LiNiO$_2$、LiCoO$_2$ 和 LiMn$_2$O$_4$ 锂离子电池等。

1. 锂离子电池的结构

锂离子电池由正极、负极、电解质、集流体和隔膜等组成,如图 14-4 所示。目前正极材料主要有 LiPO$_4$、LiNiO$_2$、LiCoO$_2$ 和 LiMn$_2$O$_4$,负极材料有 TiS$_2$、LiC$_6$ 和 V$_2$O$_5$ 等。电解液具有高离子导电性,一般采用非水有机溶剂及具有更高分解电压能力的溶剂电解质盐,比如 LiPF$_6$、LiClO$_4$、LiBF$_4$、LiAsF$_6$ 等。

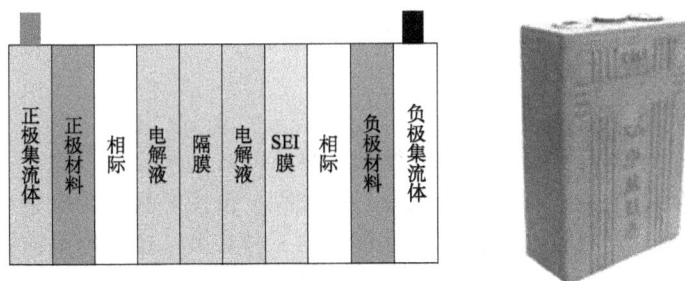

图 14-4 锂离子电池结构图

2. 锂离子电池的工作原理

锂离子电池的工作原理简单说就是锂离子在正负极之间的运动。充电时,锂离子从正极材料中脱出,经过电解液和隔膜,移至负极,负极材料显多孔层状结构,锂离子就嵌入孔中,嵌入的锂离子越多,充电容量越大。放电时,锂离子从负极材料中脱出,又回到正极材料中,回到正极的材料越多,放电容量越大。

以磷酸铁锂($LiFePO_4$)电池为例,电池充放电时正负极的电化学反应分别为:

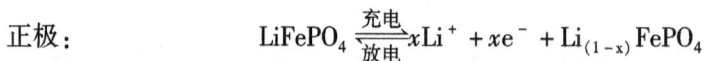

正极:
$$LiFePO_4 \underset{放电}{\overset{充电}{\rightleftharpoons}} xLi^+ + xe^- + Li_{(1-x)}FePO_4$$

负极:
$$6C + xLi^+ + xe^- \underset{放电}{\overset{充电}{\rightleftharpoons}} Li_xC_6$$

锂离子电池具有以下优点:单体电池工作电压高达3.6~4.2V、充放电效率高达99%、充放电可循环次数达到500次以上、能量密度高、无记忆效率、环保无污染。目前,锂离子电池在电动汽车上应用普遍,应用前景十分广阔。

四、空气电池

空气电池是指正极通过利用环境中的氧作为反应物,而非其他电池中需要储存较重的活性物质,这类电池具有较高的能量密度。负极材料一般为金属锌、金属铝和金属锂等。目前,空气电池主要有以下几种类型:锌空气电池、铝空气电池、锂空气电池等。以锌空电池为例,讲解空气电池工作原理。

锌空气电池的正极材料是来自外部空气中的氧,负极材料是安装在电池内部的金属锌,电解质一般采用氢氧化钾溶液。放电过程中,锌空气电池正负极的电化学反应式为:

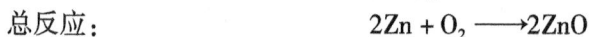

正极:
$$O_2 + 2H_2O + 4e^- \longrightarrow 4OH^-$$

负极:
$$2Zn \longrightarrow 2Zn^{2+} + 4e^-$$
$$2Zn^{2+} + 4OH^- \longrightarrow 2Zn(OH)_2$$
$$2Zn(OH)_2 \longrightarrow 2ZnO + 2H_2O$$

总反应:
$$2Zn + O_2 \longrightarrow 2ZnO$$

由以上化学反应式得知,锌空气电池在使用过程中,负极金属锌逐渐转化为氧化锌。当负极材料全部转化成氧化锌,新空气电池就会失效,可以通过更换负极材料和电解质的方法,使锌空气电池更新。

五、燃料电池

所谓燃料电池,是指利用氢和氧经过电化学反应生成水,同时产生电子,这些电子经过外部闭环电路就形成了电流。

1)燃料电池类型

燃料电池可以按照工作温度、燃料来源和电解质的区别来划分类型。按照工作温度燃料电池可以分为低温、中温和高温燃料电池三种类型。按照燃料来源燃料电池可以分为直接式燃料电池、间接式燃料电池和再生式燃料电池三种类型。按照电解质燃料电池分为熔融碳酸盐燃料电池(MCFC)、固体氧化物燃料电池(SOFC)、磷酸燃料电池(PAFC)、碱性燃料电池(AFC)和质子交换膜燃料电池(PEMFC)五种类型。

2)燃料电池结构和基本工作原理

燃料电池由阳极、阴极、电解质和外部电路组成,其结构和工作原理如图14-5所示。阳极进入氢气,阴极进入氧气,分别进行氧化反应和还原反应,电极化学反应式如下:

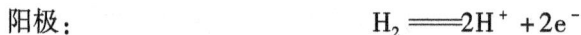

阳极:
$$H_2 = 2H^+ + 2e^-$$

阴极:$H_2 + 1/2O_2 = H_2O$

总反应：
$$1/2O_2 + 2H^+ + 2e^- \Longrightarrow H_2O$$

燃料电池具有效力高、比功率大、结构紧凑、工作稳定等优点,是最有希望替代内燃机的动力源。

六、飞轮电池

飞轮电池是指利用高速旋转飞轮的升速、减速来实现电能和机械能之间相互装换的物理电池。

飞轮电池主要由飞轮、电动机、发电机、悬浮飞轮的电磁轴承和功率转换器等组成,如图14-6所示。飞轮电池充电时,电网输入的电能经过功率转换器驱动电动机带动飞轮加速,当飞轮达到最大转速 ω_{max} 时,充电结束。飞轮电池放电时,飞轮驱动发电机发电,并通过功率转换器对外部负载供电,当飞轮达到最小转速 ω_{min} 时,放电结束。当飞轮电池空载时,不需要向外输出电能,飞轮维持某一转速旋转。

飞轮电池具有大容量、高效率、无限循环寿命、零排放、无污染等优点,应用前景十分广泛。

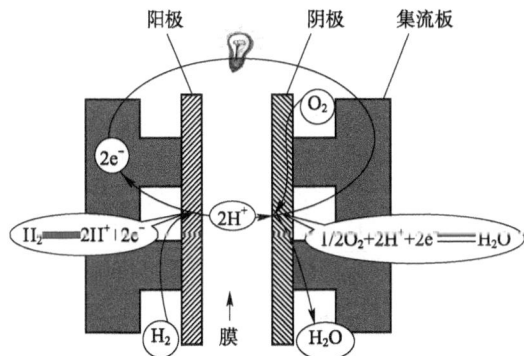

图 14-5　质子交换膜燃料电池的工作原理

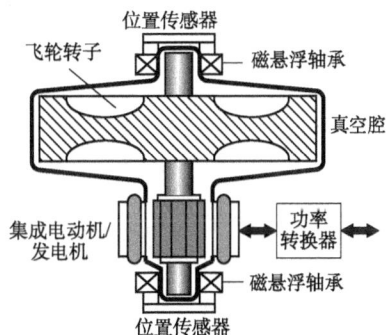

图 14-6　飞轮电池结构组成

七、动力电池组管理系统(BMS)

动力电池组管理系统是电动汽车的重要组成部分,优良的管理系统可以增加电动汽车的行驶里程和动力电池的循环使用寿命。电力电池管理系统的工作任务主要有荷电状态(SOC)估计、监控单体电池和电池组的健康状态(SOH)、温度控制、充/放电功率控制、电池均衡技术和数据记录等。

1. 电池 SOC 估计

电池荷电状态是指电池的剩余容量,相当于传统汽车的剩余油量,是 BMS 的关键技术。准确的估算可以让驾驶人准确掌握电动汽车能量储存状况、续航里程等信息。目前 SOC 估算的方法主要有放电实验、电量计量法、开路电压法、测量内阻法、神经网络法、模糊逻辑法和卡尔曼滤波算法等。其中放电实验法需要离线实验、花费时间长、改变了电池状态,不适用于行驶中的电动汽车,可用于电池的维修。

2. 电池 SOH 估计

电池健康状态可用来评价电池品质因数,国际上有两个定义,一是电池日历寿命,表明电池剩余使用时间;二是电池可用容量与电池额定容量的比值,当电池当前可用容量小于电

池额定容量的80％时认为该电池已经不可继续使用,即电池寿命达到终点,公式如下:

$$SOH(\%) = \frac{Q_{act}}{Q_R} \times 100\%$$

式中:Q_R——电池额定容量;

Q_{act}——当前测试的电池可用容量。

因为电池寿命并不能与特定的实际量相对应,工业上也无法对电池 SOH 估计算法确定统一标准,一般情况下,电池 SOH 值由以下参数计算得到:电池内阻、电池容量、电池电压、电池自放电、电池最大充电量、电池充放电循环次数。

3. 温度控制

现在广泛应用的动力电池堆热管理方法是使用廉价空气或冷却液体在电池堆内进行强制对流散热。在这样的热管理系统中,动力装置将空气或冷却液体送入电池堆内,具有一定速度的流体在电池单体的间隙流动,通过对流换热的方式将电池发出的热量导出,对电池组提供冷却。根据冷却流体相对电池的流动方向不同,空气冷却和液体冷却均可分为串行式和并流式两种方式,如图 14-7 和图 14-8 所示。

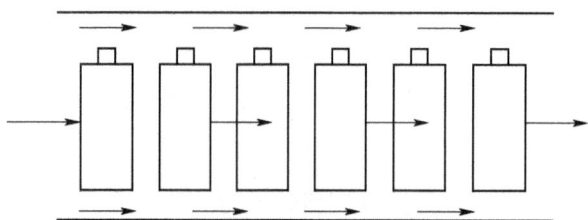

图 14-7　电池组串行式冷却方式示意图　　　图 14-8　电池组并流式冷却方式示意图

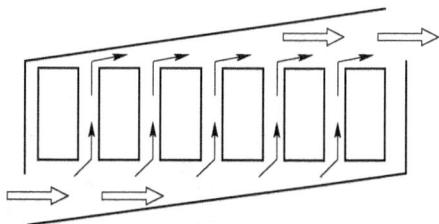

串行式冷却方式的冷却流体沿垂直于电池轴向方向流动,其缺点是后部电池的冷却效果不佳,温度偏高。并流式冷却方式的流体沿平行于电池轴向流动,由于大大缩短了流道的长度,可有效避免串行式冷却方式中出现的问题,因此电池组冷却时多采用后者。

想一想 练一练

1. 电动汽车对动力电池的基本要求有哪些?

2. 简述镍氢电池、锂离子电池和燃料电池的工作原理和结构。

第三节　驱 动 电 机

电机是一种将电能与机械能相互转换的机电装置。其在电动汽车中的作用相当于传统汽车的发动机,将动力电池的电能转化为机械能,为电动汽车提供动力。

一、概述

1. 电动汽车对驱动电机的性能要求

电机是电动汽车的关键部件,其直接影响电动汽车驱动系统性能。电动汽车对驱动电机的要求如下:

（1）体积小、质量轻。

（2）低速大转矩特性及较宽范围的恒功率特性：低速大转矩可以保证电动汽车起动、爬坡、加速等工况的动力要求。纯电动汽车的最后发展趋势是取消传动汽车的变速器，因此要求电机具有较宽的调速范围。

（3）高可靠性。

（4）在较宽的工作速度和转矩范围内都具有较高的效率。

（5）高电压：在允许的范围内尽可能采用高电压，可以减小电机的尺寸和导线等装备的尺寸。

2. 电动汽车用电机的类型

根据上述电动汽车对电机的要求，目前，电动汽车用电机类型如图 14-9 所示。

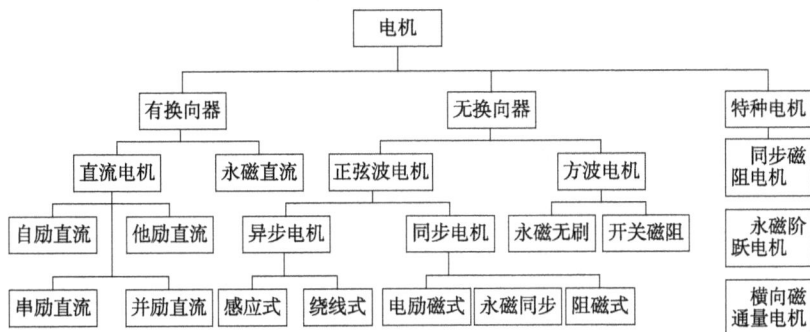

图 14-9　电动汽车用电机基本类型

二、直流电机

顾名思义，直流电机是指将直流电能转化为机械能的电动机，或将机械能转化为直流电能的发电机。

1. 直流电机的基本结构

直流电机由定子和转子两大部分组成，定子与转子之间的间隙称为气隙，如图 14-10 所示。

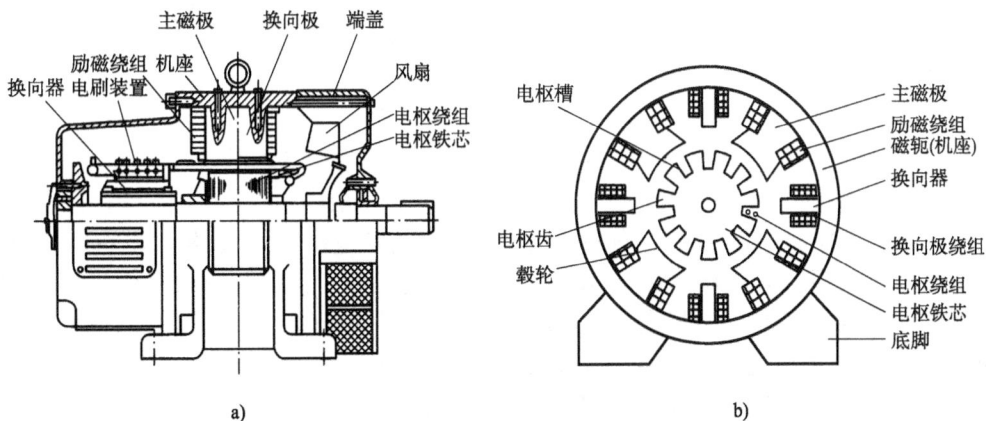

图 14-10　直流电机的结构

1）定子

直流电机定子主要由主磁极、机座、换向极和电刷装置等组成。

（1）主磁极。主磁极的作用是建立主磁场,由主极铁芯和套在铁芯上的励磁绕组组成。主磁极的铁芯一般用 1～1.5mm 的低碳钢板冲压一定形状叠装紧固而成,励磁绕组用同铜线绕制而成。

（2）换向极。换向极的作用是改善直流电机的换向性能,使其运转时不产生电火花。换向极由铁芯和绕组组成。

（3）机座。机座是直流电机的机构框架,有两方面作用:一方面起导磁的作用;另一方面起机械支撑的作用。机座一般由铸钢或厚钢板焊接而成。

（4）电刷装置。电刷装置的作用是将直流电压、直流电流引入或引出的装置。电刷装置一般由电刷、刷握、刷杆、汇流排等组成。

2）转子

转子部分由电枢铁芯、电枢绕组、换向器、转轴和风扇等组成。

（1）电枢铁芯。电枢铁芯既是主磁路的组成部分,又是电枢绕组的支撑部分。电枢铁芯一般由 0.5mm 的硅钢片冲片叠压而成。

（2）电枢绕组。电枢绕组嵌放在电枢铁芯的槽内,是直流电机的电路部分,是实现直流电能与机械能相互转换的关键性部件。

（3）换向器。换向器的作用是改变电枢电流的方向,其由冷拉梯形铜排和绝缘材料等组成。

2. 直流电动机的工作原理

图 14-11 是直流电动机的工作原理示意图。图中,N、S 为一对固定的磁极,abcd 为电枢绕组,其末端分别连接到两个换向片上,正、负电刷 A 和 B 分别与两个换向片接触。

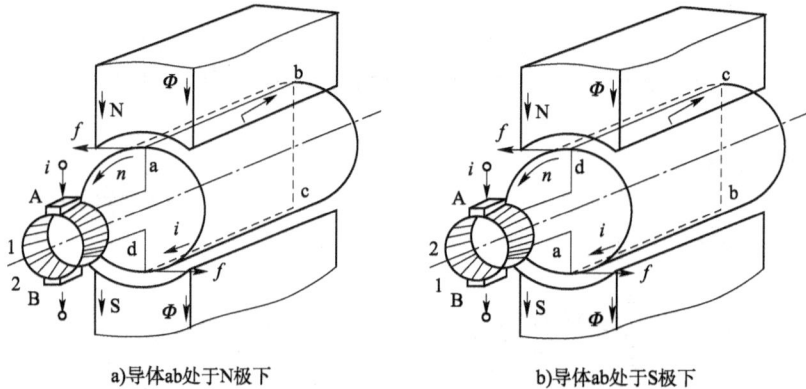

a)导体ab处于N极下　　　　b)导体ab处于S极下

图 14-11　直流电动机的工作原理示意图

给两个电刷加上电流电源,如图 14-11a)所示,电流从电刷 A 流入,经过电枢绕组 abcd,从电刷 B 流出。根据电磁力定律,ab 和 cd 受到电磁力的作用,电磁力的方向可以通过左右定则判断,两段导体受到的力形成一个转矩,使转子逆时针旋转。当转子旋转到图 14-11b)的位置时,电流在电枢绕组的流动方向为 dcba,dc 和 ba 受到电磁力的作用,形成的转矩仍然使转子逆时针旋转。这就是直流电动机的工作原理。

三、无刷直流电机

直流电机具有电刷和换向器等机械部件,在电机的运转过程中,会产生机械磨损以及产生电火花,这就缩短了电机的寿命。随着电子技术的发展,使用电子开关线路和位置传感器替代电刷和换向器,这也就是无刷直流电机。无刷直流电机具有直流电机的特性,同时又具有结构简单、运行可靠、维护方便等优点。

1.无刷直流电机的基本结构

无刷直流电机主要由电机本体、位置传感器和电子开关电路等部分组成,如图 14-12 所示。

1)电机本体

无刷直流电机本体由定子和转子两部分构成,和永磁同步电机的结构相同。定子主要用于放置绕组和构成磁路回路,转子是由永磁材料制成一定极对数的永磁体,主要有两种结构,如图 14-13 所示。第一种是将磁钢粘贴在铁芯表面,称为凸极式;第二种将磁钢插入转子铁芯的沟槽中,称为内嵌式或隐极式。电枢绕组安嵌放在定子的槽中,各相绕组分别与电子开关线路中的相应晶体管相连接。

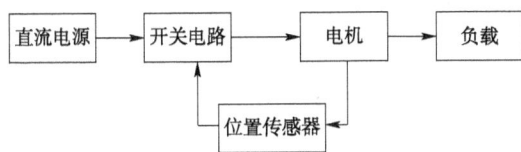

图 14-12　无刷直流电机组成框图

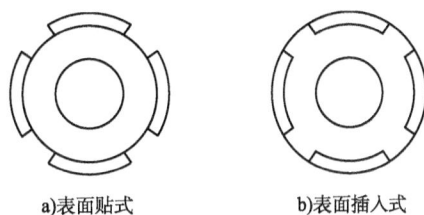

a)表面贴式　　b)表面插入式

图 14-13　永磁转子结构

2)位置传感器

检测转子磁极的实时位置,给电子开关电路提供及时的换相信息。

3)电子开关线路

与位置传感器配合,达到换相的目的。它的作用就是通过解调、预放大、功率放大等一系列操作,将位置传感器输出的控制信号调制成功率开关管可识别的电信号,然后去触发使其按一定的逻辑顺序动作,通过交替地导通和关断以相应的逻辑顺序在电枢绕组通电,保证了电机的运转。电子开关线路有桥式和非桥式两种。图 14-14 所示为常用的几种电枢绕组连接方式,其中图 14-14a)、b)是非桥式开关线路,其他都是桥式开关线路。

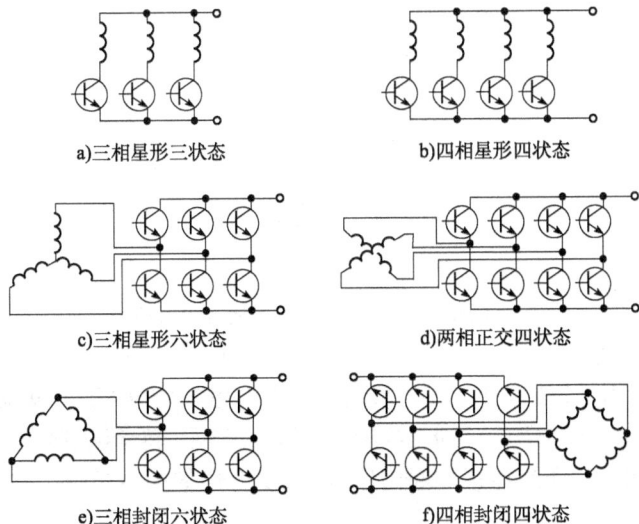

a)三相星形三状态　　　　　　　b)四相星形四状态

c)三相星形六状态　　　　　　　d)两相正交四状态

e)三相封闭六状态　　　　　　　f)四相封闭四状态

图 14-14　电枢绕组连接方式

2. 无刷直流电机的工作原理

以三相非桥式星形接法为例,讲述无刷直流电机的工作原理。

图 14-15 表示一台采用非桥式晶体管开关电路驱动两极星形三相绕组,并带有电磁式位置传感器的无刷直流电机。转子位置传感器的励磁线圈由高频振荡器供电,通过导磁片的作用使信号线圈获得较大的感应电压,并经整流、放大加到开关电路功率管的基极上使该管导通,因而与该管串联的定子绕组也就与外电源接通。

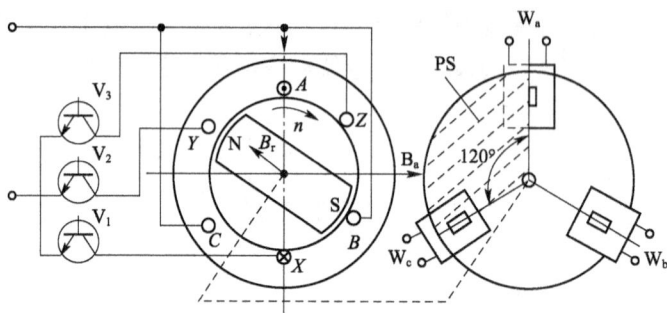

图 14-15 三相星形非桥式连接开关线路

当转子处于图 14-15 位置时,位置传感器 PS 的导磁片处于图示位置,信号线圈 W_a 开始有信号电压输出,晶体管 V_1 导通;而信号线圈 W_b 和 W_c 没有信号电压输出,晶体管 V_2 和 V_3 截止。此时,电枢绕组 AX 有电流通过,根据右手螺旋定则,电枢磁场如图中 B_a 所示。电枢磁场 B_a 与永磁转子 B_r 磁场相互作用,使得转子顺时针旋转。

当转子旋转 120° 后,由于转子与导磁片同轴旋转,导磁片也旋转 120°,信号线圈 W_b 开始输出电压信号,晶体管 V_2 导通;而信号线圈 W_a 和 W_c 没有输出电压信号,晶体管 V_1 和 V_3 截止。此时,电枢绕组 BY 有电流通过,根据右手螺旋定则,电枢磁场如图 14-16a) 中 B_a 所示。电枢磁场 B_a 与永磁转子 B_r 磁场相互作用,使得转子继续顺时针旋转。

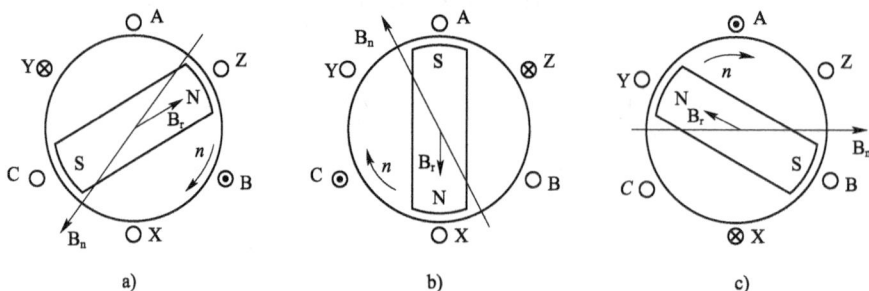

图 14-16 电枢磁场与转子磁场间的相对位置

若转子继续旋转 120°,信号线圈 W_c 开始输出电压信号,晶体管 V_3 导通;而信号线圈 W_a 和 W_b 没有输出电压信号,晶体管 V_1 和 V_2 截止。此时,电枢绕组 CZ 有电流通过,电枢磁场如图 14-16b) 中 B_a 所示。电枢磁场和永磁转子磁场相互作用,转子继续顺时针旋转。

转子再旋转 120° 后,回到原来的起始位置,重复上述的换流情况,电机继续以一定方向旋转。

四、异步电动机

交流电动机分为同步电动机和异步电动机两大类。交流异步电动机又称为感应电动机,是由气隙旋转磁场与转子感应电流相互作用产生转矩,从而使交流电能转换为机械能的一种电动机。

异步电动机根据转子结构分为笼型异步电动机和绕线型异步电动机,根据定子绕组相数分为单相异步电动机、两相异步电动机和三相异步电动机。

1. 三相异步电动机的结构

三相异步电动机主要由定子和转子组成,两者之间有相对运动所需的气隙。图 14-17 是笼型三相异步电动机的结构图。

图 14-17 笼型三相异步电动机结构图

1)定子

笼型和绕线型三相异步电动机的定子是一样的,由铁芯、定子绕组和机座等部件组成。三相异步电动机的接线盒分别与三相定子绕组和三相电源连接。三相异步电动机的定子绕组通常有星形(Y)和三角形(△)两种接法,如图 14-18 所示。

2)转子

笼型和绕线型三相异步电动机的转子结构是不一样的。笼型三相异步电动机的转子由铁芯和笼形绕组组成,笼型绕组有铜排转子和铸铝转子两类,如图 14-19 所示。绕线型三相异步电动机的转子由铁芯和绕线形绕组组成。绕线式转子绕组是一个与定子绕组相似的三相对称绕组,一般接成星形(Y),3 个出线端分别接

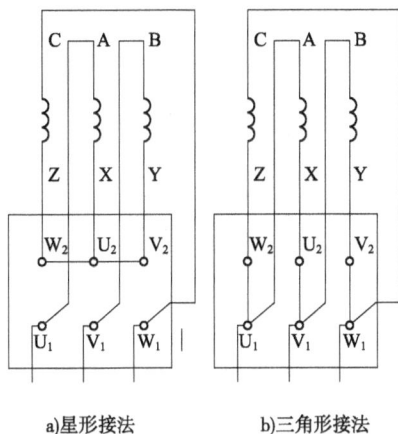

a)星形接法   b)三角形接法

图 14-18 三相异步电动机定子绕组接法

到转轴上的 3 个与转轴绝缘的集电环上,再通过安装在定子端盖上的电刷装置与外电路相连,如图 14-20 所示。

3)风扇

风扇的作用是给电动机进行冷却,由于电动汽车动力系统散热条件差,采用液冷式的电动机越来越多。

2. 三相异步电动机的工作原理

当给定子绕组接上对称三相电压(即电压大小相等,相位相差 120°),定子绕组中产生

对称三相电流(即电流大小相等,相位相差 120°),这样使得定子腔内产生旋转磁场,如图 14-21 所示。旋转磁场的转向与通入绕组的三相电流相序有关,任意对调两根三相电源接到定子绕组上的导线,就可以改变旋转磁场的转向。旋转磁场的转速 n 与电流频率 f 和磁极对数 p 有关,其关系是 $n = 60f/p$。

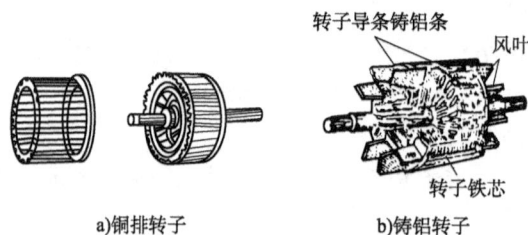

a)铜排转子　　　　b)铸铝转子

图 14-19　笼型绕组转子

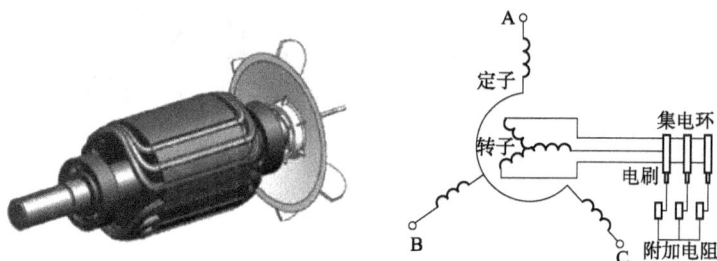

图 14-20　绕线形转子

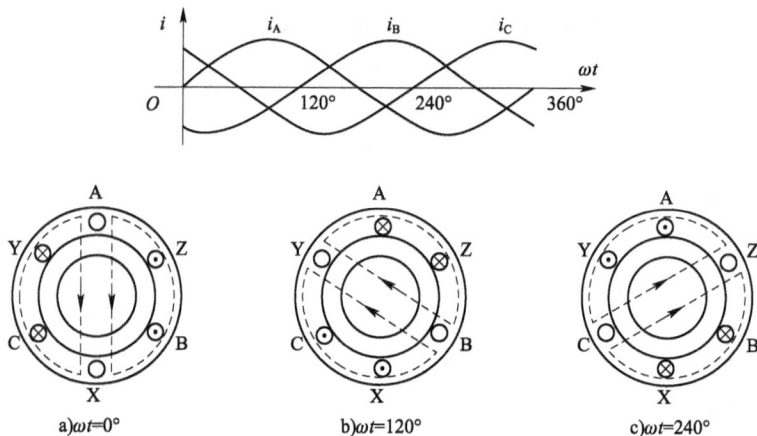

a)ωt=0°　　　　b)ωt=120°　　　　c)ωt=240°

图 14-21　旋转磁场的形成

旋转磁场产生之后,其磁力线被转子切割,根据电磁感应原理(发电机右手定则),转子绕组中产生感应电动势。由于转子绕组是闭合的,转子绕组中有电流通过。此时,转子受到电磁力,其方向由左手定则判断,电磁力矩使得转子随旋转磁场转动。

五、开关磁阻电动机

1. 开关磁阻电动机的结构

开关磁阻电动机(SRM)是一种新型电动机,其结构比其他任何一种电动机都简单。开关磁阻电动机驱动系统主要由开关磁阻电动机、传感器、功率转换器和控制器四部分组成,如图14-22所示。开关磁阻电动机的作用是将电能转化为机械能;传感器的作用是检测转子的位置(位置检测器)和输入电流的大小(电流检测器);功率变换器的作用是将电源电压变换为电动机所需要的电压。

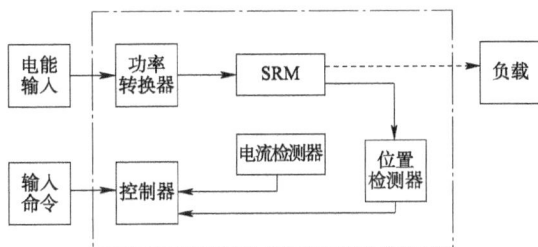

图14-22　开关磁阻电动机驱动系统的结构

开关磁阻电动机的定子和转子都采用凸极结构,由硅钢片叠片组成。开关磁阻电动机根据定子和转子的极数不同,可以分为多种类型,目前常用的是三相6/4结构和四相8/6结构。

2. 开关磁阻电动机的工作原理

开关磁阻电动机利用的原理是磁阻最小原理,即磁通总要沿着磁阻最小路径闭合,一定

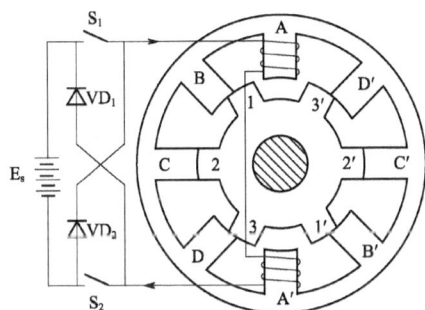

图14-23　四相8/6极开关磁阻电动机的工作原理

形状的铁芯在移动到最小磁阻位置时,必定使自己的轴线与主磁场的轴线重合。图14-23所示为四相8/6极开关磁阻电动机,图中仅画出其中一相(A相)的连接情况。当给A相通电时,为减小磁路的磁阻,转子将顺时针旋转,直至转子极1和定子A重合。当按A—B—C—D的顺序给定子绕组通电,转子将会沿着顺时针方向旋转。如需电动机逆时针旋转,只需将绕组的通电顺序改为D—C—B—A。

开关磁阻电动机的每相绕组都配有两个开关和两个二极管,只有当两个开关同时闭合时,电源才会向绕组供电。当两个开关同时断开时,绕组自感产生的电能回馈给电源。

想一想练一练

1. 电动汽车用电动机有哪些类型?
2. 简述直流电动机、交流异步电动机和开关磁阻电动机的结构和工作原理。

第四节　整车动力电子控制系统

电动汽车是一个高度集成的电气系统,包括驱动电机控制系统、电池管理系统、车载充电系统、笔记电动辅助系统、低压电气系统等各子系统,必须通过一个整车控制系统来进行各子系统的协调控制,从而实现整车的最佳性能。整车控制系统主要包括整车控制器、电机控制器、电池管理系统、车身控制管理系统、信息显示系统和通信系统等,图14-24是宇通E8纯电动客车整车动力电子控制系统示意图。整车控制器是整车控制系统的核心,实现整车驱动控制、能量优化控制、制动回馈控制和网络管理等功能。

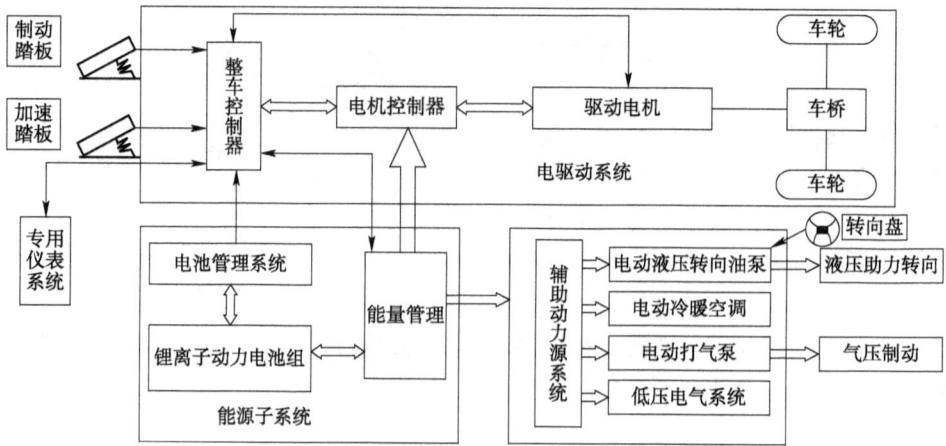

图 14-24 宇通 E8 纯电动客车整车动力电子控制系统示意图

一、电池管理系统(BMS)

电池管理系统通过对电池外特性的在线测量和估算,实时地掌握电池的工作状态,在不出现滥用和不合理使用的情况下,实现电池能量的充分高效的利用,提高运行效率。主要功能有电池状态监测、电池状态分析、故障诊断与处理、充放电控制管理、能量控制管理、电池信息管理、高压安全管理、热管理等。此部分已在前面部分有所叙述,在此不再赘述。

电池管理系统旨在实现对电池的安全管理,有效提高整车安全性。但对动力电池管理系统进行任何操作必须在断电情况下进行(高压快断器如图 14-25 所示),接插件绝对不允许在带电状态下进行插拔,对管理系统拆卸与安装中要做到轻拿轻放,并注意操作过程中的高压安全。

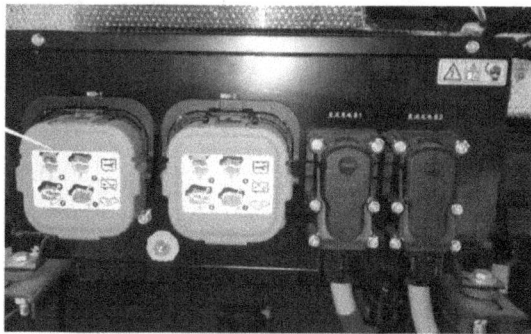

图 14-25 宇通 E8 纯电动客车高压快断器

纯电动汽车动力电池的使用有以下注意事项:

(1)纯电动汽车以动力电池荷电量 50% ~ 80% 状态下存放。

(2)每周钥匙起动一次,检查电量。如果电量低于 50%,应立即充电。同时,钥匙打到 ON 挡仪表点亮,保持数小时,对低压电池进行充电。

(3)以最近一次维护为始点,车辆存放每一个月进行一次满充、放电维护。操作步骤具体如下:车辆行驶至电量显示 40%,再对车辆进行满充电操作。

（4）清洗车辆时,请避开高压元件,严禁用水直接冲洗高压元件。

二、驱动电机控制系统

电机驱动系统是电动汽车的核心部件,它的主要任务是按驾驶人的驾驶要求,将动力电池的化学能高效地转化为机械能,经过变速器、驱动轴等机构驱动车轮。同时,控制系统需要将汽车在制动等工况时的动能反馈至动力电池中,实现再生制动。所谓再生制动是指在车辆制动过程中,电机起发电机功能,将机械能转化为电能给蓄电池充电。电动汽车驱动电机控制系统主要由电机、功率器件和控制系统组成,图14-26为宇通E8纯电动客车电机控制器。

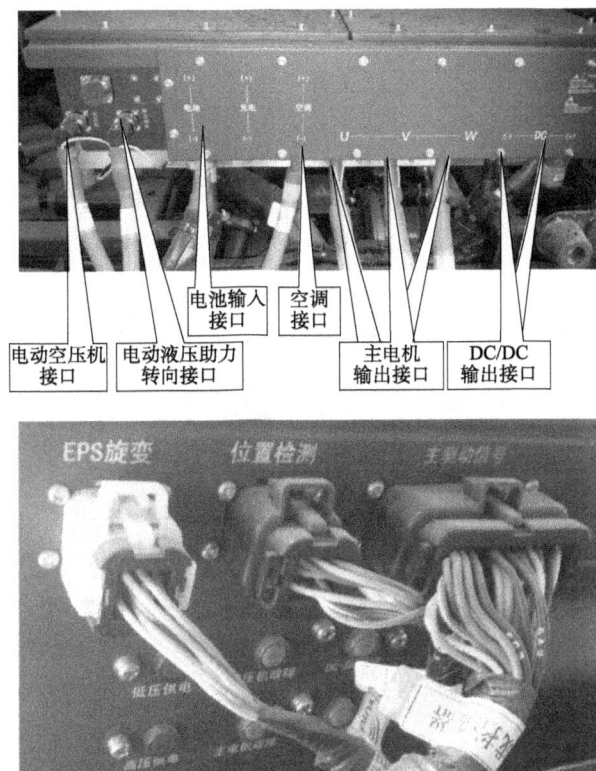

图14-26　宇通E8纯电动客车电机控制器

三、纯电动客车操作

1. 仪表

传统汽车的仪表主要包括发动机转速表、车速表、冷却液温度表、燃油表、故障灯和指示灯等。宇通E8纯电动客车的仪表与传统汽车仪表有所区别(图14-27),主要区别有:

（1）由于纯电动汽车没有发动机,所以纯电动汽车仪表取消发动机转速表,而添加了电机转速表。

（2）纯电动汽车仪表增加了蓄电池电压表和电机温度表,取消传统汽车的冷却液温度表。

（3）纯电动汽车增加了动力电池荷电状态（SOC）显示，相当于传统汽车燃油表的作用。

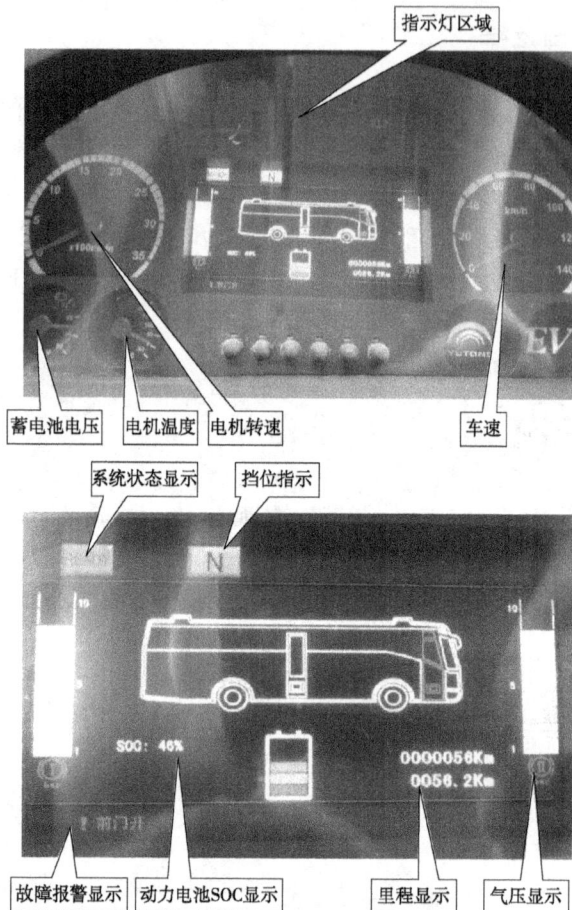

图 14-27　宇通 E8 纯电动客车仪表

（4）纯电动汽车增加了系统状态显示，宇通 E8 纯电动客车系统状态显示有 STOP、READY 和 GO 三种。当钥匙开关处于 ON 挡、挡位处于空挡、驻车制动器处于驻车状态，系统状态显示为 STOP；钥匙旋转至 START 挡，保持 2～3s，仪表状态显示为 READY，松开钥匙自动弹回 ON 挡；挂挡至 D 挡，系统状态显示为 GO，松开驻车制动器操纵杆，车辆即可行驶。

2. 挡位操控器

传统汽车的挡位操控器一般都是采用换挡杆，而宇通 E8 纯电动客车的挡位操控器是按钮式的，如图 14-28 所示。D 挡即前进挡，按下该按钮后踩加速踏板，车辆即可前进，车速或转矩随加速踏板开度的增大而增大。R 挡即倒车挡，按下该按钮后踩加速踏板，车辆即可后退。N 挡即空挡，按下该按钮后，电机即不输出动力。

图 14-28　宇通 E8 纯电动客车挡位操控器

需要注意的是,D 挡和 R 挡的切换必须经过 N 挡。L 挡为备用挡,宇通 E8 纯电动客车暂时没有使用。

3.纯电动客车功能翘板开关

纯电动客车翘板开关的大部分功能与传统客车一样,下面主要介绍宇通 E8 客车回馈使能开关的作用,如图 14-29 所示。回馈使能开关的作用主要是改变制动能量回馈量。当车辆长时间行驶在冰雪或湿滑路面时,建议按下此按钮,使制动能量回馈量减小到 20% ,结合点制动,提高制动性能。

图 14-29 宇通 E8 客车开关

想一想 练一练

1.简述纯电动汽车整车动力电子控制系统的组成及功用。

2.简述动力电池的使用注意事项。

第五节 电动汽车充电系统

电动汽车充电系统相当于加油站,是电动汽车的能量来源,是电动汽车的重要附属设备。充电设施是为保证电动汽车和电网安全、可靠、经济地提供电能的充电系统。

1.充电机的类型

目前,常用的充电机是将交流电转化为直流电对动力电池进行充电。根据不同的分类方式,可以将充电机分为多种类型。

1)根据安装位置分为车载充电机和地面充电机

车载充电机是指将充电机安装在车辆上,直接通过插头连接地面交流电源对电池组进行充电的装置。车载充电机充电灵活,但由于车载充电的功率有限,充电时间较长,一般需要 5 ~ 8h。

地面充电机一般安装固定位置,其交流端与电网之间已做好连接。充电时,直接将直流端与电动汽车的充电插口连接。

2)根据输入电源分为单相充电机和三相充电机

这两种类型的充电机区别在于用于充电机的交流电是单相还是三相的,两者的工作原理基本一致。车载充电机一般采用单相充电机,地面充电机一般采用三相充电机。

3)根据连接方式分为传导式充电机和感应式充电机

传导式充电机通过充电电缆连接到车辆上对动力电池组进行充电;而感应式充电机是利用电磁感应耦合方式对车辆的动力电池组进行充电。

2.充电模式

充电模式一般分为正常充电模式、快速充电模式和更换电池模式三种类型。

正常充电电流的选取是指在保证电池使用寿命的情况下,参考电池的性能和结构等因素,所设定的一个充电范围。该充电模式下,既能保证动力电池达到所设定的电池使用性能和容量,又能保证动力电池的使用寿命。

快速充电模式是指对动力电池充电的过程采用较大电流,实现快速补充电能。长时间使用快速充电,会影响动力电池的使用寿命,降低动力电池的容量。

更换电池模式是目前解决动力电池不能快速充电的一种过渡模式,是指在电池电能不足的时候,通过更换动力电池的方式实现车辆更大的行驶里程。

3. 充电接口

充电接口是指连接电缆和电动汽车的充电部件,由充电插座和充电插头两部分构成。充电接口的种类有单相交流充电接口、三相交流充电接口和直流充电接口三种类型。

1)交流充电接口

图 14-30 所示为交流充电接口插头和插座触点布置图,表 14-1 为交流充电接口端子功能定义。

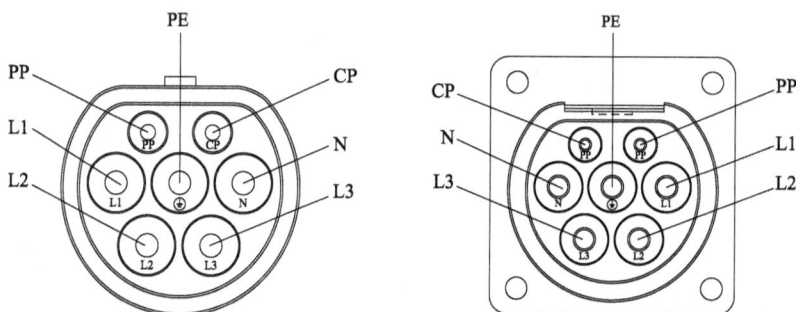

图 14-30　交流充电接口插头和插座触点布置图

交流充电接口端子功能定义　　　　　　　　　　　　　　　　　表 14-1

触点编号/功能	功能定义	触点编号/功能	功能定义
1 – 交流电源(L1)	交流电源	5 – 保护搭铁(PE)	连接供电设备搭铁线和车辆底盘搭铁线
2 – 交流电源(L2)	交流电源		
3 – 交流电源(L3)	交流电源	6 – 控制确认1(CP)	控制确认1
4 – 中线(N)	—	7 – 控制确认2(PP)	控制确认2

2)直流充电接口

图 14-31 所示为直流充电接口插头和插座触点布置图,表 14-2 为直流充电接口端子功能定义。

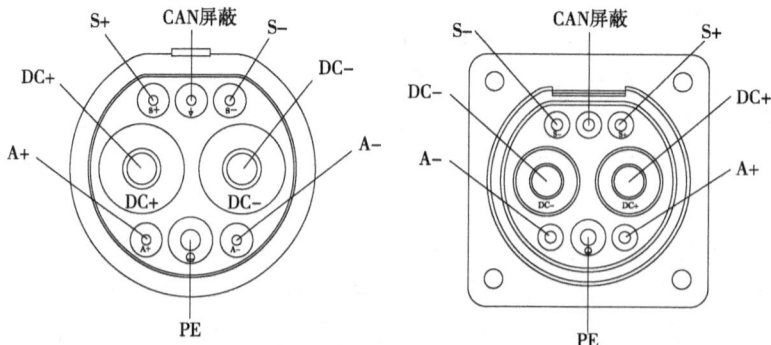

图 14-31　直流充电接口插头和插座触点布置图

直流充电接口端子功能定义 表 14-2

触点编号/功能	功能定义
1 - 直流电源正极（DC + ）	连接直流电源正极与电源正极
2 - 直流电源负极（DC - ）	连接直流电源负极与电源负极
3 - 保护搭铁（PE）	连接供电设备搭铁线和车辆底盘搭铁线,在充电接口连接和断开时,该端子相对于其他端子首先完成连接,并最后断开
4 - 充电通信 CAN - H（S + ）	连接非车载充电机与电动汽车的通信线
5 - 充电通信 CAN - L（S - ）	连接非车载充电机与电动汽车的通信线
6 - 充电通信 CAN 屏蔽	连接 CAN 通信用屏蔽线
7 - 低压辅助电源正极（A + ）	连接非车载充电机为电动汽车提供低压辅助电源正极
8 - 低压辅助电源负极（A - ）	连接非车载充电机为电动汽车提供低压辅助电源负极

想一想练一练

1. 简述充电机的类型。

2. 电池充电的模式有哪些?

第十五章 大客车车身

章节描述

本章共分为车身的功用与类型、车身的组成、车身的外部结构和车身的内部结构四节。通过对本章的学习,学生可以从总体上对大客车的车身的功用与类型、车身的组成、车身的外部结构和车身的内部结构形成更深入的认知。在学习该章之前,学生对大客车的车身有一定认识,教师可以利用网络的优势和大客车实物教具。整章的实施根据各节目标,结合现有资源组织教学,教学方法以讲授法为主,结合案例教学法、情景教学法和讨论法等,激发学生学习兴趣,引导学生积极进行探究性学习,使学生在理论和实践中掌握本章的内容。

学习目标

1. 知识目标

熟知车身的类型与结构组成,知道车门、车身顶盖与车窗、行李舱、保险杠,熟知仪表台及其符号含义,理解车厢内通风装置。

2. 技能目标

掌握大客车车身的功用与组成;了解大客车车身的类型及特点;了解大客车车身的外部结构;了解车身的内部结构;熟知仪表台及其符号含义;理解车厢内通风装置。

3. 情感目标

培养踏实、一丝不苟的学习态度和工作作风,发扬团队合作精神。

建议课时

4课时。

学习内容

第一节 车身的功用与类型
第二节 车身的组成
第三节 车身的外部结构
第四节 车身的内部结构

学习要求

1. 知道车身的类型与结构组成;

2. 知道车门、车身顶盖与车窗、行李舱、保险杠;

3. 熟知仪表台及其符号含义;

4. 理解车厢内通风装置。

第一节 车身的功用与类型

客车由发动机、底盘、车身和电气设备等几大部分构成。车身(图 15-1)作为客车的重要组成部分,对整车的安全性、动力性、经济性、舒适性及操控性有着重要的影响,同时客车的个性化也是通过车身表现出来。

一、客车车身的主要功用

客车车身既是驾驶人的工作场所,也是容纳乘客和货物的场所。在客车结构中,车身即是承载单元,又是功能单元。作为承载单元,由车身骨架与底架或车架(小型客车车身壳体与车架)组成的车身结构,在客车行驶中要承受多种载荷的作用。作为功能单元,车身应该为驾驶人提供便利的工作环境,为乘员提供舒适的乘坐环境,保护他们免受车辆行驶时产生的

图 15-1 客车车身

振动噪声和废气等的侵袭,以及外界恶劣天气的影响;同时在交通事故中,可靠的车身结构和乘员保护系统有助于减轻对乘员和行人造成的伤害;此外,合理的车身外部形状,以利客车行驶时能有效地引导周围的气流,提高车辆的动力性、燃油经济性和行驶稳定性,并改善发动机的冷却条件和车内通风。

二、车身的类型及特点

(一)客车车身定义

在 GB 37301—1988 中,客车车身的定义为:具有长方形的车厢,主要用来装载乘员和随身行李。

(二)车身分类

由于客车品种繁多,所以车身的分类形式也是多种多样的。常见的分类方法有按客车的用途、承载形式和车身结构进行分类。

1. 按用途分类

按客车的用途可分为城市客车、长途客车、旅游客车和专用客车四类。

2. 按承载形式分类

按车身承载形式,客车车身结构可分为非承载式、半承载式和承载式三大类。非承载式和半承载式车身结构都是属于有车架式的,而承载式车身则属于无车架式的。非承载式车身(图 15-2)是指在底盘车架上组装而成的车身结构形式。半承载式车身就是车身与车架刚性连接,车身部分承载的结构形式。图 15-3 所示是典型的半承载式客车车身结构,一般是在现有的客车专用底盘上将车架用若干悬臂梁加宽并与车身侧壁立柱刚性连接,使车身

骨架也承担车架的一部分载荷。承载式车身就是无独立车架的整体车身结构形式。根据客车车身上部和下部受力程度的不同,承载式客车车身又可分为基础承载式和整体承载式两种。

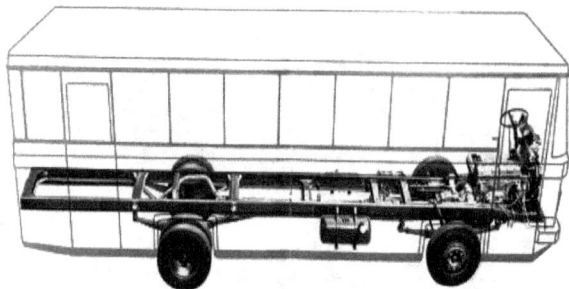

图 15-2 非承载式客车的底盘及车身

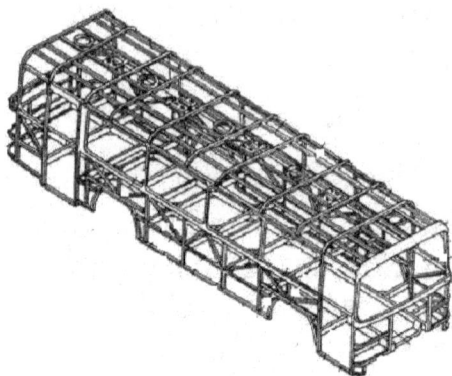

图 15-3 客车半承载式车身

3. 按车身结构分类

根据车身结构上的差异,可将客车车身分为薄壳式、骨架式、复合式、单元式和嵌合式结构等几种。

想一想练一练

1. 大客车车身有什么作用?
2. 大客车车身有几种类型,各类型各有什么特点?

第二节 车身的组成

车身是车身本体及装饰件、附件的总称。

车身本体(白车身)是车身结构件及覆盖件的总成,并包括翼子板、发动机罩、行李舱盖和车门,但不包括附件及装饰件的未涂漆的车身。客车车身主要由骨架结构和蒙皮结构两部分组成。

车身覆盖件包覆骨架的表面板件,指车身中包覆梁、支柱等构件,具有较大空间区面形状的表面和车内板件,有封闭车身、体现车身外观造型及增大结构强度和刚度等功用。

车身结构件是指支撑覆盖件的全部车身结构零件。它是车身承载能力的基础,对保证车身所要求的结构强度和刚度非常重要。

内、外装饰件是车身外部及内部起装饰与保护作用的零部件的总称。

(一)外装件

外饰件主要有前后保险杠、车门防撞装饰条、散热器面罩、外饰件、玻璃、密封条和车外后视镜等。

（二）内饰件

内饰件主要有车门内护板、车顶顶篷、地板及侧壁的内饰等。

（三）车身附件

车身附件是车身中具有独立功能并成为一个分总成的机构。如:座椅、仪表台、空调、后视镜、玻璃升降器、安全带、刮水器、车灯、遮阳板、扶手、车门机构及附件、车内后视镜等

（四）车身电子装置

车身电子装置主要包括刮水器、洗涤器、空调装置、仪表、开关、前灯、尾灯和各种指示照明灯等。

想一想练一练

1.大客车车身由哪几部分组成?
2.大客车车身电子装置主要由哪些部分组成?

第三节　车身的外部结构

一、骨架与蒙皮

（一）骨架

客车由于其长度和用途不同,其车身结构也由很大差异。6m 以下的客车由于车长较短,车身结构形式基本上与轿车相似,一般采用承载式车身,车身构件多为薄板冲压件焊接而成,较少采用骨架结构。而 7m 以上的大中型客车的车身结构多由骨架和蒙皮构成,由骨架形成车体并承载。

客车车身骨架的结构形式对于整车的性能起着举足轻重的作用。车身骨架约占整车质量的1/3。各个部分如立柱、横梁、搁梁、边梁、腰梁、顶盖纵梁、斜撑等杆件与板件共同组成的空间杆系结构是车身其他部件和零件的安装基础。

车身骨架一般可分为六大片,分别为前围骨架,后围骨架,左侧骨架、右侧骨架、车顶骨架和底骨架。每片骨架总成的连接部分称分形面。图 15-4 所示为一城市客车车身骨架。

（二）蒙皮

车身蒙皮是覆盖在客车车身骨架外表面的板件,通常分为前围蒙皮、后围蒙皮、顶盖蒙皮(图 15-5)和侧围蒙皮四部分。蒙皮除了具有防护和增强强度的作用外,还起到装饰客车,表现整车外部形状特征的作用。因此,车身蒙皮质量的好坏直接影响整车的外观和性能。外蒙皮材料主要有钢板和铝板两种,一般为钢板焊接,铝板铆接;还可采用玻璃钢结构,但表面较差,损坏后不易修复,易老化。

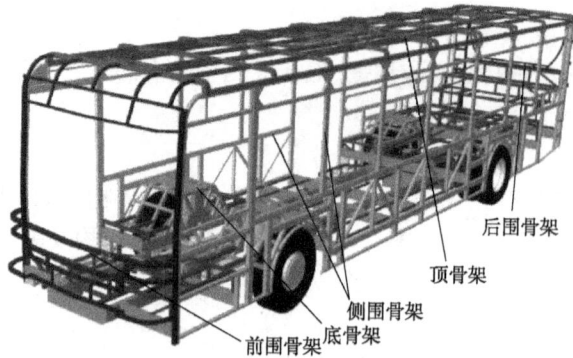

图 15-4　城市客车车身骨架

后围骨架
顶骨架
侧围骨架
前围骨架　底骨架

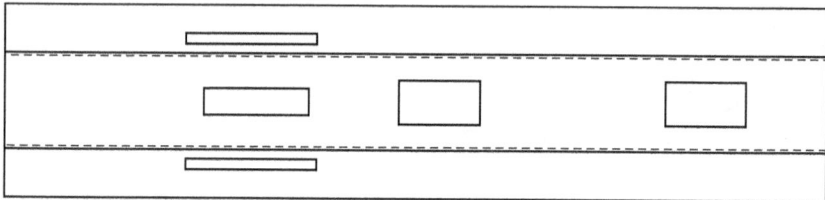

图 15-5　顶盖蒙皮结构示意图

二、车门、盖与车窗、玻璃

(一) 车门

1. 车门分类

车门是车身的重要组成部件之一。

按其开启方式可分为：顺开式、逆开式、水平滑移式、上掀式、折叠式和外摆式等 (图 15-6)。

折叠式　　　　　外摆式

图 15-6　客车车门

按结构和功能可分为：驾驶人门、乘客门 (又分为外摆门、内摆门、折叠门)、边舱门、后舱门等。

2. 车门结构

客车驾驶人出入的车门通常由门外钣、门内钣、窗框等组成。

门内钣是各种附件的安装基体。在其上装有门铰链、升降玻璃及其导轨、玻璃升降器、门锁、车门开度限位器等附件。

车门要求密封性好、防尘、防水、隔声。除了车门与车身之间尺寸配合要合理外,重要的还有镶嵌或粘贴在车身与车门上的密封条。密封条是一种截面呈中空形状的橡胶制品,它的柔软性使得它具有填塞间隙大小不一空间的作用,当间隙大时对密封条挤压小,当间隙小时对密封条挤压大,密封条的质量直接影响车门的密封性。

3. 客车车门布置

客车车门有乘客门、驾驶人门和应急门三种。对于不同尺寸不同类型的车型,其布置形式各不相同。

一般乘客门的数量设置见表15-1。

客车乘客门的最少数量 表15-1

客车类型	Ⅰ级			Ⅱ级、Ⅲ级	
车长 L(m)	$L \leq 10$	$10 < L \leq 13.7$	$L \geq 13.7$	$L \leq 12$	$L > 12$
乘客门最少数量(个)	1	2	3	1	2

驾驶人门是驾驶人上下车专用门,设置在转向盘同侧,一般中低档乘客门中置的大型客车和一些中型客车采用。

应急门又称安全门,当客车内发生危险时,乘客可通过应急门进行紧急撤离,一般应用在特大型的长途或旅游客车上。国家标准并未对应急门的布置做出明确限制,但是合理布置应急门的位置是相当重要的,通常布置在客车右侧中部偏后位置。

(二)顶盖与车窗

1. 车身顶盖结构

顶盖系统位于客舱的顶部,由骨架、板件、内饰及有关车身附件等组成的零部件的总称。在固定顶盖上开窗口,即"天窗",既可保持固定顶盖的优点,又可在一定程度上获得敞篷效果,两者兼顾,还可增加厢内光线。天窗主要由玻璃窗、滑轨、密封橡胶条和驱动机构组成。按开启的形式一般分为:外滑板式、内滑板式和倾斜式。外滑板式:玻璃窗在顶盖上面滑动;内滑板式:玻璃窗在顶盖下面与篷顶内饰衬之间滑动;倾斜式:玻璃窗前端或后端向上倾斜呈开启状态。目前多采用后两种形式。

2. 顶盖前、后横梁

顶盖前、后横梁分别与车身左、右侧围的前支柱的顶端焊接,形成支承并固定前、后风窗玻璃的窗框。

3. 车窗

1)风窗

汽车的前、后风窗通常采用有利于视野而又美观的曲面玻璃。

2)三角通风窗

为便于自然通风,某些汽车在车门上设有三角通风窗,三角通风窗可绕垂直轴旋转,窗的前部向车内转动而后部向车外转动,使空气在其附近形成涡流并绕车窗循环流动。

3)客车的侧窗

客车的侧窗可设计成上下开启式或水平移动式。侧窗玻璃采用茶色或带有隔热层,可使室内保温并有安闲宁静的舒适感。具有完善的冷气、暖气、通风及空调设备的高级客车常常将侧窗设计成不可开启式,以提高车身的密封性。

(三)车身玻璃

车身玻璃分类:普通玻璃、钢化玻璃、夹层玻璃、区域钢化玻璃、调光玻璃和热线反射玻璃。

三、行李舱与保险杠

客车一般在地板下部设有两侧贯通式大行李舱,如图 15-7 所示,主要是为乘客放置体积大、质量重的行李提供方便。现在很多行李舱门的开启采用电控气动控制。在仪表台上装有左、右两侧的行李舱门开关翘板开关,按动开关即可进行舱门的开启、关闭。

客车前后端装有保险杠(图 15-8),具有安全保护、装饰车辆以及改善车辆的空气动力学特性等作用。从安全上看,汽车发生低速碰撞事故时能起到缓冲作用,保护前后车体;在与行人发生事故时可以起到一定的保护行人的作用。从外观上看,具有装饰性,成为装饰轿车外型的重要部件;同时,汽车保险杠还有一定的空气动力学作用。同时,为了减少客车在发生侧撞事故时对乘员的伤害,有的客车车上通常安装有车门保险杠,以增强车门的防撞冲击力。

图 15-7　行李舱

图 15-8　保险杠

想一想练一练

1. 大客车车身的外部结构由哪几部分组成?
2. 大客车车身骨架一般可分为哪六大片?
3. 大客车蒙皮有几种类型?
4. 大客车车门有几种类型?车门附件主要由哪些部分组成?
5. 大客车车身玻璃有哪几种类型?其作用又是什么?

第四节　车身的内部结构

一、座椅与行李架

(一)客车座椅的作用

客车座椅作为客车重要的内部附件,具有支撑乘员质量;缓和衰减由车身传来的冲击和振动;保证乘员乘坐舒适性,减轻乘员疲劳并且提供良好的工作条件;保护乘员避免和减少伤亡等重要作用。

(二)客车座椅的类型

(1)按结构形式分类:有分离式座椅、戽(hu)斗式座椅、半分离式座椅、长凳式座椅等。

(2)按可否调整分类:有固定式座椅和调整式座椅。

(3)按乘员人数分类:有单人座椅、双人座椅和多人座椅。

(4)按使用功能分类:有驾驶人座椅、乘客座椅、乘务员座椅和附加座椅。

(5)按是否带座椅减振器分类:有简单座椅和悬挂座椅。

(6)按控制方式分类,有一般座椅和电控座椅等。

(三)客车座椅的组成

座椅由骨架、坐垫、靠背、头枕和调节机构等部分组成。

1.座椅骨架

座椅骨架必须能够承受一定的载荷,靠背及坐垫骨架的形状应以能满足人体生理特征、给驾驶人员提供安全和有效支撑为目的。座椅骨架一般由钢质材料焊接而成,热塑性塑料成型的座椅骨架和镁制座椅骨架正在推广应用。

2.头枕

头枕是为提高汽车乘坐舒适性和安全性而设置的一种辅助装置。分为固定式和可调节式。可调节式分为手动调节或电动调节,用以调节头枕的上下高度和前后角度。头枕应当选择可调节的,以适应不同身高乘员的需求

头枕的主要作用是保障安全,一旦汽车发生追尾碰撞,颈椎会承受到很大的加速度而极易遭受错位的伤害。有了头枕的承托,可以减少头部自由移动的空间,降低对颈椎的冲击力,起到避免或减轻乘员颈部受伤的作用。按照国家标准,汽车座椅头枕属汽车整车强制认证检测项目,车前排座椅应装有头枕。

3.调节机构

调节机构主要包括座椅高度调整机构、前后位移调整机构(即座椅滑道)、靠背仰角调整机构(即调角器)及坐垫前倾角调整机构等。

(四)行李架

车内行李架即为放置行李的构架(图15-9),主要是为乘客放置体积小、质量轻且贵重的行李提供方便。客车的行李架是乘客区最关键的内饰件,它是具有功能性零部件,确定整车内饰的风格和基调;从客车行李架和风道之间的关系可以分为整体式行李架和独立式行李架。整体式行李架多用于豪华客车。

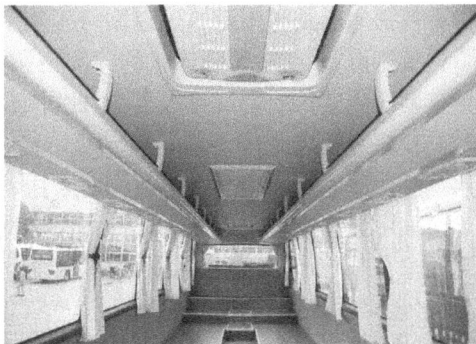

图15-9　行李架

从客车行李架的使用功能上可以将行李架

分为:航空式行李架和敞开式行李架。行李架一般是和通风道进行组合后布置在内顶盖的两侧。航空式行李架主要应用在长途客车和旅游客车上,是将行李架与通风道融为一体,由可掀起的带有弧线轮廓线的活动门组成的封闭式结构。通常将出风口,阅读灯面板、音响、扬声器和照明灯面板整齐排列于通风道下平面,位于座椅上方。敞开式行李架常用于低档客车上,是航空式行李架的简化,取消活动门。城市客车一般不设置行李架。

二、通风装置

为了健康和舒适,汽车车厢内空气要符合一定的卫生标准。这需要输入一定量的新鲜空气。将新鲜空气送进车内,取代污浊空气的过程,称为通风(图 15-10)。汽车通风也是汽车空调系统的重要组成部分。

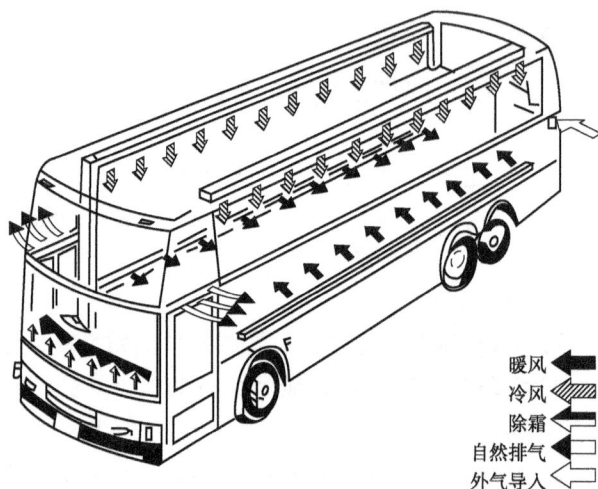

图 15-10　客车通风循环

汽车空调的通风方式一般有动压通风、强制通风和综合通风三种。

1. 动压通风

动压通风也称自然通风,它是利用汽车行驶时对车身外部所产生的风压为动力,在适当的地方开设逆风口和排风口,以实现车内的通风换气。

2. 强制通风

强制通风是利用鼓风机强制将车外空气送入车厢内进行通风换气的。这种方式需要能源和通风设备,在冷暖一体化的汽车空调上,大多采用通风、供暖和制冷的联合装置,将外气与空调冷暖空气混合后送入车内,此种通风装置常见于高级轿车和豪华旅行车上。

3. 综合通风

综合通风是指一辆汽车上同时采用动压通风和强制通风。采用综合通风系统的汽车比单独采用强制通风或自然通风的汽车结构要复杂得多。最简单的综合通风系统是在自然通风的车身基础上,安装强制通风扇,根据需要可分别使用和同时使用。这样,基本上能满足各种气候条件的通风换气要求。

综合通风系统虽然结构复杂,但省电、经济性好、运行成本低。特别是在春秋季节的天气,用动压通风导入凉爽的外气,以取代制冷系统工作,同样可以保证舒适性要求,这种通风方式近年来在汽车上的应用逐渐增多。

长途客车、旅游客车的通风道通常在前后顶相通,在客车内室侧顶形成一个循环的风流通道。城市客车的通风道前后封闭布置在内室的两侧顶上。

三、仪表台

为了使驾驶人能够掌握汽车及各系统的工作情况,在汽车驾驶室内的仪表台(图5-11)上装有各种指示仪表、指示灯及各种报警信号装置。仪表台总成是客车内部饰件中最重要的组成部分,也是车厢内最吸引人注意的部分。

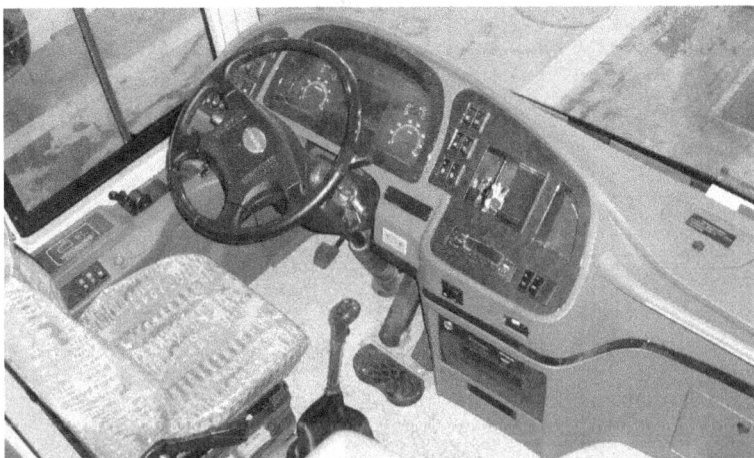

图 15-11　仪表台

以宇通客车 zk6120h 车为例,仪表台及电器布置如图 15-12 所示。

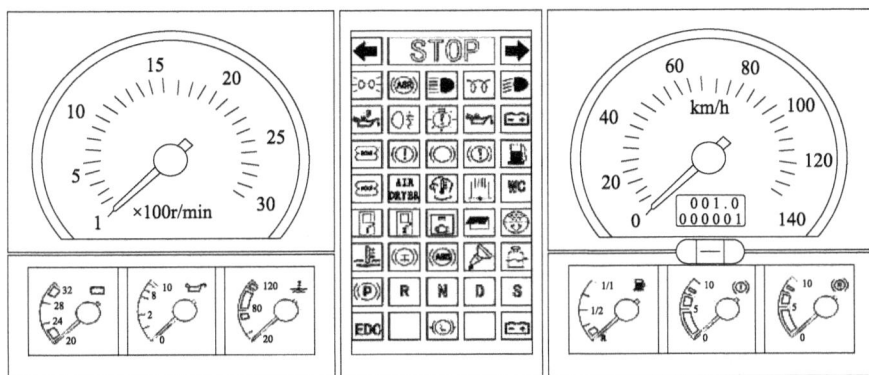

图 15-12　仪表台电器布置简图

仪表台的作用主要有:一方面它具有在行车过程中,为驾驶人方便、安全地提供内部各种信息的功能;另一方面,仪表台软化的表面撞车时对乘员起保护作用;仪表台可以减少对光线的反射率或产生反射光,对驾驶人的视觉起保护作用。

汽车上常用的仪表有车速-里程表、发动机转速表、机油压力表、燃油表、冷却液温度(水温)表等,它们通常与各种信号灯一起安装在仪表台上,称为组合仪表。客车驾驶室的仪表台上装有指示客车、发动机运行工况的各种仪表、报警灯、指示灯、各种控制开关和按钮。为了便于驾驶人识别和控制,在各指示灯、开关的相应位置标有醒目的形象符号。各种符号的含义如图 15-13 对应文字所示。

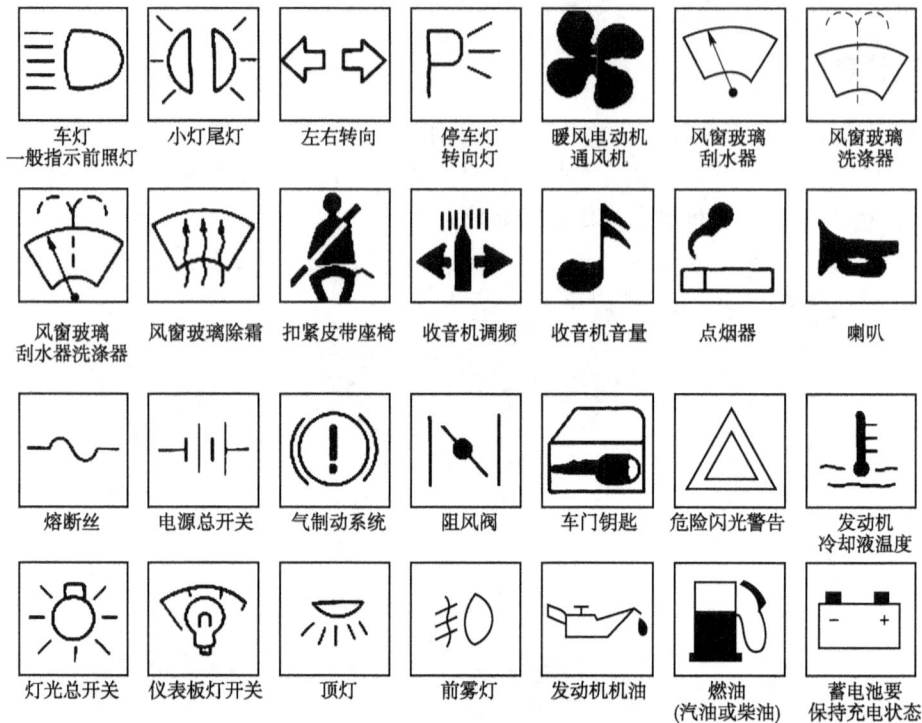

车灯 一般指示前照灯	小灯尾灯	左右转向	停车灯 转向灯	暖风电动机 通风机	风窗玻璃 刮水器	风窗玻璃 洗涤器
风窗玻璃 刮水器洗涤器	风窗玻璃除霜	扣紧皮带座椅	收音机调频	收音机音量	点烟器	喇叭
熔断丝	电源总开关	气制动系统	阻风阀	车门钥匙	危险闪光警告	发动机 冷却液温度
灯光总开关	仪表板灯开关	顶灯	前雾灯	发动机机油	燃油 (汽油或柴油)	蓄电池要 保持充电状态

图 15-13　仪表台上的各种符号及其含义

想一想练一练

1. 大客车车身的内部结构由哪几部分组成?

2. 大客车座椅主要由哪几部分组成?可以分为几类?其作用又是什么?

3. 大客车头枕的作用是什么?

4. 大客车仪表台的作用主要有哪些?

5. 大客车客车上常用的仪表有哪些?

参 考 文 献

[1] 赵立军,佟钦智.电动汽车结构与原理[M].北京:北京大学出版社,2012.

[2] 宋福昌.共轨柴油发动机结构与维修[M].北京:机械工业出版社,2013.

[3] 杨维俊.电控柴油发动机结构原理与维修[M].北京:机械工业出版社,2015.

[4] 关文达.汽车构造.4版.[M].北京:机械工业出版社,2016.

[5] 程晟.汽车发动机结构与拆装[M].北京:人民交通出版社,2013.

[6] 齐志鹏.汽车制动系统的结构原理与检测[M].北京:人民邮电出版社,2002.

[7] 肖永清,张祖尧,刘波.汽车制动系统维修实例[M].北京:人民邮电出版社,2008.

[8] 何爱明,丁业军.汽车制动系统维修[M].北京:人民交通出版社,2013.

[9] 蔡彭骑.汽车柴油机维修[M].北京:国防工业出版社,2015.

[10] 王健.汽车底盘结构与拆装[M].北京:人民交通出版社,2013.

[11] Chtis Mi, M. Abul Masrur, David Wenzhong Gao. 混合动力电动汽车原理及应用前景[M].北京:机械工业出版社,2014.

[12] Joseph Beretta. 电动汽车及其驱动技术[M].北京:机械工业出版社,2015.